公 司 金 融

主 编 冯曰欣 王俊籽

山东人民出版社

前　言

公司金融对应的英文名称是"Corporate Finance"。"Corporate Finance"可以翻译为"公司金融",也可以翻译为"公司理财"或"公司财务"。从国内外出版的教材来看,其基本框架和内容大致相同。本书定名为"公司金融"而非"公司理财"或"公司财务"是基于以下考虑:其一,从金融学专业课程体系的构成来看,公司金融是金融学专业的一门专业必修课程,将该教材命名为公司金融更符合专业课程的命名规范;其二,正如陈雨露教授在其所主编的《公司理财》(2008)一书中所言,"财务总是与会计学更为紧密",公司财务的命名适宜会计学专业课程的命名规范。

一、教材框架设计

兹维·博迪、罗伯特·C.莫顿、戴维·L.克利顿在其所著的《金融学》一书中指出,金融学是一项针对人们怎样跨期配置稀缺资源的研究,跨期配置稀缺资源的决策就是金融决策。人们的金融决策是借助于金融体系实施的。按决策主体划分,金融决策分为居民的金融决策和企业的金融决策。

基于对金融的定义,企业金融是指企业对稀缺资源的跨期配置。我们知道,企业是生产产品和劳务的经济实体,而公司又是企业的基本组织形式,因此,企业对稀缺资源的跨期配置主要是通过公司对稀缺资源的跨期配置实现的,企业的金融决策主要体现为公司的金融决策。公司金融决策的目标是追求价值最大化,这是由公司的本质属性决定的。

就产品制造类公司而言,公司对稀缺资源的跨期配置体现为公司借助于厂房、设备等生产手段,对原材料等生产对象进行加工,生产产品的过程。因此,在资源配置过程中,公司面临的首要任务是挖掘投资项目,然后根据公司价值最大化目标的要求,评估投资项目,决定投资项目是否实施。公司对投资项目的选择和确定称为项目投资决策,也称为长期资本投资决策、资本预算决策。这是公司面临的首要金融决策。为支撑项目投资,公司必须借助于金融体系筹集长期资本。长期资本可以从公司内部筹集,也可以从公司外部筹集。由于不同筹资方式下的资本成本不同,因而由不同的筹资方式及其融资量决定的不同资本结构下的平均资本成本也是不同的。因此,为实现公司价值最大化目标,必须寻求平均资本成本最低的资本结构,即最优资本结构。这就是公司的资本结构决策。为保证长期资本投资取得预期的效果,公司必须加强营运资本的管理。营运资本是指公司在流动资产上的投资,其形成情况有两种:一是伴随着长期资本投资形成的,即净营运资本,二是通过流动负债形成的。因此,营运资本管理既涉及流动资产管理,又涉及流动负债管理。以上分析表明,公司金融研究的主要内容包括资本预算决策、资本结构决策和营运资本管理。

在资本预算决策中,我们是按照一定的贴现率即资本成本,将投资项目的现金流入量与现金流出量换算为现值,然后运用一定的方法,通过比较投资项目现金流入量的现值与现金流量的现值,以决定投资项目在经济上是否可行。为此,我们需要运用现金流量、现值、风险收益和资本成本等金融分析工具。在资本结构决策中,我们是假设在公司资产未来取得的现金流量既定的情况下,分析资本结构与公司价值之间的关系,选择平均资本成本最小的资本结构,即最优资本结构。可见,在资本结构决策中,同样需要现金流量、现值、风险收益和资本成本等金融分析工具。

基于以上分析,教材框架设计是:首先阐述公司金融的分析工具,包括现金流量、现值、风险收益、资本成本,在此基础上,阐述资本预算决策、资本结构决策和营运资本管理。

二、教材内容安排

基于上述认识,本教材内容分为十章。第一章公司金融导论,主要阐述公司的基本概念和特征、公司经营目标、公司与金融体系的关系、公司金融的研究内容以及公司金融的分析工具。第二章财务报表与长期财务计划,主要阐述财务报表提供的信息,重点是现金流量信息以及长期财务计划的编制。第三章货币的时间价值和有价证券估价,主要阐述现值的计算方法以及利用现值计算方法估算债券和股票的价值。第四章风险与收益,主要阐述资本资产定价模型和套利定价模型,为资本成本估算提供方法准备。第五章资本成本,主要阐述资本成本的估算方法。第六章资本预算决策,主要阐述投资项目现金流量的估算以及资本预算决策方法。第七章资本筹集,主要阐述长期资本筹集的方式及其特点,为第八章资本结构决策的阐述做好铺垫。第八章资本结构决策,主要阐述资本结构理论以及依据资本结构理论进行资本结构决策。第九章股利政策,主要阐述股利政策的内容、股利政策的类型、股利政策理论以及制定股利政策应考虑的因素。第十章短期财务计划与营运资本管理,主要阐述短期财务计划的编制过程以及营运资本管理的方法。

三、教材编写人员分工

本教材由山东财经大学金融学院公司金融教学团队的教师编写。具体分工如下:冯曰欣编写第一章、第二章;邰海娜编写第三章、第四章;郑萌萌编写第五章、第六章;毛亚静编写第七章、第八章;王俊籽编写第九章、第十章。冯曰欣、王俊籽负责统稿。

在教材编写过程中,我们参考了大量的著作和文献,得到了山东人民出版社袁丽娟老师以及山东财经大学金融学院领导的大力支持和帮助,在此一并表示感谢。

由于编写者水平有限,教材中可能存在错误或不妥当之处,敬请读者和同行专家批评指正。

编者

2012.12.8

目　录

CHAPTER 1 | 第一章

公司金融导论

【学习目标】

通过本章学习,要求了解企业的组织形式,掌握公司特别是股份有限公司的基本特征;明确股份公司"两权分离"形成的代理关系、代理成本以及抑制代理成本的基本措施;了解公司经营目标的历史演变,掌握公司价值的含义、决定因素、表现形式、公司价值最大化的本质;熟悉金融体系的构成及其功能,掌握公司与金融体系之间的资金运动;熟悉金融、公司金融的含义,掌握公司金融的研究内容;熟悉公司金融的分析工具。

【重要概念】

公司制企业　股份有限公司　有限责任公司　代理关系　代理成本　公司(企业)价值　金融体系　金融　公司金融

公司金融的研究对象是公司。公司是现代企业的基本组织形式,有着与其他组织形式企业不同的特征,其基本特征是所有权与经营权的分离。公司"两权分离"形成了代理关系,并引发代理问题与公司控制。在代理关系下,为保证股东利益,必须界定公司的经营目标。在现代金融条件下,公司的经营活动离不开金融体系。

金融学是研究人们在不确定的环境中如何跨期配置资源的学科。根据其研究范围的不同,金融学分为宏观金融学和微观金融学。宏观金融学是研究人们在一国范围或全球范围内如何跨期配置资源的学科,而微观金融学则是研究居民、企业如何跨期配置资源的学科,包括公司金融和投资学等内容。

公司金融是研究公司在不确定的环境中如何跨期配置资源的学科。公司跨期配置资源是借助于金融体系实现的。公司跨期配置资源的决策就是公司金融决策,包括资本预算决策、资本结构决策和营运资本管理。资本预算决策和资本结构决策是借助于一定的金融分析工具进行的,包括现金流量、现值、贴现率以及风险收益。

第一节 企业的组织形式

企业是生产产品和劳务的经济实体。企业的组织形式多种多样,其法定组织形式有三种:个体业主制企业、合伙制企业和公司制企业。

一、个体业主制企业

个体业主制企业是指归个人所有的企业,它没有独立于企业所有者之外的财产,没有自己的组织机构。

个体业主制企业具有以下基本特征:

(1)企业的所有权和经营权是统一的,也就是说,企业业主既是企业的所有者,又是企业的经营管理者。

(2)企业内部的所有、经营与劳动的关系或是统一的,或是分离的。统一关系体现在企业的所有者既是经营者又是劳动者,分离关系体现在企业的劳动者除所有者之外还有雇用劳动者。

(3)企业所有者对企业债务负无限清偿责任。

(4)企业的建立或关闭、经营和管理受内部和外部制约较小,比较灵活,自主权充分。

(5)企业财务不公开。

(6)企业资金来源有限,规模较小,发展缓慢。

(7)企业寿命受业主正常或非正常变动的制约,稳定性较差。

二、合伙制企业

合伙制企业是由两个或两个以上的合伙人共同出资组建的企业。与个体业主制企业相比,合伙制企业的一个基本特征是业主多于一人。它包括两种类型:一般合伙企业和有限合伙企业。

在一般合伙企业中,每个合伙人都对企业的债务负无限连带责任,每个合伙人的行为都代表整个企业而不是个人,合伙人之间要订立书面或口头形式的合伙协议。

在有限合伙企业中,一个或多于一个的合伙人仅以自己投入企业的资本对债务承担有限责任。然而,要成为有限合伙人,需满足以下条件:(1)至少存在一个一般合伙人对企业债务承担无限连带责任;(2)有限责任合伙人的姓名不能在企业名称中出现;(3)有限责任合伙人不能参与企业的经营管理。

三、公司制企业

公司制企业是依法组建的具有法人资格的企业,它有独立于公司所有者之外的自有财产,有自己的组织机构,能独立承担民事责任和享有民事权利。

在现代社会中,公司制企业的基本类型有以下两种:有限责任公司和股份有限公司。

(一)有限责任公司

有限责任公司是指由 2 个或 2 个以上,50 个人以下的股东共同出资,每个股东以其所认缴的出资额对公司债务承担有限责任,公司以其全部资产对公司债务承担有限责任的企业法人。

有限责任公司的基本特征是:

(1)公司的资本总额不表现为等额股份。

(2)股东以其出资比例享受权利,承担义务,对公司的债权人不负直接责任,在公司破产或解散时,仅以在公司中的投资承担有限责任,不涉及个人财产,因而是典型的"资合公司"。

(3)公司不公开发行股票,股东协商确定各自的出资额,公司给股东出具书面的股份权利证书。

(4)公司股份不能随意转让,股东若要转让其股份,须经半数股东同意,现有股东拥有优先购买权。

(5)公司股东通常直接参与公司的经营管理。

(二)股份有限公司

股份有限公司是指注册资本由等额股份构成并通过发行股份(或股权证)的方式募集资本,股东以其所认购的股份对公司债务承担有限责任,并享有相应的权利,公司以其全部资产对其债务承担责任的企业法人。

股份有限公司的基本特征是:

(1)公司的资本总额划分为等额股份。

(2)股东以其所认购的股份对公司债务承担有限责任,公司以其全部资产对公司的债务承担责任,在公司破产或解散时,公司债权人只能对公司的资产提出要求,无权直接对股东进行起诉,因而也是典型的"资合公司"。

(3)经批准,公司可以向社会公开发行股票,股票可以交易或转让,但不得退股。

(4)股本数不得少于规定的数目,但没有上限。

(5)股东以其持有的股份,享受权利,承担义务,每一股有一票表决权。

与个体业主制企业和合伙制企业相比,公司具有以下基本特征:

(1)公司的所有权与经营权是分离的,即公司所有者组成股东大会,股东大会是公司的最高权力机构,选出董事组成董事会;董事会是公司的最高决策机构,拥有对高级经理人员聘用、解聘和奖惩权;高级经理人员受雇于董事会,组成在董事会领导之下的执行机构,在董事会的授权范围内负责公司的日常经营。也就是说,公司是由公司治理结构来统治和管理的。这种公司治理结构是一个由所有者、董事会和高级经理人员组成的组织结构。在这一结构下,所有者、董事会和高级经理人员之间形成一定的制衡机制。

(2)公司所有者财产与公司自有财产是分离的,也即是说,公司有自己独立的财产,这些财产包括与经营规模相适应的固定资产和流动资产。

(3)公司所有者仅以其在公司中的投资额对公司债务负责,公司的债权人对公司所有者个人的财产没有索取权。

(4)公司以自己的名义进行活动,对它的法人代表和代理人在其权限内的活动承担民事责任,公司以其全部财产对其债务承担责任,公司可以以自己的名义起诉、应诉。

(5)公司的建立或关闭、经营和管理,受内部和外部的制约较大。

(6)公司寿命一般不受所有者变动的制约,因而具有稳定性。

(7)公司财务公开。

(8)公司资本来源广泛,规模较大。

(9)股份具有流动性。

在上述三种企业组织形式中,公司特别是股份有限公司,因其股东对公司债务仅承担有限责任和通过股票的自由买卖转移股权,使得公司这种组织形式更有利于企业融资,从而成为现代企业的一种典型组织形式。正因如此,本教材对企业金融的分析和研究就以公司这种组织形式为基本对象。

第二节　代理问题和公司控制

前面讲到,公司的基本特征是所有权与经营权的分离,即"两权分离",两权分离形成了股东与经营管理者之间的代理关系,代理关系将会导致代理问题,引发代理成本,而解决代理问题的措施是激励和公司控制。

一、代理关系

根据企业委托代理理论,当某一经济主体通过契约关系将达到某一目的的行为委托给另一经济主体实施时,两经济主体之间就形成委托代理关系。其中,行为委托主体称为委托人,代替委托人实施行为的主体称为代理人。

股份公司的基本特征是"两权分离",两权分离形成了股东与经营管理者之间的代理关系,体现在公司股东通过股东大会选举董事,董事组成董事会,董事会聘任经营管理者负责公司的日常经营活动。

二、代理成本

委托代理关系的特点在于委托人和代理人在两者的行为目标上存在着不一致,即代理人在代理委托人的行为时有着与委托人不一致的目标。由于行动的目标不一致,因而,代理人行动的结果往往与委托人所希望的结果不一致,有时甚至发生冲突,这种冲突称为代理问题。代理问题必然引发代理成本。所谓代理成本,是指在委托代理关系中委托人与代理人之间利益冲突的成本。

代理成本可能是间接的,也可能是直接的。

1. 间接代理成本

所谓间接代理成本,是指由于代理人的不作为而使股东遭受的潜在损失。如管理者出于风险考虑而放弃新的投资项目。就一项新的投资项目而言,根据投资学原理,高风险的投资项目具有高收益。从收益分配的角度来看,经营管理者以提供劳动力的形式获取固定的报酬,而股东以提供资本的形式获取股利和资本利得收益;从风险回避的角度来看,在完善的资本市场条件下,股东可以通过分散投资的方式回避相应的投资风险,而经营管理者回避风险的难度要大得多,一旦企业经营不善陷入破产的境地,经营管理者不仅会失去自己的职位,而且还会遭受社会地位的降低、名誉毁损等损失,难以在经理人市场谋求到职位。因此,相对于股东的风险态度而言,企业经营管理者的风险态度更加偏向于风险厌恶。经营管理者的风险厌恶态度又可能使其在投资决策时选择低风险的投资项目,而放弃对股东来讲可能有利的高风险投资项目。这样,就会导致从股东角度来看的投资不足(放弃净现值大于零的投资项目)问题的发生。

2. 直接代理成本

所谓直接代理成本,是指由于代理人的作为而使股东遭受的损失。具体说来有以下情形:(1)经营管理者从事有利于自己但损害股东利益的公司支出,如购买豪华的飞机等;(2)因监管当局行动的需要而发生的费用,如聘请外部审计师评价财务报表信息的准确性的支出。

代理成本产生的后果是减少了公司未来的收入现金流量,降低了公司的市场价值。

三、激励与控制

在委托代理关系下,如何使管理者真正地为股东利益服务,抑制代理成本的发生,取决于以下两个因素:一是管理者的目标与股东的目标是否一致,这个问题关系到经理人的激励方式。二是管理者如果不追求股东目标能否被撤换,这个问题关系到公司的控制。

(一)激励

前面讲到,股东与管理者之间利益冲突的原因在于两者之间行动目标的不一致,如果采取一定的措施,使管理者的目标与股东的目标一致,就能在一定程度上规避股东与管理者之间的利益冲突。与之相对应的措施就是对管理者的激励。

通常,对管理者的激励方式有两种:

第一,管理激励。管理激励,尤其是高层的管理激励,通常采用的方式是股权激励,即赋予管理者按照约定价格购买公司股票的选择权,这种激励方式将管理者的自身利益与公司的总体财务业绩挂钩。因此,管理激励促使管理者为了自身利益努力经营公司,进而实现股东利益最大化。

第二,晋升激励。通常,在公司表现好的经理人会得到职位晋升。伴随着职位的晋升,一方面,其报酬会随之提高,另一方面,其在经理人市场也会获得更高的被聘任的机会,获取高工资报酬。因此,晋升激励机制促使经理人努力工作,实现股东利益最大化。

(二)公司控制

如果激励机制还不能使管理者为股东利益服务,股东还可以动用其拥有的权利,对管理者实施控制。

股东对管理者实施控制的方式有两种:

第一,"用手投票"。根据公司控制权理论,股东拥有公司的控制权,即股东通过股东大会选举董事,董事组成董事会,董事会聘任和解聘管理者。这就是通常讲的"用手投票"。股东通过"用手投票"的方式能否有效实施对管理者的控制,取决于其拥有的投票权的多少。不满意的股东借以更换现任管理者的一个重要机制是"委托书争夺战"。委托书是股份持有人委托他人代为行使投票权的一种书面证明。当一个集团搜寻到足够多的委托书时,就可以变更现任的董事会,进而更换现任的管理者。

第二,"用脚投票"。当公司管理者不能很好地为股东利益服务时,股东就会将手中持有的股份卖出,这就是所谓的"用脚投票"。股东"用脚投票"带来的结果是导致公司股票价格下跌。当公司股票价格下跌到一定程度时,该公司极易被其他公司收购,因为与管理良好的公司相比,管理不善的公司存在更大的潜在利润,被收购的吸引力更大。一旦公司被收购,董事会就会被变更,进而管理者也会被更换。因此,接管机制的存在促使管理者更好地为股东利益服务。

第三节　公司的经营目标

公司的经营目标是通过相应的经济指标来反映的。反映公司经营目标的经济指标应如何设定,其基本要求有三:一是经济指标应反映公司经营目标的本质要求;二是经济指标应符合现代金融理论的基本观念,如时间价值观念、风险收益观念等;三是经济指标应具有约束代理关系下管理者短期行为的作用。

理论界关于公司经营目标的观点,经历了利润最大化、每股收益最大化和价值最大化的发展演变过程。

一、利润最大化

利润最大化是西方微观经济学的理论基础。西方经济学家往往以利润最大化这一概念来分析和评价企业的行为与业绩。将利润最大化作为其经营目标是企业作为盈利性经济组织的本质体现。具体说来：

（1）人类进行的一切经济活动都是为了创造剩余产品，而剩余产品的多少是以利润的多少来衡量的，因此，以利润最大化作为企业的经营目标可创造出更多的剩余产品。

（2）利润代表了企业新创造的价值，是企业新创造的财富，它是企业生存和发展的必要条件，是企业和社会发展的重要动力。

（3）利润是一项综合性指标，它反映了企业综合运用各项资源的能力和经营管理状况，是评价企业业绩的重要指标。

（4）企业追求利润最大化是市场经济体制发挥作用的基础。企业作为社会经济活动的基本单位，自主经营、自负盈亏，因此，以利润最大化作为其经营目标，可以达到优化资源配置和提高社会经济效益的目标。

然而，利润最大化目标在实际运用中遇到很多问题：

（1）利润最大化的概念模糊不清。利润是短期利润还是长期利润？是税前利润还是税后利润？是经营总利润还是支付给股东的利润？

（2）利润最大化没有考虑取得利润的时间因素，即没有考虑货币的时间价值。例如，今年取得20万元的利润和明年取得20万元的利润，这两年的等额利润具有可比性吗？

（3）利润最大化忽略了投入与产出的关系。例如，同样是取得20万元的利润，一个企业投入100万元，另一个企业投入120万元，哪一个企业的效益更好？

（4）没有考虑利润与所承担的风险之间的关系。例如，同样是投入100万元，获取利润20万元，一个企业的利润以现金的形式实现，另一个企业的利润全部是应收账款，并有可能发生坏账，哪一种情况的利润更符合企业目标？

（5）短期行为。股份公司的基本特征是所有权与经营权的分离，两权分离形成了股东与经营管理者之间的委托代理关系。在委托代理关系下，以利润最大化作为企业经营目标，容易使企业的经营管理者关注近期利益而忽略长远利益，导致企业经营活动短期化，不利于企业的长远发展。就此说来，以利润最大化作为企业的经营目标，适宜于业主制企业。

二、每股收益最大化

这种观点认为，应当把企业的利润与股东投入的资本联系起来考察，用每股收益来概括企业的经营目标,以避免"利润最大化目标"的缺陷。

但是,这种观点仍然存在以下两方面的缺陷:

(1)没有考虑每股收益取得的时间因素,即没有考虑货币的时间价值。

(2)没有考虑每股收益的风险性,即投资者承担的风险不同,其要求的收益也不同。

三、公司价值最大化

(一)公司价值的含义

公司价值,也称为企业价值,是指企业资产的价值。关于这一价值,当前有两种基本的度量方法:一是会计度量上的账面价值,二是金融度量上的市场价值。会计度量上的企业价值是资产发生的历史成本减去折旧后的净价值,而金融度量上的企业价值则是资产未来所创造的收入现金流量用资本成本贴现后的现值。后一种方法实际上是市场对企业资产价值的评价,反映了资产的市场价值。

在理论上,公司市场价值的估算模型为:

$$V = \sum_{t=1}^{n} \frac{CF_t}{(1 + K_A)^t}$$

式中,V 表示公司价值,CF_t 表示公司资产第 t 年所创造的收入现金流量,K_A 表示公司的平均资本成本,n 表示预期期限。

(二)决定公司价值的因素

从公司价值的估价模型可以看出,决定公司价值的因素是:

(1)公司资产未来所创造的收入现金流量。在这里,收入现金流量是指现金流入量与现金流出量之差,即净现金流量。收入现金流量由资产带来,而资产又是由投资形成的,因此,在公司资本来源结构既定的情况下,投资所形成的资产越多,资产未来创造的收入现金流量越多,公司价值也就越大。可见,投资是决定公司价值的重要因素。

(2)公司的平均资本成本。在第五章我们将阐述,资本成本是投资者要求的预期收益率,它是投资风险的函数。公司的投资者有两类:一类是债权人,另一类是股东。债权人和股东面临的投资风险不同,从而他们要求的预期收益率也不同,体现为债务资本成本与权益资本成本是不同的。更为重要的是,由于债务利息是在税前列支的,具有节税效应,因而,公司资本来源中债务资本和权益资本在资本结构中的比率不同,平均资本成本也不同。而债务资本和权益资本在资本结构中的比率又是由资本结构决定的。可见,公司资本结构是决定公司价值的另一重要因素。

(3)价值增长预期期限。价值增长预期期限反映了一项投资所形成资产发挥作用的期限长短。很显然,就一项投资而言,其所形成的资产发挥作用的时间越长,该项资产未来带来的累计收入现金流量就越多,从而公司价值就越大。

（三）公司价值的表现形式

公司资产是由投资形成的,而投资的资本又来源于权益资本和债务资本,那么,公司资产创造的收入现金流量(税后)就由股东和债权人来分享。在公司永续存在的假设下,债权人分享的收入现金流量为债务利息,用 I_t 表示,股东分享的收入现金流量则为税后利润,即 $(CF_t - I_t) \times (1 - T_C)$。将债权人和股东分享的收入现金流量分别用债务资本成本和权益资本成本进行贴现,就可以得到债务的市场价值和权益的市场价值,从而公司价值也可以用债务的市场价值和权益的市场价值来表示。

在只是考虑公司所得税的情况下,公司价值可用公式表示为:

$$V = E + D$$

其中:

$$E = \sum_{t=1}^{n} \frac{(CF_t - I_t) \times (1 - T_C)}{(1 + K_E)^t}$$

$$D = \sum_{t=1}^{n} \frac{I_t}{(1 + K_D)^t}$$

式中,E 表示权益的市场价值,D 表示债务的市场价值,T_C 表示公司所得税税率,K_E 表示权益资本成本,K_D 表示债务资本成本。

（四）公司价值最大化的本质

决定债务的市场价值的因素有两个:一是债务利息,二是债务资本成本。

就债务利息而言,其数量的多少取决于两个因素:一是公司的负债率,二是公司的负债利率。公司的负债率是由其资本结构决定的。影响公司负债利率的因素很多,其中的核心因素是公司的经营风险和财务风险,而财务风险又是由其负债率,即资本结构决定的,也就是说,在经营风险既定的情况下,公司的负债利率取决于其资本结构。

就债务资本成本而言,它是债权人要求的预期收益率,其高低是由公司的经营风险和财务风险决定的,在经营风险既定的情况下,取决于公司的财务风险,同样,财务风险又是由其负债率,即资本结构决定的。

以上分析表明,决定公司债务市场价值的核心因素是其资本结构。资本结构理论的实证研究表明,公司资本结构具有行业特征,即不同行业的公司具有不同的资本结构,同一行业的公司具有相同的资本结构。因此,在资本结构既定的情况下,债务的市场价值是既定的,从而公司价值最大化在本质上是权益价值最大化。

权益价值的数学表达式为:

$$E = V - D = \sum_{t=1}^{n} \frac{CF_t}{(1 + K_A)^t} - D$$

（五）公司价值最大化的评价

公司价值最大化是目前理论界对公司经营目标的一种普遍认同的观点,即公司的经营目标就是公司价值最大化。公司价值最大化有时也称为股东财富最大化或股东价值最大化,两者是同一个概念。

在有效市场假设下,公司价值最大化又表现为股票市场价格最大化。

公司价值最大化的优点:

(1)充分考虑了收益与风险的关系以及货币的时间价值。在公司价值的估算模型中,我们是以资本成本作为贴现率将资产未来创造的收入现金流量贴现为现值。资本成本体现了投资者对承担风险的收益率要求,即资本成本是风险的函数,风险越高,资本成本也越高;以资本成本作为贴现率计算公司价值,又充分考虑了货币的时间价值。

(2)有效避免了公司管理者的短期行为。以公司价值最大化作为公司的经营目标,因其价值估算期较长,可以有效避免管理者的短期行为。

第四节　公司与金融体系

在现代金融体系下,公司与金融体系之间有着紧密的联系,体现在:一方面,公司是金融体系中最大的赤字方,其经营活动所需资本除一部分来源于自身积累外,更大部分则借助于金融体系,通过发行一系列广泛的金融工具和索取权获取;另一方面,公司所发行的一系列广泛的金融工具和索取权为投资者带来投资收益。

一、金融体系及其功能

(一)金融体系的构成

金融体系是指资金由盈余单位向赤字单位转移借以实现的系统,包括金融市场、金融中介、金融服务企业以及其他用来执行居民户、企业和政府的金融决策的机构。

1.金融市场

金融市场可以按多种标准进行划分,其中,最常见的划分标准是按交易期限长短,将金融市场分为货币市场和资本市场。

(1)货币市场。货币市场是指交易期限在 1 年以内的短期金融交易市场。在货币市场上交易的金融工具主要有短期政府债券、短期融资券、商业票据等。

(2)资本市场。资本市场是指交易期限在 1 年以上的长期金融交易市场。

资本市场按其交易的证券的种类不同,分为债券市场和股票市场。

资本市场按其功能不同,又分为一级市场和二级市场。

一级市场,又称为发行市场,是指各发行主体及其中介机构发售各种证券所形成的市场。

二级市场,又称为流通市场,是指投资者买卖转让已发行证券的场所。

2.金融中介

金融中介是指向其客户提供金融产品和服务的企业,这些金融产品和服务无法在证券市场上直接交易而获取。金融中介的主要类型有商业银行、保险公司、信托公司、金融租赁公司、投资基金、社保基金、投资银行、风险投资企业等。

(二)资金运动

社会资金运动体现为资金由盈余单位向赤字单位的转移。资金运动的渠道有两个:一是金融中介,二是金融市场。见图 1 - 1。

盈余单位的资金,一部分流向金融中介,然后由金融中介间接流向赤字单位,与之对应的资金运动称为间接金融;一部分通过金融市场上购买有价证券的方式直接流向赤字单位,与之对应的资金运动称为直接金融。

此外,金融中介也可将其筹集的部分资金通过在金融市场购买有价证券的方式流向赤字单位,金融中介也可从金融市场获取资金。

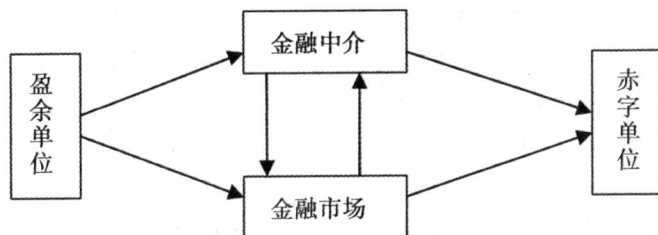

图 1 - 1　资金运动

(三)金融体系的功能

1. 跨期转移资源

金融体系提供了跨期转移经济资源、跨国界转移经济资源以及跨行业转移经济资源的方式。

从现象上看,金融体系实现了资金由盈余方向赤字方的跨期转移。由于资金是经济资源的货币表现,拥有资金就拥有经济资源,因而,在资金跨期转移的背后是经济资源的跨期转移。经济资源的跨期转移可以是跨国界的转移,也可以是跨行业的转移。

2. 风险管理

金融体系提供了风险管理的途径。

例如,保险公司是专门从事风险转移活动的金融中介,它以收取保险费用的方式从客户那里购买风险,保户通过支付保险费用的方式转移风险。

一家生产企业,如果所需资金全部由股东投入,则企业的经营风险也就全部由股东承担。如果所需资金一部分来源于股东,一部分来源于债权人,那么,企业的经营风险就由股东和债权人共同承担。可见,该企业通过金融体系将一部分经营风险转移出去。

3. 清算支付和结算支付

金融体系提供清算支付和结算支付的方式,从而为商品、劳务及资产的交换提供便利。

就商品、劳务的交易而言,无论交易是在国内进行还是在国际进行,用现金来支付带来的麻烦是:(1)不方便;(2)不安全;(3)不经济。正因如此,作为支付中介的商业银行应运而生,而商业银行是金融体系中的重要金融中介。

4.归集资源并细分股份

金融体系提供了一项机制,归集资金开办规模巨大且无法分拆的企业,或者将大型企业中的股份在众多所有者之间进行细分。

在经济主体中,企业是最大的资金需求方,需要从资金盈余方手中获取资金以满足生产经营活动的需要。根据规模经济理论,企业要实现经济效益最大化,必须实施规模经营,以降低经营成本。由于资金供应方与资金需求方之间在资金供需方面存在信息不对称,同时在资金供需的金额、期限方面存在不对等的特征,因而,资金由供应方向需求方的转移存在巨大的障碍。有了金融体系后,这一问题便迎刃而解。比如,商业银行通过吸收存款的方式,可以将小额的、短期的资金归集起来,然后以贷款的方式贷放给企业,满足规模巨大的企业对资金的需求。由于金融市场具有证券的发行和交易功能,因而,企业在金融市场上通过发行债券、股票的方式,也可将小额的、短期的资金归集起来,创办规模巨大的企业。同时,大型企业通过证券市场发行股票,也使得众多投资者拥有了企业的股份。

在这里,金融体系归集资源的功能使开办规模巨大的企业成为可能,其细分股份的功能使中小投资者进入证券市场投资成为可能。

5.提供信息

金融体系可以提供有助于在不同经济部门中协调分散性决策的价格信息,这些价格信息包括利率、证券价格等。

价格信息由金融体系生成,通过报纸、广播和电视等媒体传递给大众。从事证券交易的人利用这些价格信息进行投资决策,不从事证券交易的人也利用这些价格信息从事各种决策。

比如,你要购买一套住房,除首付之外,其余款项是全部借款支付还是部分借款支付,就需要比较投资收益率和借款利率的高低。

企业赚了一笔钱,是将这笔钱支付给股东还是用于再投资,也需要考虑公司股票价格信息以及市场利率信息。

6.设法解决激励问题

金融体系可以提供解决金融交易的一方拥有另一方不具备的信息,或一方是代替另一方作出决策的代理人时产生的激励问题的方法。

信息不对称引发的激励问题有两个:一是事后信息不对称引发的道德风险问题;二是事前信息不对称引发的逆向选择风险问题。

比如,银行向某企业发放了一笔贷款,借款企业从银行取得借款后有可能不努力经营,这就是一项道德风险。贷款抵押赋予了银行在借款企业违约时获得企业特定资产的权利,这是一项广泛运用的减少与信贷相关联的激励问题的机制,也就是说,贷款抵押激励借款人去努力经营。

比如,在保险市场上,保险人和投保人在保险标的的风险方面存在信息不对称。保险标的的风险高的投保人愿意投保,而保险标的的风险低的投保人不愿意投保,这就是一种逆向选择风险。保险人向风险类型不同的投保人提供费率不同的保险契约,由投保人根据自己的风险类型进行自我选择,能达到在分离均衡下将不同类型的投保人进行有效分离,从而解决逆向选择问题。也就是说,保险费率条款激励处于低风险状态的投保人投保。

比如,一家公司的股东将该公司的经营委托给公司的管理者,从而形成股东与管理者之间的委托代理关系。在委托代理关系下,可能存在委托人与代理人之间的利益冲突,引发代理问题。如果管理者的薪酬依赖于公司股票市场价值的表现,那么,管理者与股东之间的委托代理问题就可解决。

二、公司与金融体系之间的资金流动

图1-2展示了公司与金融体系之间的相互作用。图中的箭头表示资金的流向。我们从公司筹措资金开始分析。公司发行债券、股票等证券以及向金融机构借款,资金从金融体系流向公司(A)。公司将筹集到的资金用于资产投资,形成流动资产和固定资产(B)。资产产生的现金流(C),一部分用于支付公司税(D),一部分用于向股东支付股利和向债权人还本付息,流回金融体系(E),另一部分作为留存收益用于追加投资(F)。

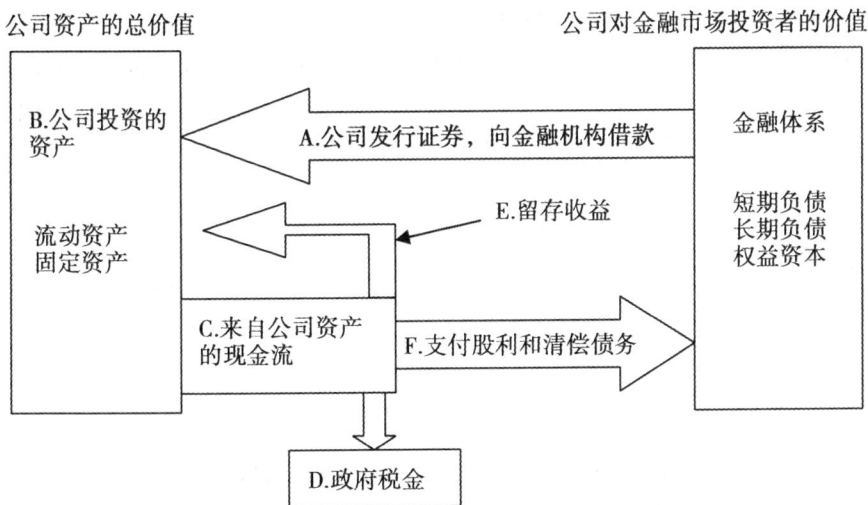

图1-2　公司与金融体系之间的资金流动

第五节　公司金融的研究内容

对公司金融研究内容的界定是本章阐述的重点问题。在这一节,我们首先阐述金融以及公司金融的概念,在此基础上分析公司金融的研究内容。

一、金融与公司金融

兹维·博迪、罗伯特·C.莫顿、戴维·L.克利顿在其所著的《Finance》一书中指出,金融学是一项针对人们怎样跨期配置稀缺资源的研究。跨期配置稀缺资源的决策就是金融决策。金融决策区别于其他资源配置决策的两项基本特征是:(1)金融决策的成本和效益是跨期分摊的;(2)无论是决策者还是其他人,通常都无法预先确知金融决策的成本和收益。

人们的金融决策是借助于金融体系实施的。金融体系被定义为金融市场以及其他金融机构的集合,这些集合被用于金融合同的订立以及资产和风险的交换。金融体系包括股票市场、债券市场和其他金融工具市场,金融中介,以及对所有这些机构进行监管的监管主体。

按决策主体划分,金融决策分为居民的金融决策和企业的金融决策。

基于对金融学的理解,我们可以将公司金融定义为:公司金融是指公司跨期配置稀缺资源的行为,公司跨期配置稀缺资源的决策就是公司金融决策。

由于企业是生产产品和劳务的实体,而公司又是企业的基本组织形式,因此,社会对稀缺资源的跨期配置主要是通过公司对稀缺资源的跨期配置实现的。因为社会资源是稀缺的,所以,为提高稀缺资源的利用效率,用有限的资源创造出更多的社会财富,必须要求公司有效配置稀缺资源,进行科学的金融决策。

二、公司金融研究的内容

根据对公司金融概念的界定,公司金融研究的主要内容包括资本预算决策、资本结构决策和营运资本管理。

(一)资本预算决策

在公司资源配置过程中,首先应决策它希望进入的行业,这被称为战略规划。因为战略规划涉及对分布在不同时期的成本和收益的评估,所以在很大程度上它也是一项金融决策过程。

一旦公司的管理者决定进入何种行业,为了获取厂房、机器设备、研究实验室、商品陈列室、仓库以及其他诸如长期存在的资产,同时为了进行培训运营所有这些资产的人员,企业的管理者必须准备一项规划,这就是资本预算过程。资本预算过程中的基本分析单位是投资项目。资本预算过程包括鉴定新投资项目的构思,对其进行评估,决定哪些可以实施,然后贯彻实施。可见,资本预算是指公司对长期资本投资的规划。

所谓资本预算决策,是指公司对长期资本投资的选择和确定,即从众多可能的投资项目中判断哪些项目可以接受,哪些项目不能接受。

由于资本预算决策是公司对长期资本投资的决策,因而,资本预算决策也称为长期资本投资决策或资本性投资决策。

按照发挥作用的时间不同,公司资产可分为固定资产和流动资产。固定资产是指发挥作用的时间在 1 年以上的资产,如厂房和设备等生产经营性的资产。流动资产是指发挥作用的时间在 1 年以内的资产,如应收账款、存货、短期有价证券等资产。

长期投资决策形成的资产既包括固定资产,也包括一部分流动资产,这一部分流动资产是与固定资产相配套的资产,因而必须由长期资本投资形成,这即是净营运资本。另一部分流动资产则是由于季节性、临时性等原因,通过流动资产投资形成。可见,同样是公司的流动资产,但是其发挥的作用却是不同的,一部分在长期内发挥作用,一部分则在短期内发挥作用,从而其形成的方式也不同,一部分是由长期资本形成,另一部分则是由流动负债形成。

投资形成资产,资产带来收入现金流量,收入现金流量的增加提升公司价值。根据这一逻辑关系,要实现公司价值最大化目标,必须实施投资。可见,公司价值最大化目标是公司跨期配置稀缺资源的内在动因。

公司投资形成的各类资产称为公司的物质资本。物质资本是公司生产产品和劳务的物质基础。

资源是稀缺的。在资源有限约束下,无论是从公司的角度来看,还是从全社会的角度来看,公司都必须将有限的资源配置于那些能够在未来带来尽可能多的收入现金流量的项目上,即要进行科学的投资决策。投资决策是公司最基本的金融决策。

(二)资本结构决策

为保证投资决策的顺利实施,公司必须借助于各种融资方式筹集到足够的资本,即金融资本。

对于所需资本,公司既可以从内部筹集,也可以从外部筹集。就后者而言,公司通过发行一系列广泛的金融工具和索取权以获取金融资本。在这些金融工具和索取权中,一类是可以在有组织的市场中进行交易的标准化证券,例如,普通股、优先股、债券和可转换证券;另一类是无法在市场上交易的索取权,例如,贷款、租赁合约等。

不同的融资方式,其资本的可得性不同,同时资本成本也是不同的,因此,在融资决策过程中,公司首先应从各种融资方式中选择适合自身的融资方式,然后比较各种融资方式的资本成本,选择平均资本成本最低的融资结构,即资本结构,以实现公司价值最大化目标。

可见,公司融资决策的核心是对融资方式的选择以及每一种融资方式下融资量的确定,进而构建最优的资本结构,做到平均资本成本最低。

与资本预算决策不同,资本结构决策分析的基本单位不是个别的投资项目,而是整个公司。进行资本结构决策的出发点是为该企业确定可行的融资计划。

公司的资本结构决策决定了谁将得到公司未来现金流量的何种份额。前面讲到,投资形成资产,资产带来收入现金流量。资产带来的收入现金流量该如何分配,取决于投资的资本构成。如果投资的资本完全来自于权益资本,那么,资产带来的收入现金流量也就完全由股东分享;如果投资的资本来源于权益资本和债务资本,那么,资产带来的收入现金流量也就由股东和债权人分享,债权人按照债务契约的规定获得固定的利息收益,股东则获得剩余收益,其分配比例取决于公司的资本结构,即如果公司的负债率较高,债权人获得的利息收入占现金流量的比重就高;反之则较低。

同时,公司的资本结构也部分地决定了谁将有机会控制该公司。通常,公司投资的资本来源于权益资本和债务资本,与之相对应,对公司的控制就有股权控制和债权控制之分。如果公司能够做到向债权人还本付息,那么,股东就拥有对公司的控制权,即股东对公司实施股权控制;反之,如果公司不能做到向债权人还本付息,那么,对公司的控制权就由股东手中转向债权人手中,由债权人对公司实施债权控制。以上分析表明,如果公司的负债率较低,其不能向债权人还本付息的可能性较低,从而股东就拥有对公司较为稳定的控制权;反之,如果公司的负债率较高,其不能向债权人还本付息的可能性较高,从而股东就有可能丧失对公司的控制权,而债权人就有可能获得对公司的控制权。

(三)营运资本管理

营运资本是指公司在流动资产上的投资金额,包括现金、存货以及应收账款等。与营运资本相对应的概念是净营运资本。净营运资本是指流动资产减去流动负债。可见,营运资本的形成情况有两种:一种是伴随着长期资本投资形成的,即净营运资本;另一种是通过短期负债方式形成的。因此,从管理内容来看,营运资本管理既涉及流动资产管理,又涉及短期负债管理。

就产品制造类公司而言,其日常经营活动体现为采购原材料,然后利用生产设备对原材料进行加工,将原材料加工成在产品、半成品,在产品、半成品经过进一步加工生产成产成品,产成品通过销售环节卖出取得销售收入。在日常经营活动中,公司的管理者必须做出如下决策:(1)为保证生产经营活动的顺利进行,应该持有多少现金和存货?(2)在原材料采购环节,是选择现款采购,还是选择赊购? 就前者而言,现款采购所需现金可以是银行存款,也可以是短期借款,就后者而言,赊购涉及商业信用的利用,在本质上也是一种短期借款;(3)在产成品销售环节,是选择现款销售,还是选择赊销? 与现款销售相比,赊销能够增加销售量,但是却会导致资金占用增加和坏账发生,因此,这又会涉及赊销政策的制定。

从现金层面来看,公司的日常经营活动表现为持续的现金流入与现金流出。在既定的营运资本管理政策下,公司的现金流入与现金流出往往在时间上不匹配,有时现金流入大于现金流出,有时现金流入小于现金流出。为保证生产经营活动的顺利进行和提高资金的使用效率,就需要在现金流出大于现金流入时及时筹集资金,而在现金流入大于现金流出时及时运用资金,为此,公司的管理者必须制定短期财务计划。

第六节 公司金融的分析工具

资本预算决策和资本结构决策是借助于一定的分析工具进行的,这些分析工具主要包括现金流量、现值、贴现率以及收益与风险。

一、现金流量

从公司金融研究的内容可以看出,现金流量是公司金融的基本分析工具之一。体现在:

(1)公司价值是公司资产未来创造的收入现金流量的现值,因此,要正确地评估公司价值,必须准确地估算公司资产未来创造的预期收入现金流量。

(2)在资本预算决策中,评价一个投资项目在经济上是否可行,就是要分析投资项目未来实现的预期收入现金流量是否能够补偿投资项目的初始投资,满足投资者对投资本金安全的要求,并能够获取投资收益,满足投资者对投资本金收益的要求。

(3)在有价证券价值评估中,是用其未来的预期现金流量的现值作为其价值的。从公司投资的角度看,有价证券投资是其资产投资的一项内容,要合理地进行有价证券投资,必须根据有价证券未来预期收入现金流量的现值估算其价值;从融资的角度看,发行有价证券是公司融资的重要方式,要保证有价证券的顺利发行,公司必须根据有价证券未来预期收入现金流量的现值估算其价值。

二、现值

现值是公司金融分析的另一重要工具。现金流量包括现金流出量和现金流入量,体现为某一个时点的现金流量,具有时点分布的特征。由于货币具有时间价值,不同时点上的货币价值是不同的,因而,要将不同时点上的货币价值进行比较,必须将其放在某一时点上,这一时点可以是现金流分布期间的 0 时点,也可以是现金流分布期间的终点,还可以是现金流分布期间的任何一点。在公司金融研究中,无论是公司价值评估、投资决策中的项目价值评估,还是有价证券价值评估,都是站在现在时点上对未来预期现金流的估算,因此,使用的都是现值。

三、贴现率

前面讲到,在公司金融研究中,无论是公司价值评估、投资决策中的项目价值评估,还是有价证券价值评估,都是站在现在时点上对未来预期现金流的估算,使用的都是现值,而现值就是未来预期现金流量按照一定的贴现率贴现为现在的价值,可见,贴现率是公司金融分析中的另一重要工具。

在公司金融分析中,贴现率就是资本成本。

从筹资者的角度来看,资本成本是其使用投资者的资本所付出的代价,体现为使用债权人的资本要支付利息,使用股东的资本要支付股利。之所以将公司支付给债权人的利息和支付给股东的股利称为资本成本,是因为这类支出如同公司生产产品所发生的原材料支出、人工支出和费用支出一样,也是一项成本支出,公司生产产品所发生的原材料支出、人工支出和费用支出称为原材料成本、人工成本和费用成本,那么,公司使用投资者的资本所发生的支出就可称为资本成本。通常,资本成本是用相对数表示的,即资本成本率。

从投资者的角度来看,债权人获取的利息和股东获取的股利是其将资本使用权让渡给公司而获取的资本报酬,用相对数表示即为收益率。根据风险收益理论,预期收益率是风险的函数,也就是说,投资者根据投资风险程度的高低要求相应的收益率。因此,从投资者的角度看,资本成本是投资者要求的预期收益率。

预期收益率是一种机会成本。比如有处于同一风险等级的甲、乙两个投资项目,甲项目的投资收益率为10%,在资本资源有限假设下,该投资者将资本投资于甲项目将不能投资于乙项目,那么,该投资者在甲项目上要求的投资收益率就不能低于乙项目的投资收益率,即10%。

那么,以资本成本作为贴现率将未来的现金流量贴现为现值的本质是什么呢?

假设某人将100元现金存入银行,存期为1年,年利率为10%,那么,1年后,该存款人从银行获得的本利和为110元。现在我们问,1年后的110元钱,在年利率为10%的条件下,其现值为多少?

现值为 $110 \div (1 + 10\%) = 110 \times 0.909 = 99.99 \approx 100(元)$

实际上,100元等于110元减去10元,这10元就是现在的100元资金在年利率为10%的条件下1年内的利息。

可见,贴现的含义就是将按投资者要求的预期收益率计算的资本报酬从未来现金流量中扣除。

四、风险与收益

前面讲到,从投资者的角度看,资本成本是投资者要求的预期收益率。投资者投资标的的风险越高,投资本金未来可能遭受的损失程度就越高,其要求的收益率就越高,以便对于未来可能发生的损失预先得到补偿。为此,就需要度量风险,以及确定不同风险水平下对应的收益率。这就需要用到一些模型,这些模型应该能够定义风险、明确风险报酬水平,并把风险指标转化成预期收益率。资本资产定价模型是常用的模型,这个模型已成为公司金融研究中的重要理论基础和实际应用工具。

【本章小结】

1. 企业的组织形式有三种:个体业主制企业、合伙制企业和公司制企业。在上述三种企业组织形式中,公司特别是股份有限公司,因其股东对公司债务仅承担有限责任和通过股票的自由买卖转移股权,使得公司这种组织形式更有利于企业融资,从而成为现代企业的一种典型组织形式。

2. 公司的基本特征是所有权与经营权的分离。所有权与经营权的分离形成了公司股东与管理者之间的代理关系,代理关系会引发代理成本,代理成本会降低公司价值。为使管理者更好地为股东利益服务,抑制代理成本,现代公司建立起了相应的激励机制和控制机制。

3. 从历史角度看,公司经营目标经历了利润最大化、每股收益最大化到公司价值最大化的演变过程。公司价值是公司资产未来所创造的收入现金流量用资本成本贴现后的现值的和,公司价值可以用权益的市场价值和债务的市场价值之和来表示,公司价值最大化的本质是股东权益价值最大化。

4. 金融体系是指资金由盈余单位向赤字单位转移借以实现的系统。金融体系提供了跨期转移资源、风险管理、清算支付和结算支付的方式、归集资源并细分股份、提供信息以及设法解决激励问题的方式。金融体系为公司经营活动提供了所需资本。

5. 金融学是一项针对人们怎样跨期配置稀缺资源的研究,跨期配置稀缺资源的决策就是金融决策,人们的金融决策是借助于金融体系实施的。公司金融是指公司跨期配置稀缺资源的行为,公司跨期配置稀缺资源的决策就是公司金融决策,公司金融研究的主要内容是资本预算决策、资本结构决策以及营运资本管理。

6. 公司金融分析必须借助于一定的工具进行,这些工具主要包括现金流量、现值、贴现率以及风险收益。

【复习思考题】

1. 企业的组织形式有三种,分别是_____、_____和_____。
2. 公司的基本特征是_____和_____是分离的。
3. 公司价值 = _____ + _____。
4. 公司价值最大化的本质是_____。
5. 在既定的预测期内,决定公司价值的因素是_____和_____。
6. 公司金融研究的主要内容是_____、_____和_____。
7. 公司金融的分析工具主要有_____、_____、_____和_____。
8. 股份有限公司具有的基本特征有哪些?

9. 有限责任公司具有的基本特征有哪些？

10. 与个人业主制企业和合伙制企业相比，公司具有的基本特征有哪些？

11. 金融体系具有哪些功能？

12. 公司与金融体系之间的资金运动关系是怎样的？

13. 从研究内容和分析工具的角度阐述公司金融课程体系的设计思路。

CHAPTER 2 | 第二章

财务报表与长期财务计划

【学习目标】

　　通过本章学习,要求熟悉资产负债表、利润表和现金流量表的结构及其内在联系,掌握财务报表反映的信息,并能够利用这些信息进行财务比率分析;熟悉长期财务计划的构成及其编制方法,重点掌握利用销售收入百分比法编制长期财务计划的方法,理解外部增长与筹资的关系。

【重要概念】

　　资产负债表　利润表　现金流量表　净营运资本　资产收益率　权益收益率　权益乘数　现金流量恒等式　经营现金流量　销售收入百分比法　内部增长率　可持续增长率

　　在第一章中我们讲到,公司金融是研究公司在不确定的环境下如何跨期配置资源的学科,公司跨期配置资源的决策就是公司金融决策,包括资本预算决策、资本结构决策和营运资本管理。公司实施金融决策的结果体现为从金融体系筹集资本,并运用筹集到的资本实施投资,投资形成各类资产,资产带来经营现金流量,这一切均反映在公司的财务报表中。依照这一逻辑关系,作为对公司未来经营活动、投资活动以及筹资活动规划的公司金融决策,也可借助于公司财务报表来反映,体现为预期的财务报表。因此,财务报表能够为公司编制长期财务计划提供方便的模块。同时,公司财务报表还为公司所有者和债权人提供诸多有用的信息,这些信息为公司的所有者和债权人设定公司业绩指标、对管理者施加限制提供了便捷途径。

第一节　财务报表

公司财务报表是对公司经营活动、投资活动以及筹资活动最终结果的反映。财务报表可以向公司的所有者和债权人提供财务业绩信息,还可以为公司的所有者和债权人提供设定业绩目标以及对管理者施加控制提供便捷途径,同时为公司编制长期财务计划提供方便的模块。

一、财务报表概述

(一)财务报表的组成

财务报表由基本报表、附表、附注以及财务情况说明书等组成。本教材研究的重点是基本报表。基本报表包括资产负债表、利润表(损益表)和现金流量表。

资产负债表反映了企业在某一时点上所有资产的构成状况和来源结构。

利润表概括了企业一段时期内的经营成果。

现金流量表展示了企业一段时间内现金流入与流出的情况。

(二)财务报表的功能

财务报表具有以下功能:

1.财务报表向企业的所有者和债权人提供关于企业的现时的财务状况以及过去的财务业绩的信息。

2.财务报表为企业的所有者和债权人提供设定业绩目标,同时对企业管理者施加限制的便捷途径。财务报表被董事会用于规定管理层的业绩目标,如净资产收益率(ROE);债权人经常从诸如流动性比例等衡量标准的角度明确规定对管理层的限制。

3.财务报表为财务规划提供方便的模块。财务规划体现为预期资产负债表、预期利润表以及预期现金流量表,而这些财务规划就是根据财务报表的模块编制的。

(三)应当注意的问题

1.研究财务报表的目的不是强调财务报表的编制,而是强调财务报表的利用。

2.利用财务报表提供的信息、模块以及对管理者的限制在财务比率上的体现,制定财务规划。

二、资产负债表

(一)资产负债表的结构

资产负债表反映了在给定时点上,企业拥有什么(企业的资产)、企业欠别人什么(企业的负债)以及两者之差(股东权益)。见图 2 - 1。

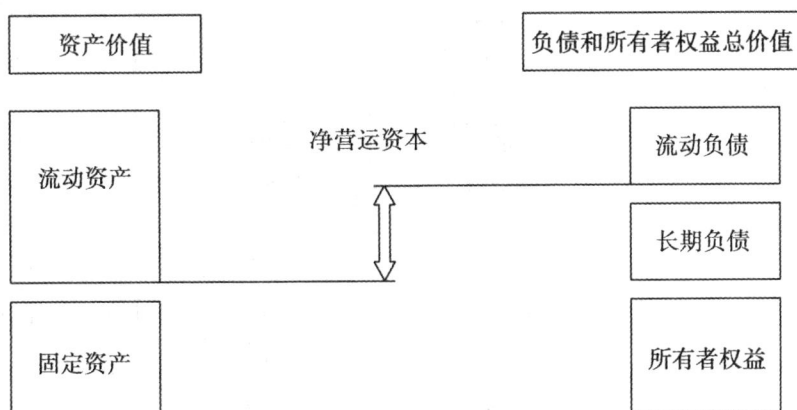

图 2 - 1　资产负债表

1.资产负债表的左边:资产

资产分为固定资产和流动资产。固定资产发挥作用的时间在 1 年以上,它可能是有形的,如厂房、设备等,也可能是无形的,如商标或专利。流动资产发挥作用的时间在 1 年以内,主要有现金、应收账款和存货等。

2.资产负债表的右边:负债和所有者权益

资产负债表的右边首先列示的是负债。负债分为流动负债和长期负债。流动负债的偿还期在 1 年以内,且列示在长期负债之前,包括应付账款、应付票据等。长期负债的偿还期在 1 年以上,其筹措渠道包括向银行借款、发行债券等。

资产负债表右边最后列示的是所有者权益。所有者权益被定义为资产总价值与负债总价值之差,也称为普通权益、股东权益。其含义是:如果把企业的资产卖掉,并用该款项偿还其债务,那么,剩余的价值就属于股东。根据对所有者权益的定义,资产的价值等于负债的价值与所有者权益的价值之和。用等式表示即为:

$$资产 = 负债 + 股东权益$$

这就是资产负债表恒等式或方程,它永远成立,其原因在于股东价值被界定为资产价值与负债价值之差。

(二)资产负债表反映的信息

下面以 A 公司为例说明资产负债表反映的信息。见表 2 - 1。

表 2-1　A 公司资产负债表 　　　　　　　　(单位:百万元)

	2010 年	2011 年	变动
资产			
流动资产			
现金	84	98	+14
应收账款	165	188	+23
存货	393	422	+29
小计	642	708	+66
固定资产			
厂房和设备	2731	2880	+149
资产总额	3373	3588	+215
负债及所有者权益			
流动负债			
应付账款	312	344	+32
应付票据	231	196	-35
小计	543	540	-3
长期负债	531	457	-74
所有者权益			
股本	500	550	+50
留存收益	1799	2041	+242
小计	2299	2591	+292
负债及所有者权益总额	3373	3588	+215

　　1.资产负债表的左边反映的信息

　　(1)企业的资产结构。资产结构反映了企业所处的行业、持有多少现金与存货以及信贷政策、固定资产构建和其他管理决策。通常,资本密集型的行业,固定资产比例较高,而劳动密集型的行业,流动资产比例较高,因此,资产结构反映了企业所处的行业。现金和存货的持有比例反映出企业的流动资产的配置决策。信贷政策决定了企业应收账款的比例。固定资产构建情况反映了企业的固定资产投资决策。

　　(2)流动性。流动性指的是资产转换成现金的速度和难易程度。如黄金是流动性比较高的资产,而设备则不是。其实,流动性包括两个层次的含义:一是转换的难易程度,二是价值的损失。流动性高的资产是指那些能很快转成现金而且没有重大价值损失的资产,而流动性低的资产则是那些不大幅降价就无法迅速转换成现金的资产。

　　在资产负债表中,资产是按其流动性递减的顺序排列的。

　　流动性很有价值。因为一家企业的流动性越高,其陷入财务困境的可能性越小。

然而,流动性高的资产的盈利性却较低。因此,企业必须在资产的流动性与盈利性之间作出权衡。

(3)净营运资本。如图 2-1 所示,净营运资本是指流动资产与流动负债之差。当流动资产大于流动负债时,净营运资本为正值。根据对流动资产和流动负债的定义,净营运资本为正值,一方面说明在未来的 12 个月内,企业资产转换成的现金超过同期应支付的现金,另一方面也说明一部分流动资产是由长期资本形成的,在金额上等于净营运资本,这部分资本在短期内是不用偿还的,因此,一个运行健康的企业,其净营运资本通常为正值。从 2010 年的数据来看,A 公司的净营运资本 = 642 百万元 - 543 百万元 = 99 百万元。

2. 资产负债表的右边反映的信息

资产负债表的右边主要反映有关资本结构和利用短期债务方面的管理决策。

从 A 公司 2010 年的情况来看:长期债务为 531 百万元,权益总和为 500 百万元 + 1799百万元 = 2299 百万元,因而长期资本总额为 531 百万元 + 2299 百万元 = 2830 百万元。在这一数据中,531/2830 = 18.76% 为长期债务比例,这一百分比反映了 A 公司管理当局 2010 年的资本结构决策。

至于短期债务,主要包括两项:一是应付账款,二是应付票据。

企业的资本结构中利用负债称为财务杠杆。企业的债务越多,财务杠杆的程度越高。MM 定理分析中比较的是有杠杆企业与无杠杆企业。

3. 现金来源与现金运用

带来现金的活动称为现金来源,涉及花费现金的活动称为现金运用。考察 A 公司的资产负债表,我们就能够发现该公司在 2011 年度的现金来源与运用情况,见表 2-1 中的变动栏。

区分现金来源与现金运用的简单常识是:

资产账户的增加表明企业购买了一些资产,是一项现金运用;如果资产账户减少,就说明企业出售了一些资产,是一项现金来源。同样,如果负债账户减少,就表明企业进行了一项净支出,是一项现金运用;如果负债账户增加,就表明企业取得了现金,是一项现金来源。

根据 A 公司资产负债表,可以将其现金来源与运用概括为表 2-2。

表2-2　A公司现金来源与资金运用　　　　（单位：百万元）

现金来源	
应付账款增加	32
普通股本增加	50
留存收益增加	242
来源总计	324
现金运用	
应收账款增加	23
存货增加	29
应付票据减少	35
长期负债减少	74
取得固定资产净值	149
运用总计	310
现金净增加额	14

从表2-2可以看出，2011年度A公司现金净增加额为14百万元，这一数据正好与表2-1中的现金增加额14百万元相对应。

4.市场价值与账面价值

资产负债表列示的企业资产价值叫账面价值，账面价值是按照取得资产时的历史成本列示的，而市场价值反映了取得该项资产的现时成本，即资产的实际价值。对流动资产而言，市场价值与账面价值可能多少还算接近，因为流动资产可以在相对较短的时间内购买和转换成现金。但是，对固定资产而言，其市场价值与账面价值相差巨大。

经理人和投资者感兴趣的是企业资产的市场价值而非账面价值。

三、利润表

（一）利润表的结构

利润表计量的是某一特定时期公司的经营业绩。利润表的等式为：

$$收入-费用=利润$$

利润表首先报告的是企业主营业务的收入和费用，接下来的部分包括利息支出和税金支出，最后一项是净利润及其分配。A公司2011年的利润表见表2-3。

26

表 2 - 3　A 公司 2011 年利润表　　　　　　（单位:百万元）

项　目	金额
销售收入	2311
销售成本	1344
折旧	<u>276</u>
息税前收益(EBIT)	691
利息支出	141
应税所得额	<u>550</u>
所得税(34%)	<u>187</u>
净利润	<u>363</u>
股利	121
留存收益	242

对利润表项目的几点说明:

1. 销售成本包括主营业务成本和期间成本。主营业务成本指的是生产产品和劳务发生的产品成本,包括原材料成本、直接人工成本以及制造费用等,而期间成本包括销售费用和管理费用。无论是主营业务成本还是期间费用,均不包括折旧,因为折旧是一项非现金项目,体现为现金流入。为便于编制现金流量表,将该项目单独列示。

2. 在编制利润表时,也可将主营业务成本和期间费用分开列示。销售收入减去主营业务成本称为毛利润,毛利润减去折旧、期间费用就是息税前盈余,即 EBIT。

(二)利润表反映的信息

1. 利润表反映出了公司的盈利状况。从 2011 年的数据来看,公司的净利润为 363 百万元。在财务报表分析中,有关公司获利能力指标都是利用这一数据计算的。

2. 资产负债表上的留存收益是根据利润表上的留存收益列示的。从 2011 年的数据来看,A 公司的留存收益为 242 百万元,这一数据正好是 A 公司 2011 年留存收益的增加额。

3. 利润表反映出了公司的股利政策。从 2011 年的数据来看,A 公司当年实现了 363 百万元的净利润,其中,支付给股东的现金股利为 121 百万元,占净利润的比率为 $121 \div 363 = 1/3$,这一比率称为股利支付率;留存收益为 242 百万元,占净利润的比率为 $242 \div 363 = 2/3$,这一比率称为留存收益率。

4. 利润表反映出了企业经营现金流量的数据。经营现金流的计算等式为:

$$经营现金流量 = 息税前收益 + 折旧 - 税$$

从 2011 年的数据来看,A 公司的经营现金流量 = 691 百万元 + 276 百万元 - 187 百万元 = 780 百万元。

四、现金流量表

(一)现金流量恒等式

从资产负债表和利润表我们可以获取的最为有用的信息是现金流量。简单地说,现金流量指的是现金流入量与现金流出量之间的差额。

资产负债表恒等式表明,企业资产的价值等于企业负债的价值加上权益的价值。同样,来自企业资产的现金流量必须等于流向债权人的现金流量和流向股东的现金流量之和,用等式表示即为:

来自资产的现金流量 = 流向债权人的现金流量 + 流向股东的现金流量

这就是现金流量恒等式。这一恒等式反映了这样一个事实:企业的资产由债权人和股东投资形成,那么,资产带来的现金流量也就由债权人和股东分享。

(二)来自资产的现金流量

来自资产的现金流量包括三个部分:经营现金流量、资本性支出和净营运资本变动。

1. 经营现金流量(Operating Cash Flow,简写为 OCF)

经营现金流量指的是来自企业日常生产和销售活动的现金流量。经营现金流量的计算等式为:

经营现金流量 = 息税前收益 + 折旧 - 税

需要注意的是:(1)成本包括主营业务成本和期间费用;(2)成本中不包括折旧,因为折旧是非现金项目,不是现金流出,而是现金流入;(3)成本中不包括利息,因为利息是财务费用;(4)税是用现金支付的,体现为现金流出。

表 2-4 A 公司的 2011 年经营现金流量　　　　　　(单位:百万元)

项目	金额
息税前收益(EBIT)	691
+ 折旧	276
- 税	187
经营现金流量	780

需要注意的问题:在会计实务中,经营现金流量被定义为净利润加折旧。对 A 公司来说,就会得出 363 百万元 + 276 百万元 = 639 百万元,与我们计算的经营现金流量相差 141 百万元,这个差额就是利息支出。

2. 资本性支出

在公司经营过程中,可能会对固定资产进行新的投资,也可能会发生销售固定资产

的情况。资本性支出的计算等式为:

资本性支出 = 固定资产上的货币性支出 - 销售固定资产收到的现金

在 2011 年,A 公司购买固定资产净值为 2880 百万元 - 2731 百万元 = 149 百万元。由于在 2011 年计提了 276 百万元的折旧,因而,A 公司在固定资产上的投资实际上是 149 百万元 + 276 百万元 = 425 百万元。

表 2 - 5　A 公司的 2011 年资本性支出　　　　　　（单位:百万元）

项目	金额
期末固定资产净值	2880
- 期初固定资产净值	2731
+ 折旧	276
净资本性支出	425

3. 净运营资本变动

企业除进行固定资产投资以外,还会进行流动资产投资。伴随着流动资产投资的变动,流动负债也发生变化。净营运资本变动的计算等式为:

净营运资本变动 = 期末净营运资本 - 期初净营运资本

从 A 公司来看,2010 年的流动资产为 642 百万元,流动负债为 543 百万元,净营运资本为 642 百万元 - 543 百万元 = 99 百万元;2011 年的流动资产为 708 百万元,流动负债为 540 百万元,净营运资本为 708 百万元 - 540 百万元 = 168 百万元。那么,净营运资本变动见表 2 - 6。

表 2 - 6　A 公司的 2011 年净营运资本变动　　　　（单位:百万元）

项目	金额
期末净营运资本	168
- 期初净营运资本	99
净营运资本变动	69

根据前面计算出的数据,就可计算出来 A 公司 2011 年来自资产的现金流量。见表 2 - 7。

表 2 - 7　A 公司 2011 年来自资产的现金流量　　　　（单位:百万元）

项目	金额
经营现金流量	780
- 净资本性支出	425
- 净营运资本变动	69
来自资产的现金流量	286

(三)流向债权人和股东的现金流量

1.流向债权人的现金流量

流向债权人的现金流量是指该年度对债权人的净支付额,其计算等式为:

流向债权人的现金流量 = 支付的利息 + 偿还的本金 − 新的借款

从表 2−1 中看到,A 公司长期债务减少了 457 百万元 − 531 百万元 = −74 百万元,支付的利息为 141 百万元,因此,流向债权人的现金流量为:141 百万元 + 74 百万元 = 215 百万元。

2.流向股东的现金流量

流向股东的现金流量是指该年度对股东的净支付额,其计算等式为:

流向股东的现金流量 = 派发的股利 − (发行的股票金额 − 回购的股票余额)

= 派发的股利 − 权益筹资净额

从表 2−2 中看到,A 公司派发的股利为 121 百万元,从表 2−1 看到,A 公司权益增加了 550 百万元 − 500 百万元 = 50 百万元,因此,流向股东的现金流量为:121 百万元 − 50 百万元 = 71 百万元。

3.流向债权人和股东的现金流量总和

215 百万元 + 71 百万元 = 286 百万元,这一数值正好与来自资产的现金流量相等。

(四)现金流量表的编制

现金流量表反映的是企业一定时期内(一定会计期间内)有关现金流入与流出的信息。

编制现金流量表的基本观念是将公司现金流量的变动按其产生的原因归并为三类:经营活动产生的现金流量、投资活动产生的现金流量和筹资活动产生的现金流量。

1.经营活动产生的现金流量

经营活动产生的现金流量是指公司在经营活动过程中发生的现金流入与流出,包括购销商品、提供和接受劳务、缴纳税款、支付劳动报酬、支付经营费用等。对于经营活动中产生的现金流入与流出,可以按一定标准进行归纳。

第一部分是净利润加上折旧。这一部分的数据来源于利润表,即经营现金流量。

第二部分是应付账款的变动。

第三部分是应收账款和存货的变动。

根据表 2−1 和表 2−3,就可计算出 A 公司 2011 年度经营活动产生的现金流量。见表 2−8。

表 2 - 8　A 公司 2011 年度经营活动现金流量表　　　（单位：百万元）

项目	金额
经营活动	
净利润	363
加：	
折旧	276
应付账款增加	32
减：	
应收账款增加	-23
存货增加	-29
来自经营活动的净现金流量	619

2. 投资活动产生的现金流量

投资活动产生的现金流量主要包括购建和处置固定资产、无形资产等长期资产，以及取得和收回各种股权与债券投资等收到和付出的现金。

投资活动产生的现金流量可直接从表 2 - 5 得到，具体数据见表 2 - 9。

表 2 - 9　A 公司 2011 年度投资活动现金流量表　　　（单位：百万元）

项目	金额
投资活动取得固定资产	-425
来自投资活动的净现金	-425

3. 筹资活动产生的现金流量

筹资活动产生的现金流量包括发行股票、分配利润、发行债券、向银行借款以及偿还债务等收到和付出的现金。在此需要说明的是，支付的债务利息是一项现金流出，该支出已经作为一项财务费用计入成本，在此不再计算。

根据表 2 - 1 和表 2 - 3，可计算出 A 公司 2011 年度筹资活动产生的现金流量。见表 2 - 10。

表 2 - 10　A 公司 2011 年度筹资活动现金流量表　　　（单位：百万元）

项目	金额
筹资活动	
应付票据减少	-35
长期负债减少	-74
派发股利	-121
普通股本增加	50
来自筹资活动的净现金	-180

将表2-8、表2-9、表2-10合并在一起,就构成现金流量表。见表2-11。

表2-11　A公司2011年度现金流量表　　　　　　　　　　（单位:百万元）

年初现金	84
经营活动	
净利润	363
加:	
折旧	276
应付账款增加	32
减:	
应收账款增加	-23
存货增加	-29
来自经营活动的净现金流量	619
投资活动	
取得固定资产	-425
来自投资活动的净现金	-425
筹资活动	
应付票据减少	-35
长期负债减少	-74
派发股利	-121
普通股本增加	50
来自筹资活动的净现金	-180
现金净增加额	14
年末现金	98

　　表2-10中A公司2011年度的现金流量情况表明,2011年年末的现金为98百万元,较2010年的现金84百万元增加了14百万元,说明2011年度的现金来源大于现金运用,节约为14百万元。这14百万元正好是2011年资产负债表中的现金增加额14百万元。

五、财务比率分析

　　财务报表为公司的所有者和债权人提供了有关公司财务状况和财务业绩的信息,但是,这些信息是与公司特定规模相对应的,具有不可比性的弱点。现实中,公司的所有者和债权人是依据财务报表提供的信息,通过一系列财务比率指标来设定公司业绩目标,同时对管理者施加限制。同时,通过财务比率分析,管理者也可发现经营面临的问题,确定今后努力的方向。

(一)短期偿债能力计量指标

短期偿债能力比率能够提供有关企业流动性的信息,反映的是流动资产与流动负债之间的关系。它们是短期债权人关注的指标,因为这些指标可以反映短期债权人权益的保障程度;也是企业财务经理关注的指标,因为这些指标反映了企业短期面临的财务状况。

1. 流动比率

流动比率是指流动资产与流动负债的比例。其计算等式为:

$$流动比率 = \frac{流动资产}{流动负债}$$

2011 年 A 公司的流动比率为:

$$流动比率 = \frac{708}{540} \times 100\% = 1.31(倍)$$

流动比率在本质上反映了流动负债的覆盖率,即对应一定量的流动负债,企业有多少倍的流动资产与之对应。

对债权人来说,流动比率越高越好;对企业来说,高流动比率意味着其流动性较强,但同时也意味着现金和其他短期资产的利用效率较低。

通常,流动性比率至少为1。

2. 速动比率

速动比率是指速动资产与流动负债的比例。其计算等式为:

$$速动比率 = \frac{速动资产}{流动负债} = \frac{流动资产 - 存货}{流动负债}$$

2011 年 A 公司的速动比率为:

$$速动比率 = \frac{708 - 422}{540} \approx 0.53(倍)$$

由于存货的流动性较差,且在流动资产中的占比较高,因而,速动比率较流动性比率能更好地反映企业的流动性,因而又称为酸性试验比率。

3. 现金比率

现金比率是指现金与流动负债的比例。其计算等式为:

$$现金比率 = \frac{现金}{流动负债}$$

2011 年 A 公司的现金比率为:

$$现金比率 = \frac{98}{540} \approx 0.18(倍)$$

一个非常短期的债权人可能会对现金比率感兴趣。

4. 净营运资本对资产总额的比率

净营运资本对资产总额的比率的计算等式为：

$$净营运资本对资产总额的比率 = \frac{净营运资本}{资产总额}$$

2011 年 A 公司净营运资本对资产总额的比率为：

$$净营运资本对资产总额的比率 = \frac{708 - 540}{3588} \approx 4.7\%$$

因为净营运资本是流动资产减流动负债的差额，其多少反映了企业流动资产用于偿还流动负债后的剩余金额，所以，净营运资本经常被看做是企业所拥有的短期流动性的数额，净营运资本对资产总额的比率可以反映企业的流动性程度。

5. 间隔时间指标

如果一家公司面临一场罢工，现金流入间断或停滞，依靠现有的流动资产尚能维持多少天，可用间隔时间指标衡量。其计算等式为：

$$间隔时间指标 = \frac{流动资产}{日均经营成本}$$

经营成本不包括折旧和利息，A 公司 2011 年度的总成本为 1344 百万元，日均经营成本为 1344/365 = 3.68(百万元)。

$$间隔时间指标 = \frac{708}{3.68} \approx 192(天)$$

计算结果表明，A 公司还能支撑 6 个月左右。

(二)长期偿债能力计量指标

长期偿债能力比率试图揭示企业在长期内偿还债务的能力，或者说，在长期内应付其财务杠杆的能力。有时也被称为财务杠杆比率、杠杆比率。

1. 负债率

负债率是指负债总额与资产总额比例。其计算等式为：

$$负债率 = \frac{资产总额 - 权益总额}{资产总额}$$

2011 年 A 公司负债率为：

$$负债率 = \frac{3588 - 2591}{3588} \approx 0.28(倍)，或 28\%$$

计算结果表明，A 公司负债支撑了其资产的 28%。

根据负债率，可以得到它的两个变体：

$$债务权益比率 = \frac{债务总额}{权益总额}$$

$$权益乘数 = \frac{资产总额}{权益总额}$$

由于 A 公司的负债率等于 0.28，即一个单位的资产中有 0.28 个单位的负债，因而，权益就是 0.72。

2011 年 A 公司的债务权益比率：

$$债务权益比率 = \frac{0.28}{0.72} \approx 0.39$$

2011 年 A 公司的权益乘数为：

$$权益乘数 = \frac{1}{0.72} \approx 1.39$$

两者之间的关系是权益成数等于 1 加上债务权益比率。

$$权益乘数 = \frac{资产总额}{权益总额} = \frac{权益总额 + 债务总额}{权益总额} = 1 + 债务权益比率$$

比起短期债务来,企业的财务分析人员通常更关注长期债务。因为短期债务会不断变动,而且应付账款可能更多反映的是交易业务,而非债务管理政策。

$$长期负债率 = \frac{长期债务}{长期债务 + 权益总额}$$

A 公司 2011 年的长期债务率：

$$长期负债率 = \frac{457}{457 + 2591} \approx 0.15(倍)$$

长期债务与权益的合计有时被称做资本化总额,企业的财务人员更关心的是这一数据,而非资产总额。

2. 利息保障倍数

利息保障倍数是指息税前收益与利息的比例。其计算等式为：

$$利息保障倍数 = \frac{息税前收益}{利息} = \frac{EBIT}{利息}$$

A 公司 2011 年的利息保障倍数为：

$$利息保障倍数 = \frac{691}{141} \approx 4.9(倍)$$

这一指标反映的是公司用现金流量兑现其利息义务的能力,它通常也叫利息涵盖率。显然,该指标的数值越高,公司兑付其利息义务的能力越高,偿债能力越强。反之则相反。

利息保障倍数存在的问题是以 EBIT 为依据,而 EBIT 其实并不能计量可以用来支付利息的现金,理由是折旧被作为一项非现金支出被扣除了,其实,折旧也可用来支付利息。因此,可用现金涵盖率更进一步反映企业的长期偿债能力。

$$现金涵盖率 = \frac{EBIT + 折旧}{利息}$$

A 公司 2011 年的现金涵盖率为：

$$现金涵盖率 = \frac{691 + 276}{141} \approx 6.9(倍)$$

(三)资产管理(周转)计量指标

资产管理计量指标反映的是企业利用其资产的效率。企业利用其资产的效率高,表明等量资产占用取得的销售收入高,权益收益率提高,或者说是,实现等量的销售收入占用的资产金额较低,资金占用成本降低,权益收益率提高。

1. 存货周转率和存货周转天数

存货周转率是指在1年内一定量存货周转了多少次,因此,存货周转率也称为存货周转次数。由于存货包括原材料、在产品和半成品、产成品等,因而,存货周转额很难精确计算,通常用销售成本表示。其计算等式为:

$$存货周转率 = \frac{销售成本}{平均存货占用额}$$

A 公司 2011 年的存货周转率为:

$$存货周转率 = \frac{1344}{(422 + 393) \div 2} \approx 3.3(次)$$

存货周转天数是指存货周转一次所需要的天数。其计算等式为:

$$存货周转天数 = \frac{365}{存货周转率}$$

A 公司 2011 年的存货周转天数为:

$$存货周转天数 = \frac{365}{3.3} \approx 111(天)$$

存货是公司的重要资产,存货的周转率越高,表明公司对存货的管理效率越高。

2. 应收账款周转率和应收账款周转天数

应收账款周转率是指在产品赊销的情况下,一定量应收账款在1年内周转的次数,因此,应收账款周转率也称为应收账款周转次数。应收账款周转的结果是实现销售收入,因此,应收账款周转率是指销售收入与应收账款的比例。其计算等式为:

$$应收账款周转率 = \frac{销售收入}{应收账款}$$

A 公司 2011 年的应收账款周转率为:

$$应收账款周转率 = \frac{2311}{188} \approx 12.3(次)$$

需要注意的是,我们假设所有销售收入都是赊销的,否则,上述计算公式应当采用赊销金额,而不是全部销售收入。

应收账款周转天数是指应收账款周转一次所需要的天数,通常也称为应收账款账龄或应收账款平均回收期。其计算等式为:

$$应收账款周转天数 = \frac{365}{应收账款周转率}$$

A 公司 2011 年的应收账款周转天数为:

$$应收账款周转天数 = \frac{365}{12.3} \approx 30(天)$$

应收账款是公司重要的资产,应收账款周转率高,表明公司对应收账款管理的效率高。

3. 固定资产周转率

固定资产周转率是指销售收入与固定资产净值的比例。其计算等式为：

$$固定资产周转率 = \frac{销售收入}{固定资产净值}$$

A公司2011年的固定资产周转率为：

$$固定资产周转率 = \frac{2311}{2880} \approx 0.8(次)$$

固定资产周转率高,表明等量固定资产带来的销售收入多,固定资产的利用效率高。

4. 总资产周转率

总资产周转率是指销售收入与资产总额的比例。其计算等式为：

$$资产周转率 = \frac{销售收入}{资产总额}$$

A公司2011年的总资产周转率为：

$$资产周转率 = \frac{2311}{3588} \approx 0.64(次)$$

资产周转率高,表明等量资产带来的销售收入多,资产的利用效率高。

(四)获利能力计量指标

通过获利能力指标,可以分析企业利用资产的效率和经营管理业务的效率。

1. 利润率

利润率也称为销售利润率,是指净利润与销售收入的比例。其计算等式为：

$$利润率 = \frac{净利润}{销售收入}$$

A公司2011年的利润率为：

$$利润率 = \frac{363}{2311} \approx 14.7\%$$

利润率指标反映了单位销售收入能够获取的利润。该指标越高,说明费用率越低。

如果企业降价销售,销售量会提高,销售收入也会提高,但利润率会缩水。需要注意的是,企业的现金流量会增加,进而会实现薄利多销。因此,利润率较低并不一定是件坏事。

2. 资产报酬率(ROA)

资产报酬率也称为资产收益率,是指净利润与资产总额的比例。其计算等式为：

$$资产报酬率 = \frac{净利润}{资产总额}$$

A公司2011年的资产报酬率为：

$$资产报酬率 = \frac{363}{3588} \approx 10.12\%$$

资产报酬率反映了单位资产带来的净收益,即资产的获利能力。该指标越高,表明资产的盈利水平越好。在公司进行借款决策时,其重要依据是负债利率低于资产报酬率,因为只有负债利率低于资产报酬率,负债资金带来的收益在向债权人支付利息后才有剩余,才能增加股东收益,否则,借款就是不可行的。

3. 权益报酬率(ROE)

权益报酬率也称为权益收益率,是指净利润与权益总额的比例。其计算等式为:

$$权益报酬率 = \frac{净利润}{权益总额}$$

A 公司 2011 年的权益报酬率为:

$$权益报酬率 = \frac{363}{2591} \approx 14\%$$

权益报酬率反映了单位权益获得的净收益,即权益资本的获利能力。该指标越高,表明股东权益的收益水平越高。权益报酬率高于资产报酬率反映了 A 公司对财务杠杆的利用,即在资产收益率高于负债利率的情况下,负债率越高,权益报酬率越高。

(五)市场价值计量指标

反映公司市场价值的指标有以下三个:

1. 每股收益(EPS)

每股收益是指净利润与发行在外的股份数的比例。其计算等式为:

$$每股收益 = \frac{净利润}{发行在外的股份数}$$

每股收益反映了普通股的获利水平,该指标越高,说明每一股份获得的收益越多,股东的收益水平越好;反之则相反。

2. 每股净资产

每股净资产也称为每股账面价值,是指权益价值与发行在外的股份数的比例。其计算等式为:

$$每股净资产 = \frac{权益价值}{发行在外的股份数}$$

由于权益价值是由实收资本和各种公积金构成的,实收资本反映了股东的投资,公积金特别是盈余公积金反映了公司留存收益的累计余额,因而,每股净资产的多少反映了公司一定时期的盈利能力。

3. 市盈率(PE)

市盈率是指股价与每股收益的比例。其计算等式为:

$$市盈率 = \frac{股价}{每股收益}$$

市盈率反映了投资者基于对每股收益的预期愿意支付的股票价格。通常,对于高成长性的公司,投资者对于其未来每股收益水平的预期较高,愿意支付的股票价格也就较高,从而这类公司股票具有较高市盈率;反之则相反。从投资的角度来看,投资者按某一价格投资于某种股票,投资本金的收回依赖于每股收益,因此,市盈率指标反映了在预期的每股收益水平下,投资者收回投资所需要的时间。

市盈率的倒数即是投资收益率,这一指标反映了在一定的每股收益水平下的投资收益水平。

4. 市净率

市净率是指股价与每股账面价值的比例。其计算等式为:

$$市净率 = \frac{股价}{每股账面价值}$$

市净率指标反映了股票的市场价格偏离其账面价值的程度。根据股票价值评估原理,股票价格是由权益资产未来带来的收入现金流量决定的,而每股账面价值则是由权益资产发生的历史成本决定的,因此,市净率的高低反映了权益资产质量的好坏,即权益资产质量越好,市净率越高;反之则相反。

假设 A 公司发行在外的股份有 3300 万股,2011 年末的股价为 88 元。那么:

$$每股收益(EPS) = \frac{363}{33} = 11(元)$$

$$每股净资产 = \frac{2951}{33} \approx 89.42(元)$$

$$市盈率(PE) = \frac{88}{11} = 8(倍)$$

$$市净率 = \frac{88}{78.52} \approx 0.98(倍)$$

【拓展阅读】

杜邦恒等式

在获利能力计量指标中,权益收益率是反映股东获利能力的核心指标,是股东最关心的指标,正因如此,股东将权益报酬率设定为考核管理者业绩的指标。那么,从管理者的角度看,应采取怎样的措施提高权益报酬率呢? 为回答这一问题,必须明确决定权益报酬率的因素有哪些。杜邦恒等式通过对权益报酬率的层层分解,对这一问题做出了回答。

首先我们回忆一下权益报酬率的定义:

$$权益报酬率(ROE) = \frac{净利润}{权益总额}$$

将等式右边乘以资产/资产,则权益报酬率的等式变为:

$$权益报酬率 = \frac{净利润}{权益总额} \times \frac{资产}{资产} = \frac{净利润}{资产} \times \frac{资产}{权益总额}$$

通过第一层分解,我们将权益报酬率分解为资产报酬率和权益乘数的乘积,即:

$$权益报酬率 = 资产报酬率 \times 权益乘数 = ROA \times (1 + 债务权益率)$$

将上述等式右边乘以销售收入/销售收入,则权益报酬率的等式变为:

$$权益报酬率 = \frac{净利润}{资产} \times \frac{资产}{权益总额} \times \frac{销售收入}{销售收入} = \frac{净利润}{销售收入} \times \frac{销售收入}{资产} \times \frac{资产}{权益总额}$$

$$= 利润率 \times 总资产周转率 \times 权益乘数$$

通过第二层分解,我们将资产报酬率分解为利润率与总资产周转率的乘积,进而将权益报酬率进一步分解为利润率、总资产周转率和权益乘数的乘积。利润率指标反映了经营效率,总资产周转率指标反映了资产使用效率,权益乘数指标反映了利用财务杠杆的程度。因此,决定权益报酬率的因素有三个:一是经营效率,二是资产使用效率,三是利用财务杠杆程度。

运用杜邦恒等式计算的 A 公司 2011 年的权益报酬率为:

$$权益报酬率 = 利润率 \times 总资产周转率 \times 权益乘数 = 15.7\% \times 0.64 \times 1.39 = 14\%$$

第二节　长期财务计划

长期财务计划是公司对金融决策结果的财务反映,是对未来的经营活动、投资活动和筹资活动的规划,其编制依据是财务报表模块,体现为预期资产负债表、预期损益表和预期现金流量表。

一、长期财务计划的概念及意义

(一)财务计划的概念及内容

财务计划是企业对未来将要干什么的说明。

制定财务计划的基本政策要素包括:

1. 企业在新资产上所需的投资。它来自企业所选定的投资机会,并且是企业资本预算决策的结果。

2. 企业选择利用的财务杠杆程度。它决定了企业为实体资产投资而举借资金的数额,是企业资本结构决策的结果。

3. 企业认为有必要且适当地支付给股东的现金数额。它是企业股利决策的结果。

4. 企业在持续经营的前提下所需要的流动性程度和营运资本数额。它是企业营运资本决策的结果。

财务计划与金融决策的关系体现在财务计划是在公司金融决策的基础上做出的,是公司金融决策的结果。

财务计划分为长期财务计划和短期财务计划。短期财务计划在第十章阐述,本章阐述的是长期财务计划。

长期财务计划包括预期资产负债表、预期利润表和预期现金流量表。

(二)财务计划的意义

1. 制定财务计划可以使企业避免陷入财务困境和经营失败。因为制定长期财务计划是企业系统地考虑未来可能会面临的问题的一种方法。

2. 制定财务计划为企业建立了变革和增长的指南。因为长期财务计划是企业基于对未来经济状况的预测以及自身情况,通过一定的决策程序做出的,是对未来经营活动、投资活动以及筹资活动的规划。

二、制定财务计划的模型

(一)制定财务计划的要件

1. 销售预测

销售预测是制定财务计划的第一步。根据销售预测,可进一步预测实现销售所需要的资产以及支撑销售收入和资产所要进行的筹资。

2. 预计报表

财务计划需要有一套预测的资产负债表、利润表和现金流量表。它们被叫做预计报表,或者称为预报。

预计报表是用来概括对未来所做的不同情形的预测的一种形式。

预计报表是根据销售预测生成的,是财务计划的最终产物。

3. 资产需求

财务计划要能描述预测的资本性支出。预计资产负债表中至少包括固定资产总额和净资本的变动,这些变动实际上就是企业的总体资本预算。

4. 筹资需求

财务计划将包括一个关于必要的筹资安排的部分。资金可能考虑从内部筹集,也可能考虑从外部筹集,就外部筹资而言,可能是发售新股,也可能是举债,这些内容实际上就是长期融资、资本结构和股利政策。

5. 调剂

有了销售预测和对所需资产支出的预测之后,通常需要筹集一定数量的资金,因为预计的资产总额可能会超过预计的负债和所有者权益总额,导致资产负债表不平衡,为此,必须选定一个筹资调剂变量。这项调剂就是为了应付筹资的不足(或过剩),以便使资产负债表保持平衡。

6. 经济假设

财务计划必须明确指出企业在计划期内预计所面临的经济环境。在必须做出的多个经济假设中,包括利率水平和企业税率。

(二)一个简单的财务计划制定模型

假设某企业最近年度的财务报表如表2-11、表2-12所示。

表2-11 利润表 （单位：百万元）

项目	金额
销售收入	1000
成本	800
净利润	200

表2-12 资产负债表 （单位：百万元）

项目	金额	项目	金额
资产	500	债务	250
		权益	250
总额	500	总额	500

假设销售收入增长幅度为20%，从1000百万元增长到1200百万元，那么，计划制定人员可以预测成本也增加了20%，从800百万元增加到960百万元。这样，预计的利润表就是：

表2-13 预计利润表 （单位：百万元）

项目	金额
销售收入	1200（+200）
成本	960（+160）
净利润	240（+40）

所有变量都将增长20%的假设使我们同样能够构建预计资产负债表，见表2-14。

表2-14 预计资产负债表 （单位：百万元）

项目	金额	项目	金额
资产	600（+100）	债务	300（+50）
		权益	300（+50）
总额	600（+100）	总额	600（+100）

需要注意的是，我们只是简单地把每一个项目增加了20%。

现在我们必须来协调这两张预计报表。例如，怎样才能使净利润等于240百万元，而权益只增加50百万元？答案是以现金股利的形式向股东支付两者之间的差额190

百万元(240 百万元 - 50 百万元)。在这种情况下,股利是调剂变量。

假设公司并没有支付出这 190 百万元。在这种情况下,留存收益的增加是全部的 240 百万元。结果,公司的权益增加到 490 百万元(250 百万元 + 240 百万元)。公司必须偿还部分债务才能保证资产总额增加 600 百万元,债务金额为 110 百万元(600 百万元 - 490 百万元),债务偿还额为 140 百万元(250 百万元 - 110 百万元)。在此情况下,债务成为平衡预计资产总额和负债及所有者权益总额的调剂变量,见表 2 - 15。

表 2 - 15　预计资产负债表　　　　　　　　　　(单位:百万元)

项目	金额	项目	金额
资产	600(+ 100)	债务	110(- 140)
		权益	490(+ 240)
总额	600(+ 100)	总额	600(+ 100)

上面这个简单的例子表明,销售增长与筹资政策之间的相互影响,即随着销售收入的增加,资产也会相应增加,必然要求负债和所有者权益的增加,而负债和所有者权益的变动取决于企业的筹资政策和股利政策。也就是说,企业资产的增长要求企业决定如何为这种增长筹集资金,可以考虑从内部筹集资金,也可以考虑从外部筹集资金。

(三)销售收入百分比法

在前面的财务计划制定模型中,每一个项目都与销售收入同步增长。这一假设对某些要素而言是合理的,例如流动资产,而对某些要素而言则是不合理的,例如长期借款。

下面我们将利润表和资产负债表分成两组:一组直接随销售收入而变动,另一组则不是。给定一个销售预测,我们就能计算出为了支撑预计的销售收入水平,企业将需要筹集多少资金。

接下来的财务计划制定模型建立在销售收入百分比法基础之上。所谓销售收入百分比法,就是根据财务报表中的项目占销售收入百分比来计算其预计值的一种方法。

比如,上期销售收入是 1000 百万元,销售成本为 800 百万元,本期销售收入增长 25%,变为 1250 百万元,销售成本占销售收入的比例为 80%,则销售成本变为 1000 百万元(800 × 1.25 或 1250 × 80%)。

1. 利润表

X 公司最近的利润表见表 2 - 16。

表2-16 利润表 （单位：百万元）

项目	金额
销售收入	1000
成本（包括折旧、利息）	800
应税所得额	200
所得税（34%）	68
净利润	132
股利	44
留存收益增加	88

X公司预计下一年度销售收入将增长25%，因此，预计销售收入为1000百万元×1.25＝1250百万元。我们假设成本总额将继续保持销售收入的80%（800/1000），据此，我们就可以编制出该公司的预计利润表。见表2-17。

表2-17 X公司预计利润表 （单位：百万元）

项目	金额
销售收入（预测）	1250
成本（占销售收入的80%）	1000
应税所得额	250
所得税（34%）	85
净利润	165

接下来需要预计股利支出。股利支出水平取决于公司管理当局制定的股利政策。最近年度，公司股利支付率为：

$$股利支付率 = \frac{现金股利}{净利润} = \frac{44}{132} = 33.33\%$$

$$留存收益增加额对净利润的比率 = \frac{88}{132} = 66.67\%$$

这一比率叫提存率，也叫再投资比率。

预计的股利支付金额＝165百万元×33.33%≈55百万元

预计留存收益增加额＝165百万元×66.67%≈110百万元

2.资产负债表

表2-18　X公司资产负债表　　　　　　　　（单位:百万元）

项目	金额	占比	项目	金额	占比
资产			负债及所有者权益		
流动资产			流动负债		
现金	160	16%	应付账款	300	30%
应收账款	440	44%	应付票据	100	–
存货	600	60%	小计	400	–
小计	1200		长期债务	800	–
固定资产			所有者权益		
厂房和设备净值	1800	180%	股本	800	–
			留存权益	1000	–
			小计	1800	–
资产总额	3000	300%	负债及所有者权益	3000	–

说明:

①对于随销售收入变动而变动的项目,列示了其占销售收入的百分比;对于不随销售收入变动而变动的项目,用"-"表示"不适用"。

②资产项目通常随销售收入的增长而增长。资产对销售收入的百分比有时称为资本密集度,即资产周转率的倒数。

③负债方:应付账款通常随销售收入的变动而变动,其原因是供应商的订单增加。应付票据代表短期债务,如短期银行借款,通常不随销售收入的变动而变动。长期债务和股本不随销售收入的变动而变动。

表2-19　X公司预计资产负债表　　　　　　（单位:百万元）（局部）

项目	当年	变动	项目	当年	变动
资产			负债及所有者权益		
流动资产			流动负债		
现金	200	40	应付账款	375	75
应收账款	550	110	应付票据	100	0
存货	750	150	小计	475	75
小计	1500	300	长期债务	800	0
固定资产			所有者权益		
厂房和设备净值	2250	450	股本	800	0
			留存权益	1110	110
			小计	1910	110
资产总额	3750	750	负债及所有者权益	3185	185
			所需外部筹资	565	565

从表2-19看出,资产预计增加了750百万元,而负债和权益只增加了185百万元,尚有565百万元的资金缺口。这一缺口通常称为所需外部筹资。

对于这一资金缺口,可以通过三种渠道来筹集资金:短期借款、长期借款和新权益。

假设公司管理当局决定借入资金。可以选择一部分短期借款和一部分长期借款。例如,流动资产增加了300百万元,而流动负债只增加了75百万元,为使营运资本总体水平保持不变,公司可以借入225百万元。在565百万元的资金缺口中,剩下的340百万元只能来自长期债务。

此外,如果公司有闲置生产能力,随着销售收入增长,固定资产投资可以不用增加,从而对外部筹资的要求降低。

表2-20列示了完整的资产负债表。

表2-20　X公司预计资产负债表　(单位:百万元)

项目	当年	变动	项目	当年	变动
资产			负债及所有者权益		
流动资产			流动负债		
现金	200	40	应付账款	375	75
应收账款	550	110	应付票据	325	225
存货	750	150	小计	700	300
小计	1500	300	长期债务	1140	340
固定资产			所有者权益		
厂房和设备净值	2250	450	股本	800	0
			留存权益	1110	110
			小计	1910	110
资产总额	3750	750	负债及所有者权益	3750	750

【拓展阅读】

外部增长与筹资

1. 所需的外部筹资(External Financing Needing, EFN)与增长

为考察公司所需外部筹资(EFN)与增长之间的关系,我们编制简化的Y公司的利润表和资产负债表,见表2-21和表2-22。

在利润表中,我们依然把折旧、利息和成本合并在一起。

在资产负债表中,我们把短期债务和长期债务合并为单一的债务数据。

表 2-21　Y 公司的利润表　　　　　　　　（单位:百万元）

项目	金额
销售收入	500
成本	400
应税所得额	100
所得税(34%)	34
净利润	66
股利	22
留存收益增加	44

表 2-22　Y 公司的资产负债表　　　　　　（单位:百万元）

项目	金额	占销售收入的百分比	项目	金额	占销售收入的百分比
资产			负债及所有者权益		
流动资产	200	40%	债务总额	250	-
固定资产净值	300	60%	所有者权益	250	-
资产总额	500	100%	负债及所有者权益总额	500	-

　　假设 Y 公司的销售收入增长 20%,我们可以运用销售收入百分比法和表 2-21、表 2-22 的数据编制 Y 公司的预计利润表与预计资产负债表。见表 2-23、表 2-24。

表 2-23　Y 公司预计的利润表　　　　　　（单位:百万元）

项目	金额
销售收入	600.0
成本	480.0
应税所得额	120.0
所得税(34%)	40.8
净利润	79.2
股利	26.4
留存收益增加	52.8

表 2-24 Y 公司预计的资产负债表   （单位:百万元）

项目	金额	占销售收入的百分比	项目	金额	占销售收入的百分比
资产			负债及所有者权益		
流动资产	240.0	40%	债务总额	250.0	—
固定资产净值	360.0	60%	所有者权益	302.8	—
资产总额	600.0	100%	负债及所有者权益总额	522.8	—
			所需的外部筹资	47.2	—

注:表中的所有者权益金额 302.8 百万元 = 250 百万元 + 52.8 百万元。

对于所需的外部筹资,可以发行新权益筹集,也可以举债筹集。如果公司不希望发行新权益,这 47.2 百万元的资金必须外借。对外借款将影响公司的债务权益比率。原先的债务权益比率是 250/250 = 1,对外借款后将是 (250 + 47.2)/302.8 = 0.98。

表 2-25 列示了在不同增长率下的 EFN,以及留存收益增加额和预计债务权益比率。从表中可以看出,在较低的增长率下,公司的资金有剩余,债务权益比率也较低,随着增长率的上升,剩余变成了赤字,债务权益比率也逐步提高。

表 2-25 Y 公司的增长与预计 EFN

预计销售收入增长(%)	所需资产增加额	留存收益增加额	所需的外部筹资	预计债务权益比率
0	0	44.0	-44.0	0.70
5	25	46.2	-21.2	0.77
10	50	48.4	1.6	0.84
15	75	50.6	24.4	0.91
20	100	52.8	47.2	0.98
25	125	55.0	70.0	1.05

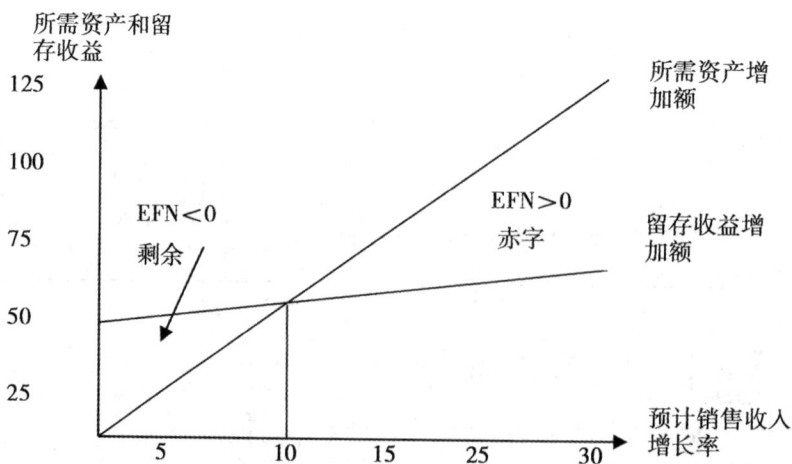

图 2-2 Y 公司的增长与所需筹资

图2-2展示了表2-25中的增长率所对应的资产需求和留存收益增加额,更详细地体现了销售收入的增长和所需外部筹资之间的关系。如图所示,伴随着销售收入的增长,资产需求的增长速度快于留存收益的增长速度,导致赤字快速增加,短缺资金只能从外部筹集。也就是说,依靠留存收益增加只能支撑一定的销售收入增长,要实现销售收入的快速增长,还得依靠外部筹资。

2. 筹资政策与增长

(1)内部增长率

所谓内部增长率,是指在没有任何形式的外部筹资的情况下所能达到的最大的增长率。在图2-2中,两条线的交点所对应的增长率就是内部增长率。在这一点上,所需的资产增加额刚好等于留存收益的增加额,即 EFN＝0。

根据内部增长率的定义:

$$资产增加额 = 留存收益增加额$$

$$资产 \times 内部增长率 = 净利润 \times (1 + 内部增长率) \times 提存率$$

$$内部增长率 = \frac{净利润}{资产} \times (1 + 内部增长率) \times 提存率$$

$$= ROA \times (1 + 内部增长率) \times b$$

$$= ROA \times b + ROA \times 内部增长率 \times b$$

$$内部增长率 = \frac{ROA \times b}{1 - ROA \times b}$$

式中,ROA表示资产收益率,b代表再投资率或提存率。

就Y公司而言,其内部增长率为:

$$内部增长率 = \frac{0.132 \times (2/3)}{1 - 0.132 \times (2/3)} = 9.65\%$$

(2)可持续增长率

所谓可持续增长率,是指在保持固定的债务权益比率,同时没有任何外部权益筹资的情况下所能够达到的最大增长率。

根据可持续增长率的定义:

$$资产增加额 = 留存收益增加额 + 债务增加额 = 权益增加额 + 债务增加额$$

由于:

$$资产增加额 = 资产 \times 可持续增长率$$

$$权益增加额 = 净利润 \times (1 + 可持续增长率) \times 提存率$$

$$\frac{债务}{权益} = \frac{债务 + 债务增加额}{权益 + 权益增加额}$$

$$债务增加额 = \frac{债务}{权益} \times 权益增加额$$

所以:

$$资产 \times 可持续增长率 = 权益增长额 + \frac{债务}{权益} \times 权益增加额$$

$$= 权益增加额 \times \left(1 + \frac{债务}{权益}\right)$$

$$= 权益增加额 \times \frac{资产}{权益}$$

$$可持续增长率 = \frac{权益增加额}{权益}$$

又由于：

$$权益增加额 = 净利润 \times (1 + 可持续增长率) \times 提存率$$

所以：

$$可持续增长率 = \frac{净利润 \times (1 + 可持续增长率) \times 提存率}{权益}$$

$$= 权益收益率 \times (1 + 可持续增长率) \times 提存率$$

$$可持续增长率 = \frac{权益收益率 \times 提存率}{1 - 权益收益率 \times 提存率} = \frac{ROE \times b}{1 - ROE \times b}$$

式中，ROE 表示权益收益率，b 代表再投资率或提存率。

就 Y 公司而言，其内部增长率为：

$$可持续增长率 = \frac{0.264 \times (2/3)}{1 - 0.264 \times (2/3)} = 21.36\%$$

（3）增长率的决定因素

可持续增长率的计算等式表明，决定增长率的因素有两个：一是权益收益率，即 ROE，二是再投资率。根据本章第一节介绍的杜邦等式，决定权益收益率的因素有三个：一是利润率，二是总资产周转率，三是权益乘数。据此，我们可以将增长率的决定因素归纳为：

①利润率。利润率反映单位销售收入带来的净利润的多少，因此，在销售收入既定的情况下，利润率的提高可以提升公司的盈利水平。在既定的股利政策下，盈利水平的提升可以增强公司从内部产生现金的能力，增加留存收益规模。在既定的筹资政策下，留存收益规模的增加在增加内部融资能力的同时，还可增强外部负债融资能力，提高可持续增长率。

②股利政策。在公司盈利水平既定的情况下，股利政策确定的股利支付率低，即再投资率较高，会增强公司从内部产生现金的能力，增加留存收益规模。在既定的筹资政策下，留存收益规模的增加在增加内部融资能力的同时，还可增强外部负债融资能力，提高可持续增长率。

③筹资政策。筹资政策决定了公司的债务权益比率。如果公司筹资政策确定的债务权益比率较高，在留存收益水平既定的情况下，公司对外负债能力就强，进而可提高公司的可持续增长率。

④总资产周转率。总资产周转率反映的是单位资产带来的销售收入的多少。总资产周转率提高可以减少销售增长对新资产的需求，即实现等量的销售增长所需资产减

少,或者是,等量的资产增加带来更多的销售增长。

【本章小结】

1. 财务报表由基本报表、附表、附注以及财务情况说明书等组成。基本报表包括资产负债表、利润表(损益表)和现金流量表。

资产负债表反映了在给定时点上,企业拥有什么(企业的资产)、企业欠别人什么(企业的负债)以及两者之差(股东权益)。资产负债表的恒等式为"资产 = 负债 + 股东权益"。

利润表计量的是某一特定时期公司的经营业绩。利润表的等式是"收入 - 费用 = 利润"。利润表可以提供经营现金流量信息,即经营现金流量 = 息税前收益(EBIT) + 折旧 - 所得税。

从资产负债表和利润表我们可以获取的最为有用的信息是现金流量。现金流量恒等式是"来自资产的现金流量 = 流向债权人的现金流量 + 流向股东的现金流量"。

现金流量表反映的是企业一定时期内(一定会计期间内)有关现金流入与流出的信息。编制现金流量表的基本观念是将公司现金流量的变动按其产生的原因归并为三类:经营活动产生的现金流量、投资活动产生的现金流量和筹资活动产生的现金流量。

根据财务报表提供的信息,公司的所有者和债权人可以通过一系列财务比率指标来设定公司业绩目标,同时对管理者施加限制。

2. 财务计划是企业对未来将要干什么的说明。财务计划分为长期财务计划和短期财务计划。长期财务计划包括预期资产负债表、预期利润表和预期现金流量表。

编制长期财务计划是从销售预测入手,即首先编制预期利润表,在此基础上编制预期资产负债表。预期利润表与预期资产负债表之间的内在联系是预期资产负债表的留存收益增加额来自于预期利润表的留存收益。编制长期财务计划通常采用销售收入百分比法。

内部增长率是指在没有任何形式的外部筹资的情况下所能达到的最大增长率。可持续增长率是指在保持固定的债务权益比率,同时没有任何外部权益筹资的情况下所能够达到的最大增长率。

【复习思考题】

1. 公司财务报表中的基本报表包括_____、_____和_____。

2. 资产负债表平衡等式为:_____ = _____ + _____。

3. 净营运资本 = _____ - _____。

4. 根据利润表,息税前收益 = _____ - _____ - _____。

5. 经营现金流量 = _____ + _____ - _____。

6. 现金流量恒等式为:来自资产的现金流量 = _____ + _____。

7. 来自资产的现金流量包括三个部分:_____、_____和_____。

8. 流向债权人的现金流量 = _____ + 偿还的本金 - 新的借款。

9. 流向股东的现金流量 = _____ - 权益筹资净额。

10. 根据杜邦恒等式,权益报酬率 = _____ × _____ × _____。

11. 长期财务计划由 _____、_____ 和 _____ 构成。

12. 内部增长率 = (资产收益率 × 提存率)/(1 - _____ × _____)。

13. 可持续增长率 = (权益收益率 × 提存率)/(1 - _____ × _____)。

14. 资产负债表反映出了怎样的信息?

15. 某公司最近年度的利润表如下:

利润表 （单位:万元）

项目	金额
销售收入	2000
成本(包括折旧、利息)	1500
所得税(25%)	125
净利润	375
股利	150
留存收益	225

该公司预计下一年度销售收入将增长20%,同时假设下一年度成本总额占销售收入的比例以及股利支付比率保持不变。

要求:采用销售收入百分比法编制该公司的预计利润表。

预计利润表 （单位:万元）

项目	金额
销售收入	
成本(包括折旧、利息)	
所得税(25%)	
净利润	
股利	
留存收益	

16. 某公司最近年度资产负债表中的项目及其占销售收入的比例见下表:

资产负债表 （单位:万元）

项目	金额	占比	项目	金额	占比
流动资产	1200	120%	负债	1200	-
固定资产净值	1800	180%	所有者权益		
			股本	800	-
			留存收益	1000	-
			小计	1800	-
资产总额	3000	300%	负债及所有者权益总额	3000	-

该公司预计下一年度销售收入将增长25%,预计的利润表如下:

预计利润表　　　　　　　　　　　　　　　　　（单位:万元）

项　目	金额
销售收入	1250
成本(占销售收入的80%)	1000
应税所得额	250
所得税(34%)	85
净利润	165
股利	66
留存收益	99

伴随着销售收入的增长,公司资产增加,所需资本也增加。公司管理层决定,对于资金缺口,通过负债的方式解决。

要求:采用销售收入百分比法编制公司的预计资产负债表。

预计资产负债表　　　　　　　　　　　　　　　　（单位:万元）

项　目	金额	项　目	金额
流动资产		负债	
固定资产净值		所有者权益	
		股本	
		留存收益	
		小计	
资产总额		负债及所有者权益总额	

第三章 | CHAPTER 3

货币的时间价值与有价证券估价

【学习目标】

通过本章的学习,熟悉计算货币时间价值的基本原理和方法,掌握债券和股票估价的基本原理和方法以及债券收益率的决定因素和股票价值的决定因素。

【重要概念】

货币时间价值　现值　债券价值　股票价值　债券到期收益率　收益率曲线　利率期限结构

在第一章中我们讲到,资本预算决策是公司金融研究的重要内容之一。资本预算决策就是借助于一定的方法对项目投资的现金流入量与现金流出量进行比较,进而评价项目的经济可行性。由于货币是具有时间价值的,即货币在不同的时点具有不同的价值,因而,要对项目投资的现金流入量与现金流出量进行比较,必须将项目投资的现金流入量与现金流出量换算成期初的现金流量,通过比较项目投资的现金流入量与现金流出量的现值,对项目投资的经济可行性作出评价。这就需要掌握计算货币时间价值的基本原理和方法,掌握现值这一公司金融的基本分析工具。

为筹集项目投资所需金融资本,公司可以采取发行债券和股票等筹资方式。要保证债券和股票的顺利发行,公司必须合理确定债券和股票的价格,即要估算债券和股票的价值。此外,估算权益资本成本和估算债券资本成本是借助于股票估价模型和债券估价模型进行的,因此,在阐述资本成本这部分内容之前,也需要掌握股票和债券的价值估算知识。由于债券和股票的价值实质上是债券和股票未来取得的收入现金流量的现值的和,是与货币时间价值紧密相关的,因而,本章在阐述计算货币时间价值计算的基本原理和方法之后,阐述债券和股票的价值估算原理与方法。

第一节　货币的时间价值的计算

所谓货币的时间价值,是指货币在不同的时点上具有不同的价值。比如,今年的 1 元钱不等于去年的 1 元钱,而是小于去年的 1 元钱,也不等于明年的 1 元钱,而是大于明年的 1 元钱。

从全社会来看,货币的时间价值是由全社会平均的利润率水平决定的。货币的时间价值实质上是指在不考虑通货膨胀条件下全社会的无风险报酬率。货币的时间价值可以用绝对数表示,也可以用相对数表示。在现实生活中,人们通常用银行存贷款利率或国债利率来表示。

货币的时间价值的计算主要有以下几种计算方法:

一、单利终值和现值的计算

所谓单利,是指只是根据本金计算利息。所谓单利终值,是指在一定的利率条件下,现在一定量资金在一定时期后按单利计算的本利和。其计算公式为:

$$FV_n = PV_0 \times (1 + r \times n) \tag{3-1}$$

式中,PV_0 代表现值;FV_n 代表终值;r 代表利率;n 代表计息期数。

所谓单利现值,是指在一定的利率条件下,未来某一时期的一定量资金按单利计算的现在的价值。其计算公式为:

$$PV_0 = FV_n \times \frac{1}{(1 + r \times n)} \tag{3-2}$$

式中,字母含义同上。

二、复利终值和现值的计算

所谓复利,是指将上期的利息结转到本期与本金一起计算利息,俗称"利滚利"。所谓复利终值,是指在一定的利率条件下,现在一定量资金在一定时期后按复利计算的本利和。其计算公式为:

$$FV_n = PV_0 \times (1 + r)^n \tag{3-3}$$

式中字母含义同上。

式中,$(1 + r)^n$ 称为一元复利终值系数,简写为 FVIF(r,t),可通过查一元复利终值系数表求得。

所谓复利现值,是指在一定的利率条件下,未来某一时期的一定量资金按复利计算的现在的价值。其计算公式为:

$$PV_0 = FV_n \times \frac{1}{(1 + r)^n} \tag{3-4}$$

式中,字母含义同上。

式中,$\frac{1}{(1+r)^n}$称为一元复利现值系数,简称 PVIF(r,t),可通过查一元复利现值系数表求得。将未来一定量的资金换算成现在的价值,这一过程称为贴现,所使用的利率称为贴现率,一元复利现值系数也称为贴现系数。

三、多期现金流量终值和现值的计算

1. 多期现金流量终值的计算

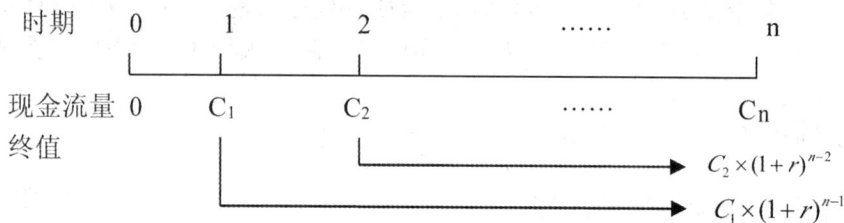

$$FV_n = C_1 \times (1+r)^{n-1} + C_2 \times (1+r)^{n-2} + \cdots\cdots + C_n \qquad (3-5)$$

2. 多期现金流量现值的计算

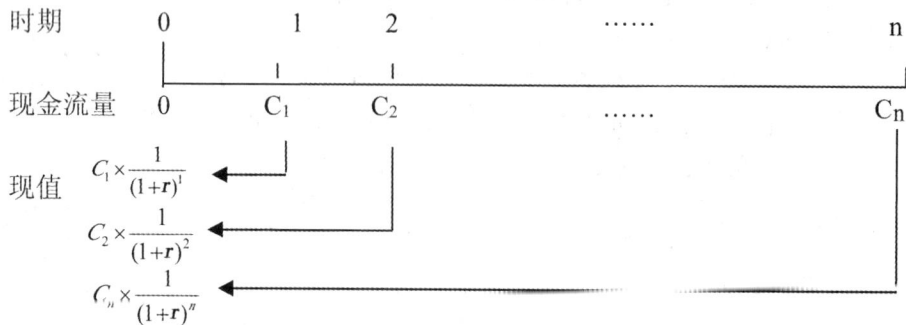

$$PV_0 = C_1 \times \frac{1}{(1+r)^1} + C_2 + \frac{1}{(1+r)^2} + \cdots\cdots + C_n \times \frac{1}{(1+r)^n} \qquad (3-6)$$

四、年金终值和现值的计算

年金是指一定期间内每期相等金额的收付款项。根据收付款时间的不同,分为后付年金和先付年金。后付年金也称为普通年金,是指等额的收付款项发生在每期期末;先付年金也称为预付年金,是指等额的收付款项发生在每期期初。此外,还有延期年金和永续年金等形式。延期年金是指间隔一定期间才发生的每期期末等额系列款项的收付,永续年金是指无限连续的等额系列款项的收付。

(一)后付年金终值和现值的计算

1. 后付年金终值的计算

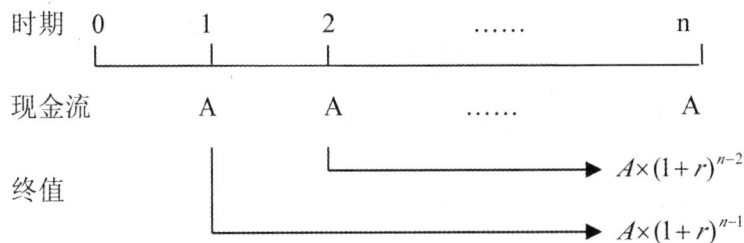

$$FV_n = A \times (1+r)^{n-1} + A \times (1+r)^{n-2} + \cdots\cdots + A$$

$$= A \times [(1+r)^{n-1} + (1+r)^{n-2} + \cdots\cdots + (1+r)^0]$$

$$= A \times \left[\frac{(1+r)^n - 1}{r}\right] \qquad (3-7)$$

式中，A 表示年金，中括号内的项目称为年金终值系数，可通过查年金终值系数表求得。年金终值系数的简写形式为 FVIFA(r,t)。年金终值系数为 1 至 n 期的一元复利终值系数的和。银行储蓄存款中的零存整取即属于典型的年金终值计算，此外，在保险、租赁等业务中，年金终值具有很广泛的应用。

2. 后付年金现值的计算

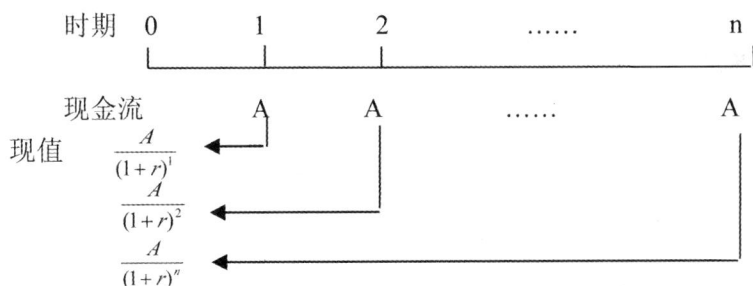

$$PV_0 = A \times \frac{1}{(1+r)^1} + A \times \frac{1}{(1+r)^2} + \cdots\cdots + A \times \frac{1}{(1+r)^n}$$

$$= A \times \left[\frac{1}{(1+r)^1} + \frac{1}{(1+r)^2} + \cdots\cdots + \frac{1}{(1+r)^n}\right]$$

$$= A \times \left[\frac{1 - (1+r)^{-n}}{r}\right] \qquad (3-8)$$

式中，A 表示年金，中括号内的项目称为年金现值系数，可通过查年金现值系数表求得。年金现值系数的简写形式为 PVIFA(r,t)。年金现值系数为 1 至 n 期的一元复利现值系数的和。年金现值在资产的估价、租金的确定及保险业务中具有广泛的用途。

（二）先付年金终值和现值的计算

先付年金与后付年金并无实质性的差别，两者仅在于收付款时间不同。

1. 先付年金终值的计算

时期　0　　　　1　　　　2　　…………　n-1　　　　n

现金流 A　　　　A　　　　A　　……　　A

终值

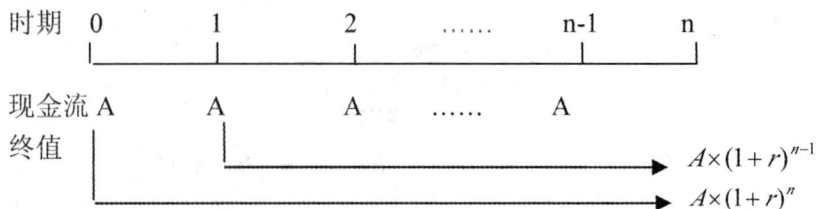

$$FV_n = A \times (1+r)^n + A \times (1+r)^{n-1} + \cdots\cdots + A(1+r)$$
$$= A \times [(1+r)^n + (1+r)^{n-1} + \cdots\cdots + (1+r)^1]$$
$$= A \times (1+r) \times [(1+r)^{n-1} + (1+r)^{n-2} + \cdots\cdots + (1+r)^1]$$
$$= A \times (1+r) \times \left[\frac{(1+r)^n - 1}{r}\right] \tag{3-9}$$

2. 先付年金现值的计算

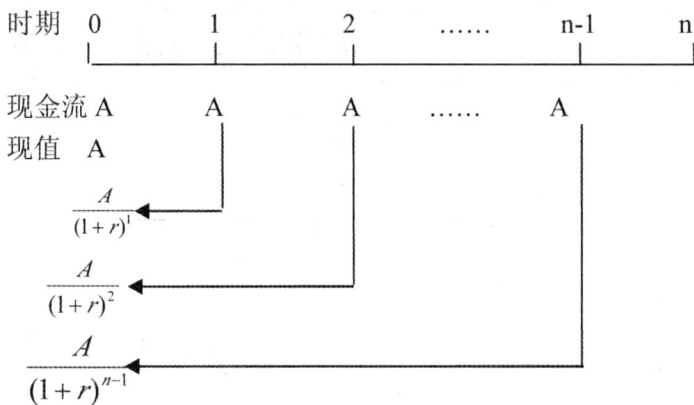

时期　0　　　　1　　　　2　　…………　n-1　　　　n

现金流 A　　　　A　　　　A　　……　　A

现值　A

$$\frac{A}{(1+r)^1}$$

$$\frac{A}{(1+r)^2}$$

$$\frac{A}{(1+r)^{n-1}}$$

$$PV_0 = A + A \times \frac{1}{(1+r)^1} + A \times \frac{1}{(1+r)^2} + \cdots\cdots + A \times \frac{1}{(1+r)^{n-1}}$$
$$= A \times \left[\frac{1}{(1+r)^0} + \frac{1}{(1+r)^1} + \frac{1}{(1+r)^2} + \cdots\cdots + \frac{1}{(1+r)^{n-1}}\right]$$
$$= A \times \left[\frac{1}{(1+r)^1} + \frac{1}{(1+r)^2} + \cdots\cdots + \frac{1}{(1+r)^n}\right] \times (1+r)$$
$$= A \times \left[\frac{1-(1+r)^{-n}}{r}\right] \times (1+r) \tag{3-10}$$

(三)延期年金现值的计算

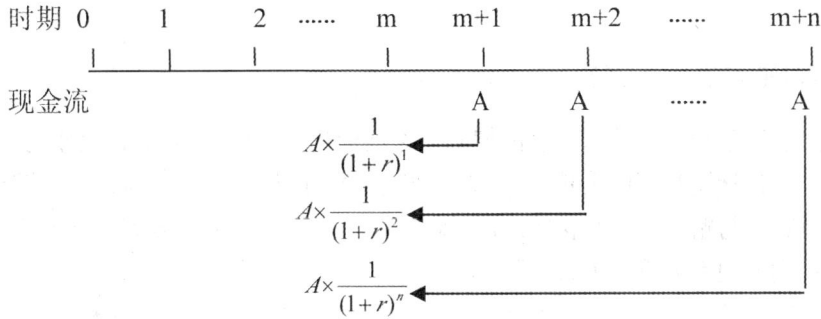

时期 0　1　2　……　m　m+1　m+2　……　m+n

现金流　　　　　　　　　A　A　……　A

$A\times\dfrac{1}{(1+r)^1}$

$A\times\dfrac{1}{(1+r)^2}$

$A\times\dfrac{1}{(1+r)^n}$

$$PV_m = A\times\frac{1}{(1+r)^1} + A\times\frac{1}{(1+r)^2} + \cdots + A\times\frac{1}{(1+r)^n}$$

$$PV_0 = PV_m \times \frac{1}{(1+r)^m} \tag{3-11}$$

(四)永续年金现值的计算

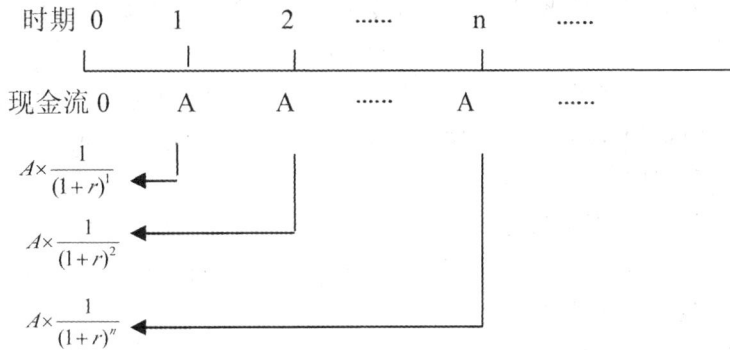

时期 0　1　2　……　n　……

现金流 0　A　A　……　A　……

$A\times\dfrac{1}{(1+r)^1}$

$A\times\dfrac{1}{(1+r)^2}$

$A\times\dfrac{1}{(1+r)^n}$

$$PV_0 = A\times\frac{1}{(1+r)^1} + A\times\frac{1}{(1+r)^2} + \cdots + A\times\frac{1}{(1+r)^n}$$

$$PV_0 = A\times\left[\frac{1}{(1+r)^1} + \frac{1}{(1+r)^2} + \cdots + \frac{1}{(1+r)^n}\right]$$

$$PV_0 = A\times\left[\frac{1-1/(1+r)^n}{r}\right]$$

当 $n\to\infty$ 时，$1/(1+r)^n\to 0$，所以，

$$PV_0 \approx A\times\frac{1}{r}(n\to\infty) \tag{3-12}$$

五、计息期和贴现率

(一)计息期和贴现率的确定

所谓计息期,是指每次计算利息的期限。在前面的计算中,都是假设以年为一个计息期。实际上,计息期既可以是年,也可以是半年、季、月甚至是天。但是,不管计息期如何划分,计息期与贴现率必须保持匹配,即如果计息期是年,则贴现率为年利率,如果计息期是季,则贴现率为季利率,以此类推。

已知年利率,则季利率为年利率除以 4,月利率为年利率除以 12,日利率为年利率除以 360。

(二)贴现率的确定

在前面的计算中,我们都是以利息率作为贴现率的。实际上,以利息率作为贴现率的场合并不多,更多的场合是以投资者要求的必要报酬率作为贴现率,这一必要报酬率也就是第五章讲的资本成本。

在已知计息期 n,现金流量的终值或现值的情况下,如何求贴现率? 其计算可分两步进行:第一步,求出复利(年金)现值(终值)系数;第二步,根据该系数求出相应的贴现率。这里又分两种情况:第一种情况是根据计算出的复利(年金)现值(终值)系数及相应的计息期数 n,查相应的系数表直接得出贴现率。这种情况并不多见,常见的是第二种情况,即计算出来的系数在相应的系数表中没有正好相对应的系数,而是介于两个系数之间,这时就要采用插值法来计算。

【例 3 - 1】某公司采取按揭贷款购车,该车市价为 157950 元,银行要求的首付比率为 20%,贷款期限为 5 年,公司在未来 5 年的年末等额地向银行支付贷款本息 30000元。试问银行按揭贷款的利率是多少?

解:已知 A = 30000 元,n = 5 年

$PV_0 = 157950 \times (1 - 20\%) = 126360(元)$

$126360 = 30000 \times \left[\dfrac{1 - 1/(1 + r)^n}{r} \right]$

$\left[\dfrac{1 - 1/(1 + r)^n}{r} \right] = \dfrac{126360}{30000} = 4.212$

查年金现值系数表,系数为 4.212,时期为 5,对应的贴现率为 6%。

接上例,如果每年年末还本付息数额改为 29500 元,则有:

$\left[\dfrac{1 - 1/(1 + r)^n}{r} \right] = \dfrac{126360}{29500} = 4.283$

从年金现值系数表中可以看出,在 n = 5 的各系数中,r = 5% 时,系数为 4.329,r = 6% 时,系数为 4.212。可见,贴现率应在 5% 至 6% 之间。设 x 为应得贴现率超过 5%

的差,则采用插值法计算贴现率的过程见下图 3 – 1。

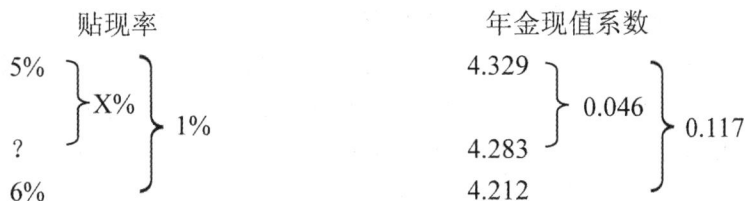

图 3 – 1　插值法

$$\frac{1}{x} = \frac{0.117}{0.046}$$

$x = 0.393\%$

$r = 5\% + 0.393\% = 5.393\%$

当然,用插值法计算 r 是种近似的算法。

六、报价利率与实际利率

在前面的计算中,作为贴现率的利率是报价利率,而实际利率则是在复利条件下实际赚取的利率。报价利率与实际利率是不一样的,即实际利率高于报价利率,复利次数越多,实际利率高于报价利率的部分越大。

【例 3 – 2】在年利率 10% 的情况下投资 1 元,1 年后你将拥有 $1 \times (1 + 10\%) = 1.1$ 元,报价利率与实际利率都是 10% 。在半年利率 5% 的情况下投资 1 元,1 年后你将拥有:

$1 \times (1 + 5\%)^2 = 1.1025$（元）

报价利率是 10% ,而实际利率是 0.1025/1 = 10.25% 。

报价利率与实际利率之间的换算关系为:

实际利率 = $(1 + $ 报价利率/复利次数$)^{复利次数} - 1$

在上例中,实际利率 = $(1 + 10\%/2)^2 - 1 = (1 + 5\%)^2 - 1 = 1.1025 - 1 = 0.1025$。

第二节　有价证券估价——债券估价

证券是各类财产所有权或债权凭证的总称,是用来证明证券持有人有权取得相应权益的凭证。凡根据一国政府有关法律法规所发行的证券都具有法律效力,合法性是证券的一大特点。股票、债券、基金凭证、票据、保险单和存款单等都是证券。证券按其法律属性不同,可分为证据证券、凭证证券和有价证券。

一、有价证券估价概述

有价证券是一种具有一定票面金额,证明持券人有权按期取得一定收入,并可自由转让和买卖的所有权或债权证书。

按照权益的不同,可将有价证券分为权益类有价证券和债权类有价证券。权益类有价证券是表明持有人拥有剩余索取权的所有权证书,最典型的如普通股股票;债权类有价证券则是表明持有人到期有权收回本金及利息的债权凭证,如债券。还有一类有价证券,其性质介于上述两类证券之间,如优先股股票。

二、债券估价

(一)债券的特点和术语

债券一直被人们视为最保守的投资工具,其价格不会在一日之内暴涨暴跌为投资者带来巨大风险。尽管如此,考虑到市场利率受市场供求状况的影响,也代表投资者对未来的趋势的预测,因而处于经常变动中,债券价格也随之波动。且不同品种的债券,其风险表现也会不同。这也是投资者在进行投资决策时需要重点考虑的问题。

1. 债券的特点

从发行者的角度看,债券的基本特点是还本付息。除此之外,债券还具有以下特点:(1)债券持有人不具有投票权;(2)公司对债务支付的利息属于经营成本,全部在税前列支;(3)未偿还的债券属于公司的负债,债权人对公司资产具有合法索取权。

2. 债券术语

有关债券的术语包括:(1)债券面值;(2)票面利率;(3)票面利息;(4)到期期限;(5)到期收益率。到期收益率是指市场对某一债券所要求的利率,它是一种市场均衡收益率。在债券估价中,是以到期收益率作为贴现率。

(二)债券价值的含义及基本估价模型

债券的价值是指债券未来各期现金流量按照一定的贴现率计算的现值的和,也称为理论价格。其基本估价模型为:

$$P = \sum_{t=1}^{n} \frac{C_t}{(1+r)^t} \qquad (3-13)$$

式中,P 代表债券的价值,C_t 代表债券第 t 期的现金流量,r 代表到期收益率,n 代表现金流量发生的次数。

(三)债券估价的方法

1. 附息债券的估价

附息债券(bond with coupons)的特点:按期支付利息,到期支付本金。付息债券的现金流量的构成:(1)票面利息,等于面值 F 乘以票面利率 i,用 c 表示;(2)债券的面值,用 F 表示。

$$P = \frac{c}{(1+r)} + \frac{c}{(1+r)^2} + \frac{c}{(1+r)^3} + \cdots\cdots + \frac{c}{(1+r)^t} + \cdots\cdots + \frac{c+F}{(1+r)^n} \qquad (3-14)$$

式中,P——债券的内在价值;

　　　F——债券面值;

　　　r——市场利率;

　　　n——债券到期时间;

　　　c——债券每期支付的利息。

【例3-3】假设某公司计划发行10年期的债券,该债券的面值为1000元,票面利率为8%,票面利息为80元,同类债券的到期收益率为8%。试问:该债券可以按多少钱的价格发行?

时期	0	1	2	……	10
现金流量	0	80	80	……	80+1000

解:根据公式

$$P = \sum_{t=1}^{10} \frac{80}{(1+8\%)^t} + \frac{1000}{(1+8\%)^{10}}$$

$$= 80 \times 6.7101 + 1000 \times 0.46319$$

$$= 536.81 + 463.19 = 1000(元)$$

计算结果表明,该债券正好以面值发行,即平价发行。其原因是该债券的收益率为8%,与同类债券的收益率,即市场利率相同,投资者无论是购买该债券还是同类债券,都能获得相同收益率。

结论一:当债券的票面利率等于市场利率时,债券平价发行。

【例3-4】接上例,我们假定公司发行债券时,市场利率上升到10%,这张债券的价值是多少?

解:根据公式(3-14),有

$$P = \sum_{t=1}^{10} \frac{80}{(1+10\%)^t} + \frac{1000}{(1+10\%)^{10}}$$

$$= 80 \times 6.1446 + 1000 \times 0.3855$$

$$= 491.568 + 385.5 = 877.068(元)$$

计算结果表明,这张债券应该卖877.068元,与面值1000元之间的差额122.932元称为折价,这种情况称为折价发行。

对于债券折价原因的解释是:债券价值由两部分构成,一是票面利息的现值,二是面值的现值。在市场利率为10%的情况下,投资者持有面值为1000元的债券可获得100元的票面利息,而购买该债券获得的票面利息仅有80元,每期少得20元的利息,这20元的利息的现值等于122.892(20×6.1446)元,成为债券折价的主要原因。

结论二:当债券的票面利率低于市场利率时,债券折价发行。

【例3-5】接上例,我们假定公司发行债券时,市场利率下降到6%,这张债券的价值是多少?

解:根据公式(3-14),有

$$P = \sum_{t=1}^{10} \frac{80}{(1+6\%)^t} + \frac{1000}{(1+6\%)^{10}}$$

$$= 80 \times 7.3601 + 1000 \times 0.5584$$

$$= 588.808 + 558.40 = 1147.208(元)$$

计算结果表明,这张债券应该大约卖 1147.208 元,与面值 1000 元之间的差额 147.208 元称为溢价,这种情况称为溢价发行。

对于债券溢价原因的解释是:债券价值由两部分构成,一是票面利息的现值,二是面值的现值。在市场利率为 6% 的情况下,投资者持有面值为 1000 元的债券只能获得 60 元的票面利息,而购买该债券获得的票面利息为 80 元,每期多得 20 元的利息,这 20 元的利息的现值等于 147.202(20×7.3601)元,成为债券溢价的主要原因。

结论三:当债券的票面利率高于市场利率时,债券溢价发行。

2. 一次性还本付息债券的估价

一次性还本付息债券的特点:到期一次性还本付息。一次性还本付息债券的现金流量的构成:(1)债券的面值,用 F 表示;(2)票面利息,用 C 表示。$C = F \times (1+i)^m - F$,则其估价公式为:

$$P = \frac{F \times (1+i)^m}{(1+r)^n} \qquad (3-15)$$

式中,m——债券期限;

　　　n——债券持有期;

　　　其他符号同上。

【例3-6】某债券面值 1000 元,期限 5 年,票面利率 8%,市场利率为 10%,到期一次性还本付息。试问:其发行的理论价格是多少?

解:根据公式(3-15)

$$P = \frac{1000 \times (1+8\%)^5}{(1+6\%)^5} = 1097.34(元)$$

如果持有该债券 2 年,则在第三年的理论价格是多少?

$$P = \frac{1000 \times (1+8\%)^5}{(1+6\%)^3} = 1233.67(元)$$

3. 永久性债券的估价

永久性债券的特点:没有到期日,每期支付固定的利息。永久性债券的现金流量的构成:(1)票面利息,用 C 表示;(2)无面值 F。现金流量属于永久性现金流量。根据公式(3-13),其估价公式为:

$$P = \frac{F \times i}{r} = \frac{C}{r} \qquad (3-16)$$

4. 零息债券的估价

零息债券(Pure Discount Bond)的特点:(1)低于面值发行;(2)到期还本。零息债券的现金流量的构成:(1)债券的面值,用 F 表示;(2)无票面利息。

根据公式(3-13),其估价公式为:

$$P = \frac{F}{(1+r)^n} \tag{3-17}$$

(四)债券价值与市场利率之间的关系

仍以前面的付息债券为例,我们现在假设时间过了 1 年,市场利率不变,等于债券的票面利率,债券价值也不变,近似等于1000 元。

$$P = \sum_{t=1}^{9} \frac{80}{(1+8\%)^t} + \frac{1000}{(1+8\%)^9}$$
$$= 80 \times 6.2469 + 1000 \times 0.5002$$
$$= 499.752 + 500.2 \approx 1000(元)$$

我们现在假设时间过了 1 年,市场利率上升到 10%,债券价值有何变化?

$$P = \sum_{t=1}^{9} \frac{80}{(1+10\%)^t} + \frac{1000}{(1+10\%)^9}$$
$$= 80 \times 5.7590 + 1000 \times 0.4241$$
$$= 460.72 + 424.1 = 884.82(元)$$

计算结果表明,这张债券的市场价值大约为 885 元,与面值 1000 元相比,折价 115元。

对于债券折价原因有两种解释:

(1)在市场利率为 10% 的情况下,投资者购买该债券的收益率为 8%,低于市场利率,这时,投资者就会卖出该债券,从而债券价格下跌,直至债券价格跌到 885 元时,持有债券的收益率达到市场利率水平,投资者就会按此价格持有债券,这一价格就是均衡利率水平下的价格。

(2)债券价值由两部分构成:一是票面利息的现值,二是面值的现值。在市场利率为 10% 的情况下,投资者持有面值为 1000 元的债券可获得 100 元的票面利息,而购买该债券获得的票面利息仅有 80 元,每期少得 20 元的利息,这 20 元的利息的现值等于115.18(20×5.7590)元,因而债券的价格就减少 115.18 元,降为 884.82 元。

我们现在假设时间过了 1 年,市场利率下降到 6%,债券价值有何变化?

$$P = \sum_{t=1}^{9} \frac{80}{(1+6\%)^t} + \frac{1000}{(1+6\%)^9}$$
$$= 80 \times 6.8017 + 1000 \times 0.59189$$
$$= 544.14 + 591.89 = 1136.03(元)$$

计算结果表明,这张债券大约应该卖 1136.03 元,与面值 1000 元相比,溢价 136元。

对于债券溢价原因可作如下解释:

（1）在市场利率为6%的情况下，投资者购买该债券的收益率为8%，高于市场利率，这时，投资者就会买入该债券，从而债券价格上升，直至债券价格上升1136.03元时，持有债券的收益率达到市场利率水平，投资者就会按此价格持有债券，这一价格就是均衡利率水平下的价格。

（2）债券价值由两部分构成：一是票面利息的现值，二是面值的现值。在市场利为6%的情况下，投资者持有面值为1000元的债券只能获得60元的票面利息，而购买该债券获得的票面利息为80元，每期多得20元的利息，这20元的利息的现值等于136.03（$20 \times 6.8017 \approx 136.03$）元，因而债券价值就增加136元，上升为1136.03元。

债券价格与市场利率之间的关系见下图3-2。可以看出，债券的价格与市场利率呈反向变化的关系。也就是说，对于某种特定的债券，市场利率越高，投资者所要求的收益率就越高，从而导致债券的价格将越低。不仅如此，当市场利率下降时，债券价格将以更快的速度上升；反之，当市场利率上升时，债券价格将以缓慢的速度下降。例如，当市场利率从 r_0 上升到 r_2 时，债券价格的下降幅度为"$P_0 - P_2$"；当市场利率从 r_0 下降到 r_1 时，债券价格的上升幅度为"$P_1 - P_0$"。显然，虽然市场利率发生同样幅度的变化，但它导致的价格上升幅度"$P_1 - P_0$"却大于价格下降的幅度"$P_0 - P_2$"。

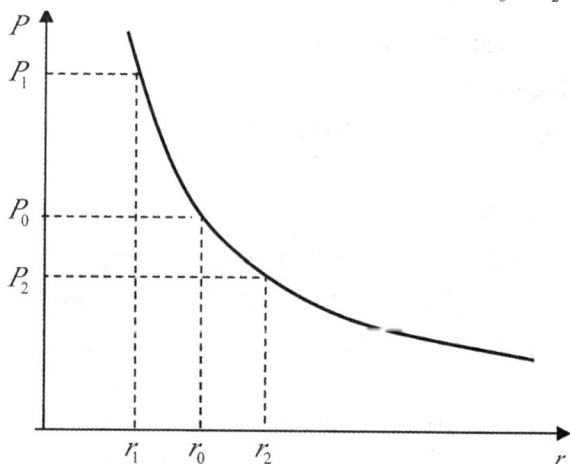

图3-2　债券价格与市场利率之间的关系

（五）债券收益率

在债券估价中，我们是以债券收益率作为贴现率来估算债券价值的。那么，债券收益率具有怎样的性质？它又是由哪些因素决定的呢？

1.债券收益率的性质

债券收益率是指在既定的票面利息水平下，按照某一价格持有债券所获取的投资收益率，也称为到期收益率或必要报酬率。

对债券收益率可从以下方面来认识：

（1）债券收益率是一种市场均衡利率。经济学理论告诉我们，利率是资金借贷的价格,利率水平是由资金的供求关系决定的。就债券而言,发行债券的公司是资金的需求者,而购买债券的投资者是资金的供给者,发行债券的公司与持有债券的投资者之间是一种借贷关系。如果债券的发行量大于对债券的需求量,即资金需求大于资金供给,债券的价格就会下降,从而债券收益率就会上升;反之亦然。也就是说,债券收益率是资金供求达到均衡时的一种市场利率,即市场均衡收益率。

(2)债券收益率围绕市场均衡利率而波动。就处于某一风险等级的债券而言,如果其收益率高于市场利率,投资者就会买入该债券,债券的价格就会上升,伴随着价格的上升,其收益率降低,直至达到市场利率水平;反之亦然。

(3)债券收益率具有期限结构特征。在任何时间点上,短期利率和长期利率通常都不一样,有时短期利率较高,有时长期利率较高,两者之间差异的大小随着时间而波动。短期利率和长期利率的关系就是一般所说的利率的期限结构,即利率的期限结构是指不同期限对应不同利率水平的现象。需要说明的是,这里的利率是"纯"利率,没有涉及违约风险。

在描述利率的期限结构方面,经济学家引入了收益率曲线的概念。所谓收益率曲线,是根据在其他方面相同,唯独期限不同的债券的收益率所绘制的曲线。

收益率曲线的形状主要有三种:向上倾斜、向下倾斜和平缓。当收益率曲线向上倾斜时,长期利率高于短期利率;当收益率曲线向下倾斜时,短期利率高于长期利率;当收益率曲线处于平滑状态时,长期利率等于短期利率。现实生活中,通常收益率曲线是向上倾斜的,长期利率高于短期利率,并且利率水平随期限的延长而提高。收益率曲线有时也会呈现水平或向下倾斜,偶尔也呈现峰状形态,表明此时的中期利率水平较高。

收益率曲线的四种形态见图3-3。

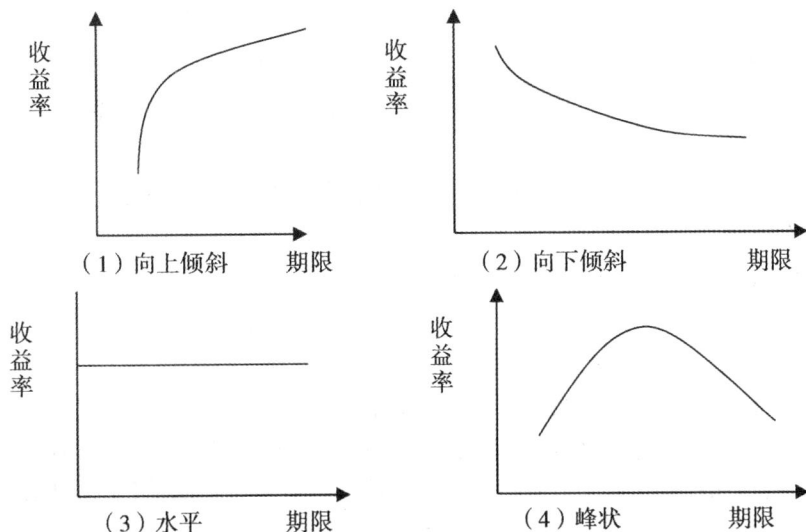

图3-3　收益率曲线的四种形状

2.决定债券收益率的因素

决定债券收益率的因素主要有以下几个方面:

(1)实际利率。实际利率是投资者对放弃使用他们自己的钱的补偿,是经过通货膨胀效应调整后的纯货币时间价值。

(2)通货膨胀率。未来的通货膨胀会侵蚀到投资者的钱换回来时的价值,此时,投资者就会要求较高的利率以补偿其价值损失。这个额外的补偿就叫做通货膨胀溢酬。实际利率加上通货膨胀溢酬称为名义利率。费雪效应揭示了实际利率与名义利率之间的关系。

$$(1 + R) = (1 + r)(1 + h) \qquad (3 - 17)$$

式中,R 代表名义利率,r 代表实际利率,h 代表通货膨胀率。

上式也可以改写为:

$$R = r + h + r \times h$$

上式表明,名义利率由三个部分构成:第一部分是投资得到的实际收益,即实际利率;第二部分是对投资因通货膨胀所导致价值损失的补偿,即通货膨胀率;第三部分是对这项投资所赚取钱的补偿,因为投资收益也因通货膨胀而掉价了。由于第三部分通常非常小,因而经常被省略。因此,名义利率近似等于实际利率加上通货膨胀率。

$$R = r + h \qquad (3 - 18)$$

【例 3 - 7】如果名义利率是 15.5%,通货膨胀率是 5%,那么,实际利率是多少呢?

解:根据公式(3 - 17),有

$$(1 + 15.5\%) = (1 + r)(1 + 5\%)$$

$$(1 + r) = 1.1500/1.05$$

$$r = 10\%$$

根据公式(3 - 18),有

$$r = 15.5\% - 5\% - 15.5\% \times 5\% = 0.0972$$

需要注意的是,在以后所使用的利率、贴现率和报酬率,几乎都是名义的。

(3)利率风险

利率风险是指由于利率的波动而给债券持有人带来的风险。债券的利率风险取决该债券的价格对利率变动的敏感性。这种敏感性直接受以下两个因素的影响。

一是到期期限。其他条件相同,到期期限越长,利率风险越大。这是因为债券的价值中有一大部分是来自债券的面值,债券的到期期限越长,经过较多次的复利,利率的微小波动会使债券面值的现值发生较大幅度的波动;反之则相反。

二是票面利率。其他条件相同,票面利率越低,利率风险越大。这是因为债券的价值取决于票面利息的现值和面值的现值,票面利息较低的债券,其价值就越依赖将来在到期日收到的面值的现值,所以,如果其他条件相同,利率变动时,其价值的波动幅度会比较大。换句话说,票面利息较高的债券有较多现金流量发生在较早期,因此,它的价值对贴现率波动的敏感性较低。

利率风险与到期期限之间的关系见图 3 - 4。

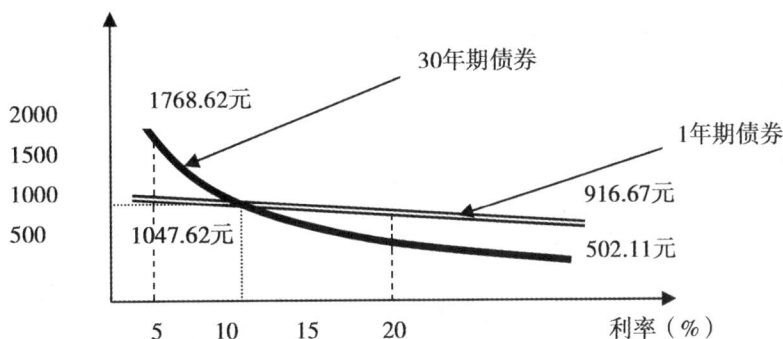

图3-4 利率风险与到期期限之间的关系

不同利率和到期期限下,票面利率为10%的债券价值:

(单位:元)

利率(%)	1 年期	30 年期
5	1047.62	1768.62
10	1000.00	1000.00
15	956.52	671.70
20	916.67	502.11

以上分析表明,长期债券对于利率变动所导致的损失会大于短期债券,投资者意识到这种风险,必然要求较高的收益率,作为承担这种风险的额外补偿。这种额外补偿就叫做利率风险溢酬。到期期限越长,利率风险越大,因此,利率风险溢酬与到期期限成正比。

需要说明的是,利率风险是以递减的速度增加的,因此,利率风险溢酬也以递减的速度增加。前面我们比较了1年期债券与30年期债券的利率风险,如果比较20年期债券与30年期债券,你就会发现,随着利率的变动,30年期债券风险较高,但是,30年期债券与1年期债券的风险差异高于30年期债券与20年期债券的风险差异。

将影响到期收益率的上述三个因素结合起来,我们可以得到实际利率、通货膨胀溢酬和利率风险溢酬对到期收益率的影响情况,见图3-5。

(4)信用风险

所谓信用风险,是指债券违约的可能性。投资者意识到债券发行人可能会,也可能不会履行所有允诺的付款,因此,他们会对这种风险要求额外的补偿。这种额外的补偿就叫违约风险溢酬。债券信用风险的高低决定于其信用等级。债券的信用评级越高,其信用风险越低;反之亦然。

公司公开发行债券,通常由债券评级机构为其评定信用等级。债券的信用评级制最早源于美国。著名的债券评级机构有穆迪和标准普尔。国外流行的债券等级一般分为3等9级。穆迪公司的等级划分为:Aaa、Aa、A、Baa、Ba、B、Caa、Ca 和 C;标准普尔公

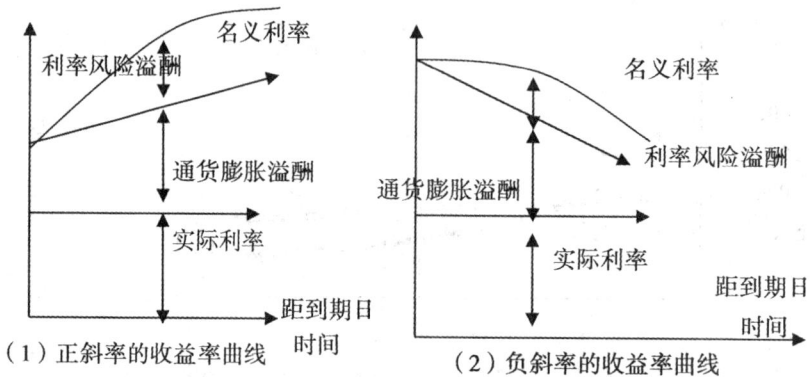

图 3 - 5   收益率曲线

司的等级划分为：AAA、AA、A、BBB、BB、B、CCC、CC 和 C。

（5）税收

债券的税收是不同的。如国债、市政债券可免征大部分税,因此,收益率比应税债券低。投资者对应税债券要求较高的收益率,以补偿不利的税负条款。这种额外补偿叫税负溢酬。

（6）流动性

债券具有不同的流动性。有些债券可以上市交易,有些债券则不能上市交易。对于可以上市交易的债券,你可以很快将其脱手变现,而对于无法上市交易的债券,则难以脱手,或者能够脱手,也卖不到很好的价格。投资者偏好流动性高的债券,对流动性低的债券,他们要求较高的收益率,以补偿流动性差而带来的损失。这种额外补偿就叫流动性溢价。

在其他条件相同时,流动性低的债券的收益率比流动性高的债券的收益率要高。

第三节   有价证券估价——股票估价

股票的估价,其实就是对股票内在价值的判断。股票价格围绕着价值波动是经济规律,所以在股票市场的投资中,投资者总是试图寻找到股票估值的正确方法,以帮助其发现价值被严重低估的股票,买入待涨获利,直接带来经济利益;帮助其判断手中的股票是否被高估或低估,以作出卖出或继续持有的决定;帮助投资者锁定盈利或坚定持有以获得更高收益。

一、股票的特点和术语

股票是一种有价证券,是股份有限公司公开发行的用以证明股东拥有公司股份的权利证明。股票包括普通股和优先股,一般意义上所说的股票是指普通股。

与债券相比,普通股具有以下特点:(1)无法事先知道任何允诺的现金流量;(2)没有到期日,即投资期限实质上是永远的;(3)无法简易地观察市场上的必要报酬率;(4)股票持有人具有投票权;(5)公司对股票持有人支付的股利不属于经营成本,全部在税后列支;(6)股票持有人拥有公司的剩余索取权。

股票的重要术语主要有:(1)股票价格,是指市场价格;(2)现金股利,是指公司以现金形式支付给股东的报酬;(3)必要报酬率,是指股东按照某一价格购买股票所得的投资收益率,在股票估价中,是以必要报酬率作为贴现率。

二、股票价值及其基本估价模型

收入资本化法认为,任何资产的内在价值(intrinsic value)决定于投资者对持有该资产预期的未来现金流的现值。股票作为有价证券的一种,尽管具有虚拟性特征,但也具有收益性,即为持有者带来股息或红利。因此,收入资本化法也适用于对股票价值的估算。

对于股票投资者来说,股票价值可以用下面的公式来估算:

$$P_0 = \frac{C_1}{(1+r)} + \frac{C_2}{(1+r)^2} + \frac{C_3}{(1+r)^3} + \cdots\cdots = \sum_{t=1}^{\infty} \frac{C_t}{(1+r)^t} \tag{3-19}$$

式中,P_0——内在价值;

　　r——贴现率;

　　C_t——股票每期支付的现金流。

(一)股票价值的决定因素

1. 必要报酬率(预期收益率)

在股票价值估算中,用于折现现金流量的贴现率是投资者投资股票所要求的预期收益率。显然,预期收益率在股票估值中具有特殊的意义。在以后的分析中,为了简便起见,除特别说明,我们假设股息每年支付一次,假设预期收益率曲线是平的,即所有预期收益率等于r。

从估价公式(3-19)我们知道,预期收益率与股票价值之间是反向相关关系。即投资者要求的预期收益率越高,股票价值就越低;投资者要求的预期收益率越低,股票价值就越高。

2. 现金流

(1)现金流的形式。在股票价值估值中,现金流可以采用多种形式,包括一段时期内的股息、股权自由现金流和公司自由现金流等。其中最常用到的现金流是股息,用 D 来表示,称为股息贴现模型。因此公式(3-19)就可以写成

$$P_0 = \frac{D_1}{(1+r)} + \frac{D_2}{(1+r)^2} + \frac{D_3}{(1+r)^3} + \cdots\cdots = \sum_{t=1}^{\infty} \frac{D_t}{(1+r)^t} \tag{3-20}$$

在股票价值估算中的另一个重要因素是确定每一期股息的大小。显然,如果股票

未来能够预测的股息越高,股票价值也就越高;反之,股票价值也就越低。

（2）现金流增长率。在股票价值估算中最难的部分就是估计现金流增长率以及确定每个增长率会持续多长时间,因为我们只有在估计出何时可以获得现金流时,才能计算出某只股票的精确价值。由于货币有时间价值,因而我们必须了解现金流增长的模式及其时间模式。

在一个纯粹的无限期模型中,必须预测从现在到无限期每年的现金流的增长率,并用这个无限序列的增长率推出现金流,然后再将其折现到现值。在对股票未来每期现金流进行预测时,关键在于预测每期现金流的增长率。如果用 g_t 表示第 t 期的现金流增长率,其数学表达式为:

$$g_t = \frac{D_t - D_{t-1}}{D_{t-1}} \qquad (3-21)$$

公式（3-19）就可以写成:

$$P_0 = \frac{D_0(1+g)}{(1+r)} + \frac{D_0(1+g)^2}{(1+r)^2} + \frac{D_0(1+g)^3}{(1+r)^3} + \cdots\cdots = \sum_{t=1}^{\infty} \frac{D_0(1+g)^t}{(1+r)^t} \qquad (3-22)$$

但使用现金流模型的纯粹形式是不现实的。没有人能够预测遥远未来的短期增长率。无限期折现现金流量模型的所有使用者都对未来增长模型进行了简化假设。关于未来增长模式的假设很多,并体现在估值模型中。比如无限期固定增长;以一个固定比率在一定年限内增长,以后各年的增长率等于经济中一个典型公司的增长率;以一个固定比率在一定年限内增长,之后在第二阶段增长率逐步下降至一个稳态水平。然后假设增长率保持在该稳态水平直到无限期。显然,我们可以将上述三种模型分别称为单阶段、两阶段和三阶段模型。当然,我们还可以有四阶段、五阶段或 N 阶段增长模型。

当我们往下细数这些模型时,是在对一个公司的增长模式进行更复杂的假设。我们或许可以更准确地预测公司未来的情况,但我们也对信息提出了更高的要求,而这些信息也越来越难以预测。随着要求的预测信息类型越来越难,信息量越来越大,作出的预测包含的信息量可能越来越低,随机噪音越来越大。

现实中,还需要估计出获得股息收益、经营现金流或自由现金流的时间模式。当然,在定价过程中,为了分析的简化,一般都会按年来进行估计。

现在,根据股息增长率 g 的不同,可以考虑以下几种情形:

（二）零增长模型

股利零增长模型,是股息贴现模型的一种特殊形式,它假定股息是固定不变的。换言之,股息的增长率等于零。零增长模型不仅可以用于普通股的价值分析,而且适用于统一公债和优先股的价值分析。股息不变的数学表达式为:

$D_0 = D_1 = D_2 = \cdots\cdots = D_t(t\to\infty)$,或者,$g_t = 0$。

将股息不变的条件代入式（3-20）,得到:

$$P_0 = \sum_{t=1}^{\infty} \frac{D_t}{(1+r)^t} = D_0\left[\sum_{t=1}^{\infty} \frac{1}{(1+r)^t}\right]$$

当 r 大于零时, $1/(1+r)$ 小于1,可以将上式简化为:

$$P = \frac{D_0}{r} \qquad (3-23)$$

【例3-8】假定投资者预期某公司每期支付的股息将永久性地固定为1.10元/股,并且贴现率定为11.2%,那么,该公司股票的内在价值等于9.82元,计算过程如下:

$$P_0 = \frac{1.10}{(1+0.112)} + \frac{1.10}{(1+0.112)^2} + \frac{1.10}{(1+0.112)^3} + \cdots\cdots = \frac{1.10}{0.112} = 9.82(元)$$

(三)不变增长模型

不变增长模型是股息贴现模型的第二种特殊形式。不变增长模型又称戈登模型(Gordon Model)[①]。戈登模型有三个假定条件:

(1)股息的支付在时间上是永久性的,即:式(3-22)中的 t 趋向于无穷大($t \to \infty$);

(2)股息的增长速度是一个常数,即:式(3-22)中的 g_t 等于常数($g_t = g$);

(3)模型中的贴现率大于股息增长率,即:式(3-22)中的 r 大于g($y > g$)。

根据上述三个假定条件,可以将式(3-22)改写为:

$$P_0 = \frac{D_0(1+g)}{(1+r)} + \frac{D_0(1+g)^2}{(1+r)^2} + \frac{D_0(1+g)^3}{(1+r)^3} + \cdots\cdots = D_0\sum_{t=1}^{\infty}\frac{(1+g)^t}{(1+r)^t}$$

$$= D_0\left[\frac{(1+g)/(1+r) - [(1+g)/(1+r)]^\infty}{1 - [(1+g)/(1+r)]}\right]$$

$$= \frac{D_0(1+g)}{r-g} = \frac{D_1}{r-g} \qquad (3-24)$$

式(3-24)是不变增长模型的函数表达形式,其中的 D_0 、 D_1 分别是初期和第一期支付的股息。这一模型适用于对稳定成长型公司进行估值。

【例3-9】某公司股票初期的股息为1.5美元/股。经预测该公司股票未来的股息增长率将永久性地保持在4%的水平,假定贴现率为10%。那么,该公司股票的内在价值应该等于31.50元。

$$P_0 = \frac{1.5(1+0.04)}{(0.1-0.04)} = \frac{1.56}{(0.1-0.04)} = 26(元)$$

当式(3-24)中的股息增长率等于零时,不变增长模型就变成了零增长模型。所以,零增长模型是不变增长模型的一种特殊形式。

但现实中,高成长型公司的收益增长模式与不变增长模型的假设并不相符。

首先,不变增长模型假设在无限期内,股息以一个固定比率增长,这个假设对于当前以高于平均水平增长的公司来说很少有效。因为就算是公司目前可以保持这样的增

---

① 参见:Gordon,M. J.,"The Investment, Financing and Valuation of the Corporation", Irwin, Homewood, I11,1962.

长速度,它不可能永远保持这么高的增长速度。在市场中,会有其他公司为获取高收益而与其竞争。

其次,当这些公司以超高的增长率增长时,它们的增长率很有可能超过必要报酬率。增长和风险之间并没有必然联系,一个高增长的公司未必是高风险的公司。事实上,一个稳定高增长的公司比起那些收入不稳、增长速度较低的公司来说,其风险较低(不确定性较小)。

总之,一些公司在有限的期间内会保持超高的增长率,但是不变增长模型不能为这些高成长公司定价,因为高增长只是暂时的,这与模型假设不符。

(四)三阶段增长模型

对于一家公司来说不可能永远以高于其必要收益率的速度增长,因为竞争将导致众多公司进入这个利润明显的行业。所以,经历了一段时间的高增长之后,公司的增长速度会下降,并稳定在与不变增长模型假设一致的水平上。因此,三阶段模型被用来对暂时保持高成长性企业进行估值。

三阶段增长模型是股息贴现模型的第三种特殊形式。该模型最早是由莫洛多斯基(N. Molodovsky)提出,现在仍然被许多投资银行广泛使用[1]。三阶段增长模型将股息的增长分成了三个不同的阶段:在第一个阶段(期限为 A),股息的增长率为一个常数(g_a),第二个阶段(期限为 A + 1 到 B − 1)是股息增长的转折期,股息增长率以线性的方式从 g_a 变化为 g_n,g_n 是第三阶段的股息增长率。如果 $g_n < g_a$,则在转折期内表现为递减的股息增长率;反之,表现为递增的股息增长率;第三阶段(期限为 B 之后,一直到永远),股息的增长率也是一个常数(g_n),该增长率是公司长期的正常的增长率。股息增长的三个阶段,可以用图3 − 6表示[2]。

图3 − 6中,在转折期内任何时点上的股息增长率 g_t 可以用式(9 − 10)表示。例如,当 t 等于 A 时,股息增长率等于第一阶段的常数增长率;当 t 等于 B 时,股息增长率等于第三阶段的常数增长率。

$$g_t = g_a - (g_a - g_n)\frac{(t-A)}{(B-A)}, \tag{3-25}$$

---

[1] 参见:Molodovsky, N., "Common Stock Valuation——Principles, Tables and Applications", *Financial Analysts Journal*, March – April 1965.

[2] 本节仅介绍在第二阶段股息增长率递减的三阶段增长模型。

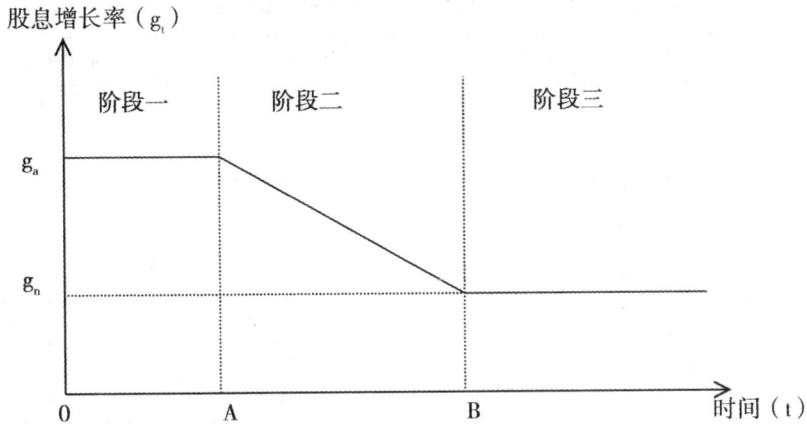

图 3 - 6　三阶段股息增长模型

在满足三阶段增长模型的假定条件下,如果已知 g_a、g_n、A、B 和初期的股息水平 D_0,就可以根据式(10-7)计算出所有各期的股息;然后,根据贴现率,计算股票的内在价值。三阶段增长模型的计算公式为:

$$P_0 = D_0 \sum_{t=1}^{A} \left(\frac{1+g_a}{1+r} \right)^t + \sum_{t=A+1}^{B-1} \left[\frac{D_{t-1}(1+g_t)}{(1+r)^t} \right] \times \frac{1}{(1+r)^A} + \frac{D_{B-1}(1+g_n)}{(1+r)^{B-1}(r-g_n)} \quad (3-26)$$

式(3-26)中的三项分别对应于股息的三个增长阶段。

【例3-10】如表3-1所示,假定某股票初期支付的股息为 1 美元/股,在今后 3 年的股息增长率为5%,股息增长率从第四年开始递减,从第七年开始每年保持4%的增长速度。另外,贴现率为10%。所以,A=3,B=7,g_a=5%,g_n=4%,r=10%,D_0=1。代入式(3-25),得到:

$$g_4 = 0.05 - (0.05 - 0.04)\frac{4-3}{7-3} = 4.75\%$$

$$g_5 = 0.05 - (0.05 - 0.04)\frac{5-3}{7-3} = 4.5\%$$

$$g_6 = 0.05 - (0.05 - 0.04)\frac{6-3}{7-3} = 4.25\%$$

将上述数据整理,列入表3-1。

表 3 – 1 某股票三阶段的股息增长率

	年份	股息增长率(%)	股息(美元/股)
第一阶段	1	5	1.05
	2	5	1.10
	3	5	1.158
第二阶段	4	4.75	1.213
	5	4.5	1.268
	6	4.25	1.321
第三阶段	7	4	1.374

将表 3 – 1 中的数据代入式(3 – 27),可以算出该股票的内在价值等于 18.03 美元,即:

$$P_0 = 1 \times \sum_{t=1}^{3} \left(\frac{1+0.05}{1+0.1}\right)^t + \sum_{t=4}^{6} \left[\frac{D_{t-1}(1+g_t)}{(1+0.1)^t}\right] \times \frac{1}{(1+0.1)^3} + \frac{D_6(1+0.04)}{(1+0.1)^6 \times (0.1-0.04)}$$

$$\approx 18.03(美元)$$

另外还有 H 模型、多元增长模型等股票估值模型,在此就不再介绍。

【拓展阅读】

股利增长率的估计

现代经济理论认为,投资推动经济增长。股利增长是从财务的角度反映公司经济增长的指标,其与公司投资的增减变动有着密切的关系。

假设:(1)公司的投资全部来源于留存收益,即公司的剩余盈余全部用于再投资,不支付现金股利;(2)公司各年的盈利相等;(3)用历史权益报酬率来估算现有留存收益的预期回报率。

下一年盈利 = 本年盈利 + 本年盈利 × 本年留存收益回报率

上式两边同时除以"本年盈余",得:

$$\frac{下一年盈余}{本年盈余} = 1 + \frac{本年留存收益}{本年盈余} \times 本年留存收益回报率$$

其中,下一年盈利/本年盈利 = 1 + 盈利增长率,设 g 为盈利增长率,本年留存收益/本年盈利称为留存比率,则上式可改写为:

$$g = 留存比率 \times 留存收益回报率 \tag{3 – 27}$$

式(3 – 27)表明,决定股利增长率的因素有两个:一是留存比率,二是留存收益回报率。留存比率取决于公司管理层制定的股利政策,留存收益回报率取决于公司的经营业绩。

三、必要报酬率的构成因素

在前面的股票估价模型中,我们是把必要报酬率作为贴现率,看成是已知的。在随后的章节中,我们将对这一问题进行说明。在此,我们探求股利增长模型中必要报酬率的隐含意义。

根据股利增长模型可知:

$$P_0 = D_1/(r - g)$$

将上式移项整理,就可得到求 r 的公式,即:

$$r = D_1/P_0 + g \tag{3-28}$$

式(3-28)告诉我们,总报酬率 r 包括两个要素:第一个是 D_1/P_0,叫做股利收益率;第二个是增长率 g,股利增长率也就是股价增长率,可理解为资本利得收益率,即股价增长率。

现实中,我们投资于股票,投资收益率来自两个部分:一是获取的股利,二是买卖股票获取的资本利得,从而收益率也就由两个部分构成:一是股利收益率,二是资本利得收益率。

【例3-11】某股票以 20 元的价格出售,下一期的股利将是 1 元,估计该股票的股利以 10% 的速度无限期地增长。如果你的预测是正确的话,这只股票将给你带来多少收益率?

解:根据式(3-28),有:

r = 1/20 + 10% = 5% + 10% = 15%

计算结果表明,该股票的期望收益率为 15% 。

我们可以用 15% 的必要报酬率计算 1 年后的股价,以便对这个答案进行验证。

根据股利增长模型,1 年后的股价为:

$P_1 = D_1 \times (1 + g)/(r - g)$

　　$= 1 \times (1 + 10\%)/(15\% - 10\%)$

　　$= 1.1/0.05$

　　$= 22(元)$

注意,股价由 20 元上涨到 22 元,股价增长了(22 - 20)/20 = 10% ,正好是股利增长的比率。这样,今年投入 20 元,1 年后得到 1 元的股利和 2 元的资本利得,总收益为 3 元,总收益率为 3/20 = 15% 。

【本章小结】

1. 附息债券的估价公式:

$$P = \frac{c}{(1+r)} + \frac{c}{(1+r)^2} + \frac{c}{(1+r)^3} + \cdots\cdots + \frac{c}{(1+r)^t} + \cdots\cdots + \frac{c+F}{(1+r)^n}$$

2. 一次性还本付息债券的估价公式为:

$$P = \frac{F \times (1+i)^n}{(1+r)^n}$$

3. 永久性债券的估价公式为:

$$P = \frac{F \times i}{r}$$

4. 零息债券的估价公式为:

$$P = \frac{F}{(1+r)^n}$$

5. 当债券的票面利率等于市场利率时,债券平价发行;当债券的票面利率低于市场利率时,债券折价发行;当债券的票面利率高于市场利率时,债券溢价发行。

6. 债券的价格与市场利率呈反向变化的关系。当市场利率下降时,债券价格将以更快的速度上升;反之,当市场利率上升时,债券价格将以缓慢的速度下降。

7. 决定债券收益率的因素主要有:实际利率、通货膨胀率、利率风险、信用风险、税收和流动性。

8. 股息零增长的股票估价模型:$V = \dfrac{D_0}{r}$

9. 股息不变增长的股票估价模型:$\dfrac{D_0(1+g)}{r-g} = \dfrac{D_1}{r-g}$

10. 股票的必要报酬率:$r = D_1/P_0 + g$。投资于股票的投资收益率来自两个部分:一是获取的股利,二是买卖股票获取的资本利得,从而收益率也就由两个部分构成:一是股利收益率,二是资本利得收益率。

【复习思考题】

1. 假设企业按10%的年利率取得贷款100000元,要求在6年内每年年末等额偿还,则每年的偿付金额应为多少元?

2. 有一项现金流,前3年无流入,后5年每年年末流入100万元,年利率为10%,其现值为多少?

3. 根据债券估价原理,如果一种附息债券的市场价格等于其面值,则其到期收益率(　　)其票面利率。

A. 大于　　　　　B. 小于　　　　　C. 等于　　　　　D. 不确定

4. 收益率下降1%,将对下列哪种债券的价格带来最大的影响?(面值100元)(　　)

A. 10年到期,售价80美元　　　　　B. 10年到期,售价100美元

C. 20年到期,售价80美元　　　　　D. 20年到期,售价100美元

5. 当前1年期零息债券的到期收益率为7%,2年期零息债券到期收益率为8%。财政部计划发行两年期债券,息票率为9%,每年付息,债券面值为100美元。

(1)该债券售价为多少?

（2）该债券的到期收益率是多少？

6. 某债券面值 1000 元，期限 10 年，票面利率为 10%，市场利率为 8%，到期一次还本付息。如在发现时购买，多高的价格可以接受？

7. ABC 公司预计将在来年分派 1.5 美元的红利，预计红利增长率为 6%，无风险报酬率为 6%，预期市场资产组合回报率为 14%，ABC 公司股票的贝塔系数为 0.75，那么股票的内在价值为多少？

8. 投资者打算买一只普通股并持有 1 年，在年末投资者预期得到的红利为 1.50 美元，预期股票那时可以 26 美元的价格售出。如果投资者想得到 15% 的回报率，现在投资者愿意支付的最高价格为多少？

第四章 CHAPTER 4

收益与风险

【学习目标】

通过本章的学习,明确风险与收益的概念,掌握单项资产的收益和风险的计算公式,明确协方差和相关系数的含义,掌握证券组合的收益和风险的计算,明确系统性风险和非系统性风险的含义,熟悉证券投资组合的相关内容,掌握资本资产定价模型,熟悉因素模型的应用和套利定价理论的相关内容。

【重要概念】

风险 收益 协方差 相关系数 有效组合 系统性风险 非系统性风险 无差异曲线 市场组合 分离定理 资本市场线 证券市场线 套利组合

在公司价值评估中,是以资本成本作为贴现率;在资本预算决策中,是以项目的资本成本作为投资项目的必要报酬率或最低收益率;在资本结构决策中,是以平均资本成本作为决策依据。而资本成本是投资者要求的预期收益率,是投资风险的函数,因此,要计算资本成本,必须首先明确收益与风险理论。在本章,主要阐述收益与风险理论,进而推出两个重要理论,即资本资产定价模型和套利定价理论,为下一章学习资本成本估算奠定理论基础。

第一节 收益与风险概述

收益和风险是所有金融资产的两个基本属性,也是投资者选择金融资产的重要参考指标。从投资学的角度来看,所谓收益,就是投资者通过投资所获得的财富增加。投资金融资产的收益来自两个方面,由资产价格变化而产生的资本利得和持有资产期间所得的现金流。所谓风险,就是指金融市场主体在从事金融活动的过程中由于市场环境的变化或自身的决策失误等原因造成其收益的不确定性,换言之,就是实际收益偏离预期收益的可能性。

一、投资报酬与报酬率

(一)投资报酬

投资报酬是指从事证券投资所获得的报酬。投资报酬由两部分组成:一部分是从事证券投资所获得的现金,这叫做收益部分;另一部分是从事证券投资所获得的差价收入,这叫做资本利得(Gain)或资本损失(Loss)。

【例4-1】年初股票的销售价格是37元,如果你买了100股,支出是3700元。假定在该年度每股派发股利1.85元。到年末,如果股价上升到40.33元,那么,你的收益将是:

股利 = 1.85 元 × 100 = 185 元

资本利得 = (40.33 - 37) × 100 = 333(元)

报酬总额 = 股利 + 资本利得 = 185 元 + 333 元 = 518 元。从一项投资来看,如果你在年末出售股票,获得的现金流量等于出售股票的收入加上股利收入,即:

现金流入 = 40.33 × 100 + 1.85 × 100 = 4218(元)

该项投资的初始投资为现金流出,即购买股票的支出。

现金流出 = 37 × 100 = 3700(元)

现金净流量 = 现金流入量 - 现金流出量 = 4218 - 3700 = 518(元)

换句话说,投资报酬实质上是指一项投资的现金净流量。

(二)投资报酬率

投资报酬率是指一项投资所获取的收益率。由于投资报酬由两部分构成,因而,投资报酬率也由两部分构成。

以股票投资为例来看,投资报酬率 = 股利收益率 + 资本利得收益率

式中:股利收益率 = D_{t+1}/P_t;

资本利得收益率 = $(P_{t+1} - P_t)/P_t$

【例4-2】接上例,求投资报酬率。

股利收益率 = 1.85/37 = 0.05 = 5%

资本利得收益率 = (40.33 - 37)/37 = 9%

投资报酬率 = 5% + 9% = 14%

如果以14%的报酬率作为贴现率对该投资项目的现金流量进行贴现,会得到什么结果?

1 年后的现金流量为4218元,贴现率14%,那么,该现金流量的现值为:

4218 × 1/(1 + 14%) = 4218 × 0.8772 ≈ 3700(元)

计算结果表明,现金流量的现值为 3700 元,正好等于初始投资。这一初始投资就是股票期初的价格,符合我们上一章对股票价格的定义。

二、单项资产的期望报酬率和方差

单项资产的风险与收益的衡量包括两类:历史的风险与收益以及预期的风险与收益。前者用于确定单一资产以往投资的风险与收益,后者用于预测投资单一资产未来的风险与收益。收益一般是以一定时段为计量区间的,通常用收益率指标,如年收益率或月收益率等。

某种资产在第 t 期的已实现的实际收益率的计算公式如下:

$$r_t = \frac{(P_t - P_{t-1}) + D_t}{P_{t-1}} \tag{4-1}$$

式中,P_t——该资产在第 t 期期末的价格;

P_{t-1}——该资产在第 t-1 期期末的价格;

D_t——在该期内由于持有该资产所得的现金流,通常为股利。

对于过去 n 期的资产平均收益率的测算,主要有算术平均法和几何平均法两种。算术平均法的公式是:

$$\bar{r} = \frac{1}{n} \sum_{t=1}^{n} r_t \tag{4-2}$$

而几何平均法下平均收益率的计算公式是:

$$\bar{r} = \left[\prod_{n=1}^{t} (1 + r_t) \right]^{\frac{1}{n}} - 1 \tag{4-3}$$

一般在实际中应用的都是算术平均法,主要是因为几何平均法受极值的影响太大。

由于我们把风险定义为投资收益率的波动性,收益率的波动性越大,我们便说投资的风险越高,因而不难想到可以用标准差或方差来衡量收益率的波动性。

$$\sigma^2 = \frac{1}{n-1} \sum_{t=1}^{n} (r_t - \bar{r})^2 \tag{4-4}$$

【例 4-3】假设 A、B 两公司过去 4 年的报酬率如下:

年份	A 公司的报酬率	B 公司的报酬率
2007	-0.20	0.05
2008	0.50	0.09
2009	0.30	-0.12
2010	0.10	0.20

试问:两公司的平均报酬率是多少? 方差是多少? 标准差是多少?

解:A 公司的平均报酬率 = (-0.20 + 0.50 + 0.30 + 0.10) ÷ 4 = 0.175

B 公司的平均报酬率 = (0.05 + 0.09 - 0.12 + 0.20) ÷ 4 = 0.055

A 公司报酬率的方差:

$$\text{Var(R)} = \frac{1}{4-1}[(-0.20-0.175)^2 + (0.50-0.175)^2 + (0.30-0.175)^2 + (0.10$$
$$-0.175)^2] = 0.0892$$

A 公司的标准差 $= \sqrt{0.0892} = 0.2987$

B 公司报酬率的方差：

$$\text{Var(R)} = \frac{1}{4-1}[(0.05-0.055)^2 + (0.09-0.055)^2 + (-0.12-0.055)^2 + (0.20$$
$$-0.055)^2] = 0.0176$$

B 公司的标准差 $= \sqrt{0.0176} = 0.1327$

历史收益与风险的衡量都是建立在大量的已有数据的基础上的,其衡量的结果主要用于判断该资产的过往业绩表现,以为投资者提供参考。但是投资者更关心的是金融资产的未来收益与风险情况,即更关心资产预期收益与风险的衡量。由于风险证券的收益不能事先确知,投资者只能估计各种可能发生的结果(事件)及每一种结果发生的可能性(概率),因而风险证券的收益率通常用统计学中的期望值来表示:

$$\bar{R} = \sum_{s=1}^{n} R_s P_s \tag{4-5}$$

式中, $\bar{R}$ ——预期收益率;

P_s ——收益率 R_s 发生的概率,由于投资到期时的宏观经济形势无法准确预测,通常假设它处于繁荣时期、正常时期或衰退时期的概率;

R_s ——第 s 种可能的收益率,即在各种可能出现的经济形势下的收益率;

n ——可能性的数目。

预期收益率描述了以概率为权数的平均收益率。实际发生的收益率与预期收益率的偏差越大,投资于该证券的风险也就越大。因此对单个证券的风险,通常用统计学中的方差或标准差来表示,标准差 σ 可用公式表示成:

$$\sigma = \sqrt{\sum_{s=1}^{n}(R_s - \bar{R})^2 P_s} \tag{4-6}$$

标准差的直接含义是,当证券收益率服从正态分布时,三分之二的收益率在 $\bar{R} \pm \sigma$ 范围内,95% 的收益率在 $\bar{R} \pm 2\sigma$ 范围之内。

【例 4-4】股票 A 和股票 B 的相关信息见下表:

经济情况	发生概率	股票 A 的预期收益率	股票 B 的预期收益率
经济繁荣	0.5	20%	40%
经济稳定	0.1	5%	10%
经济衰退	0.4	-10%	-20%

要求:

(1)计算股票 A 和 B 的期望收益率;

(2)计算股票 A 与 B 的预期收益率的方差和标准差。

解:股票 A 的期望收益率为:

$$\bar{R}_A = (0.5 \times 0.2) + (0.1 \times 0.05) + (-0.4 \times 0.1) = 6.5\%$$

股票 B 的期望收益率为:

$$\bar{R}_B = (0.5 \times 0.4) + (0.1 \times 0.1) + (-0.4 \times 0.2) = 13\%$$

股票 A 的期望收益率的方差:

$$\sigma_A^2 = 0.5 \times (20\% - 6.5\%)^2 + 0.1 \times (5\% - 6.5\%)^2 + 0.4 \times (-10\% - 6.5\%)^2$$
$$= 0.020025$$

股票 A 的期望收益率的标准差:

$$\sigma_A = \sqrt{0.020025} = 14.15\%$$

股票 B 的期望收益率的方差:

$$\sigma_B^2 = 0.5 \times (40\% - 13\%)^2 + 0.1 \times (10\% - 13\%)^2 + 0.4 \times (-20\% - 13\%)^2$$
$$= 0.0801$$

股票 B 的期望收益率的方差:

$$\sigma_B = \sqrt{0.0801} = 28.30\%$$

表 4 - 1　单项证券收益与风险的衡量

证券 i	以往的收益和风险	预期的收益和风险
收　益	$\bar{r}_i = \dfrac{1}{n}(r_{i1} + r_{i2} + \cdots + r_{in}) = \dfrac{1}{n}\sum\limits_{t=1}^{n} r_{it}$	$\bar{R}_i = \sum\limits_{s=1}^{n} R_{is} P_s$
方　差	$\sigma_i^2 = \dfrac{1}{n-1}\sum\limits_{t=1}^{n}(r_{it} - \bar{r}_i)^2$	$\sigma_i^2 = \sum\limits_{s=1}^{n}[R_{is} - \bar{R}_i]^2 P_s$
标准差	$\sigma_i = \sqrt{\sigma_i^2} = \sqrt{\dfrac{1}{n-1}\sum\limits_{t=1}^{n}(r_{it} - \bar{r}_i)^2}$	$\sigma_i = \sqrt{\sum\limits_{s=1}^{n}[R_{is} - \bar{R}_i]^2 P_s}$

三、证券之间的协方差和相关系数

方差和标准差表示了单个股票收益率的变动程度。如果要研究两个证券之间的互动关系,就需要了解它们之间的协方差和相关系数。

(一)协方差

协方差是用来描述两个投资项目之间的相关程度的指标。如果协方差为 0,表明两个投资项目不相关;如果协方差大于 0,表明两个投资项目正相关,即在既定的经济条件下,两个项目的投资收益率同方向变动;如果协方差小于 0,表明两个投资项目负相关,即在既定的经济条件下,两个项目的投资收益率反方向变动。

协方差通常用 $Cov(R_A, R_B)$ 或者 σ_{AB} 来表示,其计算公式为:

$$Cov(R_A, R_B) = \sigma_{AB} = \sum_{s=1}^{n}(R_{AS} - \bar{R}_A)(R_{BS} - \bar{R}_B)P_S \qquad (4-7)$$

从协方差的定义可以看出,股票与自身的协方差即为方差。

(二)相关系数

协方差是用绝对数的形式描述两个投资项目之间相关程度的指标。现实中,通常用相对数的形式来描述两个投资项目之间的相关程度,这一指标就是相关系数。相关系数通常用 ρ_{AB} 来表示。

相关系数永远满足 $-1\leq\rho_{AB}\leq1$ 的条件。$\rho_{AB}=1$,表示两个投资项目完全正相关;$\rho_{AB}=-1$ 时,表示两个投资项目完全负相关;$\rho_{AB}=0$ 时,表示两个投资项目不相关。其计算公式为:

$$\rho_{AB}=\frac{Cov(R_A,R_B)}{\sigma_A\sigma_B}=\frac{\sigma_{AB}}{\sigma_A\sigma_B} \tag{4-8}$$

【例4-5】接案例4,计算股票 A 和股票 B 之间协方差和相关系数。

解:

$Cov(R_A,R_B)=0.5\times(0.2-0.02)\times(0.4-0.08)+0.1\times(0.05-0.02)\times(0.1-0.08)+0.4\times(-0.1-0.02)\times(0.2-0.08)=0.04$

$$\rho_{AB}=\frac{0.04}{0.1415\times0.2830}\approx1$$

计算结果表明,股票 A 和股票 B 具有正相关关系。

四、投资组合的期望报酬率和方差

由两个或两个以上的证券或资产所构成的集合称为投资组合。投资组合的风险由两个因素决定:一是投资组合的权数,二是投资组合中每项证券或资产的风险。

(一)投资组合的期望收益率

投资组合的期望收益率就是投资组合中各单项资产期望收益率的加权平均值,权数是投资于各种证券的资金占总投资额的比例。投资组合的期望收益率用 $\overline{R_p}$ 表示,其计算公式为:

$$\overline{R_p}=\sum_{i=1}^{n}X_i\overline{R_i} \tag{4-9}$$

式中,X_i——投资于证券 i 的资金占总投资额的比例或权数;

$\overline{R_i}$——证券 i 的预期收益率;

n——证券组合中不同证券的总数。

(二)投资组合的方差和标准

投资组合的方差不是各项资产方差的简单加权平均,还要受到各项资产之间的协方差的影响。例如,有两个公司,一个生产防晒油,另一个生产雨伞。两个公司的股东都面临着两种相反天气的风险。多雨的季节使防晒油公司的收益下降,却使雨伞公司的收益增加,雨伞公司的股份相当于为防晒油公司股东购买的天气保险。当防晒油公司的情况不妙时,雨伞股份很好的收益就可以抵消这部分损失。

由于证券的风险具有相互抵消的可能性,证券组合的风险就不能简单地等于单个证券的风险以投资比重为权数的加权平均数。用其收益率的标准差 σ_P 表示,其公式应为:

$$\sigma_P = \sqrt{\sum_{i=1}^{n}\sum_{j=1}^{n} X_i X_j \sigma_{ij}} \qquad (4-10)$$

式中,n——组合中不同证券的总数目;

X_i 和 X_j——分别是证券 i 和证券 j 投资资金占总投资额的比例;

σ_{ij}——证券 i 和证券 j 可能收益率的协方差。

根据式(4-10),我们可以得出两条重要的结论:当相关性一定时,投资比重影响组合的标准差;当投资比重一定时,相关性影响组合的标准差。投资者可以通过细心选择相关性较低的证券和确定最佳投资比例,达到减少组合风险的目的。

由前面的分析,我们可以得到两个证券 A、B 以权重 x_A, x_B 构成的组合的预期收益率和方差分别为:

$$\overline{R_P} = x_A \overline{R_A} + x_B \overline{R_B} \qquad (4-11)$$
$$\sigma_p^2 = x_A^2 \sigma_A^2 + x_B^2 \sigma_B^2 + 2x_A x_B \sigma_{AB}$$

式(4-11)中方差的推导过程如下:

假定:$\overline{R_A}$ 为 A 证券的预期收益率,$\overline{R_B}$ 为 B 证券的预期收益率,R_{As} 为 s 状态下 A 证券的期望收益率,R_{Bs} 为 s 状态下 B 证券的期望收益率;

P_s 为 s 状态发生的可能性($\sum_{s=1}^{m} P_s = 1$)

可知:

1. $\overline{R_A} = \sum_{s=1}^{m} R_{AS} P_S$

2. $\overline{R_B} = \sum_{s=1}^{m} R_{BS} P_S$

3. $\overline{R_P} = \overline{R_A} X_A + \overline{R_B} X_B$

4. $\sigma_{AB} = \sum_{s=1}^{n} [R_{AS} - \overline{R_A}][R_{BS} - \overline{R_B}] P_s$

5. $\sigma_A^2 = \sum_{s=1}^{n} [R_{AS} - \overline{R_A}]^2 P_s$

6. $\sigma_B^2 = \sum_{s=1}^{n} [R_{BS} - \overline{R_B}]^2 P_s$

则:$Var(R_P) = \sigma_P^2$

$= \sum_{s=1}^{m} P_s [R_{PS} - \overline{R_P}]^2$

$= \sum_{s=1}^{m} P_s [(X_A R_{AS} + X_B R_{BS}) - (X_A \overline{R_A} + X_B \overline{R_B})]^2$

$$= \sum_{s=1}^{m} P_s \left[X_A (R_{AS} - \overline{R_A}) + X_B (R_{BS} - \overline{R_B}) \right]^2$$

$$= \sum_{s=1}^{m} P_s \left[X_A^2 (R_{AS} - \overline{R_A})^2 + X_B^2 (R_{BS} - \overline{R_B})^2 + 2X_A X_B (R_{AS} - \overline{R_A})(R_{BS} - \overline{R_B}) \right]$$

$$= X_A^2 \sum_{s=1}^{m} P_s (R_{AS} - \overline{R_A})^2 + X_B^2 \sum_{s=1}^{m} P_s (R_{BS} - \overline{R_B})^2 + 2X_A X_B \sum_{s=1}^{m} P_s (R_{AS} - \overline{R_A})(R_{BS} - \overline{R_B}) \right]$$

$$= X_A^2 \sigma_A^2 + X_B^2 \sigma_B^2 + 2X_A X_B \sigma_{AB}$$

更为一般地,由 n 种证券组成的证券组合的方差为:

$$\sigma_P^2 = \sum_{i=1}^{n} \sum_{j=1}^{n} \sigma_{ij} X_i X_j = \sum_{i=1}^{n} X_i^2 \sigma_i^2 + 2 \sum^* \sigma_{ij} X_i X_j \qquad (4-12)$$

【例4-6】接例4,假设股票A的投资比例为40%,股票B的投资比例为60%。

要求:(1)计算投资组合的期望收益率。

　　　(2)计算投资组合的方差和标准差。

解:投资组合的期望收益率为:

$$\overline{R}_P = x_A \overline{R}_A + x_B \overline{R}_B = 0.4 \times 6.5\% + 0.6 \times 13\% = 10.4\%$$

投资组合的方差为:

$$Var(R_P) = \sigma_P^2 = x_A^2 \sigma_A^2 + x_B^2 \sigma_B^2 + 2x_A x_B Cov(R_A, R_B)$$
$$= (0.4)^2 \times 0.020025 + (0.6)^2 \times 0.080100 + 2 \times 0.4 \times 0.6 \times 0.040050$$
$$= 0.51264$$

$$\sigma_P = \sqrt{0.051264} = 22.64\%$$

计算结果表明,投资组合的期望收益率和标准差分别为10.4%和22.64%,高于股票A,低于股票B,介于股票A和股票B之间。

【例4-7】假设有三只股票分别用1、2、3表示。股票1和股票2之间的协方差为0.002,即 $\sigma_{12} = 0.002$,股票2和股票3之间的协方差为0.005,即 $\sigma_{23} = 0.005$,股票1和股票3之间的协方差0.001,即 $\sigma_{13} = 0.002$。这三种股票的方差分别为0.04、0.06和0.09,并且这三只股票的权属分别为 $w_1 = 1/3, w_2 = 1/6, w_3 = 1/2$。

要求:计算投资组合的方差。

解:根据式(4-12),投资组合的方差为:

$$\sigma_P^2 = w_1 w_1 \sigma_{11} + w_1 w_2 \sigma_{12} + w_1 w_3 \sigma_{13} + w_2 w_1 \sigma_{12} + w_2 w_2 \sigma_{22} + w_2 w_3 \sigma_{23} + w_3 w_1 \sigma_{31} + w_3 w_2 \sigma_{32} + w_3 w_3 \sigma_{33}$$

$$= (w_1^2 \sigma_1^2 + w_2^2 \sigma_2^2 + w_3^2 \sigma_3^2) + (w_1 w_2 \sigma_{12} + w_1 w_3 \sigma_{13} + w_2 w_1 \sigma_{12} + w_2 w_3 \sigma_{23} + w_3 w_1 \sigma_{31} + w_3 w_2 \sigma_{32})$$

$$= \left(\frac{0.04}{9} + \frac{0.06}{36} + \frac{0.09}{4} \right) + \left(\frac{0.002}{18} + \frac{0.001}{6} + \frac{0.002}{18} + \frac{0.005}{12} + \frac{0.001}{6} + \frac{0.005}{12} \right)$$

$$= 0.03$$

从上例的计算可以看出,投资组合的方差实际上由两部分构成:一部分是投资组合中各项资产权数的平方与方差乘积之和,另一部分是投资组合中每两项资产权数以及协方差乘积之和。

证券组合的风险与收益的衡量公式汇总在表 4 - 2 上。

表 4 - 2　组合的风险与收益的衡量

	用于衡量组合的历史的风险 与收益的公式	用来衡量组合的预期的风险 与收益的公式
收益率	$r_{pt} = \sum\limits_{i=1}^{n} r_{it} x_{it}$	$\overline{R}_p = \sum\limits_{i=1}^{n} \overline{R}_i X_i$
方　差	$\sigma_p^2 = \sum\limits_{i=1}^{n}\sum\limits_{j=1}^{n} \sigma_{ij} X_i X_j$ $\sigma_p^2 = \sum\limits_{i=1}^{n} X_i^2 \sigma_i^2 + 2\sum\limits^{*} \sigma_{ij} X_i X_j$	$\sigma_p^2 = \sum\limits_{i=1}^{n}\sum\limits_{j=1}^{n} \sigma_{ij} X_i X_j$ $\sigma_p^2 = \sum\limits_{i=1}^{n} X_i^2 \sigma_i^2 + 2\sum\limits^{*} \sigma_{ij} X_i X_j$
协方差	$\sigma_j = \dfrac{1}{n-1}\sum\limits_{t=1}^{n}(R_{it}-\overline{R}_i)(R_{jt}-\overline{R}_j)$	$\sigma_{ij} = \sum\limits_{s=1}^{n}(R_{is}-\overline{R}_i)(R_{js}-\overline{R}_j)P_s$
相关系数	$\rho_{ij} = \dfrac{\sigma_{ij}}{\sigma_i \sigma_j}$	$\rho_{ij} = \dfrac{\sigma_{ij}}{\sigma_i \sigma_j}$

注:其中, * 为协方差项的个数 = $(n^2 - n)/2$

第二节　投资组合的选择

　　狭义的现代投资组合理论是以美国经济学哈里·马科维茨（Harry M. Markowitz）于 1952 年 3 月发表的《证券组合选择》的论文作为现代证券组合管理理论的开端。马科维茨的贡献主要是开创了在不确定性条件下理性投资者进行资产组合投资的理论和方法,第一次采用定量的方法证明了分散投资的优点。马科维茨在他的论文中提出,投资者选择资产时不仅仅受资产收益的影响,还必须考虑风险的因素,即投资者构建投资组合的过程实际上是其权衡收益和风险的过程,因为高收益往往伴随着高风险。马科维茨的证券组合理论就是针对风险和收益这一对矛盾而提出的。他用数学中的均值来测量投资者的期望收益,用方差测量资产的风险,并通过建立所谓的均值—方差（Mean - Variance；MV）模型来阐述如何全盘考虑上述两个目标进行投资决策。在假设投资者是理性（即他们在给定期望风险水平下对期望收益进行最大化,或者在给定期望收益水平下对期望风险进行最小化）的前提下,该理论认为投资者应该通过同时购买多种证券而不是一种证券来进行分散化投资,这样可以在不降低预期收益率的情况下,减少投资组合的风险,这与"不要把所有鸡蛋放在一个篮子里"是一个道理。

一、基本假设

马科维茨证券组合理论的基本假设主要有以下四点:
1. 投资者仅以期望收益率和标准差来评价单个证券或证券组合。
2. 投资者对于收益和风险的态度一个是不满足性,另一个就是厌恶风险。

现代投资组合理论假设:(1)投资者在其他情况相同的两个投资组合中进行选择时,总是选择预期回报率较高的那个组合。换句话说,在一期投资的情况下,投资者用同样的期初财富来投资,总是偏好获得较多的期末财富。这是因为较多的期末财富可为投资者未来提供更多的消费,从而获得更多的满足。(2)投资者是厌恶风险的(Risk Averse),即在其他条件相同的情况下,投资者将选择标准差较小的组合。厌恶风险的假设意味着风险带给投资者的是负效用,因此如果没有收益来补偿,投资者是不会冒无谓风险的。

3.投资者的投资为单一期。

4.投资者总是希望持有效资产组合,即在给定风险水平下追求收益率的最大化。

下面我们分别介绍风险收益的衡量以及如何在由 N 种证券构成的组合中确定有效集;在引入无风险借贷后,如何建立新的有效集和如何根据投资者的风险偏好来选择最优的投资组合;最后一部分介绍分散化的投资组合如何实现风险厌恶者的效用最大化。

二、可行集、有效集与风险资产的投资组合的选择

现实生活中证券种类繁多,这些证券还可组成无数种证券组合,如果投资者必须对所有这些组合进行评估的话,那将是难以想象的。下面我们将详细介绍马科维茨的投资组合理论是如何从众多的证券中选择最优的投资组合的。

投资分析和投资决策的过程一般包括具有内在逻辑性的三项程序:第一,界定可供投资者选择的资产范围,或确定投资者面临的可行的投资机会,即可行集,并根据一定的选择标准从可行集中筛选出有效集;第二,分析投资者对风险和收益的偏好,以此作为评价投资机会的尺度;第三,选择与投资者偏好相一致的资产组合,实现投资者效用的最大化。在此我们假定投资者面对的是一个单期投资问题,且不涉及无风险资产。

(一)可行集与有效集

可行集(Feasible Set)也称机会集,指的是由无限多个资产组合而成的集合,代表了投资者全部的投资机会。一般来说,我们可以在以预期回报率为纵轴、标准差为横轴的坐标图中,对可行集进行表示。我们先来看由两种具有不同相关系数的证券构成的可行集的形状。

1.双证券组合的可行集

根据公式(4-11),可知:

$$\bar{R}_P = x_A \bar{R}_A + x_B \bar{R}_B$$

$$\sigma_P^2 = x_A^2 \sigma_A^2 + x_B^2 \sigma_B^2 + 2 x_A x_B \sigma_{AB}$$

我们分别讨论在相关系数等于1、-1、0及一般情况时,组合的预期收益率与组合的标准差之间的关系,即推出它们之间的函数关系。

（1）当两种证券是完全正相关时，即 $\rho = +1$ 时，由于 $x_A + x_B = 1$

$$\overline{R_p} = x_A \overline{R_A} + x_B \overline{R_B} = x_A \overline{R_A} + (1 - x_A) \overline{R_B}$$

$$\sigma_p^2 = x_A^2 \sigma_A^2 + x_B^2 \sigma_B^2 + 2x_A x_B \sigma_{AB} = x_A^2 \sigma_A^2 + x_B^2 \sigma_B^2 + 2x_A x_B \rho_{AB} \sigma_A \sigma_B$$

$$= (x_A \sigma_A + x_B \sigma_B)^2$$

$$\sigma_p = x_A \sigma_A + x_B \sigma_B = x_A \sigma_A + (1 - x_A) \sigma_B$$

由于 $\overline{R_p}$、σ_p 都与 x_A 呈线性关系，因此 $\overline{R_p}$、σ_p 之间也呈线性关系，由证券 A 与证券 B 构成的组合就是连接 A、B 两点的线段，见图 4 - 1。

证明：$\because \sigma_p = x_A \sigma_A + x_B \sigma_B = x_A \sigma_A + (1 + x_A) \sigma_B$

$$\therefore x_A = -\frac{\sigma_P - \sigma_B}{\sigma_B - \sigma_A}$$

$$\therefore \overline{R_p} = \overline{R_B} + \frac{\sigma_P - \sigma_B}{\sigma_B - \sigma_A}(\overline{R_B} - \overline{R_A})$$

$$= \frac{\overline{R_B}\sigma_B - \overline{R_B}\sigma_A + \sigma_P(\overline{R_B} - \overline{R_A}) - \overline{R_B}\sigma_B + \overline{R_A}\sigma_B}{\sigma_B - \sigma_A}$$

$$= \frac{\overline{R_A}\sigma_B - \overline{R_B}\sigma_A}{\sigma_B - \sigma_A} + \frac{\overline{R_B} - \overline{R_A}}{\sigma_B - \sigma_A}\sigma_P$$

不难看出，上式第一项为常数，第二项 σ_p 的系数亦为常数，因此，$\overline{R_p}$ 与 σp 呈线性关系。

（2）当两种证券是完全负相关时，即 $\rho = -1$ 时：

$$\overline{R_p} = x_A \overline{R_A} + x_B \overline{R_B} = x_A \overline{R_A} + (1 - x_A) \overline{R_B}$$

$$\sigma_p = |x_A \sigma_A - x_B \sigma_B| = |x_A \sigma_A - (1 - x_A) \sigma_B|$$

此时，$\overline{R_p}$、σ_p 之间呈线性关系，C 点为折点。因为在完全负相关的情况下，按适当比例持有证券 A 和证券 B 可以形成一个无风险组合，即当 $\sigma_p - |x_A \sigma_A - x_B \sigma_B| - |x_A \sigma_A - (1 - x_A) \sigma_B| = 0$ 时，我们可以求解得出 x_A。此时，该点落在纵轴之上，如图 C 点。由证券 A 与证券 B 构成的组合就是连接 A、C 两点和 B、C 两点所形成的折线段，见图 4 - 1。

（3）当两种证券完全不相关时（相互独立），即 $\rho = 0$ 时：

$$\overline{R_p} = x_A \overline{R_A} + x_B \overline{R_B} = x_A \overline{R_A} + (1 - x_A) \overline{R_B}$$

$$\sigma_p^2 = x_A^2 \sigma_A^2 + x_B^2 \sigma_B^2 + 2x_A x_B \sigma_{AB} = x_A^2 \sigma_A^2 + x_B^2 \sigma_B^2 + 2x_A x_B \rho_{AB} \sigma_A \sigma_B$$

$$= x_A^2 \sigma_A^2 + (1 - x_A)^2 \sigma_B^2$$

此时，所确定的 $\overline{R_p}$、σ_p 曲线是一条过 A 和 B 并且向左突出的曲线，见图 4 - 1。

（4）其他情况下的组合线，即 $0 < \rho_{AB} < 1$ 和 $-1 < \rho_{AB} < 0$ 时，是介于由 $\rho = +1$ 和 $\rho = -1$ 所确定的三角形区域内，形状与 $\rho = 0$ 时曲线形状相似，根据其相关性的强弱分布在 $\rho = 0$ 的两侧，见图 4 - 1。曲线 1 代表 $-1 < \rho_{AB} < 0$，曲线 2 代表 $\rho = 0$，曲线 3 代表 $0 < \rho_{AB} < 1$。

2. 由 N 项资产组合的可行集

　　一般来说,在以预期回报率为纵轴、标准差为横轴的坐标图中,由 N 项资产构成的组合的可行集的形状是像伞形的二维实体区域。这只是一个粗略的示意图,在现实生活中,由于各种证券的特性千差万别,可行集可能宽窄高低不同,不过它们的基本形状大多如此,这并不妨碍我们对问题的分析。如图 4 - 2 中由 A、N、B、H 所围的区域所示,所有可能的证券组合可以位于可行集的边界上或内部。投资者只能在此区域范围内挑选其可能得到的资产或资产组合,除此以外,没有别的选择余地。

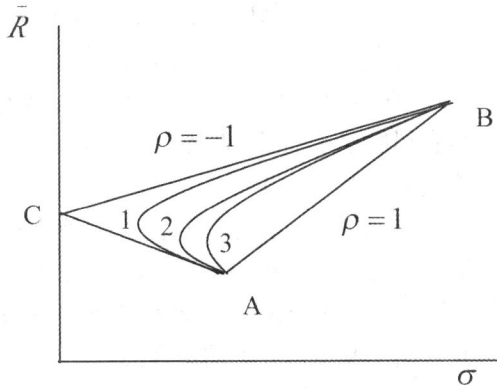

图 4 - 1　不同相关系数情况下双证券组合的可行集

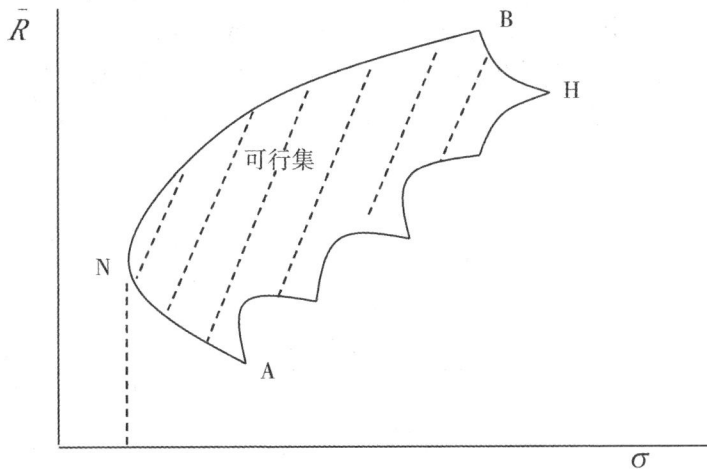

图 4 - 2　N 项资产组合的可行集,它是个平面区域

　　3. 有效集(有效边界、效率边界)

　　证券组合的可行区域是所有可能的证券组合,它为投资者提供了一切可行的组合投资机会,投资者将在其中选择自己最满意的证券组合进行投资。但是正如上面的分析中得到的,所有证券构成的组合是一个二维实体区域,投资者可以选择的范围过于广泛,假如投资者必须对所有这些可行的组合进行评价和比较,那无疑会是一件令人不安的事情。实际上,投资者只需要考虑可行集的一个子集合即可。

　　先列出几个有特殊意义的点:B 点代表预期收益率最高的组合,N 点代表投资风险最小的组合,A 点和 H 点分别代表预期收益率最低和风险最大的资产组合。从整体上说,可以根据马科维茨的风险厌恶和不满足性的理性人假设,对可行集进行缩减"瘦身"。对于一个理性投资者而言,他们都是厌恶风险而偏好收益的。有效集是由有效组合构成的集合,而有效组合是满足同等风险条件下预期收益率最高以及同等收益条件下风险最低的组合。

我们可以通过两个途径求解有效边界:

(1)针对每一个风险水平,求相应的预期收益率的最大值,即不满足性。在图 4-2 中,风险水平介于 N 点和 H 点之间,N 点所代表的组合称为最小方差组合(Minimum Variance Portfolio)。所以当沿着由 N 点向 H 点移动取最大收益率组合时,得到曲线 NH,由此可以看出,对于各种风险水平而言,能提供最大预期收益率的组合集是可行集中介于 N 和 H 之间的上方边界上的组合集。

(2)针对每一个预期收益率水平,求相应的风险最小值。在图 4-2 中,各种组合的预期收益率都介于组合 A 和组合 B 之间,所以由 A 点向 B 点移动取最小方差组合时,得到曲线 AB。由此可见,对于各种预期收益率水平而言,能提供最小风险水平的组合集是可行集中介于 A、B 之间的左边边界上的组合集。

由于有效集必须同时满足上述两个条件,因而 N、B 两点之间上方边界上的可行集就是有效集。如图 4-3 所示,有效边界上的每一个点都代表一个不仅可行而且有效的资产组合,明智的投资者将会在有效边界上发现并选择最佳投资组合,所有其他可行组合都是无效的组合,投资者可以忽略它们。这样,投资者的评估范围就大大缩小了。

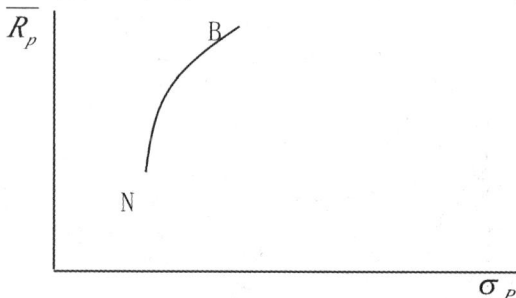

图 4-3　有效集

然而,问题还没有结束,有效边界仍然是由无数的投资组合构成的,纯粹从投资机会的角度看,这些组合都是有效的,难以甄别相互之间的优劣。譬如,B 点的预期收益率水平高于 N 点,但其风险也大,没有理由认为 B 点好于 N 点,所以投资者仍面临进一步选择的问题,而这又与投资者的行为偏好有关。

(二)投资者的风险收益偏好

在分析最优证券组合前,需要了解一下人们的主观风险收益偏好。市场上的大部分投资者都是风险厌恶型的,对这部分投资者,风险只会带来负效用。这意味着,给定两个具有相同收益率的资产,他们会选择风险水平较低的那个,即当这些投资者接受风险资产时,他们会要求一定程度的风险补偿,而这个风险补偿的大小与其风险厌恶度正相关,如图4-4所示。

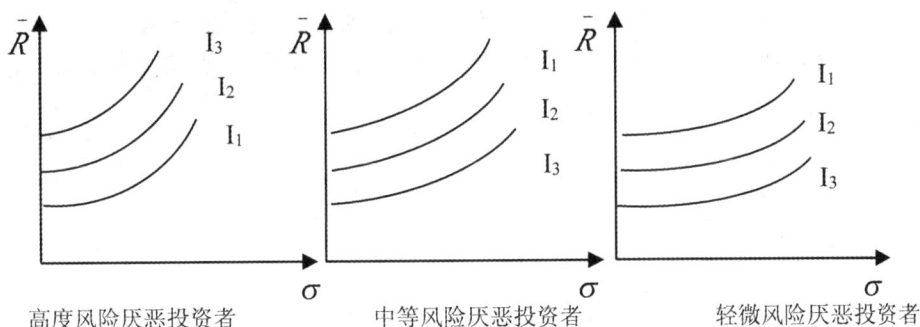

图4-4　不同程度厌恶风险者的无差异曲线

风险厌恶者的无差异曲线具有如下特征:

(1)无差异曲线的斜率是正的。一条无差异曲线代表给投资者带来同样满足程度的预期收益率和风险的所有组合。由于风险给投资者带来的是负效用,而收益带给投资者的是正效用,因而为了使投资者的满足程度相同,高风险的投资必须有高的预期收益率。

(2)该曲线是下凸的。这意味着,风险厌恶的投资者在风险上升时,要求越来越高的边际收益作为补偿,换句话说,投资者愈来愈不能承受高风险的压力。

(3)同一投资者有无数条无差异曲线。这意味着对于任何一个风险——收益组合,投资者对其的偏好程度都能与其他组合相比。由于投资者对收益的不满足性和对风险的厌恶,因而无差异曲线图中越靠左上方的无差异曲线代表的满足程度越高。投资者的目标就是尽量选择位于左上角的组合。

(4)同一投资者在同一时间、同一时点的任何两条无差异曲线都不能相交。

投资者的目标是投资效用最大化,而投资效用取决于投资的预期收益率和风险,其中预期收益率对于风险厌恶者来说带来正的效用,风险带来负的效用。然而,不同的投资者对风险的厌恶程度和对收益的偏好程度是不同的,如上所述。本书采用"无差异曲线"的概念来描述风险厌恶者的效用。风险厌恶者的无差异曲线的特征除了上面说描述的四个特征外,还有一条比较重要的特征,即无差异曲线的斜率陡峭程度衡量投资者的风险厌恶度。

无差异曲线的斜率表示风险和收益之间的替代率,斜率越高,表明为了让投资者多冒同样的风险,必须提供的收益补偿也应越高,说明该投资者越厌恶风险。同样,斜率越小,表明该投资者厌恶风险程度较轻。图4-4就表示了三种不同程度厌恶风险的投资者的无差异曲线。

(三)最优投资组合的确定

投资者总是试图选择能够满足其较高效用水平的资产组合,而这又必须是资产市场上可以得到的资产组合,因此寻求最佳的投资组合必然通过求解无差异曲线与有效边界的切点来实现,如图4-5切点O所示,这个切点也是投资分析和投资决策的最终落脚点。

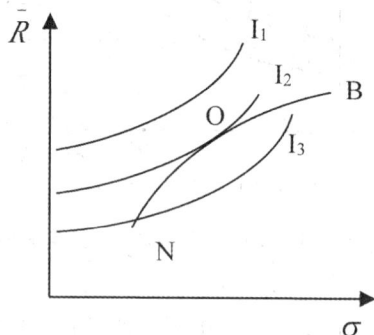

图4-5　最优投资组合

有效集向上凸的特性和无差异曲线向下凸的特性决定了有效集和无差异曲线的相切点只有一个,也就是说最优投资组合是唯一的。其中I_3与NB有两个交点,表明有效边界上还存在着更高满足程度的组合尚未被投资者所利用,两个交点组合都不是投资者理想的选择;I_1代表了更高的效用水平,但其与NB不相交,表明市场上不存在这样的投资机会。只有I_2与NB的切点O才是市场上现实存在的并且能使投资者获得最大效用的唯一资产组合,即投资者的最佳投资组合。

切点O的位置视投资者的偏好而定。风险厌恶程度大的投资者,由于其无差异曲线的斜率较陡,选择的组合越接近N点。风险厌恶程度较小的投资者,由于其无差异曲线的斜率较小,因而其最优投资组合越接近B点。

三、由 n 项资产组成的组合如何降低风险

由于$\sigma_p^2 = \sum_{i=1}^{n}\sum_{j=1}^{n}\sigma_{ij}x_ix_j = \sum_{i=1}^{n}x_i^2\sigma_i^2 + 2\sum_{i}^{*}\rho_{ij}\sigma_i\sigma_jx_ix_j$,因而,$\sigma_p^2$为$n^2$项求和的结果。其中第一部分共$n$项,第二部分含$n^2-n$项。式中第一项是各项资产自身方差对组合方差的贡献,与两项资产构成的资产组合相同,它反映了每一资产本身的风险状况对资产组合的风险的影响。第二项是各项资产间相互作用,相互影响,即协方差项对组合风险的贡献。ρ_{ij}是第i项资产与第j项资产间的相关系数。

当n较大时,协方差项的数目远大于方差项,因此,当n较大时资产组合的风险将主要由资产间相互作用的结果决定。

设n项资产按同样比例构成资产组合,即每项资产各占$x_1 = x_2 = \cdots\cdots = x_n = \frac{1}{n}$。

所以组合的方差为:

$$\sigma_p^2 = \sum_{i=1}^n \frac{1}{n^2}\sigma_i^2 + \sum_{i=1}^n\sum_{j\neq i}^n \frac{1}{n^2}\rho_{ij}\sigma_i\sigma_j = \frac{1}{n^2}\sum_{i=1}^n\sigma_i^2 + \frac{1}{n^2}\sum_{i=1}^n\sum_{j\neq i}^n\rho_{ij}\sigma_i\sigma_j$$

令 $\overline{\sigma^2} = \frac{1}{n}\sum_{i=1}^n\sigma_i^2$ 和 $\overline{\rho_{ij}\sigma_i\sigma_j} = \frac{1}{n^2-n}\sum_{i=1}^n\sum_{j\neq i}^n\rho_{ij}\sigma_i\sigma_j$

则上式化为:

$$\sigma_p^2 = \frac{1}{n}\times\overline{\sigma^2} + \frac{1}{n^2}\times(n^2-n)\times\overline{\rho_{ij}\sigma_i\sigma_j}$$

$$= \frac{1}{n}\times\overline{\sigma^2} + \overline{\rho_{ij}\sigma_i\sigma_j} - \frac{1}{n}\times\overline{\rho_{ij}\sigma_i\sigma_j}$$

当 $n\to\infty$ 时,上式的第一项和第三项均趋于零,只有第二项 $\overline{\rho_{ij}\sigma_i\sigma_j}$ 保留下来。由此可知,当资产组合中资产数目较大时,资产间的相互作用和相互影响是资产组合的主要风险来源。

四、证券投资的系统风险与非系统风险

资产组合可以有效地减少风险和分散风险,但不能完全消除风险。从上面的分析可知,随着资产组合中资产数目的增加,各资产本身风险状况对组合风险的影响逐渐减少,直至最终消失。但各资产间相互作用、共同运动产生的风险并不能随 n 的增大而消失,它是始终存在的。那些只反映资产本身特性,可通过增加资产组合中资产数目而最终消除的风险称为非系统性风险,又称个别风险。那些反映各资产共同运动,无法最终消除的风险称为系统性风险,又称市场风险。

增加资产组合的资产数,可以减少非系统性风险的影响,而且非系统性风险的程度随资产组合中的资产数目的增加先是迅速下降,然后则趋于平缓。

1960 年,美国学者韦恩·韦格纳和谢拉劳曾对美国股票的分散化和风险进行了实证研究,该研究平均选择了 120 只在纽约交易所交易的股票,分为 6 组,每组 20 只股票。平均看来,由随机抽样的 20 只股票组成的资产组合中,单个股票的风险约有 40% 被抵消掉了,这意味着一定程度的分散化能够分散非系统风险。

另外,马科维茨也从实证角度证实了组合与分散的关系。结论证明,由 10～15 种证券构成的资产组合分散风险的能力便达到了极限。这时,即使再增加证券到这个资产组合中来,也不能进一步分散非系统风险的作用。因此,一般说来,拥有 10～15 种证券的组合即可达到分散非系统风险的目的,并非多多益善。

Fisher 和 Lorie 的工作对多样化降低投资组合风险的效果进行了很好的解释。他们考虑到了美国全部上市的股票,并从中随机采样组成小到由 1 只股票大到由 500 只股票组成的投资组合,投资组合内的股票都是等同加权的。这种模拟过程使得研究者能够观察到投资组合的方差是如何随成分股票的加入而减少的;同时它还表明了多样化对于降低风险的能力很快就消失了(见表 4-3)。该表还表明,当投资组合的成分股

票数增加时,在投资组合的风险中,与市场有关的风险份额也随之增加;而由较多股票组成的投资组合的收益率与市场收益率表现出高度的正相关性。

表4-3 投资组合的成分股票数与风险收益状况

股票数	平均收益率	标准差	可分散的风险份额	与市场有关的风险份额
1	9%	40.0%	45%	55%
2	9%	32.4%	38%	62%
8	9%	25.6%	20%	80%
16	9%	24.0%	12%	88%
32	9%	23.6%	8%	92%
128	9%	22.8%	2%	98%
指数基金	9%	22.0%	0%	100%

一般来讲,要想有效地减少风险,至少要有10种左右的资产,15种资产是比较好的数量。因为进一步增加资产数量只能加大管理的困难和交易费用,而不能有效地降低风险。关于风险程度与资产数量的关系,如图4-6所示。

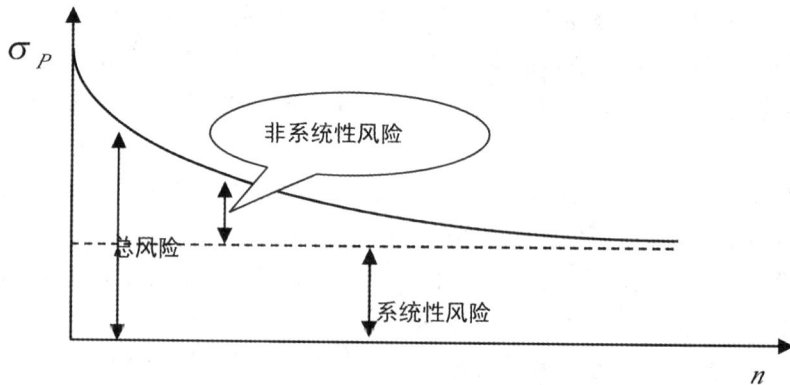

图4-6 证券的数量和组合的系统性、非系统性风险之间的关系

五、无风险资产和最优投资组合

马科维茨的投资组合理论中假设所有可投资的资产都是有风险的,也就是说,n个资产中每一个在投资者的持有期内都具有不确定的收益率。但现实生活当中我们可以假设无风险资产的存在,且允许人们借入资金进行投资,这使得投资者可以构建无风险资产和风险资产之间的投资组合,直接导致了投资者可行集的扩展和有效边界的优化,同时,也使投资者可获取的最大效用上升。

(一)允许无风险贷出下的可行集与有效集

1.无风险贷款或无风险资产的定义

无风险贷款相当于投资于无风险资产,其收益率是确定的。由于无风险资产的期末价值没有任何不确定性,因而,其标准差应为零。同样,无风险资产收益率与风险资产收益率之间的协方差也等于零。

严格地说,只有没有市场风险的、到期日与投资期相等的国债才是无风险资产。但在现实中,为方便起见,人们常将 1 年期的国库券或者货币市场基金当做无风险资产。

2. 允许无风险贷款下的投资组合

(1)投资于一种无风险资产和一种风险资产的情形

设:无风险资产和风险资产的收益分别为 r_f 和 $\overline{R_i}$,风险分别为 0 和 σ_i,投资比例为 x_f 和 x_i,其中:$x_f + x_i = 1$,$\sigma_{if} = 0$。

则该组合的预期收益率和标准差为:

$$\overline{R_p} = x_f r_f + x_i \overline{R_i} \tag{4-13}$$

$$\sigma_p = \sqrt{x_f^2 \sigma_f^2 + x_i^2 \sigma_i^2 + 2x_f x_i \rho_{if} \sigma_i \sigma_f} \tag{4-14}$$

由于无风险证券的风险为零,因而,收益的方差为零,即 $\sigma_f = 0$。显然无风险证券与风险证券的协方差也为零。因此,组合的标准差可以简化为

$$\sigma_p = x_i \sigma_i$$

整理得到

$$x_i = \sigma_i / \sigma_p, x_i = (\sigma_p - \sigma_i) / \sigma_p \tag{4-15}$$

根据公式(4-13)和(4-15),可以得到

$$\overline{R_p} = r_f + \frac{\overline{R_i} - r_f}{\sigma_i} \times \sigma_p \tag{4-16}$$

其中,$\dfrac{\overline{R_i} - r_f}{\sigma_i}$ 为单位风险报酬。由于 $1 > x_f, x_i > 0$,因而式(4-16)所表示的只是一条线段,如图 4-7 所示:A 表示无风险资产,B 表示风险资产,由这两种资产构成的投资组合的预期收益率和风险一定落在 AB 这条线段上(允许无风险贷款将扩大可行集的范围)。

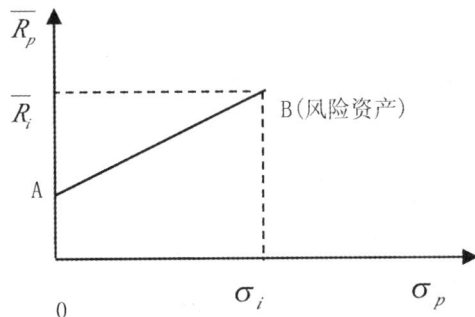

图 4-7　无风险资产和风险资产的组合

（2）投资于一种无风险资产和一个证券组合的情形

假设风险资产组合 B 是由风险证券 C 和 D 组成的。B 一定位于经过 C、D 两点的向上凸出的弧线上，如图 4-8 所示。用该组合代表在整个投资组合中所占的比重，则式（4-13）到（4-16）的结论同样适用于由无风险资产和风险资产组合构成的投资组合的情形。在图 4-8 中，这种投资组合的预期收益率和标准差一定落在 AB 线段上。

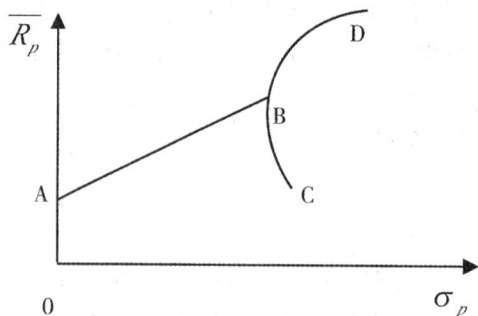

图 4-8　无风险资产和风险资产组合的组合

3. 无风险贷款对有效集的影响

引入无风险贷款后，有效集将发生重大变化。在图 4-9 中，弧线 CD 代表马科维茨的有效集，A 点表示无风险资产。我们可以在马科维茨有效集中找到一点 T，使直线 AT 与弧线相 CD 切于 T 点。T 点所代表的组合称为切点处投资组合。

T 点代表马科维茨有效集中众多的有效组合中的一个，但它却是一个很特殊的组合，因为没有任何一种风险资产或风险资产组合与无风险资产构成的投资组合可以位于 AT 线段的左上方。换句话说，AT 线段的斜率最大，因此 T 点代表的组合被称为最优风险组合（Optimal Risky Portfolio）。

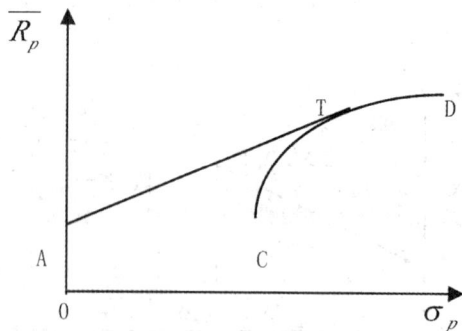

图 4-9　允许无风险贷款时的效率边界

从图 4-9 可以明显看出，引入 AT 线段后，弧线 CT 不再是有效集。因为对于 T 点左边的有效集而言，在预期收益率相同的情况下，AT 线段上风险均小于马科维茨有效集上组合的风险，而在风险相同的情况下，AT 线段上的预期收益率均大于马科维茨有效集上组合的预期收益率。按照有效集的定义,T 点左边的有效集不再是有效集。由于 AT 线段上的组合是可行的,因而引入无风险贷款后,新的有效集由 AT 线段和 TD 弧线构成。

(二)允许无风险借入下的可行集与有效集

1. 允许无风险借入下的投资组合

在推导马科维茨有效集的过程中,我们假定投资者可以购买风险资产的金额仅限于他期初的财富。然而,在现实生活中,投资者可以借入资金并用于购买风险资产。由于借款必须支付利息,而利率是已知的,在该借款本息偿还上不存在不确定性,因而我们把这种借款称为无风险借款。

假定投资者可按相同的利率进行无风险借贷。

(1)无风险借款并投资于一种风险资产的情形

可以把无风险借款看成负的投资,则投资组合中风险资产和无风险资产借款的比例也可用 x_f 和 x_i 表示,且 $x_f + x_i = 1$,$x_f < 0$、$x_i > 1$。这样式(4-13)到(4-16)也完全适用于无风险借款的情形。

由于 $x_f < 0$、$x_i > 1$,因而式(4-16)在图上表现为线段 AB 向右边的延长线上,如图 4-10 所示。

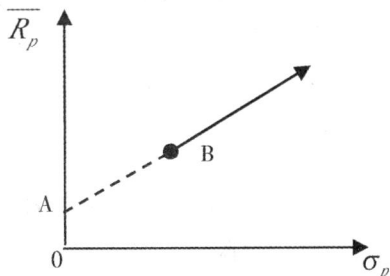

图 4-10 无风险借款和风险资产组合

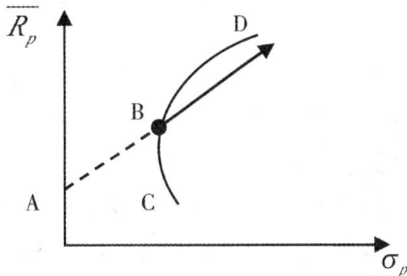

图 4-11 无风险借款和风险资产组合

(2)无风险借款并投资于风险资产组合的情形

假设风险资产组合 B 是由风险证券 C 和 D 组成的,则由风险资产组合 B 和无风险借款 A 构成的投资组合的预期收益率和标准差一定落在线段 AB 向右边的延长线上。如图 4-11 所示。

2. 无风险借款对有效集的影响

引入无风险借款后,有效集也将发生重大变化。在图 4-12 中,弧线 CD 仍代表马科维茨有效集,点 T 仍表示弧线 CD 与过 A 点直线的相切点。在允许无风险借款的情况下,投资者可以通过无风险借款并投资于风险资产或风险资产组合 T,使有效集由弧线 TD 变成线段 AT 向右边的延长线。

这样在允许无风险借款的情况下,马科维茨有效集由弧线 CTD 变成弧线 TC 加上

99

线段 AT 向右边的延长线。

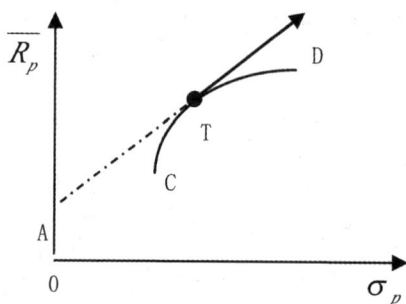

图 4 - 12   允许无风险借款时的有效集

(三)允许无风险借贷下的可行集与有效集

综上所述,在允许无风险借贷的情况下,有效集变成一条直线(AT),该直线经过无风险资产 A 点并与马科维茨有效集相切,如图 4 - 13 所示。在这条直线上,所有的组合都是无风险资产与切点 T 组合而成的新组合。在新的效率边界上,只有一点对某一个投资者来说是最佳的,即该投资者的无差异曲线(效用曲线)与有效集的切点。

如果切点 O_2 刚好落在 T 点上,说明该投资者的资金全部购买风险资产组合,无风险资产的持有量为零,投资者即不借入资金,也不借出资金。

如果切点 O_1 落在新有效集 T 点的左下方,说明投资者的全部投资组合中即包括风险资产,又包括无风险资产。也就是说他将部分资金投资于无风险资产,将另一部分资金投资于风险资产组合 T。

如果切点 O_3 落在新有效集 T 点的右上方,说明投资者购买的风险资产的量已超过他的总资金量,也就是说他将以无风险利率借入资金投资于风险资产组合 T。

虽然最优投资组合 O_1、O_2 和 O_3 的位置不同,但它们都是由无风险资产 A 和相同的风险资产组合 T 组成的。如图 4 - 14 所示。

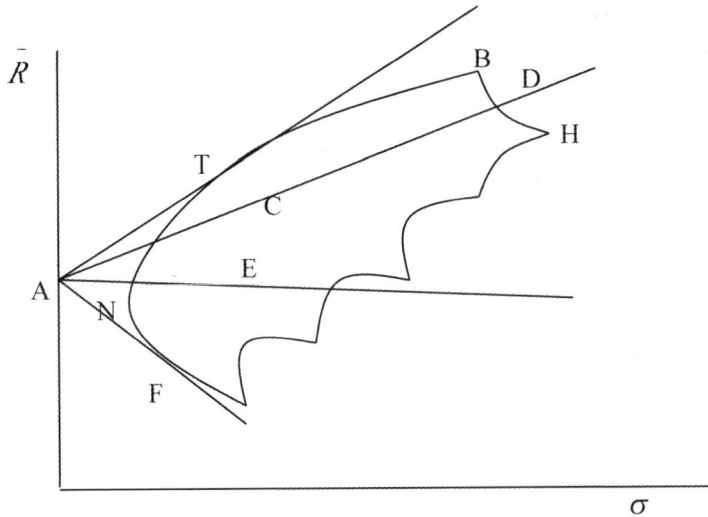

图 4 – 13 引入无风险借贷后的可行集和有效集

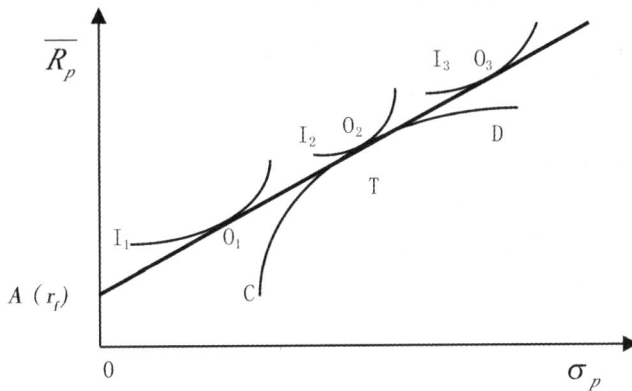

图 4 – 14 最优投资组合

第三节 资本资产定价模型

资本定价模型(Capital Asset Pricing Model，CAPM)是由夏普(William Sharpe)、林特纳(John Lintner)、特里诺(Jack Treynor)和莫森(Jan Mossin)等人在现代投资组合理论的基础上提出的，在投资学中占有很重要的地位，并在投资决策和公司理财中得到广泛的运用。1963 年，夏普研究简化马科维茨模型取得了重大的进展，提出了单因素模型，极大地减少了挑选资产组合所需的工作量，1964 年提出了著名的资本资产定价模型。资本资产定价模型的进步在于以 β 系数作为度量资产风险的指标，这不仅大大简化了马科维茨模型中关于风险值的计算工作，而且可以对过去难以估价的风险证券资产的价格进行定价。他在模型中把马科维茨理论中的资产风险进一步分为资产"系统"风险和"非系统"风险两部分,提出了一个重要的结论:投资的分散化只能消除非系统风险,而不能消除系统风险。需要指出的是,哈佛大学商学院和文理学院经济学系的教授林特纳1965年提出了与夏普的资本资产定价模型基本相同的模型,挪威经济学家莫森于1966年得出了相同的结论。

资本资产定价模型是关于资本市场理论的模型,马科维茨模型则是投资组合分析的基础。马科维茨模型是规范性的,它指明了投资者应该如何去行动;而资本市场理论则是实证性的。作为一种阐述风险资产均衡价格决定的理论,它使得证券投资理论从以往的定性分析转入定量分析,对证券投资的理论研究和实际操作都产生了巨大的影响。

一、模型的基本假定

下面给出的是简单形式的资本资产定价模型的若干基本假定,这些基本假定的核心是尽量使个人相同化,而这些个人本来是有着不同的初始财富和风险厌恶度的,相同化个人的投资行为会使分析大为简化。

1. 存在着大量投资者,每个投资者的财富相对于所有投资者的财富总和来说是微不足道的。投资者是价格的接受者,单个投资者的交易行为对证券价格不发生影响,这一假设与微观经济学中对完全竞争市场的假定是一致的。

2. 所有投资者都在同一证券持有期计划自己的投资行为。这种行为是短视的,因为它忽略了在持有期结束的时点上发生任何事件的影响,短视行为通常是非最优行为。

3. 投资者投资范围仅限于公开金融市场交易的资产,譬如股票、债券、借入或贷出无风险的资产安排等。这一假定排除了投资于非交易性资产如教育(人力资本)、私有企业、政府基金资产(市政大楼、国际机场等)。

4. 假定投资者可以在固定的无风险利率基础上借入或贷出任何额度的资产。

5. 对资产交易没有制度性限制,比如说卖空是可行的。

6. 不存在证券交易费用及税赋。在实际生活中,投资者处于不同的税收等级,这直接影响到投资者对投资资产的选择。举例来说,利息收入、股息收入、资本利得所承担的税负不尽相同。此外实际中的交易也发生费用支出,交易费用依据交易额度的大小和投资者的信誉度而不同。

7. 所有投资者均是理性的,追求投资资产组合方差最小化,期望收益率最大,这意味着他们都采用马科维茨的资产选择模型。

8. 所有投资者对证券的评价和经济局势的看法都一致,这样,投资者关于有价证券收益率的概率分布期望是一致的。依据马科维茨模型,给定一系列证券的价格和无风险利率,所有投资者的证券期望收益率与协方差矩阵相等,从而产生了有效集(效率边界)和一个独一无二的最优风险资产组合,这一假定也被称为同质期望或信念。

这些假定虽然与现实世界存在很大差距,但通过这个假想的世界,可以导出证券市场均衡关系的基本性质,并以此为基础,探讨现实世界中风险和收益之间的关系。

二、资本市场线

根据相同期望或信念的假定,可以推导出每个投资者的切点处投资组合(最优风险组合)都是相同的(如图 4-14 的 T 点),从而每个投资者的线性有效集都是一样的。习惯上,人们将切点处组合叫做市场组合,并用 M 代替 T 来表示。所谓市场组合是指由所有证券构成的组合,在这个组合中,每一种证券的构成比例等于该证券的相对市值。一种证券的相对市值等于该证券市值除以所有证券的市值总和。

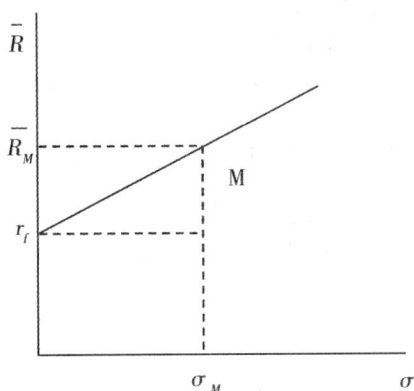

图 4-15 资本市场线

为什么可以在不知道所需数据的条件下求解这一最优规划问题?答案建立在均衡讨论的基础之上。如果市场上其他每一位投资者(至少是大部分投资者)都求解这一模型,则不需要再对该模型求解。原因在于,一项资产的收益取决于该资产的初始价格与最终价格。其他投资者运用预期来求解均值——方差投资组合模型,并根据结果在市场上提交指令以获得他们需要的投资组合。如果他们的指令与市场上可用的组合不相匹配,则价格必然发生变化。需求较大的资产价格上升,而需求较少的资产价格会下降。这些价格上的变动直接影响对资产收益的估计,因此投资者将重新计算他们最优的投资组合,这一过程将一直持续到需求恰好与供给相匹配为止,即持续到出现均衡为止。

因此,在均衡状态下,每一个投资者对每一种证券都愿意持有一定的数量,市场上各种证券的价格都处于使该证券供求相等的水平上,无风险利率的水平也正好使借入资金的总量等于贷出资金的总量。由此看来,投资者持有的、符合均衡条件的最佳风险组合必定是市场组合。

在均值——方差图上以 M 表示市场组合,有效集由一条直线组成,该直线由无风险资产点发出并经过市场投资组合点,这条直线被称为资本市场线。按资本资产定价模型的假设,我们就可以很容易地找出有效组合风险和收益之间的关系。如果我们用 M 代表市场组合,用 r_f 代表无风险利率,从 r_f 出发画一条经过 M 的直线,这条线就是在允许无风险借贷情况下的线性有效集,在此我们称为资本市场线(Capital Market Line),如

图4-15所示。任何不利用市场组合以及不进行无风险借贷的其他所有组合都将位于资本市场线的下方。

从图4-15可以看出,资本市场线的斜率等于市场组合预期收益率与无风险证券收益率之差($\bar{R}_M - r_f$)除以它们的风险之差($\sigma_M - o$),即($\bar{R}_M - r_f$)/σ_M。由于资本市场线与纵轴的截距为γ_f,因而,其表达式为:

$$\bar{R}_p = r_f + \left[\frac{\bar{R}_M - r_f}{\sigma_M} \right] \times \sigma_p \tag{4-17}$$

式中,$\bar{R}_p$——最优投资组合的预期收益率;

σ_p——最优投资组合的标准差。

从式(4-17)可以看出,证券市场的均衡可用两个关键数字来表示:一是资本市场线的截距,无风险利率(r_f),它反映了投资的时间价值,即投资者延迟消费应该得到的补偿;二是资本市场线的斜率,即单位风险报酬$\frac{\bar{R}_M - r_f}{\sigma_M}$,它用来衡量投资风险的市场价值,也就是相对于市场组合而言,投资者每增加承受一个单位标准差的风险所应当获得的相应补偿。因此,从本质上说,资产市场为人们提供了一个时间价值和风险价值相互交换的场所。

三、证券市场线

资本市场线将一项有效投资组合的期望收益率与它的标准差联系起来,但它并未表明一项单独资产或任何一项投资组合的期望收益率是如何与其自身风险相联系的。这一联系由资本资产定价模型表述。

(一)资本资产定价模型的推导

根据式(4-10)可以得出市场组合标准差的计算公式为:

$$\sigma_M = \left[\sum_{i=1}^{n} \sum_{j=1}^{n} X_{iM} X_{jM} \sigma_{ij} \right]^{1/2} \tag{4-18}$$

其中X_{iM}和X_{jM}分别表示证券i和j在市场组合中的比例,双加号$\sum\sum$意味着把方阵($n \times n$)的所有元素相加,可以用方差—协方差矩阵来进行表示:

	X_{1M}	X_{2M}	$\cdots$	X_{iM}	$\cdots$	X_{nM}
X_{1M}	$\text{cov}(r_1, r_1)$	$\text{cov}(r_1, r_2)$	$\cdots$	$\text{cov}(r_1, r_i)$	$\cdots$	$\text{cov}(r_1, r_n)$
X_{2M}	$\text{cov}(r_2, r_1)$	$\text{cov}(r_2, r_2)$	$\cdots$	$\text{cov}(r_2, r_i)$	$\cdots$	$\text{cov}(r_2, r_n)$
			$\cdots$			
X_{iM}	$\text{cov}(r_i, r_1)$	$\text{cov}(r_i, r_2)$	$\cdots$	$\text{cov}(r_i, r_i)$	$\cdots$	$\text{cov}(r_i, r_n)$
X_{nM}	$\text{cov}(r_n, r_1)$	$\text{cov}(r_n, r_2)$	$\cdots$	$\text{cov}(r_n, r_i)$	$\cdots$	$\text{cov}(r_n, r_n)_4$

式(4-18)可以展开为:

$$\sigma_M = [\,X_{1M}\sum_{j=1}^{n}X_{jM}\sigma_{1j} + X_{2M}\sum_{j=1}^{n}X_{jM}\sigma_{2j} + \cdots X_{nM}\sum_{j=1}^{n}X_{jM}\sigma_{nj}\,]^{1/2} \qquad (4-19)$$

根据协方差的性质可知,证券 i 跟市场组合的协方差(σ_{iM})等于证券 i 跟市场组合中每种证券协方差的加权平均数:

$$\sigma_{iM} = \sum_{j=1}^{n}X_{jM}\sigma_{ij} \qquad (4-20)$$

如果把协方差的这个性质运用到市场组合中的每一个风险证券,并代入式(4-18),可得:

$$\sigma_M = [\,X_{1M}\sigma_{1M} + X_{2M}\sigma_{2M} + \cdots + X_{nM}\sigma_{nM}\,]^{1/2} \qquad (4-21)$$

其中,σ_{1M} 表示证券 1 与市场组合的协方差,σ_{2M} 表示证券 2 与市场组合的协方差,依次类推。式(4-21)表明,市场组合的标准差等于所有证券与市场组合协方差的加权平均数的平方根,其权数等于各种证券在市场组合中的比例。

由于市场组合的预期收益率和标准差分别是各种证券预期收益和各种证券与市场组合的协方差(σ_{iM})的加权平均数,其权数均等于各种证券在市场组合中的比例,i 证券的收益—风险比率可以表达为 i 证券对市场组合风险溢价的贡献度与 i 证券对市场组合方差的贡献度之比 $= \dfrac{X_{iM}[\bar{r}_i - r_f]}{X_{iM}\mathrm{cov}(r_i, r_M)}$,由于市场组合是最优的风险资产组合,其收益—风险比率为 $\dfrac{\text{市场风险溢价}}{\text{市场方差}} = \dfrac{\bar{r}_M - r_f}{\sigma_M^2}$,这一比率通常被称为风险的市场价格,因为它测度的是投资者对资产组合风险所要求的额外收益值。

均衡的一个基本原则是所有投资的收益—风险比率应该相等。如果某一投资的收益—风险比率大于其他投资,投资者将会调整投资组合,卖掉或取消其他投资而选择风险—收益比率较大的项目。投资者的这种行为会影响证券价格,一直到比率相同。所以

$$\frac{X_{iM}[\bar{r}_i - r_f]}{X_{iM}\mathrm{cov}(r_i, r_M)} = \frac{\bar{r}_M - r_f}{\sigma_M^2} \qquad (4-22)$$

化简上式得到:

$$\bar{r}_i = \frac{\mathrm{cov}(r_i, r_M)}{\sigma_M^2}(\bar{r}_M - r_f) + r_f = \frac{(\bar{r}_M - r_f)}{\sigma_M^2}\sigma_{iM} + r_f \qquad (4-23)$$

其中,$\dfrac{\mathrm{cov}(r_i, r_M)}{\sigma_M^2}$ 测度的是 i 证券对市场组合方差的贡献程度,称为贝塔系数 β,它是表示证券 i 与市场组合协方差的另一种方式。

因此式(4-23)也可以写成

$$\bar{r}_i = \beta_i(\bar{r}_M - r_f) + r_f \qquad (4-24)$$

式(4-23)和(4-24)所表达的就是著名的证券市场线(Security Market Line),通常式(4-24)是广泛采用的形式,它反映了单个证券预期收益率与其贝塔系统性风险之间的均衡关系。

(二)证券市场线

如果用 $\bar{r}_i$ 为纵轴,用 β_i 为横轴,则证券市场线可表示为截距为 r_f、斜率为 $(\bar{r}_M - r_f)$ 的直线,如图 4 – 16 所示:

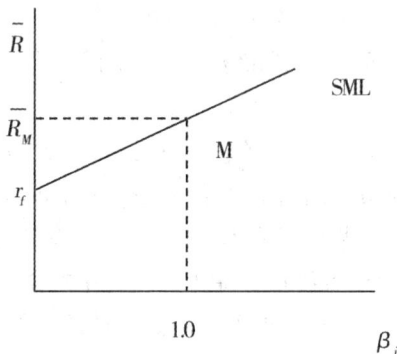

图 4 – 16   证券市场线

证券市场线对资产的价格具有制约作用。当市场处于均衡时,只要能估算出资产或资产组合的 β 值,证券市场线就可以决定单个资产或资产组合的预期收益率,当然也可以决定其价格。另外,证券市场线表明,资产的均衡预期收益率仅同其 β 值有关,而 β 值是测度系统风险的指标,因此只有系统风险才是决定资产预期收益率的因素,投资者是因为承受了资产的系统风险而获得报酬。非系统风险可以通过组合化投资被分散,所以没有理由认为投资者因承担资产的非系统风险而获得相应的回报。归根结底,不同资产之所以具有不同的预期收益率,是因为它们具有不同的 β 值。

比较资本市场线和证券市场线可以看出,只有最优投资组合才落在资本市场线上,其他组合和证券则落在资本市场线下方。而对于证券市场线来说,无论是有效组合还是非有效组合,它们都落在证券市场线上。

既然证券市场线包括了所有证券和所有组合,也一定包含市场组合和无风险资产。在市场组合那一点,β 值为1,预期收益率为 $\bar{R}_M$,因此其坐标为 $(1,\bar{r}_M)$。在无风险资产那一点,β 值为0,预期收益率为 r_f,因此其坐标为 $(0,r_f)$。证券市场线反映了在不同的 β 值水平下,各种证券及证券组合应有的预期收益率水平,从而反映了各种证券和证券组合系统性风险与预期收益率的均衡关系。由于预期收益率与证券价格成反比,因而证券市场线实际上也给出了风险资产的定价公式。

资本资产定价模型所揭示的投资收益与风险的函数关系,是通过投资者对持有证券数量的调整并引起证券价格的变化而达到的。根据每一证券的收益和风险特征,给定一证券组合,如果投资者愿意持有的某一证券的数量不等于已拥有的数量,投资者就会通过买进或卖出证券进行调整,并因此对这种证券价格产生上涨或下跌的压力。在得到一组新的价格后,投资者将重新估计对各种证券的需求,这一过程将持续到投资者对每一种证券愿意持有的数量等于已持有的数量为止,证券市场达到均衡。

【拓展阅读】

资本资产定价模型的数学证明

定理:如果市场投资组合 M 是有效的,则任一资产 i 的期望收益率满足:

$$\bar{r}_i = \beta_i(\bar{r}_M - r_f) + r_f,\text{其中}:\beta_i = \frac{\text{cov}(r_i,r_M)}{\sigma_M^2}$$

证明:对于任意 α,考虑持有 α 比重的资产 i 与 1 - α 比重的市场投资组合 M 构成的一个投资组合(允许 α < 0,这与可以借入无风险资产相对应),这一组合的期望收益率为:

$$\bar{r}_\alpha = \alpha\bar{r}_i + (1-\alpha)\bar{r}_M \tag{4-25}$$

该组合收益率的标准差为:

$$\sigma_\alpha = [\alpha^2\sigma_i^2 + 2\alpha(1-\alpha)\sigma_{iM} + (1-\alpha)^2\sigma_M^2]^{1/2} \tag{4-26}$$

如图 4-17 所示,随着 α 的变动,期望收益率与方差所代表的各点在均值—方差图上描绘出一条曲线。特别的是,α = 0 对应着市场投资组合 M。这条曲线不能穿过资本市场线。如果该曲线穿越了资本市场线,则资本市场线上方任何一点所对应的投资组合将违反资本市场线作为可行集的有效边界的原始定义。随着 α 从零时增加,投资组合的点会向 i 处沿曲线移动。因此,这条曲线必与资本市场线相切于 M 点。

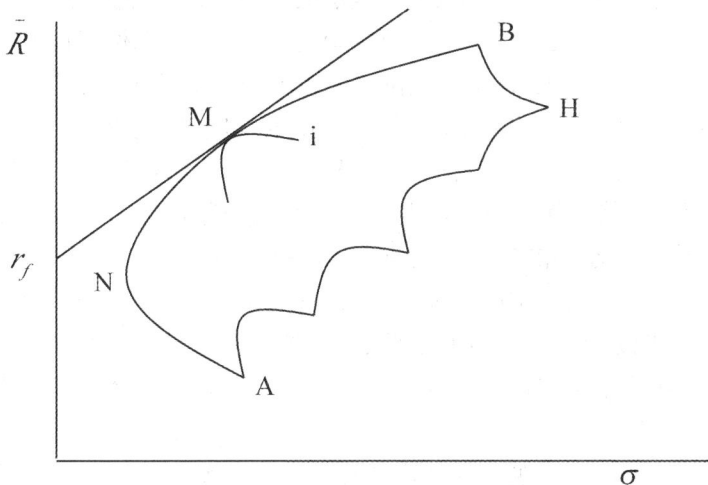

图 4-17 投资组合曲线

为表述这一状态,需要计算一些衍生式:

$$\text{首先},\frac{d\bar{r}_\alpha}{d\alpha} = \bar{r}_i - \bar{r}_M \tag{4-27}$$

$$\frac{d\sigma_\alpha}{d\alpha} = \frac{\alpha\sigma_i^2 + (1-2\alpha)\sigma_{iM} + (\alpha-1)\sigma_M^2}{\sigma_\alpha} \tag{4-28}$$

因此,$\dfrac{d\sigma_\alpha}{d_\alpha}\big|_{\alpha=0} = \dfrac{\sigma_{iM} - \sigma_M^2}{\sigma_M}$ \hfill（4 – 29）

然后应用 $\dfrac{d\bar{r}_\alpha}{d\sigma_\alpha} = \dfrac{d\bar{r}_\alpha/d\alpha}{d\sigma_\alpha/d\alpha}$

得到：$\dfrac{d\bar{r}_\alpha}{d\sigma_\alpha}\big|_{\alpha=0} = \dfrac{(\bar{r}_i - \bar{r}_M)\sigma_M}{\sigma_{im} - \sigma_M^2}$ \hfill（4 – 30）

这一斜率必须与资本市场线的斜率相等,因此：

$$\dfrac{(\bar{r}_i - \bar{r}_M)\sigma_M}{\sigma_{iM} - \sigma_M^2} = \dfrac{\bar{r}_M - \bar{r}_f}{\sigma_M}$$ \hfill（4 – 31）

求解 $\bar{r}_i$,得到最终的结果：

$$\bar{r}_i = \dfrac{(\bar{r}_M - r_f)}{\sigma_M^2}\sigma_{iM} + r_f = \beta_i(\bar{r}_M - r_f) + r_f$$ \hfill（4 – 32）

这个等式就是上面所推导的资本资产定价模型公式。

(三)β 的估计

自 1964 年创立 CAPM 模型以来,Beta 系数成为系统性风险估计的主流方法,在美国、加拿大、英国等资本市场较为成熟的国家或地区,标准普尔、道琼斯等著名中介机构都定期公布各股票的 Beta 系数,向投资者揭示上市公司的系统性风险。

股票的贝塔系数 β,在资本资产定价的单指数模型中被表述为证券市场线的斜率,称为股票市场的系统风险系数。如果用股票市场价格指数的收益率来代表市场组合的收益率,贝塔系数 β 就是股票对市场系统性风险的量度,反映股票收益率变化对市场指数收益率变化的敏感度。贝塔系数 β 越大,股票的市场风险越高,但股票的预期收益也应越高,反之亦然。其中,β = 1,表示股票的系统性风险与市场组合的风险相同,即股票的市场价格波动与市场价格指数的波动幅度大体一致。

投资者可以根据自己要求的收益率水平与风险的承受能力来选择进攻型股票或防御型股票。一般来说,在市场行情上涨期可选择 β > 1 的股票,以获取高于市场的超额收益;在市场行情下跌期应选择 β < 1 的股票,以规避市场的系统风险,适当减少投资损失。

下面简单介绍 CAPM 模型中 β 系数的测定,它是 CAPM 实证检验的核心之一。在实际运用中,人们常用单因素模型来估计 β 值。单因素模型一般可以表示为：

(1)假定任何一种证券的收益率与市场组合之间存在着一种线性关系：

$$\gamma_{it} = \alpha_i + \beta_i \gamma_{mt} + \varepsilon_{it} \quad (t = 1, 2 \cdots n)$$ \hfill（4 – 33）

其中,ε_{it}:误差项,$E(\varepsilon_i) = 0$,$Cov(\varepsilon_i, \varepsilon_j) = 0$,$Cov(\varepsilon_{it}, \varepsilon_{it}) = 0$;

α_i:截距项,当 $\gamma_{mt} = 0$ 时,第 i 种证券的平均收益率;

β_i:斜率项,衡量证券 i 系统性风险大小的指标,证券 i 收益率变化对市场组合收益率变化的敏感度指标。

由最小二乘估计,可得: $\beta_i = Cov_{iM}/\sigma_M^2$ $\qquad\qquad\qquad$ (4-34)

$$\alpha_i = \overline{\gamma_i} - \beta_i\overline{\gamma_m}$$

(2)证券组合的 β 系数 = 各种证券的 β 系数的加权平均数

$\beta_p = \sum_{i=1}^{n} x_i\beta_i$,其中, x_i = 证券 i 的市值/组合的总价值 $\qquad$ (4-35)

证券和证券组合的 β 系数值,若 $\beta = 1$,说明其系统性风险 = 市场组合的系统性风险;若 $\beta > 1$,说明其系统性风险 > 市场组合的系统性风险(进攻型);若 $\beta < 1$,说明其系统性风险 < 市场组合的系统性风险(防御型);若 $\beta = 0$,说明其没有系统性风险。

例如,可以计算出过去5年内的月收益率,这样市场指数和某一证券的收益率就分别有60个观察值,然后对这些观察值进行回归分析。通常来说, β 值的观察值越多, β 值的估算就越准确。如有学者以宝钢股份为例,选取了2000年12月到2004年12月的月数据,运用市场模型进行了时间序列回归,回归结果为 $r_{i,t} = 1.299 + 0.757r_{m,t}$,所以宝钢的贝塔系数为0.757,显示宝钢的波动性小于市场指数的波动性,是一只防守型的股票。

【延伸阅读】

国内有关系统性风险的研究现状及 A 股系统性风险的行业特征

目前国内有关系统性风险的研究也大多沿着 CAPM 的思路展开。然而,目前国内研究及机构应用的 Beta 系数估计方法未针对中国股票市场的制度性因素加以改进,且大多是静态方法,估计方法的简单造成 Beta 系数估计有偏、缺乏权威性,加之时间区间、样本选择、研究方法的差异,实证研究的结果存在较大差别。而且,对于 A 股这样一个系统性风险尤甚的新兴市场,由相关监管部门或中介机构定期公布个股的 Beta 系数及系统性风险状况,给投资者提供基本的风险控制信息尤为必要。

为了观察 A 股系统性风险的行业特征,根据中国证券监督管理委员会公布的《上市公司行业分类指引》,将全部上市公司分成20个行业,对各个行业指数数据的时变 Beta 系数进行了估计,依据估计值的平均值进行了排序。从中可以看出,均值最大的是传播文化,其次是房地产、电子行业。传播文化、房地产、电子行业、建筑业、批发零售、金融保险、信息技术、农林牧副渔、采掘业、机械设备的 Beta 估计值在1以上,是相对进攻型行业,而社会服务、制造业、纺织服装、水电煤气、造纸印刷、石化塑胶、综合类、医药生物、运输仓储、食品饮料时变 Beta 系数估计值的平均值均小于1,是相对保守型行业。

但也可以看出,各个行业的 Beta 估计值都在1附近,这说明对于证券组合而言,其个股的个体性风险被互相对冲,剩下的仅为系统性风险,因此表现出与大盘更为紧密的相关性。此外,对20个行业的系统性风险的历年分布特征状况进行统计分析,并在95%的显著性水平下进行了分布检验。结果显示行业系统性风险无显著性的差异,都服从正态分布且分布幅度也比较小,这一点可以从分布变异系数看出。行业系统性风险的正态性检验说明,各行业系统性风险不具有显著差异,再好的投资组合也无法直接规避和降低系统性风险。

第四节　套利定价理论

由于资本资产定价模型建立在大量假设的基础上,其中的一些假设显得过于理想化,因而有大量的投资者对其实际应用性和有效性提出质疑。但因为正确识别一个市场是否有效本身就十分困难,人们开始对用经验的方法检验 CAPM 及其在现实中的应用能力提出了批评,因为人们难以相信一个众多前提假设难以成立的模型。针对这些问题,学术界又提出了另一种资产定价模型,它在直观上易于理解,并且与 CAPM 相比假设要少得多,这就是套利定价理论(Arbitrage Pricing Theory,APT)。接下来先介绍套利定价理论的依据。

一、套利与均衡

当投资者可以得到无风险利润但却不必做净投资时,就出现了套利机会。一个套利机会常见的例子是股票在两个不同的交易所以不同的价格卖出。例如,假设 IBM 股票在纽约证券交易所卖 60 美元,而在纳斯达克仅卖 58 美元,你就可以在纳斯达克买同时在纽约证券交易所卖,在不用任何自有资金投入的情况下,你就可以获得每股 2 美元的无风险利润。市场价格会一直波动到套利机会消除。

斯蒂芬·罗斯(Stephen A. Ross)在 1976 年提出了套利定价理论。这是一种基于一价定律的确定资产价格的方法。一价定律指出:如果两种资产在所有经济意义的相关方面都相等,则它们的市场价格应相同。套利者一旦发现有违背定律的情况存在,他们就开始实施低买高卖的套利行为,直到套利机会消失。因此,APT 就是在给定证券收益的产生过程中,从套利论证中推导出资产价格。

一个无风险套利资产组合的重要性质是,任何投资者,不考虑风险厌恶或财富状况,均愿意尽可能多地拥有该资产组合的头寸。因为那些大量头寸的存在将会导致价格上涨或下跌直至套利机会完全消除,证券价格应当满足"无套利"的条件,也就是要满足不存在套利机会的价格水平。

套利定价理论是一种不要求遵循均值—方差收益原则,而从市场的套利论证中推导出资产价格区别于 CAPM 的新方法。本部分在给出了 APT 的前提假设后,首先对与 APT 推导相关的单因素与多因素模型进行了简要分析,其次对 APT 的推导过程进行简要描述,然后从区别、一致性两方面对比 APT 与 CAPM。

二、APT 的前提假设

与夏普的 CAPM 相比,APT 的假设条件少多了,因此使用起来较为方便。主要的假设为：

1.证券收益能用因素模型表示

投资者认为任何一种资产的收益率都是一个线性函数，其中包含 k 个影响该资产收益率的因素，函数表达式如下：

$$r_{it} = a_i + b_{i1}F_{1t} + b_{i2}F_{2t} + \cdots\cdots + b_{ik}F_{kt} + \varepsilon_{it} \tag{4-36}$$

式中，r_{it}——证券 i 在 t 时期的收益率；

F_{kt}——因素在 t 时期的预测值；

b_{ik}表示证券 i 对该因素的敏感度；

ε_{it}为证券 i 在 t 时期的随机变量，其均值为零，标准差为 σ_{ε_i}；

a_i 为常数，它表示要素值为 0 时证券 i 的预期收益率。

2.有足够多的证券来分散不同的风险

3.功能强的证券市场中不允许有持续性的套利机会

由此可见 APT 放松了 CAPM 的一些假定，如投资者无须为风险规避者；不需要一个有效的市场投资组合；投资者无须有相同的预期。

套利定价理论认为，证券收益是跟某些因素相关的。为此，在介绍套利定价理论之前，先得了解因素模型。

三、因素模型

因素模型又称为指数模型，它是建立在资产收益率对各种因素或指数变动的敏感度这个基础上的。作为一个收益率生成过程，因素模型试图提取那些系统地影响所有资产价格的主要经济力量。各种证券收益率之所以相关，主要是因为它们都会对这些共同的因素起反应。因素模型的主要目的就是找出这些因素并确定证券收益率对这些因素变动的敏感度。资产收益率中不能被因素模型所解释的部分被认为是由该种资产的特有性质所决定的，该性质与其他资产无关。

（一）单因素模型

市场模型是一个典型的单因素模型，其中资产的收益只受到一个共同因素的影响。如果每一个证券的收益变动都与一个共同的因素相关，就可以用这一共同的因素解释每个证券的收益。也就是

$$r_{it} = a_i + b_i F_t + \varepsilon_{it} \tag{4-37}$$

式中，r_{it}——证券 i 在 t 时期的收益率；

F_t——共同因素在 t 时期的收益率；

b_i——证券 i 对共同因素的敏感度；

ε_{it}——证券 i 在 t 时期的随机变量；

a_i——常数，它表示要素值为 0 时证券 i 的预期收益率。

影响证券收益的共同因素可以是经济增长率的变动、利率的变动、通货膨胀率的变

动以及股票市场价格指数的变动等。

对于未来而言,我们既不知道共同因素的数值,也不知道每个证券的收益残差,因此通常取它们的期望。而收益残差的期望值通常假定为零,残差项的其他假定与经典回归分析中关于残差项的假定相同。因此,用期望值来表示上述单因素模型为:

$$\bar{r}_i = a_i + b_i \bar{F} \qquad (4-38)$$

这里 $\bar{r}_i$ 为证券 i 的收益的期望值,$\bar{F}$ 为共同因素的期望值。

证券 i 的风险为:

$$\sigma_i^2 = b_i^2 \sigma_F^2 + \sigma_{\varepsilon_i}^2 \qquad (4-39)$$

即证券 i 的风险分为两个部分,一个是因素相关的风险,也是系统风险 $b_i^2 \sigma_F^2$;另一个是非因素相关风险,也叫非系统风险 $\sigma_{\varepsilon i}$。

任何两种证券的协方差为:$\sigma_{ij} = b_i b_j \sigma_F^2$ (4-40)

当每个证券都与一个共同的因素相关时,由这些证券构成的投资组合的收益为:

$$\begin{aligned}
R_p &= \sum_{i=1}^n X_i R_i \\
&= \sum_{i=1}^n X_i (a_i + b_i F + \varepsilon_i) \qquad (4-41) \\
&= \sum_{i=1}^n X_i a_i + (\sum_{i=1}^n X_i b_i) F + \sum_{i=1}^n X_i \varepsilon_i \\
&= a_p + b_p F + \varepsilon_p
\end{aligned}$$

其中

$$a_p = \sum X_i a_i, b_p = \sum X_i b_i, \varepsilon_p = \sum X_i \varepsilon_i$$

投资组合的风险同样分为系统风险 $b_p^2 \sigma_F^2$ 和非系统风险 $\sigma_{\varepsilon p}^2$ 两部分。投资组合的系统风险取决于共同因素 F 风险的大小,也取决于系数 b_p 的大小。由于 $b_p = \sum X_i b_i$,即单个证券受共同因素影响的系数的加权平均,因此组合的系统风险也被平均化了。在单个证券受共同因素影响的系数都是正的情况下,组合的风险介于单个证券最大和最低的风险之间。但如果证券受共同因素的影响方向不同,即有的证券与共同因素是正相关,而有的是负相关,那么组合的风险可能变得很低,因为证券的系统风险相互抵消了。

假定单个证券的残差间互不相关,则投资组合的非系统风险为:

$$\sigma_{\varepsilon_p}^2 = \sum X_i^2 \sigma_{\varepsilon_i}^2 \qquad (4-42)$$

随着投资组合中股票数量的增多,组合的非系统风险将变得很低。例如,当组合中的股票是等额投资时,即 $W_i = 1/n$,那么,组合的非系统风险为:

$$\sigma_{\varepsilon_p}^2 = \sum X_i^2 \sigma_{\varepsilon_i}^2 = \sum \frac{1}{n^2} \sigma_{\varepsilon_i}^2 = \frac{1}{n} \left[\frac{1}{n} (\sigma_{\varepsilon_1}^2 + \sigma_{\varepsilon_2}^2 + \cdots + \sigma_{\varepsilon_n}^2) \right] \qquad (4-43)$$

方括号内是单个证券非系统风险的算术平均数,而投资组合的非系统风险仅是该算术平均数的 $1/n$。因此,当股票中股票的数量足够大的情况下,投资组合的非系统风险可以忽略不计。

(二)双因素模型

经济中影响证券收益的共同因素有很多,比如经济增长、利率水平和股票价格指数等。如果将影响单个证券系统性风险的因素归纳为两个的话,那么也就产生了双因素模型。

双因素模型如下:

$$r_{it} = a_i + b_{i1}F_{1t} + b_{i2}F_{2t} + \varepsilon_{it} \tag{4-44}$$

同样,ε_i 是个别收益,ε_i 与共同因素 F_1 和 F_2 不相关。

有关的计算公式:

$$E(R_i) = a_i + b_{i1}E(F_1) + b_{i2}E(F_2) \tag{4-45}$$

$$\sigma_i^2 = b_{i1}^2\sigma^2(F_1) + b_{i2}^2\sigma^2(F_2) + \sigma^2(\varepsilon_i) \tag{4-46}$$

$$\sigma_{ij} = b_{i1}b_{j1}\sigma^2(F_1) + b_{i2}b_{j2}\sigma^2(F_2) \ (i \neq j) \tag{4-47}$$

b_{i1} 和 b_{i2} 可从证券与 F_1 和 F_2 的协方差的计算中导出:

$$\begin{aligned} Cov(R_i, F_1) &= b_{i1}\sigma^2(F_1), \\ Cov(R_i, F_2) &= b_{i2}\sigma^2(F_2) \end{aligned} \longrightarrow \begin{aligned} b_{i1} &= \frac{Cov(R_i, F_1)}{\sigma^2(F_1)}, \\ b_{i2} &= \frac{Cov(R_i, F_2)}{\sigma^2(F_2)} \end{aligned} \tag{4-48}$$

同样我们可以得出结论:第一,投资组合会导致与因素相关风险的平均化,即系统风险的平均化;第二,如果证券受共同因素的影响方向不一致,那么,投资组合可以大大降低系统风险;第三,投资组合可以大大降低个别风险,并且当组合中的证券数目多到一定程度时,个别风险可以忽略不计。

(三)多因素模型

多因素模型为:

$$r_{it} = a_i + b_{i1}F_{1t} + b_{i2}F_{2t} + \cdots + b_{im}F_{mt} + \varepsilon_{it} \tag{4-49}$$

这里,m 为因素的个数。

作为一个常规的回归统计模型,个别收益 ε_i 的期望值为零,个别证券收益的 ε_i 之间互不相关,并且 ε_i 与共同因素也不相关。上述模型也称为 K—因素模型。

有关的计算公式如下:

$$\bar{R}_i = a_i + b_{i1}\bar{F}_1 + b_{i2}\bar{F}_2 + \cdots + b_{im}\bar{F}_m \tag{4-50}$$

$$\sigma_i^2 = \sum_{j=1}^m b_{ij}^2\sigma^2(F_j) + \sigma^2(\varepsilon_i) \tag{4-51}$$

在多因素模型下,n 个证券的组合模型为:

$$\begin{aligned} R_p &= \sum_{i=1}^n a_iX_i + \sum_{i=1}^n b_{ii}X_iF_1 + \cdots + \sum_{i=1}^n b_{im}X_iF_m + \sum_{i=1} \varepsilon_iX_i \\ &= a_p + b_{p1}F_1 + \cdots + b_{pm}F_m + \varepsilon_p \end{aligned}$$

所以,$\bar{R}_p = a_p + b_{p1}\bar{F}_1 + \cdots + b_{pm}\bar{F}_m$ \tag{4-52}

$$\sigma_p^2 = E\{b_{p1}(F_1 - \overline{F}_1) + \cdots + bp_m(F_m - \overline{F}_m) + \varepsilon_p\}^2$$
$$= \sum_{j=1}^m b_{pj}^2 \sigma_{Fj}^2 + \sum_{j=1}^m \sum_{l=1}^m b_{pj} b_{pl} E(F_j - \overline{F}_j)(F_l - \overline{F}_l) + \sigma_{\varepsilon_p}^2 \qquad (4-53)$$
$$= \sum_{j=1}^m \sum_{l=1}^m b_{pj} b_{pl} \sigma_{pl}(F_j, F_l) + \sigma_{\varepsilon_p}^2$$

其中,上式的第一项为该组合的系统性风险;系统性风险为零的一个充分条件为: $b_{pj} = \sum_{i=1}^n X_i b_{ij} = 0, \forall_j = 1 \cdots k$。上式的第二项为该组合的非系统性风险: $\sigma_{\varepsilon_p}^2 = E[\varepsilon_p - E(\varepsilon_p)]^2 = E(\sum X_i \varepsilon_i)^2 = \sum_{i=1}^n X_i^2 E(\varepsilon_i)^2 = \sum_{i=1}^n X_i^2 \varepsilon_i^2$。非系统性风险为零的一个充分条件为: $\varepsilon_p = \sum_{i=1}^n X_i \varepsilon_i = 0$。这两个条件同时具备的组合相当于无风险资产。

(四)因素 F 的估计方法

1. 利用因素分析构造因素投资组合

因素分析的基本思想是:股票收益率之间的方差可以提供有关产生收益率的共同因素信息。因素结构决定了股票收益率之间的协方差。因素分析从协方差开始,最后确定哪一个因素结构能够最好地解释股票的收益率。具体分析见后面。

2. 利用宏观经济变量生成因素

估计因素的第二种方法是采用宏观经济变量作为共同因素。这种方法利用了大量的像失业率、通货膨胀率、石油价格变化等宏观经济变量,接着,限定因素数量,然后,在大量的宏观经济变量中分析哪些限制变量对所观察的股票收益率可以给予最好的解释。

罗斯等人认为,影响证券收益率的宏观因素主要有五个:

(1)国内生产总值的月增长率变化。这一变化会改变投资者对未来工业生产和公司收入的预期。

(2)通过成熟程度相似的 AAA 和 Baa 债券的收益率之差所衡量的违约风险溢价的变化。随着这个差别的变化,投资者对违约越来越关注。

(3)长期与短期政府债券收益率之差的变化。这一变化会影响到求未来现金流量现值时所使用的贴现率。

(4)通过实际的与预期的通货膨胀率之差所计算的价格水平的非预期变化。预期之外的高或低的通货膨胀率会改变大多数合同的价值,包括商品买卖合同、债务合同等。

(5)以短期国债收益率变化所衡量的预期通货膨胀的变化。预期通货膨胀的变化影响到政府政策、消费者信心和利率水平的变化。

这种方法的好处是可以指定因素,因此,想要以 APT 为基础估算资本成本的公司经理们更偏好于这一方法。

3. 利用依据特征分类的投资组合估计因素

这种方法是利用与股票高收益率和低收益率相关的公司特征为基础构造投资组合来估计因素。这种方法的理论基础是:如果风险溢价期望收益率减无风险利率表示的是对一种特定风险类型的补偿,比如规模,那么,由具有这种特征的股票构成的投资组合很可能对那种风险类型的因素十分敏感。

四、因素模型与追踪投资组合

(一)追踪投资组合

所谓追踪投资组合,是指为了追踪一种证券或投资组合的风险而设计一种针对一个特定的因素的投资组合。追踪应用不仅对套期保值来说很有用,而且是非套利风险收益关系的基础。

1.追踪投资组合与公司套期保值

比如,在日本有广泛业务的迪尼斯公司,已知日元每升值10%,其股票价格将下跌1%,反之亦然;相似地,日本经济疲软,将减少日本迪尼斯主题公园门票和迪尼斯录像的销售,这可能导致日本 GDP 的增长率每下降10%,迪尼斯股票的价格就会下跌5%。因此,迪尼斯在日本需关注两个风险源:货币风险和日本经济增长的减缓。

通过卖空追踪迪尼斯的股票对这两种风险源的敏感的投资组合,迪尼斯公司能够冲掉这些风险。卖空是指人们通过一个合约,先收钱后支付的行为。例如股票的卖空,人们从银行借款也被认为是卖空,发行证券的公司可以被认为是处于证券的空头,在卖空。

2.公司的资本决策与追踪投资组合

在任何时候,当投资于实物项目的收益率超过在金融市场中其追踪投资组合的收益率时,公司就会创造价值。公司为实施项目投资所发行的债券和股票可以看成是一个投资组合,就该投资组合来说,投资者有一个预期收益率要求,可以看成是一个追踪投资组合。

要设计追踪投资组合,需要遵循以下步骤:

(1)确定相关因素的数量。该数据来源于公司金融领域的研究成果,同时也是基于统计的角度得来的。

(2)利用前面介绍的因素 F 的三种估计方法之一求因素,并计算因素的 β 系数。

(3)为每一个因素 β 系数构造一个方程。方程的左边是作为投资组合权数的函数之一的追踪投资组合的因素 β 系数,右边是目标因素 β 系数。

(4)求解追踪投资组合权数的方程,确保权数的和为 1。

比如,针对关于 K——因素模型中的第一个因素的 β 系数,方程将是:

$w_1\beta_{11} + w_2\beta_{21} + \cdots\cdots + w_n\beta_{n1}$第一个因素的目标 β 系数

左边的 β 系数和右边的 β 系数都将作为数字出现,而 w 将作为需要求解的未知变量。

针对关于第二个因素的 β 系数方程将是:

$w_1\beta_{12} + w_2\beta_{22} + \cdots\cdots + w_n\beta_{n2}$第二个因素的目标 β 系数

继续进行该步骤,直到每一个因素都具有一个目标 β 系数方程,加入另外一个方程使投资组合的权数的和为 1。

$$w_1 + w_2 + \cdots\cdots + w_n = 1$$

接着解方程中所有的投资组合的权数,$w_1, w_2, \cdots\cdots, w_n$,就可以设计出具有合适的因素 β 系数追踪投资组合。

【例 4-8】假设下面三种证券股票 A、股票 B 和股票 C 收益率的双因素模型为:

$$\begin{cases} R_A = 0.03 + F_1 - 4F_2 + \varepsilon_A \\ R_B = 0.05 + 3F_1 + 2F_2 + \varepsilon_B \\ R_C = 0.10 + 1.5F_1 + 0F_2 + \varepsilon_C \end{cases}$$

当你得知,威尔希尔 500 指数(一种覆盖面很广的指数)其第一个因素的因素 β 系数为 2,第二个因素的因素 β 系数为 1。

要求:设计一个第一个因素的 β 系数为 2,第二个因素的因素 β 系数为 1 的股票 A、B 和股票 C 的投资组合。

解:要使权数的和为 1,w_A, w_B, w_C 必须满足

$$w_A + w_B + w_C = 1 \tag{1}$$

要使第一个因素的 β 系数为 2,意味着:

$$1w_A + 3w_B + 1.5w_C = 2 \tag{2}$$

要使第二个因素的 β 系数为 1,意味着:

$$-4w_A + 2w_B + 0w_C = 1 \tag{3}$$

解方程组(1)、(2)和(3),得:

$$w_A = -0.1, w_B = 0.3, w_C = 0.8$$

计算结果表明,设计的投资组合为:卖出 10% 的股票 A,买进 30% 的股票 B,买进 80% 的股票 C。

启示:在双 β 因素模型中,只需要三种证券来设计具有任何一个因素 β 系数模型的投资组合。在 K——因素模型中,需要 K+1 种证券。

(二)纯因素投资组合

纯因素投资组合是对其中一种因素的敏感性为 1 而对其他因素的敏感性为 0 的投资组合。这样的投资组合就是没有公司特定风险的投资组合。在 K——因素模型中,有可能通过 K+1 个没有公司特定风险的投资为每一个因素构造一个纯因素投资组合。

【例 4-9】以下三个假设的因素方程为三家制药公司的 A、B、C 的因素方程,求出以这三家制药公司股票所构造的两个纯因素投资组合的权数。

$$\begin{cases} R_A = 0.08 + 2F_1 + 3F_2 \\ R_B = 0.10 + 3F_1 + 2F_2 \\ R_C = 0.10 + 3F_1 + 5F_2 \end{cases}$$

解:要构造对因素 1 敏感的纯因素投资组合 1,需要求出投资组合权数 w_A, w_B, w_C,使第一个因素的目标 β 系数为 1。

$$2w_A + 3w_B + 3w_C = 1 \tag{1}$$

为使第二个因素的 β 系数为 0,投资组合的权数应满足:

$$3w_A + 2w_B + 5w_C = 0 \tag{2}$$

且 $w_A + w_B + w_C = 1$ (3)

解方程组(1)、(2)和(3)得:

$w_A = 2, w_B = 1/3, w_C = -4/3$

为求出对因素 2 敏感的纯因素投资组合 2,解下列方程组(3)、(4)和(5)

$$2w_A + 3w_B + 3w_C = 1 \tag{4}$$

$$3w_A + 2w_B + 5w_C = 0 \tag{5}$$

解得: $w_A = 3, w_B = -2/3, w_C = -4/3$

(三)纯因素投资组合的风险溢价

在 K—因素模型中,K 个因素投资组合的风险溢价一般用 $\lambda_1, \lambda_2, \cdots\cdots, \lambda_K$ 表示。换句话说,就是因素投资组合 1 的预期收益率为 $R_f + \lambda_1$,等等。

【例 4 - 10】写出上例中的两个因素投资组合的因素方程,并确定它们在无风险收益率为 4% 时的风险溢价。

解:因素投资组合 1 的预期收益率为单个证券预期收益率的投资组合加权平均数,即:

$\alpha_{P1} = 2 \times (0.08) + 1/3 \times (0.10) - 4/3 \times (0.10) = 0.06$

$\alpha_{P2} = 3 \times (0.08) - 2/3 \times (0.10) - 4/3 \times (0.10) = 0.04$

从而,因素投资组合 1 的因素方程为:

$R_{p1} = 0.06 + F_1 + 0F_2$

因素投资组合 2 的因素方程为:

$R_{p2} = 0.04 + 0F_1 + F_2$

风险溢价分别为:

$\lambda_1 = 0.06 - 0.04 = 0.02$

$\lambda_2 = 0.04 - 0.04 = 0$

五、追踪与套利

前面我们说明了如何通过有限数量的证券来构造出有任一因素 β 系数的投资组

合。在投资组合中证券的数量足够多时,投资组合中的公司特定风险可以忽略,也就是说,我们可以构造出完全追踪没有公司特定风险的投资组合。这可以通过构造具有与所要追踪的投资的因素 β 系数一致的纯因素投资组合来完成。除了 α 以外,追踪投资组合与被追踪的投资的因素方程是一致的。依据假设,这些因素方程中没有 ε 项。因此,追踪投资组合与被追踪投资的收益率项最多只差一个常数——它们的 α 值之差,即它们的预期收益率之差。

当追踪投资组合与被追踪投资的因素 β 系数相同而它们的预期收益率不同时,就存在一个套利机会。比如,如果追踪投资组合的预期收益率较高时,那么,投资能够通过买进那个投资组合并卖空被追踪的投资,在今天不必花费任何支出的情况下,得到无风险现金收益。

(一)利用纯因素投资组合追踪一种证券的收益率

下面的例题说明了如何利用因素投资组合和无风险资产来追踪另一种证券的收益率。

【例 4 – 11】给定一个双因素模型,求出收益率为 4% 的无风险证券和上例中两个纯因素投资组合的组合,来追踪具有以下因素方程的证券:

$$R = 0.086 + 2F_1 - 0.6F_2$$

求出追踪投资组合的预期收益率,并确定是否存在套利机会。两个纯因素投资组合的因素方程分别给定为:

$$R_{p1} = 0.06 + F_1 + 0F_2$$
$$R_{p2} = 0.04 + 0F_1 + F_2$$

解:为追踪证券的两个因素 β 系数,设因素投资组合 1 的权数为 2,因素投资组合 2 的权数为 –0.6。由于现在的权数的和为 1.4,通过使无风险投资组合的权数为 –0.4 而使其成为理想的投资组合。该投资组合的预期收益率等于无风险资产、因素投资组合 1 和因素投资组合 2 的预期收益率的加权平均数。即:

$$-0.4 \times (0.04) + 2 \times (0.06) - 0.6 \times (0.04) = 0.08$$

由于预期收益率 8% 不同于截距所表示的被追踪证券的收益率 8.6%,因而存在套利机会。

(二)追踪投资组合的预期收益率

在上例中,追踪投资组合为两个因素投资组合和无风险资产的加权平均值。因素投资组合 1 只是用于求目标因素 1 的 β 值。因素投资组合 2 只是用于求对因素 2 的目标敏感性。无风险资产只是用于使追踪投资组合的权数的和为 1。

该追踪投资组合的预期收益率为:

$$\begin{aligned}
\text{预期收益率} &= (1 - \beta_1 - \beta_2) R_f + \beta_1 (R_f + \lambda_1) + \beta_2 (R_f + \lambda_2) \\
&= R_f + \beta_1 \lambda_1 + \beta_2 \lambda_2
\end{aligned}$$

结论:在一个K—因素模型中,一种没有任何公司特定风险,并且其中第j个因素的因素β系数为β_j投资,通过一个在因素投资组合1的权数为β_1,因素投资组合2的权数为β_2,因素投资组合K的权数为β_K,并且无风险资产的权数为$1-\sum_{j=1}^{K}\beta_j$的投资组合来追踪,该追踪投资组合的预期收益率为:

$$预期收益率 = R_f + \beta_1\lambda_1 + \beta_2\lambda_2 + \cdots\cdots + \beta_K\lambda_K \qquad (4-54)$$

这里的$\lambda_1,\lambda_2,\cdots\cdots,\lambda_K$表示因素投资组合的风险溢价,$R_f$等于无风险收益率。

六、套利定价理论

套利是一种非常常见的市场行为,指的是利用同一种实物资产或金融资产的不同价格来获取无风险收益的行为,它是金融市场有效性的一个决定性要素。因为套利收益根据定义是没有风险的,所以投资者一旦发现这种机会就会设法利用,并随着买进和卖出消除这些套利机会。在因素模型中,具有相同的因素敏感性的资产或组合除了受其特有的风险因素影响以外,将以相同的方式行动。因此,具有完全相同因素敏感性的资产或组合必然会有相同的预期收益率,否则就会出现套利机会。投资者将利用这些套利机会,最终导致套利机会消失,使市场达到均衡,这就是套利模型对市场均衡的解释。

套利定价理论假定证券收益率由因素模型生成,但并不具体确定因素。它认为每个投资者都会利用在不增加风险的情况下能够增加组合的收益率的机会,利用这种机会的具体做法是使用套利组合。

(一)套利组合

根据套利定价理论,在不增加风险的情况下,投资者将利用组建套利组合的机会来增加其现有投资组合的预期收益率。那么,什么是套利组合呢?这里以单因素模型为例来展开分析,双因素和多因素模型适用同一原理。

根据套利的定义,套利组合是在不增加风险的情况下,增加组合的预期收益率。满足下面三个条件就是套利组合:

1. 套利组合不需要投资者追加任何任何额外资金,即套利组合属于自融资组合。

2. 套利组合对任何因素都没有敏感性,即套利组合没有因素风险。严格地讲,一个套利组合的非因素风险也应该等于零。

3. 套利组合的预期收益率为正,应大于零;当市场达到均衡时,组合预期收益率为零。

如果用xi表示投资者持有证券i金额比例的变化(从而也代表证券i在套利组合中的权重,注意xi可正可负),同时根据式(4-38),证券组合对某个因素的敏感度等于该组合中各种证券对该因素敏感度的加权平均数,上述三个条件可以表示为:

$$\sum_{i=1}^{n}x_i = 0 \qquad (4-55)$$

$$\sum_{i=1}^{n} b_i x_i = 0 \qquad (4-56)$$

$$\sum_{i=1}^{n} x_i \overline{r}_i > 0 \qquad (4-57)$$

【例 4-12】设证券的收益率由单因素模型生成,某人拥有一个投资组合,其基本证券具有如表 4-4 所示的特征:

表 4-4　某投资组合证券特征

证券	因素敏感度	权重	预期收益率
A	2	0.20	20
B	3	0.30	10
C	1	0.50	5

该投资者决定通过增加证券 A 的持有比例 0.3 来创造一个套利组合。那么他能否在不增加风险的情况下增加预期收益率呢?

根据套利组合的条件,有:

$x_1 + x_2 + x_3 = 0$

$b_1 x_1 + b_2 x_2 + b_3 x_3 = 0$

即

$x_1 = 0.3$

$0.3 + x_2 + x_3 = 0$

$2 \times 0.3 + 3x_2 + x_3 = 0$

解上述方程式得到:

$x_1 = 0.3, x_2 = -0.15, x_3 = -0.15$

套利组合的预期收益率为:

$x_1 \overline{r}_1 + x_2 \overline{r}_2 + \cdots\cdots + x_n \overline{r}_n = 0.3 \times 0.2 - 0.15 \times 0.1 - 0.15 \times 0.05 = 3.75\% > 0$

可见,通过改变证券组合中各证券的比例,增持证券 A,减持证券 B 和 C,在风险不增长的情况下,收益率提高了 3.75%。

(二)套利组合对定价的影响

投资者套利活动是通过买入收益率偏高的证券同时卖出收益率偏低的证券来实现的,其结果是使收益率偏高的证券价格上升,其收益率将相应回落;同时使收益率偏低的证券价格下降,其收益率相应回升。这一过程将一直持续到各种证券的收益率跟各种证券对各因素的敏感度保持适当的关系为止。下面以单因素模型就来推导这种关系。

投资者套利活动的目标是使其套利组合预期收益率最大化(因为根据套利组合的定义,无需投资,也没有风险)。而套利组合的预期收益率 $\overline{r}_p$ 为:

$$\overline{r}_p = x_1 \overline{r}_1 + x_2 \overline{r}_2 + \cdots\cdots + x_n \overline{r}_n \qquad (4-58)$$

但套利活动要受到式(4-55)和(4-56)两个条件的约束。根据拉格朗日定理,可建立如下函数:

$$MaxL = (x_1\bar{r}_1 + x_2\bar{r}_2 + \cdots\cdots + x_n\bar{r}_n) - \lambda_0(x_1 + x_2 + \cdots\cdots + x_n) - \lambda_1(b_1x_1 + b_2x_2 + \cdots\cdots + b_nx_n)$$

L 取最大值的一阶条件是上式对 x_i 和 λ 的偏导等于零,由此可以得到在均衡状态下 $\bar{r}_i$ 和 b_i 的关系:

$$\bar{r}_i = \lambda_0 + b_i\lambda_1 \qquad\qquad (4-59)$$

这就是套利定价理论的资产定价方程,其中 λ_0 和 λ_1 是常数。那么,λ_0 和 λ_1 代表什么意思呢? 由于无风险资产的收益率等于无风险利率,无风险证券的因素敏感度 b_i = 0,因而有: $r_f = \bar{r}_i = \lambda_0$。因此式(4-59)可重新表示为:

$$\bar{r}_i = r_f + \lambda_1 b_i \qquad\qquad (4-60)$$

再考虑一个因素敏感度等于 1 的纯因素组合(p^*),即 $b_{p^*} = 1$,代入(4-60),有:

$$\lambda_1 = \bar{r}_{p^*} - r_f \qquad\qquad (4-61)$$

由此可见,λ_1 代表因素风险报酬,即拥有单位因素敏感度的组合超过无风险利率部分的预期收益率。由此,得出套利定价理论中定价方程的另一种形式:

$$\bar{r}_i = r_f + b_i(\bar{r}_p - r_f) \qquad\qquad (4-62)$$

依据同样的原理,多因素模型的定价公式为

$$\bar{r}_i = r_f + (\delta_1 - r_f)b_{i1} + (\delta_2 - r_f)b_{i2} + \cdots + (\delta_k - r_f)b_{ik} \qquad\qquad (4-63)$$

其中 δ_i 为对因素 k 具有单位敏感度的投资组合的预期收益率。

(三)套利定价线

根据方程(4-60)或(4-62)可得到套利定价线。预期收益率与因素敏感度之间的线性关系可以用图 4-18 来表示。可以发现,该图形与 CAPM 中的证券市场线很相似,斜率为 $\lambda_1 = \bar{r}_p - r_f$,截距为 $\lambda_0 = r_f$。其实,可以将 CAPM 当做 APT 结论的一种特殊形式,在这种形式中,影响资产收益率的唯一因素是市场组合的风险溢价。

任何偏离 APT 资产定价线的证券,其定价都是错误的,从而将给投资者提供组建套利组合的机会。例如存在某一点 A,在以预期回报率作为纵轴、因素敏感度作为横轴的图形中,位于 APT 资产定价线上方,意味着其预期收益率高于具有相同的因素敏感度位于 APT 资产定价线上的点 O,这时,根据套利组合理论,任何理性的投资者就可以通过卖出 A 点所表示的证券,同时买入相同金额的 O 证券,从而形成套利组合。由于买卖 A 和 O 证券的金额相同,因而 $\sum_{i=1}^{n} x_i = 0$;同时由于证券 A 和 O 的因素敏感度相等,因而 $\sum_{i=1}^{n} b_i x_i = 0$;由于证券 A 的预期收益率大于证券 O,且两者在套利组合中权数相等,因而 $\sum_{i=1}^{n} x_i \bar{r}_i > 0$。所以理性投资者的这种套利行为,将使证券 A 价格不断上升,预期收益率将随之下降,直至回到 APT 资产定价线为止。此时,证券价格处于均衡状态。

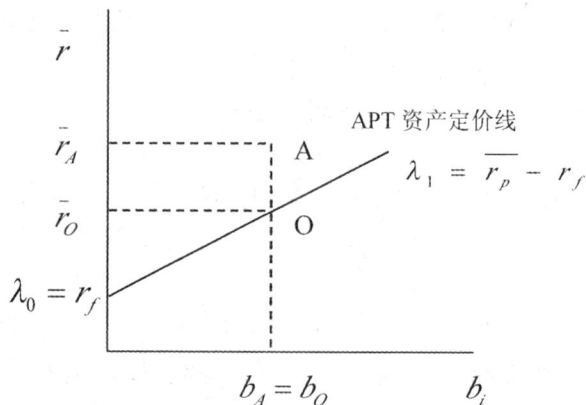

图 4 - 18   APT 资产定价线

(四)套利定价理论与资本资产定价模型的区别与联系

1. 资本资产定价模型与套利定价理论的区别

(1)对风险的解释度不同。在资本资产定价模型中,证券的风险只用某一证券和对于市场组合的 β 系数来解释。它只能告诉投资者风险的大小,但无法告诉投资者风险来自何处,它只允许存在一个系统风险因子,那就是投资者对市场投资组合的敏感度;而在套利定价模型中,投资的风险由多个因素来共同解释。如可用通货膨胀的意外变化、工业生产的意外变化、风险补偿的意外变化和利率期限结构的意外变化解释投资的收益及投资价格波动的原因。这说明套利定价模型较之资本资产定价模型不仅能告诉投资者风险的大小,还能告诉他风险来自何处,影响程度多大。

(2)基本假设有诸多不同之处。概括地说,资本资产定价模型的假设条件较多,在满足众多假设条件的情况下,所得出的模型表达式简单明了;套利定价理论的假设条件相对要简单得多。具体地说,资本资产定价模型中对投资期限、投资者类型、投资者预期等方面的假设都是套利定价理论中不作任何规定的。资本资产定价模型和套利定价理论对投资者类型的假定不同,前种模型假定了投资者属于风险回避型,而后者并没有对投资者对待风险的偏好作出规定。由此可见,套利定价理论在投资者群体上的实用性大大增加了。

(3)从实用性的角度来比较,尽管资本资产定价模型是目前证券市场分析的主要工具之一,但它在实际应用中的缺陷是非常明显的。这种缺陷的主要来源是推导这一理论所必需的假设条件。比如,该模型假设投资者对价格具有相同的估计,这显然是不现实的。因为正是由于投资者对价格的不同预期,才使得证券市场有供有求,价格上下波动,并且其对投资者的理性预期假设也是脱离实际的,至于其他假设,如,证券市场是完备的,有序竞争的等,都给该理论在实际中的应用带来了偏差。总之,资本资产定价模型把收益的决定因素完全归结于外部原因,它基本上是在均衡分析和理性预期的假设下展开的,这从实用性的角度来看是不能令人信服的。

(4)市场保持平衡的均衡原理不同。在资本资产定价模型下,它基本假定了投资者对每种证券的收益和风险的预期都相同,都为理性投资者。他们在选择投资或投资组合的过程中,所有人都会选择高收益、低风险的组合,而放弃低收益、高风险的投资项目,直到被所有投资者放弃的投资项目的预期收益达到或超过市场平均水平为止;而在套利定价理论中,并没有假定所有投资者对每项资产的风险和预期收益相同,它允许投资者为各种类型的人,所以他们选择各自投资项目的观点不尽相同,但是由于部分理性的投资者会使用无风险套利的机会,卖出高价资产、证券,买入低价资产、证券,而促使市场恢复到均衡状态。

2. 资本资产定价模型与套利定价理论的联系

（1）都假定了资本市场上不存在交易成本或交易税,或者都认为如果存在交易成本、交易税,则其对所有的投资者而言都是相同的。

（2）都将存在的风险划分为系统风险和非系统风险,也就是市场风险和公司自身的风险。且两种模型都认为通过投资的多元化组合,通过投资者的合理优化投资结构,他们能大部分甚至完全消除公司自身存在的风险。因此,在计算投资组合的预期回报时,两种模型的数学表达式都认为资本市场不会由于投资者承担了这部分风险而给予他们补偿,因而不列入计算式中。

（3）资本资产定价理论可以看成是套利定价理论在更严格假设条件下的特例。

【本章小结】

1. 单一证券收益与风险的衡量

证券 i	以往的收益和风险	预期的收益和风险
收 益	$\bar{r}_i = \frac{1}{n}(r_{i1}+r_{i2}+\cdots+r_{in})=\frac{1}{n}\sum_{t=1}^{n}r_{it}$	$\bar{R}_i=\sum_{s=1}^{n}R_{is}P_s$
方 差	$\sigma_i^2=\frac{1}{n-1}\sum_{t=1}^{n}(r_{it}-\bar{r}_i)^2$	$\sigma_i^2=\sum_{s=1}^{n}[R_{is}-\bar{R}_i]^2P_s$
标准差	$\sigma_i=\sqrt{\sigma_i^2}=\sqrt{\frac{1}{n-1}\sum_{t=1}^{n}(r_{it}-\bar{r}_i)^2}$	$\sigma_i=\sqrt{\sum_{s=1}^{n}[R_{is}-\bar{R}_i]^2P_s}$

2. 组合的风险与收益的衡量

	用于衡量组合的历史的风险与收益的公式	用来衡量组合的预期的风险与收益的公式
收益率	$r_{pt}=\sum_{i=1}^{n}r_{it}x_{it}$	$\bar{R}_p=\sum_{i=1}^{n}\bar{R}_iX_i$
方 差	$\sigma_p^2=\sum_{i=1}^{n}\sum_{j=1}^{n}\sigma_{ij}X_iX_j$ $\sigma_p^2=\sum_{i=1}^{n}X_i^2\sigma_i^2+2\sum^{*}\sigma_{ij}X_iX_j$	$\sigma_p^2=\sum_{i=1}^{n}\sum_{j=1}^{n}\sigma_{ij}X_iX_j$ $\sigma_p^2=\sum_{i=1}^{n}X_i^2\sigma_i^2+2\sum^{*}\sigma_{ij}X_iX_j$
协方差	$\sigma_{ij}=\frac{1}{n-1}\sum_{t=1}^{n}(R_{it}-\bar{R}_i)(R_{jt}-\bar{R}_j)$	$\sigma_{ij}=\sum_{s=1}^{n}(R_{is}-\bar{R}_i)(R_{js}-\bar{R}_j)P_s$
相关系数	$\rho_{ij}=\frac{\sigma_{ij}}{\sigma_i\sigma_j}$	$\rho_{ij}=\frac{\sigma_{ij}}{\sigma_i\sigma_j}$

3. 有效集是由有效组合构成的集合,而有效组合是满足同等风险条件下预期收益率最高以及同等收益条件下风险最低的组合。

4. 理性投资者的目标是投资效用最大化,而投资效用函数取决于投资的预期收益率和风险,其中预期收益率带来正的效用,风险带来负的效用。一条无差异曲线代表给投资者带来同样满足程度的预期收益率和风险的所用组合。

5. 那些只反映资产本身特性,可通过增加资产组合中资产数目而最终消除的风险称为非系统性风险,又称个别风险。那些反映各资产共同运动,无法最终消除的风险称为系统性风险,又称市场风险。增加资产组合的资产数,可以减少非系统性风险的影响,而且非系统性风险的程度随资产组合中的资产数目的增加先是迅速下降,然后则趋于平缓。

6. 在允许无风险借贷的情况下,有效集变成一条直线(AT),该直线经过无风险资产 A 点并与马科维茨效率边界相切。在这条直线上,所有的组合都是无风险资产与切点 T 组合而成的新组合。

7. 所谓市场组合是指由所有证券构成的组合,在这个组合中,每一种证券的构成比例等于该证券的相对市值。一种证券的相对市值等于该证券市值除以所有证券的市值总和。

8. 在 CAPM 中,在允许无风险借贷情况下的线性有效集被称为资本市场线。任何不利用市场组合以及不进行无风险借贷的其他所有组合都将位于资本市场线的下方。

9. 证券市场线反映了单个证券预期收益率与其贝塔系统性风险之间的均衡关系。贝塔值是衡量系统性风险的指标。

10. 所谓追踪投资组合,是指为了追踪一种证券或投资组合的风险而设计一种针对一个特定的因素的投资组合。追踪应用不仅对套期保值来说很有用,而且是非套利风险收益关系的基础。

11. 纯因素投资组合是对其中一种因素的敏感性为 1 而对其他因素的敏感性为 0 的投资组合。这样的投资组合就是没有公司特定风险的投资组合。在 K—因素模型中,有可能通过 K + 1 个没有公司特定风险的投资为每一个因素构造一个纯因素投资组合。

12. 在一个 K—因素模型中,一种没有任何公司特定风险,并且其中第 j 各因素的因素 β 系数为 β_j 投资,通过一个在因素投资组合 1 的权数为 β_1,因素投资组合 2 的权数为 β_2,因素投资组合 K 的权数为 β_K,并且无风险资产的权数为 $1 - \sum_{j=1}^{K} \beta_j$ 的投资组合来追踪。从而,该追踪投资组合的预期收益率为:预期收益率 $= R_f + \beta_1 \lambda_1 + \beta_2 \lambda_2 + \cdots + \beta_K \lambda_K$。

13. 套利组合是在不增加风险的情况下,增加组合的预期收益率。满足下面三个条件就是套利组合:(1)套利组合不需要投资者追加任何任何额外资金,即套利组合属于自融资组合。(2)套利组合对任何因素都没有敏感性,即套利组合没有因素风险。严格地讲,一个套利组合的非因素风险也应该等于零。(3)套利组合的预期收益率为正,应大于零;当市场达到均衡时,组合预期收益率为零。

14.套利定价理论是多因素定价模型,单因素 APT 模型同 CAPM 含义相同。

【复习思考题】

1. A 公司计划以 200 万元进行投资。根据调查,预计在三种不同的市场情况下可能获得的年净收益及其概率的资料如下所示:

市场情况	预期年净收益(万元)	概率
繁荣	60	0.2
一般	40	0.5
萧条	20	0.3

请计算投资的期望收益和风险。

2. 甲是一个风险厌恶的投资者,乙的风险厌恶程度小于甲,故(　　)。

A. 对于相同的风险,乙比甲要求更多的回报率

B. 对于相同的收益率,甲比乙忍受更高的风险

C. 对于相同的风险,甲比乙要求更低的回报率

D. 对于相同的收益率,乙比甲忍受更高的风险

3. 股票 A 预期收益率为 12%,标准差为 0.20,股票 B 预期收益率为 15%,标准差为 0.27,如果两只股票的相关系数为 0.7,则协方差为(　　)。

A. 0.038　　　　B. 0.070　　　　C. 0.018　　　　D. 0.054

4. 假定一股票基金的预期风险溢价为 10%,标准差为 14%,短期国库券利率为 6%,一投资者将资金的 60% 投资于股票基金,40% 投资于短期国库券,则这一资产组合的预期收益率是(　　),标准差是(　　)。

A. 8.4%　8.4%　B. 8.4%　14%　　C. 12%　8.4%　D. 12%　14%

5. 假定投资 1 万元于一项风险资产,其预期收益率为 12%,标准差为 0.15,同时投资于收益率为 5% 的国库券。为了获得 9.2% 的预期收益率,应该把资金的(　　)投资于风险资产,(　　)投资于国库券。

A. 30%　70%　　B. 50%　50%　　C. 60%　40%　　D. 40%　60%

6. 考虑两种完全负相关的风险证券 A 和 B,其中 A 的期望收益率为 10%,标准差 0.16;B 的期望收益率 8%,标准差为 0.12。则 A 和 B 在最小标准差资产组合中的权重分别是(　　)。

A. 0.24,0.76　　B. 0.50,0.50　　　C. 0.57,0.43　　　D. 0.43,0.57

7. 用上题中的 A、B 证券组成的风险投资组合的收益率将为(　　)。

A. 8.5%　　　　B. 9.0%　　　　C. 8.9%　　　　D. 7.9%

8. 投资分散化加强时,资产组合的方差会接近(　　)。

A. 0　　　　　　　　　　B. 1

C. 市场组合的方差　　　　　　　　　D. 无穷大

9. 一投资者持有一个风险分散非常好的资产组合,其中的证券数量很多,并且单因素模型成立,如果这一个资产组合的 $\sigma = 0.25$, $\sigma_m = 0.18$,则资产组合的敏感系数 b 为(　　)。

A. 1.93　　　　　　B. 0.43　　　　　　C. 1.39　　　　　　D. 0.86

10. A、B 股票的因素模型估计结果如下: $E(R_A) = 0.015 + 0.7E(R_m) + \varepsilon_A$, $E(R_B) = 0.01 + 0.9E(R_m) + \varepsilon_B$。如果 $\sigma(R_m) = 0.16$, $\sigma(\varepsilon_A) = 0.25$, $\sigma(\varepsilon_B) = 0.21$,则 A 股票和 B 股票收益率的协方差是(　　)。

A. 0.1008　　　　B. 0.0161　　　　C. 0.635　　　　　D. 0.0102

11. A、B 股票的因素模型估计结果如下: $E(R_A) = 0.015 + 0.8E(R_m) + \varepsilon_A$, $E(R_B) = 0.02 + 0.5E(R_m) + \varepsilon_B$。如果 $\sigma(R_m) = 0.20$, $\sigma(\varepsilon_A) = 0.2$, $\sigma(\varepsilon_B) = 0.11$,则 A 股票的标准差是(　　)。

A. 0.0656　　　　B. 0.0676　　　　C. 0.2561　　　　D. 0.2600

12. 某证券的期望收益率为 0.11,贝塔值是 1.5,无风险收益率为 0.05,市场期望收益率为 0.09。根据资本资产定价模型,这个证券(　　)。

A. 被低估　　　　B. 被高估　　　　C. 定价公平　　　D. 价格无法判断

13. 假设可选择的证券包括两种风险股票基金 A、B 和国库券。所有的数据如下表:

	预期收益率(%)	标准差(%)
股票基金 A	10	20
股票基金 B	30	60
国库券	5	0

已知两种基金之间的相关系数为 -0.2,最优风险资产组合 P 由 $X_A = 0.6818$, $X_B = 0.3182$ 组成。

(1)求最优风险组合 P 的期望收益率和标准差;

(2)找出由国库券与资产组合 P 支持的资产配置线;

(3)当一个投资者的风险厌恶度 A = 5 时,应在股票基金 A、B 和国库券中各投资多少?

14. 假定市场资产组合的风险溢价的期望值为 8%,标准差为 22%,如果以资产组合由 25% 的通用汽车公司股票和 75% 的福特汽车公司股票组成,并且它们的系统性风险分别为 1.1 和 1.25,那么这一资产组合的风险溢价是多少?

15. 假设影响投资收益率的只有一个因素,A、B、C 三个投资组合都是充分分散的投资组合,其预期收益率分别为 12%、6% 和 8%,β 值分别等于 1.2、0.0 和 0.6。请问有无套利机会? 如果有的话,应如何套利?

CHAPTER 5 | 第五章

资本成本

【学习目标】

通过本章学习,理解资本成本的含义、性质、种类、作用;熟练计算个别资本成本以及综合资本成本。

【重要概念】

资本成本 权益资本 债务资本 加权平均资本成本 经营杠杆 财务杠杆 固定成本 变动成本 无风险报酬率 市场风险报酬

资本成本是公司金融分析的重要工具中之一,体现在在公司价值估算中,是以资本成本作为贴现率;在资本预算决策中,是以项目的资本成本作为贴现率或最低报酬率;在资本结构决策中,是以平均资本成本作为决策依据。本章将依据第三章阐述的有价证券估价模型以及第四章阐述的资本资产定价模型阐述如何估算资本成本。

第一节 资本成本概述

资本成本是公司金融理论研究中使用的重要概念,也是公司金融分析中的重要工具。在阐述资本成本估算方法之前,有必要从理论上界定资本成本的内涵、明确资本成本的度量以及对资本成本的分类。

一、资本成本的概念

(一)资本成本的定义

资本成本的概念通常从筹资者和投资者两个角度定义。

资本成本是筹资者使用投资者的资本所付出的代价,即资本使用费,体现在使用债权人的资本支付的利息,使用股东的资本支付的股利。为什么将资本使用费称为资本成本呢? 我们知道,公司生产产品所发生的原材料费用、人工费用以及制造费用归集到产品中时,称为原材料成本、人工成本和制造成本,那么,比照对成本的上述定义,公司使用投资者的资本所发生的资本使用费用就可称为资本成本。

资本成本可以用绝对数形式表示,即资本使用费用,包括支付给债权人的利息和支付给股东的股利,也可以用相对数表示,即资本成本率。在公司金融中,通常用相对数表示。其计算公式为:

资本成本 = 每年的资本使用费用/筹资总额

从投资者的角度看来看,资本成本是投资者要求获得的资本报酬,用相对数来表示,即为预期收益率。根据风险收益理论,预期收益率是风险的函数,在相同的风险等级下,投资者要求获得的预期收益率是相同的,因此,资本成本就是机会成本。比如,有A、B两个投资项目,它们处于同一风险等级,在投资者资金有限的假设下,投资者投资于 A 项目就不能投资于 B 项目,从而其投资于 A 项目所要求获得的预期收益率就是被放弃的 B 项目上所能获得的预期收益率。

综上所述,从筹资者的角度来看,资本成本是筹资者使用投资者的资本所付出的代价,即筹资者支付的资本使用费,从投资者的角度看,资本成本是其要求获得的资本报酬,其相对数形式是投资者要求获得的预期收益率。

(二)资本成本的衡量

假设公司通过发行债券和股票为投资项目筹集资本。公司发行债券需要向债权人支付利息,公司发行股票需要向股东支付股利。公司向债权人支付的利息和向股东支付的股利来源于投资项目取得的收益。

公司发行债券和股票可以看作为卖空一组金融证券组合,由公司发行的债券和股票构成的投资组合称为追踪投资组合,公司所进行的项目投资称为被追踪的投资,公司发行债券和股票从事项目投资被看作公司的追踪套利行为。

投资项目在经济上是否可行,就是要看被追踪的投资,即项目投资未来取得的收入现金流量能否满足追踪投资组合的投资者所要求的收入现金流量,用现值来表示,前者是项目的价值,后者是投资组合的价值。项目的价值是项目投资未来取得的收入现金流量以资本成本贴现后的现值的和,投资组合的价值是投资者所要求的收入现金流量以其要求的预期收益率贴现后的现值的和。可见,只有在项目投资的预期收益率大于追踪投资组合的预期收益率时,投资项目才能获取套利收益,从而项目投资在经济上才是可行的,也就是说,在评估投资项目价值时,应以投资者要求的预期收益率作为投资项目的贴现率。

根据以上分析,资本成本应当是投资者要求的预期收益率或最低收益率。

（三）资本成本与资金成本的区别

（1）概念内涵不同。资本成本的内涵是资本使用费,而资金成本的内涵则是资金使用费和资金筹集费。

（2）财务理念不同。资金成本是我国在计划经济体制下使用的概念。在利润最大化的目标下,要求企业在融资环节尽可能地降低利息费用和筹资费用。而资本成本则是在市场经济体制下使用的概念,在价值最大化的目标下,企业经营者在资本占用费支付上,特别是权益资本占用费支付上,并不是追求越少越好,而是尽可能多。

（3）公司治理效率不同。在现代企业制度下,企业所有权与经营权是分离的,所有者与经营者之间是一种委托代理关系。在资本成本观念指导下,企业经营者为了自身利益,会尽可能地增加对股东的股利支付,以减少代理成本,增加企业价值。而在资金成本观念指导下,企业经营者的行为目标是尽可能减少股利支付,增加闲余现金流量,从事规模扩大的过度投资,以满足自身利益最大化,其结果是增加代理成本,降低企业价值。

（4）作用不同。无论是资金占用费还是资金筹集费,都是企业在融资环节发生的现金流出,因此,这一概念是用来衡量企业在筹集和使用资金过程中发生的费用高低的。而资本成本则不同,其作用体现在:第一,在筹资环节,资本成本是企业融资决策的重要依据;第二,在投资决策中,是以资本成本作为贴现率,评价投资项目的经济可行性,即资本成本是企业投资决策的重要依据。第三,在业绩评价中,通过计算 EVA(经济增加值)考察企业实现的经营利润是否能够补偿按投资者要求的预期收益率计算的资本报酬,即资本成本是评价企业业绩的重要依据。

二、资本成本的分类

根据资本的性质划分,公司资本可分为权益资本和债务资本,也称为股权资本和债权资本。权益资本是指公司股东投入的资本,属于公司权益的范畴,包括发行普通股所筹集的资本,即普通股股本,发行优先股所筹集的资本,即优先股股本,以及以保留盈余的方式从税后净利润中积累的股本,即留存收益。债务资本是指公司债权人投入的资本,属于公司负债的范畴,包括公司发行债券、向银行借款等。

与之相对应,公司的资本成本也分为两部分:权益成本(Cost of Equity)和债务成本(Cost of Debt),也称为股权资本成本和债权资本成本。分别用 K_E 和 K_D 来表示。权益成本是股东要求获得的预期收益率,而债务成本是债权人要求获得的预期收益率。

三、资本成本的作用

归纳起来,资本成本具有以下三个方面的作用:

(一)资本成本在公司投资决策中的作用

(1)在采用净现值法进行决策时,是以资本成本作为贴现率。当净现值大于零时,投资项目在经济上可行;反之,则相反。

(2)在采用内部收益率法进行决策时,是以资本成本作为基准收益率。只有当项目的内部收益率大于资本成本时,投资项目才可行;反之,则相反。以上表明,在投资项目评估中,资本成本是被视为投资项目的最低收益率。

(二)资本成本在公司筹资决策中的作用

(1)资本成本是筹资渠道和方式选择的重要依据之一。可供公司选择的筹资渠道和方式很多,在这些可供选择的筹资渠道和方式中,每一种筹资渠道和方式下的资本成本是不同的,因此,为实现价值最大化目标,在筹资环节,公司应尽可能选择那些资本成本低的筹资渠道和方式。

(2)资本成本是确定最优资本结构的依据。前面讲到,每一种融资方式下的资本成本是不同的,由不同的融资方式以及每一种融资方式下不同的融资量所决定的不同的资本结构下的平均资本成本也是不同的,因此,为实现价值最大化目标,在筹资环节,公司应尽可能选择那些平均资本成本最低的资本结构。

(三)资本成本在公司业绩评价中的作用

在公司业绩评价中,资本成本是计算经济增加值(EVA)的依据。

$$经济增加值 = 税后利润 - 权益资本 \times K_E$$

经济增加值必须大于等于零。经济增加值大于等于零表明,公司实现的税后利润能够满足向股东支付按其预期收益率计算的资本报酬。

经济增加值指标较之利润指标能更好地保证股东利益。比如,某公司实现利税后利润100万元,股东投入的资本为10000万元,其要求的预期收益率为15%,那么,股东要求的最低资本报酬为 $10000 \times 15\% = 150$(万元),显然,公司的经济效益不好。然而,从税收净利润来看,为100万元,效益不错。可见,经济增加值指标优于净利润指标,其原因在于前者考虑了股东对预期收益率的要求。

第二节　权益资本成本

无论是公司价值评估还是资本预算决策、资本结构决策,我们使用的是平均资本成本的概念,而权益资本成本又是公司平均资本成本的重要构成部分,因此,在阐述平均资本估算之前,我们首先阐述权益资本成本的估算。本节我们将介绍估算权益资本成本的两种方法,即股利贴现模型和资本资产定价模型。

一、股利贴现模型法

(一)普通股成本

普通股是构成股份公司原始资本和权益的主要成分。普通股的特征与优先股相比,除了具有参与公司经营决策权外,主要表现为股利的分配是不确定的。从理论上分析,人们认为普通股的成本是普通股股东在一定的风险条件下所要求的最低投资报酬率。而且,在正常情况下,这种最低投资报酬率应该表现为逐年增长。因此,基于以上的基本假设,我们需要对这一最低投资报酬率以及股利的逐年增长率加以合理估计。股份公司支付的股利是在税后支付的,因此,它不能像利息一样减少应该缴纳的所得税。

股利贴现模型的基本形式是:

$$P_0 = \sum_{t=1}^{n} \frac{D_t}{(1+K_E)^t} \qquad (5-1)$$

式中,P_0 表示普通股当前的市场价格,D_t 表示第 t 年的股利,K_E 表示权益资本成本,n 表示预测期。

运用上述公式计算普通股成本,因具体的股利政策形式而有所变化:

1.每年支付的股利相同,即股利体现为永续年金的形式。在此情况下,权益资本成本的估算公式为:

$$K_E = \frac{D}{P_0} \qquad (5-2)$$

2.每年股利以固定的比率 g 增长。在此情况下,权益资本成本的估算公式为:

$$K_E = \frac{D_1}{P_0} + g \qquad (5-3)$$

【例5-1】某公司股票的市场价格为13元,预计每年分派现金股利1.32元,那么,其权益资本成本为:

$$K_E = 1.32/13 = 10.15\%$$

如果预计第一年末分派1.32元股利,以后每年股利以4%的比率增长,则公司股票的权益资本成本为:

$$K_E = 1.32/13 + 4\% = 14.15\%$$

(二)优先股成本

优先股是享有某种优先权利的股票,它同时兼有普通股与债券的双重性质,其特征表现为:投资报酬表现为股息形式,股息率固定,本金不需要偿还。

优先股资金成本的计算公式为:

$$K_P = \frac{D}{P_0} \qquad (5-4)$$

式中，K_P 表示优先股成本，D 表示优先股固定的股息，P_0 表示优先股当前的市场价格。

由于优先股股东在公司收益分配和清算财产分配顺序上先于普通股股东，因而，优先股股东面临的风险较普通股股东低，从而优先股成本低于普通股成本，即 $K_P < K_E$。由于优先股股东在公司收益分配和清算财产分配顺序上在债权人之后，因而，优先股股东面临的风险较债权人高，从而优先股成本较债务成本高，即 $K_P > K_D$。概括起来，$K_E > K_P > K_D$。

(三)留存收益成本

留存收益是企业缴纳所得税后形成的，其所有权属于股东。留存收益是企业税后净利在扣除所宣布派发的股利后形成的，它包括提取的盈余公积和未分配利润。留存收益的所有权属于普通股股东所有。它既可以用作未来股利的分配，也可以作为企业扩大再生产的资金来源。我们一般将留存收益再投资称为留存收益资本化，它是企业的一个重要的资本来源。

从表面上看，留存收益属于公司股东，使用这部分资本好像不需要任何代价。但事实上，它的使用存在一种机会成本。因为如前所述，对资本的所有者来说，资本的任何一种运用都是有代价的。股东将这一部分未分配的税后利润留存在企业，实质上是对企业追加投资，也要求有报酬。对于股东来说，如何处理留存收益可以有多种选择，它可以作为现金股利发放，也可以用作本企业或其他企业的投资。但是，不论是哪一种选择，都会使股东付出代价，因此，留存收益也有成本。一般而言，人们将留存收益视同普通股股东对企业的再投资，并参照估算普通股成本的方法计算其资本成本。因此，对留存收益也要计算资本成本。

留存收益资本成本的计算公式为：

$$K_E = \frac{D}{P_0} \qquad (5-5)$$

如果股东自己投资，那么他们的期望收益率为多少呢(假设股东自己投资与公司投资项目的风险相同)？我们曾经讨论过，股票市场一般都会处于均衡状态，期望收益率和必要收益率相等。因此，如果企业保留这部分剩余收益用做再投资，其收益率至少为必要收益率，否则还不如以股利的形式发放给股东，让股东自己去投资。

二、资本资产定价模型法

在第四章中我们讲到资本资产定价模型。资本资产定价模型是用来计算某种资产的预期收益率，即投资者要求获得的预期收益率，由于权益资本成本可以用股东要求获得的预期收益率来表示，因而，我们可以用资本资产定价模型来计算权益资本成本，其计算公式为：

$$K_E = R_E = R_f + (R_M - R_f) \times \beta_E \qquad (5-6)$$

式中,K_E 表示权益资本成本;R_E 表示股东要求获得的预期收益率,即权益资本成本;R_f 表示无风险收益率;R_M 表示市场组合的收益率,即所有股票的平均收益率;β_E 表示股票的贝塔系数。

上述公式表明,权益资本成本,或股东要求获得的预期收益率由两个部分构成:一是无风险收益率,二是风险报酬。风险报酬取决于市场风险报酬 $R_M - R_f$ 和股票的贝塔系数 β_E。

【例 5 - 2】某公司股票的贝塔系数为 1.5,无风险收益率为 6%,市场投资组合的收益率为 10%,那么,该公司股票的资本成本为:

$$K_E = 6\% + (10\% - 6\%) \times 1.5 = 12\%$$

(一)无风险收益率

无风险收益率通常需要满足以下两个条件:不存在违约风险和再投资风险。政府债券基本上不存在违约风险,但是,不同期限的政府债券的再投资风险是不同的,短期政府债券存在再投资风险,即在通货膨胀条件下投资存在通货膨胀风险,而长期政府债券利率则不存在再投资风险,即充分考虑了通货膨胀风险,因此,长期政府债券利率通常被视为无风险利率的最佳估计值,其利率由纯利率和通货膨胀率两部分构成。纯利率只是对投资的单纯补偿,即货币时间价值。

(二)市场风险报酬

市场风险报酬反映了投资者因从事股票投资冒风险而得到的额外补偿,这一额外补偿应当基于预期的投资收益率确定,而不是平均历史收益率。

(三)贝塔系数

在资本资产定价模型中,市场风险被称为系统风险,而公司特有风险被称为非系统风险。公司特有风险能够通过投资的多元化即投资组合化解,而市场风险则不能,因此,在资本市场中,投资者要承担市场风险,从而必然要求获得相应的投资回报。市场风险越大,预期回报越高。

市场组合收益率体现为一种平均收益率,但就市场组合中的个别证券而言,投资者承担的风险不同,其要求获得的预期收益率也不同。贝塔系数被定义为某个资产的收益率与市场组合收益率之间的相关性。

当某种资产的贝塔系数等于 1 时,说明该种资产的风险与整个市场的风险相同,其收益率等于市场组合的收益率;当某种资产的贝塔系数大于 1 时,说明该种资产的风险高于整个市场的风险,其收益率高于市场组合的收益率;当某种资产的贝塔系数小于 1 时,说明该种资产的风险低于整个市场的风险,其收益率低于市场组合的收益率。

一只股票的贝塔系数不是与生俱来的,而是由公司的特征决定的。归纳起来,其决定因素有以下三个方面:

1. 商业周期

有些企业的经营具有明显的周期性,即在经济扩张时期,其经营状况较好,销售量伴随着经济的扩张而快速增长,而在经济紧缩期,其经营状况较差,销售量伴随着经济的紧缩而快速降低,如高科技企业、零售企业和汽车企业等。而有些企业的经营受商业周期的影响不大,如公用事业、铁路、食品和航空类企业等。前者称为强周期性企业,后者称为弱周期性企业。

就强周期性企业而言,其销售量随经济周期的变化而变化,在其他条件不变的情况下,销售量的变化又带来企业息税前收益的变化,而息税前收益的变化又带来税后净收益的变化。因为贝塔系数是个股收益率与市场收益率的标准协方差,所以,这类企业的股票当然就有较高的贝塔系数;反之,则相反。

商业周期对贝塔系数的作用机理见下图 5-1。

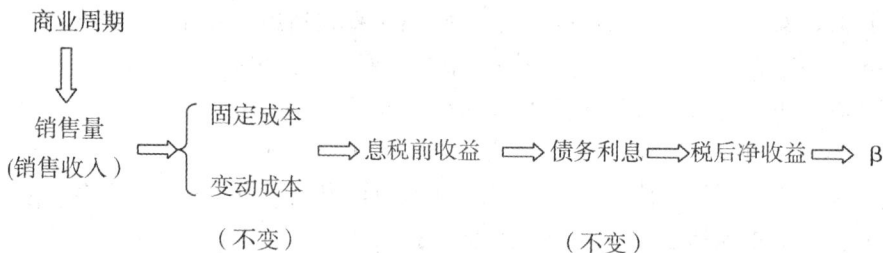

图 5-1　商业周期对贝塔系数的作用机理

2. 经营杠杆

按照成本习性划分,企业的成本分为固定成本和变动成本。固定成本是指不随业务量(销售收入)变动而变动的成本,变动成本是指随业务量(销售收入)变动而变动的成本。在企业全部成本中,固定成本所占比重较大时,单位产品分摊的固定成本额就多,若销售量发生变动,单位产品分摊的固定成本会随之变动,最后导致利润更大幅度地变动,经营风险就大;反之,经营风险就小。

在既定的商业周期下,随着销售量(销售收入)的变化,企业的变动成本,如原材料成本、人工成本和部分制造成本等,同方向变化,而固定成本则不变化,因此,对于固定成本较高的企业,销售量(销售收入)一定幅度的变化会带来息税前收益更大幅度的变化,在财务费用不变的情况下,一定幅度的息税前收益的变动又会带来税后净收益的变化,因此,企业的股票当然就有较高的贝塔系数;反之,则相反。

在上述影响企业经营风险的因素中,固定成本比重的影响很重要。在某一固定成本比重的作用下,销售量变动对利润产生的作用,被称为经营杠杆。经营杠杆对经营风险的影响最为综合,因而常常被用来衡量经营风险的大小。

在既定的商业周期下,固定成本 F 对息税前收益的作用程度的大小是通过经营杠杆系数来衡量的。

经营杠杆系数是息税前收益 EBIT 变动与销售量 Q 变动之比,反映的是息税前收

益随销售量的变动而变动的幅度,用公式表示即为:

$$DOL = \frac{\Delta EBIT/EBIT}{\Delta Q/Q} \qquad (5-7)$$

如果以 M 代表边际总利润,M = Q ×(P − V),则有:

$$EBIT = Q \times (P - V) - F = M - F \qquad (5-8)$$

$$\Delta EBIT = \Delta Q \times (P - V) = \frac{\Delta Q}{Q} \times Q \times (P - V) = \frac{\Delta Q}{Q} \times M \qquad (5-9)$$

将式(5−8)和式(5−9)代入式(5−7)中,得:

$$DOL = \frac{\frac{\Delta Q}{Q} \times M/EBIT}{\Delta Q/Q} = \frac{M}{EBIT} = \frac{M}{M - F} \qquad (5-10)$$

式(5−10)表明,在边际总利润既定的情况下,固定成本越高,经营杠杆系数越大,也就是说,企业的固定成本越高,销售量的一定幅度的变化会带来息税前利润成倍的变化。

对于高周期性企业来说,如果其固定成本较高,在经济扩张时期,销售量的快速增长会带来息税前收益更大幅度的增长,在财务费用不变的情况下,进而带来税后净收益以经营杠杆系数为倍数的成倍增长,因此,这类企业就有更高的贝塔系数;反之,则相反。

【例 5−3】某企业生产 A 产品,固定成本为 60 万元,变动成本率(变动成本占销售收入的比率)为 40% ,当企业的销售额分别为 400 万元、200 万元、100 万元时,经营杠杆系数分别为:

$$DOL_1 = \frac{400 - 400 \times 40\%}{400 - 400 \times 40\% - 60} = 1.33$$

$$DOL_2 = \frac{200 - 200 \times 40\%}{200 - 200 \times 40\% - 60} = 2$$

$$DOL_3 = \frac{100 - 100 \times 40\%}{100 - 100 \times 40\% - 60} = \infty$$

以上计算结果说明这样一些问题:

第一,在固定成本不变的情况下,经营杠杆系数说明了销售额增长(减少)所引起利润增长(减少)的幅度。比如,DOL_1 说明在销售额 400 万元时,销售额的增长(减少)会引起利润 1.33 倍的增长(减少);DOL_2 说明在销售额 200 万元时,销售额的增长(减少)将引起利润 2 倍的增长(减少)。

第二,在固定成本不变的情况下,销售额越大,经营杠杆系数越小,经营风险也就越小;反之,销售额越小,经营杠杆系数越大,经营风险也就越大。比如,当销售额为 400 万元时,DOL_1 为 1.33;当销售额为 200 万元时,DOL_2 为 2。显然后者利润的不稳定性大于前者,故后者的经营风险大于前者。

企业一般可以通过增加销售额、降低产品单位变动成本、降低固定成本等措施使经营杠杆系数下降,降低经营风险,但这往往要受到条件的制约。

经营杠杆对贝塔系数的作用机理见图 5−2。

商业周期　　　经营杠杆

销售量 ⟹ { 固定成本 / 变动成本 } ⟹ 息税前收益 ⟹ 债务利息 ⟹ 税后净收益 ⟹ β
（不变）

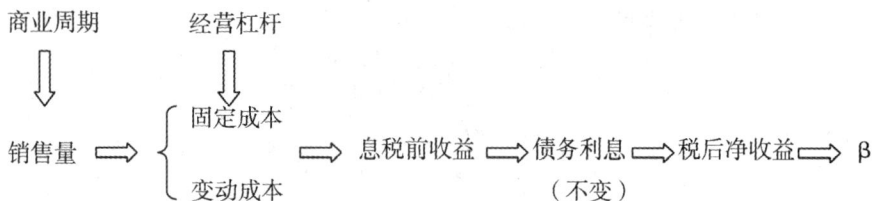

图 5-2　经营杠杆对贝塔系数的作用机理

由于 $M = Q \times (P - V)$，因此：

$$DOL = \frac{Q \times (P - V)}{Q \times (P - V) - F} = \frac{Q}{Q - \frac{F}{P - V}} \qquad (5-11)$$

当企业的边际总利润等于固定成本时，企业经营处于保本状态，用公式表示即为：

$$M = Q \times (P - V) = F$$
$$Q = F/(P - V)$$

在该点的销售量称为保本点销售量，用 BEP 表示。因此，式(5-11)又可改写为：

$$DOL = \frac{Q}{Q - BEP} \qquad (5-12)$$

式(5-12)表明，企业的保本销售量越高，经营杠杆系数越大。

3. 财务杠杆

企业实现的息税前收益要向债权人支付固定的利息，利息数额的高低取决于负债金额和利率，通常，在一定的考察期内，利率是相对稳定的，因此，高负债企业支付的利息要高于低负债企业。

对于高负债企业而言，由于要支付较高的固定的利息，因而，息税前收益一定幅度的变化会带来税后净收益更大幅度的变化，从而这类企业就必然有更高的贝塔系数；反之，则相反。

利息对税后净收益的影响程度是通过财务杠杆来衡量的。财务杠杆是税后净收益变动与息税前收益变动之比，也就是说，财务杠杆反映的是税后净收益随息税前收益变动而变动的程度。

如果用 EBIT 表示息税前收益，用 I 表示利息，用 NE 表示税后净收益，用 T 表示公司所得税税率，用 DFL 表示财务杠杆系数，则：

$$DFL = \frac{\Delta NE/NE}{\Delta EBIT/EBIT} \qquad (5-13)$$

因为 $NE = (EBIT - I) \times (1 - T)$，$\Delta NE = \Delta EBIT \times (1 - T)$
所以：

$$DFL = \frac{\Delta EBIT \times (1 - T)}{(EBIT - I) \times (1 - T)} \times \frac{EBIT}{\Delta EBIT} = \frac{EBIT}{EBIT - I} \qquad (5-14)$$

式(5-14)表明，在 EBIT 既定的情况下，企业负债利息越多，财务杠杆越高，也就是说，利息支出越大，税后净收益随息税前收益一定幅度的变化而以更大幅度地发生变化。

对于高周期性的企业来说,如果其固定成本较高,债务利息又较高,那么,在经济扩张时期,销售量(销售收入)会以较高的幅度增长,由于其固定成本较高,伴随着销售量(销售收入)较高的增长,息税前收益会呈现以经营杠杆系数为倍数的成倍增长,又由于债务利息较高,伴随着息税前收益的高幅度增长,税后净收益则会呈现以财务杠杆系数为倍数的成倍增长。反之亦然。

下面我们来分析经营杠杆和财务杠杆对贝塔系数的联合作用机理:

由于 $DOL = \dfrac{\Delta EBIT/EBIT}{\Delta Q/Q}$

因此 $\Delta EBIT/EBIT = DOL \times \Delta Q/Q$　　　　　　　　　(5-15)

又由于 $DFL = \dfrac{\Delta EN/NE}{\Delta EBIT/EBIT}$

因此 $\Delta NE/NE = DFL \times \Delta EBIT/EBIT$　　　　　　　　(5-16)

将式(5-15)代入式(5-16),得:

$$\Delta NE/NE = DOL \times DFL \times \Delta Q/Q \qquad (5-17)$$

从式(5-17)可以看出,在经营杠杆和财务杠杆的综合作用下,销售量的一定幅度变化,会导致税后净收益以两个杠杆系数的乘积的倍数变化。

【例5-4】A、B、C 为三家经营业务相同的公司,它们的有关情况见表5-1。

表5-1

公司 项目	A	B	C
普通股本	2000000	1500000	1000000
发行股数	20000	15000	10000
债务(利率8%)	0	500000	1000000
资本总额	2000000	2000000	2000000
息税前收益	200000	200000	200000
债务利息	0	40000	80000
税前收益	200000	160000	120000
所得税(税率33%)	66000	52800	39600
税后净收益	134000	107200	80400
财务杠杆系数	1	1.25	1.67
EPS	6.7	7.15	8.04
息税前收益增加	200000	200000	200000
债务利息	0	40000	80000

项 目 \ 公 司	A	B	C
税前收益	400000	360000	320000
所得税(税率33%)	132000	118800	105600
税后净收益	268000	241200	214400
每股普通股收益	13.4	16.08	21.44

表 5 - 1 说明:

第一,财务杠杆系数表明的是息前税前收益增长所引起的每股收益的增长幅度。比如,A 公司的息前税前收益增长 1 倍时,其每股收益也增长 1 倍(13.4/6.7 - 1);B 公司的息前税前收益增长 1 倍时,其每股收益增长 1.25 倍(16.08/7.15 - 1);C 公司的息前税前收益增长 1 倍时,其每股收益增长 1.67 倍(21.44/8.04 - 1)。

第二,在资本总额、息前税前收益相同的情况下,负债比率越高,财务杠杆系数越高,财务风险越大,但预期每股收益也越高。比如,B 公司比起 A 公司来,负债比率高(B 公司负债率为 500000/2000 000 ×100% = 25%,A 公司负债率为 0),财务杠杆系数高(B 公司为 1.25,A 公司为 1),财务风险大,但每股收益也高(B 公司为 7.15 元,A 公司为 6.7 元);C 公司比起 B 公司来,负债比率高(C 公司负债率为 1000000/2000000 × l00% = 50%),财务杠杆系数高(C 公司为 1.67),财务风险大,但每股收益也高(C 公司为 8.04 元)。

负债比率是可以控制的。企业可以通过合理安排资本结构,适度负债,使财务杠杆利益抵消风险增大所带来的不利影响。

财务杠杆对贝塔系数的作用机理见下图 5 - 3。

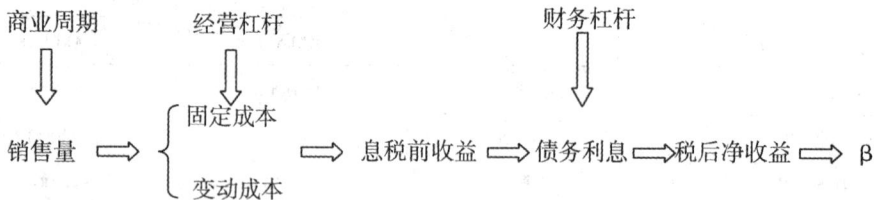

图 5 - 3 财务杠杆对贝塔系数的作用机理

根据资本资产定价模型,股东要求获得的预期收益率与系统风险有关。由股东承担的系统风险包括两部分:一是经营风险,二是财务风险。经营风险是由企业生产经营的不确定性带来的风险,经营风险主要来自于以下几个方面:(1)市场需求、市场价格、生产量等的变化;(2)料、工、费等生产成本的变化;(3)生产技术的变化;(4)天气、经济不景气、通货膨胀等外部经营环境的变化。

财务风险是企业因对外负债而增加的风险,体现在企业到期不能还本付息,就会面临诉讼、破产等威胁,遭受严重损失。

前面的分析表明,影响股票贝塔系数的因素有三个:一是商业周期,二是经营杠杆,三是财务杠杆。商业周期和经营杠杆对股票贝塔系数的影响体现为经营风险对贝塔系数的影响,而财务杠杆对贝塔系数的影响体现为财务风险对贝塔系数的影响。

在企业无负债的情况下,企业的资产由股东投资形成,资产面临的风险也就是股东面临的风险,只有经营风险,假设用 β_A 表示企业资产的贝塔系数,用 β_{UE} 表示权益贝塔系数,那么,$\beta_A = \beta_{UE}$。

假设企业通过发行债券回购部分股票,由于企业除资本结构变化外,其他方面均未发生变化,即企业资产贝塔系数不变。假设用 β_{LE} 表示有负债下的权益贝塔系数,β_L 表示负债的贝塔系数,那么,企业资产的贝塔系数就等于权益的贝塔系数与债务的贝塔系数的加权平均值。

$\beta_A = $ 负债$/($负债$+$权益$) \times \beta_L + $ 权益$/($负债$+$权益$) \times \beta_{LE}$

由于 β_L 很低,一般假设为零,因而:

$\beta_A = $ 权益$/($负债$+$权益$) \times \beta_{LE}$

$\beta_{LE} = \beta_A \times (1 + $ 负债$/$权益$)$

上式表明,在企业无负债时,股东只承担经营风险,在负债情况下,股东除了承担经营风险以外,还承担财务风险,因此,对于增加的风险,股东要求较高的收益率,体现在贝塔系数的增加。

第三节 债务资本成本和平均资本成本

在阐述了权益资本成本的估算方法之后,接下来我们阐述债务资本成本的估算方法以及平均资本成本的估算方法。

一、债务资本成本

(一)债务资本成本的含义

债务资本成本是企业的债权人对新的借款所要求的报酬率。

企业向债权人借款的方式主要有两种:一是向银行借款,二是发行债券。相应地,债务资本成本的计算分为银行借款成本的计算和债券成本的计算。

(二)债务资本成本的计算

1. 银行借款成本的计算

假设以 K_{DL} 表示银行借款成本,I 表示银行借款的利息,L 表示银行借款的金额,i 表示银行借款的利率,那么,银行借款成本的计算公式为:

$$K_{DL} = \frac{I}{L} = \frac{L \times i}{L} = i \qquad (5-19)$$

如果企业有多笔银行借款,那么,就需要计算银行借款的平均资本成本。计算方法是以每笔银行借款在总借款中所占的比重作为权数,计算每笔银行借款资本成本的加权平均值作为银行借款的平均资本成本。

【例5-5】某企业向银行借入了两笔不同期限的借款,分别为400万元和600万元,利率分别为7%和8%。那么,该企业银行借款的平均资本成本为:

$$K_{DL} = 7\% \times 40\% + 8\% \times 60\% = 7.6\%$$

2. 债券成本的计算

与权益资本成本的计算不同,债券资本成本通常可以直接或间接地观察到。

债券资本成本分为以下两种情况确定:如果企业已经有发行在外的债券,那么,这些债券的到期收益率就是该企业债券的市场必要报酬率,即债券资本成本。如果债券是企业新发行的,那么,可以参照同类型企业发行的债券到期收益率来确定其资本成本。

如果债券按面值发行,那么,债券资本成本就等于债券的票面利率,即:

$$K_{DB} = i \qquad (5-20)$$

式中,K_{DB} 表示债券成本,i 表示债券的票面利率。

如果债券债价格与面值不相等,则需要采用插入法计算债券到期收益率。

假设以 K_{DB} 表示债权资本成本,B 表示债券的面值,P_0 表示债券的市场价格,i 表示债券的票面利率,n 表示债券到期日,那么:

$$P_0 = \sum_{t=1}^{n} \frac{I}{(1+K_{DB})^t} + \frac{B}{(1+K_{DB})^n} \qquad (5-21)$$

【例5-6】某企业发行期限为5年、票面利率为15%、面值为1000元的债券,发行价格为1200元。试问:债券到期收益率为多少?

根据式(5-21),结合题意,下列等式成立:

$$1200 = \frac{150}{(1+IRR)^1} + \frac{150}{(1+IRR)^2} + \frac{150}{(1+IRR)^3} + \frac{150}{(1+IRR)^4} + \frac{150+1000}{(1+IRR)^5}$$

令等式右边减去左边等于NPV。

将 $r_1 = 8\%$ 代入上式,得:

$NPV_1 = 150 \times 0.926 + 150 \times 0.857 + 150 \times 0.794 + 150 \times 0.735 + (150+1000) \times 0.681 - 1200 = 79.95$

将 $r_2 = 10\%$ 代入上式,得:

$NPV_2 = 150 \times 0.909 + 150 \times 0.826 + 150 \times 0.751 + 150 \times 0.683 + (150+1000) \times 0.621 - 1200 = -10.5$

根据插入法计算公式,有:

$$K_{DB} = r_1 + (r_2 - r_1) \times \frac{NPV_1}{NPV_1 - NPV_2} = 8\% + (10\% - 8\%) \times \frac{79.95}{79.95 - (-10.5)} = 9.77\%$$

如果企业发行了多只债券,那么,就需要计算多只债券的平均资本成本。计算方法是以每只债券市值在债券总市值中所占的比重作为权数,计算每只债券成本的加权平均值作为债券的平均资本成本。

【例 5 - 6】某企业发行了两批期限不同的债券,其市值分别为 400 万元和 600 万元,到期收益率分别为 7% 和 8%。那么,该企业债券的平均资本成本为:

$$K_{DB} = 7\% \times 40\% + 8\% \times 60\% = 7.6\%$$

二、加权平均资本成本

(一)资本结构权数

假设用 E 表示公司权益资本的市场价值,D 表示公司债务资本的市场价值,V 表示公司的市场价值,则有:

$$V = D + E$$

E/V 代表公司的权益比率,D/V 表示公司的债务比率,E/V、D/V 被称为资本结构权数。

(二)加权平均资本成本的计算

加权平均资本成本是指以各种资本占全部资本的比重作为权数对各种资本成本进行加权平均所计算的平均成本。通常用 $WACC$ 或 K_A 来表示。其计算公式为:

$$K_A = K_E \times E/V + K_D \times (1 - T) \times D/V$$

式中,T 表示公司的所得税税率。

需要注意的是,平均资本成本是税后成本。由于向股东支付股利是在税后进行的,而向债权人支付利息则在税前进行,因而,需要将税前的 K_D 调整为税后,即 $K_D \times (1 - T)$。可见,由于债务的利息是在税前列支,因而债务的利息具有减税效应,或者称之为节税效应、税盾效应。

【例 5 - 7】假设某企业的债务成本为 8%,所得税税率 10%,权益资本成本为 14%,债务、权益的筹资比例为 40% 和 60%,则:

$$WACC = 8\% \times (1 - 10\%) \times 40\% + 14\% \times 60\% = 11.28\%$$

如果公司的资本来源有多项,在此情况下,平均资本成本的计算公式也可用下式表示:

$$K_A = \sum_{j}^{n} K_j W_j \qquad (5 - 22)$$

K_A 表示加权平均资本成本,K_j 表示第 j 种资本成本,W_j 表示第 j 种资本占总资本的比重,n 表示资本来源的项数。

(三)部门和项目资本成本

前面我们计算的平均资本成本是就企业整体而言的,且企业从事单一的业务。如果企业由从事多种业务的分部门构成,比如一家企业拥有两个分部门,其中一个部门从事电话业务,另一个部门从事电子制造业务,第一个部门的风险较低,而第二个部门的风险较高。在此情况下,就需要分别计算这两个部门的资本成本,企业的总体资本成本就是这两个不同部门的资本成本的组合。

如果企业拟投资的项目与企业现有业务不同,也就是说,拟投资项目的风险与企业现有资产的风险不同,就不能使用企业的平均资本成本作为贴现率。

计算部门和项目资本成本的方法有二:

1. 专注法

要计算部门投资的必要报酬率,我们应当做的是考察公司以外的和我们正考虑的投资具有相同风险等级的其他投资,采用它们的市场必要报酬率作为贴现率。

这种通过寻找与我们的投资具有相同的风险等级的投资项目,并且以这类投资项目的必要报酬率作为我们投资项目必要报酬率的方法就叫做专注法。

2. 主观法

所谓主观法就是在平均资本成本的基础上,将个别项目的风险进行等级划分,然后根据风险等级的划分,给每一个项目确定一个调整系数,来确定项目资本成本的方法。

比如,某企业的 $WACC$ 为14%,拟议的项目被分为以下三类:

类别	项目	调整系数	贴现率
高风险	A	+6%	20%
中等风险	B	+0	14%
低风险	C	−4%	10%

第四节　发行成本与 NPV

如果企业决定进行新项目投资,需要发行债券和股票为项目筹集资本,不仅会面临资本成本问题,还会面临发行成本的问题。对于发行成本必须采取正确的处理方式,否则,可能会影响到项目投资的顺利实施。

一、发行成本

对于发行成本该如何处理,将发行成本纳入平均资本成本,适当上调平均资本成本是不可取的,因为投资的必要报酬率取决于投资的风险,而不是资本的来源。当然这并不是说要忽略发行成本,由于这些成本是决定接受一个项目而产生的结果,它们是企业相关的现金流量,正确的做法是将发行成本纳入项目投资成本中。

比如,某公司是一家完全权益公司,权益成本为20%,由于这家公司的资本100%来自权益资本,因而,公司的平均资本成本与权益资本成本相同。该公司正在考虑一项价值为 1000 万元的投资,这项投资所需资本通过发行新股筹集。经与投资银行商谈,公司发行新股的发行成本为筹资总额的 10%,这意味着公司发行新股筹集的资本仅为项目投资的 90%,如果将发行成本考虑进去,那么,公司项目投资的成本为:

1000 = 筹资总额 ×(1 - 10%)

筹资总额 = 1000/(1 - 10%) = 1111(万元)

即公司的发行成本为 111 万元,将发行成本考虑进去,公司项目投资的真正成本是 1111 万元。

如果公司同时使用债务和权益来融资,结果仅仅会稍微复杂一点儿。假设该公司的目标资本结构为 60% 的权益和 40% 的债务,权益的发行成本为 10%,债务的发行成本为 5%,那么,我们可以使用计算平均资本成本的方法来计算加权平均发行成本。

假设用 f_E 来表示权益的发行成本,用 f_D 来表示债务的发行成本,那么,加权平均发行成本 f_A:

$$f_A = (E/V) \times f_E + (D/V) \times f_D = 60\% \times 10\% + 40\% \times 5\% = 8\%$$

我们忽略发行成本时,项目成本为 1000 万元,如果将发行成本考虑进去,那么,项目成本为 1000/(1 - 8%) = 1087(万元)。

在计算公司的发行成本时,企业必须谨慎选择权重,不能使用错误的权数。即使公司可以全部以债务或者全部以权益来获得项目所需要的资本,我们还是应当使用目标权数。至于企业可以通过债务或权益来为某一项特定的项目筹集资金,则不是与之直接相关的。比如说,如果公司的目标债务权益率是 1,但是却选择全部以债务的形式来获得资金,那么此后公司将不得不筹集额外的权益资本,以维持它的目标债务权益率。我们必须把这些考虑进去,公司应该总是以目标权数来计算其发行成本的。

二、发行成本与 NPV

假设某公司拟新建一项目,项目的投资金额为 50 万元,项目的目标资本结构为权益和债务各占 50%,权益的资本成本为 20%,发行成本为 10%,债务的资本成本为 10%,发行成本为 2%,每年可取得 73150 元的税后现金流,所得税税率为 34%。

WACC = 20% × 50% + 10% × (1 - 34%) × 50% = 13.3%

现金流的现值为:

PV = 73150/13.3% = 550000(元)

NPV = 550000 - 500000 = 50000(元)

可见,在不考虑发行成本的情况下,项目的 NPV 大于零,因此,可以接受该项目。

根据题意,项目的发行成本为:

$$f_A = 10\% \times 50\% + 2\% \times 50\% = 6\%$$

因此,项目投资的真正成本是 500000/(1 - 6%) = 531915(元)。由于项目现金流量的 PV 是 55000 元,项目的 NPV 是 550000 - 531915 = 18085(元),因而,该项目仍旧是一个好项目。

【本章小结】

1.资本成本是公司金融研究中使用的重要概念,也是公司金融分析的重要工具之一。资本成本概念通常从筹资者和投资者两个角度定义。从筹资者的角度看,资本成本是筹资者使用投资者的资本所付出的代价,从投资者的角度来看,资本成本是投资者要求的预期收益率或必要报酬率。资本成本与资金成本有着本质的不同。

2.根据资本的性质划分,公司资本可分为权益资本和债务资本,也称为股权资本和债权资本。与之相对应,公司的资本成本也分为两部分:权益成本(Cost of Equity)和债务成本(Cost of Debt),也称为股权资本成本和债权资本成本。分别用 K_E 和 K_D 来表示。

3.在公司金融分析中,资本成本发挥着重要的作用,体现在:(1)在资本预算决策中,资本成本是投资项目要求的最低收益率;(2)在资本结构决策中,资本成本是确定最优资本结构的重要标准;(3)在公司绩效评估中,资本成本是计算经济增加值的重要依据。

4.估算权益资本成本的方法有两种:一是股利贴现模型,二是资本资产定价模型。股利贴现模型法是根据股票价格和未来股利倒推权益资本成本。运用资本资产定价模型估算权益资本成本需要明确三个决定因素:一是无风险收益率,二是风险溢价,三是股票的贝塔系数。决定股票贝塔系数的因素又有三个:一是商业周期,二是经营杠杆,三是财务杠杆。

就强周期性企业而言,其销售量随经济周期的变化而变化,在其他条件不变的情况下,销售量的变化又带来企业息税前收益的变化,而息税前收益的变化又带来税后净收益的变化。因为贝塔系数是个股收益率与市场收益率的协方差,所以,这类企业的股票当然就有较高的贝塔系数;反之,则相反。

经营杠杆反映的是固定成本对息税前收益 EBIT 的作用程度,通常用经营杠杆系数来表示。经营杠杆系数是息税前收益 EBIT 变动与销售量 Q 变动之比,反映的是息税前收益随销售量的变动而变动的程度。如果企业的固定成本较高,在既定的商业周期下,销售量的一定幅度的变动会带来息税前收益更大幅度的变动,在财务费用不变的情况下,进而带来税后净收益以经营杠杆系数为倍数的成倍变动,因此,这类企业就有更高的贝塔系数;反之,则相反。

财务杠杆反映的是利息支出对税后净收益的作用程度,通常用财务杠杆系数来表示。财务杠杆系数是税收净收益 NE 变动与息税前收益 EBIT 变动之比,反映的是税收净收益随息税前收益的变动而变动的程度。在既定的商业周期和固定成本水平下,如果企业的利息支出较高,销售量的一定幅度的变动在带来息税前收益以经营杠杆系数为倍数的变动,息税前收益的变动又会带来税后净收益以财务杠杆系数为倍数的变动,也就是说,销售量的一定幅度的变动会带来税后净收益以经营杠杆系数和财务杠杆系数乘积的倍数的变动,因此,这类企业就有更高的贝塔系数;反之,则相反。

5.债务资本成本的估算分为银行借款成本的估算和债券成本的估算。债券成本也就是债券的到期收益率,其估算方法采取的是插入法。

6. 加权平均资本成本是指以各种资本占全部资本的比重作为权数对各种资本成本进行加权平均所计算的平均成本。

7. 对于筹资过程中发生的发行成本,其处理办法是将发行成本纳入项目投资成本中,从而使项目的净现值降低。

【复习思考题】

1. 如何理解资本成本的概念?

2. 为什么资本成本用投资者要求的预期收益率或最大收益率来衡量?

3. 商业周期与股票贝塔系数之间是怎样的关系?

4. 经营杠杆和财务杠杆是如何影响股票的贝塔系数的?

5. 证券发行成本应如何处理?

6. C 公司的全部资本为 4000 万元,其中债务 2400 万元,债务成本为 8%,权益成本为 10%,公司所得税税率为 30%,则加权平均资本成本是多少?

7. 某公司发行面额为 500 万元的 10 年期债券,票面利率为 12%,每年付息一次,到期一次还本,发行价格为 600 万元,公司所得税税率为 25%。则该债券的资本成本为多少?

8. 某公司按溢价 110 万元发行优先股,该优先股的面值为 100 万元,每年按 12% 股息率支付股息,则该优先股的成本是多少?

9. 某公司全部资本为 150 万元,负债比率为 45%,债务利率 12%,当销售额为 100 万元、息税前收益为 20 万元时,财务杠杆系数为多少?

10. 某公司固定成本为 150 万元,变动成本率(变动成本占销售收入的比例)为 0.4,公司资本结构如下:长期债券 300 万元,利率 8%;另有 1500 万元发行在外的普通股,公司所得税率为 33%。

试计算在销售额为 1000 万元时,公司的经营杠杆系数、财务杠杆系数和联合杠杆系数,并说明它们的意义。

11. 某股份有限公司普通股现行市价为每股 25 元,现准备增发 60000 股,预计筹集费率为 5%,第一年发放股利为每股 2.5 元,以后每年股利增长率为 6%,试计算该公司本次增发普通股的资本成本。

12. 某公司有一投资项目,需要资本 4000 万元,通过以下方式筹资:发行债券 600 万元,成本为 12%;长期借款 800 万元,成本为 11%;普通股 1700 万元,成本为 16%;保留盈余 900 万元,成本为 15.5%。试计算加权平均资本成本。若该投资项目的投资收益预计为 640 万元,问该筹资方案是否可行?

13. 某公司目标资本结构如下:长期负债 25%,优先股本 15%,普通股本 60%。公司目前权益资本由普通股本及保留盈余构成,所得税率 25%,上一年度普通股股利为每股 3 元,以后按 9% 的固定增长率增长。上述条件也适用于新发行的证券。预计公司扩充规模后第一年息税前收益为 35 万元,公司新筹资有关资料如下:

（1）普通股按每股 60 元发行；

（2）优先股每股 100 元，股利每股 11 元，共 1500 股；

（3）按 12% 的利率向银行借入长期借款。

要求：按照目标资本结构确定新筹资本的加权平均资本成本。

CHAPTER 6 | 第六章

资本预算决策

【学习目标】

通过本章学习,理解资本预算决策的含义,掌握投资项目的分类;掌握现金流量的含义及构成;掌握不同阶段现金流量的构成;熟练掌握资本预算决策的各种方法

【重要概念】

资本预算 回收期法 平均会计收益率法 内部收益率 盈利指数 现金流量净现值 沉没成本 机会成本 增量现金流 项目特有风险 场景分析 重置链法约当年金法

在第一章中我们讲到,公司金融研究的是公司对稀缺资源的跨期配置。公司对稀缺资源的跨期配置是借助于长期资本投资实现的,具体说来就是,公司通过长期资本投资具有一定规模的固定资产,包括生产经营活动所需要的经营场所和设备,然后利用这些固定资产生产出满足社会需要的产品和劳务。由于长期资本投资形成的固定资产具有投资金额大、周转期长的特点,一旦投入,就不容易改变,因而,对于长期资本投资必须进行科学的预算和决算。正因如此,资本预算决策构成金融研究的首要内容之一。在本章,我们将运用现金流量、现值以及资本成本等公司金融分析工具,阐述资本预算决策的基本方法,评估长期资本投资的经济可行性,对长期资本投资进行选择和确定。

第一节 资本预算决策概述

在阐述资本预算决策的基本内容之前,应首先明确资本预算决策的概念及其意义,投资项目的分类以及资本预算决策的基本程序。

一、资本预算决策的意义

预算是指预算主体对于未来一定时期内的收入和支出的计划,与其他预算不同,公司资本预算要复杂得多。

首先是投资机会的挖掘。投资机会来源于市场需求。通常,公司要考虑的投资机会的类型,部分地取决于公司的业务性质。挖掘投资机会的过程实际上就是挖掘投资项目的过程。

其次是现金流量的分析。对于投资项目,应分析其未来的现金流入量和现金流出量。

最后是投资项目的选择。选择投资项目的标准是投资项目未来所产生的现金流量的价值应超过项目投资的成本。

综上所言,资本预算的确切定义是:资本预算是指公司发现、分析和确定长期资本投资的过程。

长期资本投资,也称为项目投资。由于长期资本投资的金额大、期限长,一旦投入,就不容易改变,因而,对于长期资本投资必须进行科学的决策。

所谓资本预算决策,是指公司对长期资本投资的选择和确定,即从众多可能的投资项目中判断哪些项目可以接受,哪些项目不能接受。

资本预算决策的意义体现在:

1. 科学、合理的投资决策是公司实现其目标的先决条件

现代金融理论公认的公司目标是价值最大化。公司价值是公司资产未来实现的收入现金流量的现值的和,而公司资产是投资形成的,因此,要实现价值最大化目标,必须实施投资,即投资是公司价值增长的重要驱动力。

在众多可能的投资项目中,有些项目是有价值的,有些项目可能没有价值,因此,要实现价值最大化目标,公司必须借助于一定的方法,从这些可能的投资项目中选择出具有价值的投资项目。

2. 科学、合理的投资决策是实现社会经济资源有效配置的先决条件

在第一章中我们讲到,企业的基本功能是生产产品和劳务,而公司又是企业的基本组织形式,也就是说,经济资源的配置主要是通过公司对经济资源的配置实现的,因此,科学、合理的投资决策在实现公司对经济资源有效配置的基础上,也就实现了社会经济资源的有效配置。

二、投资项目分类

(一)独立项目

独立项目是指对其接受或者放弃的决策不受其他项目投资决策影响的投资项目。

例如公司决定增设新的连锁销售店的决策和更新计算机系统的决策就属独立项目。独立项目之间不存在依赖关系,因此可以单独进行分析。

(二)关联项目

关联项目是相对于独立项目而言的,即项目间的投资决策存在相互影响的投资项目。例如,兴建一条新的流水线需要新建一座厂房。对于关联项目应将其联系起来,作为一个大项目一并进行考察。

(三)互斥项目

互斥项目就是对于两个备选项目只能选择其中一个项目的投资项目。例如,项目A是在你拥有的一块地皮上建一座公寓,而项目B是你在拥有的一块地皮上建一座电影院,项目A和项目B就是互斥项目。

三、资本预算决策的程序

(一)挖掘与公司发展战略一致的投资机会

实施投资的先决条件是存在投资机会,而投资机会的获取只能来自于对市场需求的调查,因此,公司投资决策的首要工作是对市场需求进行调查,挖掘与公司发展战略相一致的投资机会,寻找可能的投资项目。

(二)收集项目有关的信息数据,评估项目的现金流量

对于可能的投资项目,应收集有关的数据信息,并对这些数据信息进行分析和整理,使之成为对投资决策有用的数据信息。在此基础上,对项目进行财务分析,评估项目的现金流量,为投资决策提供数据基础。

(三)根据决策法则,选择投资项目

对各种可能的投资项目进行财务分析之后,就需要遵循价值最大化目标,运用一定的方法,评估投资项目在经济上是否可行。

(四)重新评价已投资项目并适时调整,对已完成项目进行事后审计

项目投资具有投资数额大、回收期长的特点,因此,对于项目投资,不仅需要事前的分析和论证,在项目执行过程中也需要适时监督,并根据实际情况进行调整。项目结束后,还要进行事后审计,以评价实际和计划的出入情况,总结经验教训。

第二节　项目现金流量估算

下一节我们将阐述资本预算决策的方法,主要有净现值法、内部收益率法和盈利指数法,无论哪种方法,都用到项目的现金流量,因此,在阐述资本预算决策方法之前,需要明确如何估算项目现金流。

一、项目现金流量估算的原则

项目现金流量是指与项目有关的现金流出量和现金流入量。为保证项目现金流量估算的准确性,估算项目的现金流量必须遵循以下原则。

(一)只计算增量现金流量

在项目评估中,现金流量应当是因项目而产生的现金流量"增量"。增量现金流量是指采用该项目而直接导致的公司未来现金流量的变动。

确定增量现金流量采用的是区分原则,即只关注项目所产生的增量现金流量。根据区分原则,一旦确定了接受某个项目,就可以把该项目看成是一个"微型公司",它拥有自己的未来收益和成本、自己的资产,当然还拥有自己的现金流量。接下来要做的就是把它的现金流量与取得成本进行比较。

在计算增量现金流量时应注意的问题:

1. 忽略沉没成本

沉没成本是指已经发生的成本,或者是已经发生、必须偿还的债务。这种成本不会因为今天是否决定接受一个项目而改变,如项目评估费用等。在项目评估中应忽略这种成本。

2. 考虑机会成本

机会成本是指采用某个项目而放弃的在其他项目上的收入。比如,我们投资 10 万元于某一项目,那么,就这 10 万元来说,用于该项目投资就不能用于其他项目投资,存在机会成本。对于该机会成本的处理,体现在要对现金流量以资本成本作为贴现率进行贴现。

3. 考虑负效应

负效应是指新增项目对原有项目收入的侵蚀。比如,某公司计划实施一项投资推出一款新车,该款新车的推出将降低旧款车的销售,那么,旧款车销售收入的减少就是新款车推出的负效应。因此,新款车的现金流量应该调减。

(二)现金流量仅指项目本身发生的现金流量,而不考虑融资现金流量

融资过程中的现金流入表现为项目融资取得的债务资本和权益资本,在数额上等

于项目的初始投资,也就是说,融资环节的现金流入体现为项目的现金流出;融资过程中的现金流出表现为在项目有效期内企业向债权人支付的利息和本金,向股东支付的股利,而向债权人支付的利息和本金以及向股东支付的股利只能来源于项目未来产生的收入现金流量,也就是说,融资环节的现金流出体现为项目的现金流入。如果考虑融资环节的现金流量,将导致重复计算问题。

(三)现金流量是税后的现金流量

项目实现的现金流量归投资者,而投资者获取的现金流量是公司缴纳所得税后的现金流量,也就是说,税是一种现金流出。

(四)现金流量——而非会计利润

在项目评估中,我们是对现金流量进行贴现而非对会计利润进行贴现,因为会计利润不等于现金流量,会计对收支的确认与实际现金收付存在很大差异。比如折旧,这是一项现金流入,而在会计利润计算中是作为一项成本支出;再比如原材料采购,这是一项现金流出,而在会计利润核算中,可采用先进先出法,也可采用后进先出法,进而导致原材料成本支出存在差异。再比如销售收入,在会计核算中采用的是权责发生制,而在现金流量估算中,则是按实际发生时确认。

二、项目现金流量的构成

在第二章中讲过,来自资产的现金流量包括三个部分:经营现金流量、净资本性支出和净营运资本变动。如果我们把项目看做一个"微型公司",那么,要评估一个项目或是一个微型公司,我们需要得到这三部分的每一个部分的估计值。有了这三部分现金流量的估计值,就可计算出该项目或者是微型公司的现金流量。

项目现金流量=项目经营现金流量-项目净资本性支出-项目净营运资本变动

(一)项目经营现金流量

项目经营现金流量的计算等式为:

项目经营现金流量=息税前盈余(EBIT)+折旧-税

(二)项目净资本性支出

项目资本性支出也就是固定资产投资支出,该项支出通常是在期初发生,期末处置残值,在处置残余资产时,如果处置残余资产收入高于处置费用,即发生处置残余资产所得,要缴纳所得税;反之,抵减所得税。

(三)净营运资本变动

伴随着项目投资,企业的业务规模得以扩张,对营运资本的需求也会相应增加,因此,在项目初始投资环节,营运资本投资会相应增加;在项目营运期间,可能会发生营运资本的增减;在项目结束时,营运资本一般会全额收回。

【例6-1】某企业拟从事一个生产沙丁鱼罐头的新产品项目。预计该项目的寿命周期为3年,每一罐的销售价格为4元,制造成本为2.5元,每年的销售量为50000罐。这个项目的固定成本,包括生产设备的租金等,每年将是12000元,同时需要在制造设备上投资90000元。假设这90000元将在3年的项目年限内100%折旧完,即期末无残值。最后,这个项目最初必须投资20000元在净营运资本上,所得税税率为34%。

根据以上信息,可编制预计利润表和预计资金需求表。见表6-1和表6-2。

表6-1 预计利润表:沙丁鱼项目 （单位:元）

项目	金额
销售收入(50000×4)	200000
变动成本(50000×2.5)	125000
固定成本	12000
折旧(90000/3)	30000
息税前盈余(EBIT)	33000
所得税(34%)	11220
净利润	21780

在此需要强调指出的是,在经营现金流量的估算中,我们并没有扣除任何利息费用,因为利息费用是一项融资费用,而不是经营现金流量的一部分,其有无以及多少取决于项目的融资结构。从上表可以看出,在没有扣除利息费用的情况下,以息税前盈余作为计算所得税的基础较之实际要高,从而计算的所得税比实际也要高,也就是说,经营现金流量比实际少了。这一问题是通过调整贴现率的方式来处理的,即将债务资本成本由税前调整为税后。

比如,该沙丁鱼项目的负债金额为40000元,债务资本成本为8%,那么,每年的利息费用为3200元,应税盈余为33000 – 3200 = 29800元,应纳所得税为29800×34% = 10132元,即在项目现金流量评估中,所得税比实际多了11220 – 10132 = 1088元,从而经营现金流量比实际经营现金流少了1088元。在项目评估中,我们是将债务资本成本由税前调整为税后,即由8%调整为8%×(1 – 34%),由此计算的利息费用比实际少了40000×8%×34% = 1088(元),这减少的1088元的现金流出正好抵补了现金流量评估中少计的1088元的现金流量。

表 6-2　预计资金需求:沙丁鱼项目　　　　　（单位:元）

项目	年份			
	0	1	2	3
净营运资本	−20000	0	0	20000
固定资产净值	−90000	0	0	0
总投资	−110000	0	0	20000

根据表 6-1,就可计算出该公司的预计经营现金流量。见表 6-3。

表 6-3　预计经营现金流量　　　　　（单位:元）

项目	金额
息税前盈余	33000
折旧	+30000
所得税(34%)	−11220
经营现金流量	51780

根据表 6-3 和表 6-2,就可计算出该项目的总现金流量。见表 6-4。

表 6-4　预计总现金流量:沙丁鱼项目　　　　　（单位:元）

项目	年份			
	0	1	2	3
经营现金流		51780	51780	51780
净营运资本变动	−20000			20000
净资本性支出	−90000			
项目总现金流量	−110000	51780	51780	71780

第三节　资本预算决策方法

　　资本预算决策是借助于一定的方法进行的,这些方法主要有净现值法、内部收益率法和盈利指数法。本节将要阐述的是这些决策方法的含义、评价法则及其适用性。

一、净现值法

(一)净现值的含义

净现值(Net Present Value, NPV)是指投资项目各年现金流入量的现值之和减去现金流出量的现值的差值。

假设用 NPV 表示净现值, PV 表示项目的现值, cf_0 表示项目的初始投资, cf_t 表示项目第 t 期的现金流量, n 表示项目的有限期限, k_a 表示贴现率, 即项目的平均资本成本, 那么, 项目的净现值 NPV 可表示为:

$$NPV = \sum_{t=1}^{n} \frac{cf_t}{(1+k_a)^t} - cf_0 = PV - cf_0 \qquad (6-1)$$

(二)净现值评价法则

如果项目的净现值为正值,项目在经济上就可行,就应该接受;如果项目的净现值为负值,项目在经济上就不可行,就应该放弃。一种极端的情况是,项目的净现值为零,此时,接受或放弃该项目都无差异。

为什么净现值为正值时,项目可以接受?

因为在 NPV 为正值时,项目未来带来的收入现金量:

(1)能够收回项目的初始投资,满足投资者对投资本金安全性的要求;

(2)能够给投资者带来按其要求的预期收益率计算的资本报酬,满足投资者对投资收益性的要求;

(3)能够给投资者带来超额收益,其现值为 NPV。

(三)净现值与企业价值最大化

假设企业实施新项目之前的价值为 V。根据对企业价值的定义,项目未来带来的收入现金流量的增加,会增加企业价值。假设企业实施项目投资后的价值为 V',那么:

$$V' = V + PV = V + cf_0 + NPV$$

从上式可以看出,要使 V'最大,在 V 既定的情况下,就是要使 PV 最大,进而在投资金额既定的情况下,就是要使 NPV 最大。因此,NPV 为正值是企业价值最大化在投资项目评估中的具体要求。

【例6-2】根据表6-4提供的沙丁鱼项目的现金流量,估算该项目的净现值,并评价其在经济上是否可行。假设项目的平均资本成本为20%。

根据净现值公式,下列等式成立:

$$NPV = \frac{51780}{(1+20\%)} + \frac{51780}{(1+20\%)^2} + \frac{71780}{(1+20\%)^3} - 110000$$

$$= 51780 \times 0.8333 + 51780 \times 0.6944 + 71780 \times 0.5787 - 110000$$

= 10643.39

计算结果表明,NPV 为正值,项目可行。

二、内部收益率法

(一)内部收益率法的含义

内部收益率(Internal Rate of Return,IRR),也称为内含报酬率,是指净现值等于零时的贴现率,其经济含义是指项目的实际收益率。其数学表达式为:

$$NPV = \sum_{t=1}^{n} \frac{cf_t}{(1 + IRR)^t} - cf_0 = 0 \qquad (6-2)$$

式中,IRR 表示内含报酬率,其他符号同上。

内含报酬率可以采用插入法计算,其计算步骤是:

首先,选取一个贴现率 r_1 代入净现值的计算公式,计算出 NPV_1。如果计算出的净现值大于零,说明我们选取的贴现率比 IRR 要高,再次提高贴现率代入净现值的计算公式,直至根据选取的贴现率计算出的净现值为正值且趋向于 0,我们将此种情况下的贴现率称为 r_1,与该贴现率对应的净现值称为 NPV_1。

然后,选取贴现率 r_2 代入净现值的计算公式中,计算出的净现值称为 NPV_2,该净现值为负值且接近于 0。这时我们就可以说,IRR 比 r_1 大,比 r_2 小,介于 r_1 和 r_2 之间。

$$\frac{r_1 - IRR}{r_1 - r_2} = \frac{NPV_1 - 0}{NPV_1 - NPV_2} \qquad (6-3)$$

$$IRR = r_1 + (r_2 - r_1) \times \frac{NPV_1}{NPV_1 - NPV_2}$$

(二)内部收益率法则

如果一项投资的 IRR 超过必要报酬率,就可以接受这项投资,否则就应该拒绝。

为什么内含报酬率超过必要报酬率时,项目可行? 因为在内含报酬率超过必要报酬率时,项目未来带来的收入现金量:

(1)能够收回项目的初始投资,满足投资者对投资本金安全性的要求;

(2)能够给投资者带来按其要求的预期收益率计算的收益率,满足投资者对投资收益性的要求;

(3)能够给投资者带来超额收益率,即 IRR 与必要报酬率之差。

【例6-3】根据表6-4提供的沙丁鱼项目的现金流量,计算该项目的内含报酬率,并评价其在经济上是否可行。假设项目的平均资本成本为20%。

解:根据题意,下列等式成立:

$$NPV = \frac{51780}{(1 + IRR)} + \frac{51780}{(1 + IRR)^2} + \frac{71780}{(1 + IRR)^3} - 110000 = 0$$

将 $r_1 = 24\%$ 代入上式,得:

$$NPV_1 = \frac{51780}{(1+24\%)} + \frac{51780}{(1+24\%)^2} + \frac{71780}{(1+24\%)^3} - 110000$$
$$= 51780 \times 0.8065 + 51780 \times 0.6504 + 71780 \times 0.5254 - 110000$$
$$= 3086.892$$

将 $r_2 = 28\%$ 代入上式,得:

$$NPV_1 = \frac{51780}{(1+28\%)} + \frac{51780}{(1+28\%)^2} + \frac{71780}{(1+28\%)^3} - 110000$$
$$= 51780 \times 0.7813 + 51780 \times 0.6104 + 71780 \times 0.4768 - 110000$$
$$= -3713.07$$

根据内含报酬率的计算公式,有:

$$IRR = 24\% + (28\% - 24\%) \times \frac{3086.892}{3086.892 - (-3713.07)}$$
$$= 0.2581609 \approx 25.82\%$$

内含报酬率约等于25.82%,高于资本成本20%,项目可行。

(三)净现值曲线

至此,我们会发现 IRR 法则和 NPV 法则很类似。我们令 Y 轴代表 NPV,Y 轴代表贴现率,将不同贴现率对应的不同 NPV 的值连接起来,就会描出一条平滑的曲线,即净现值曲线。这条曲线很好地说明了两者之间的关系。

【例6-4】假设一项投资的成本是100美元,每年的现金流量为60美元,共2年。根据内含报酬率法,可以计算出不同贴现率下的 NPV,见表6-5。

表6-5　不同贴现率下的 NPV　　　　　　　　(单位:元)

贴现率	NPV
0%	20.00
5%	11.56
10%	4.13
13.1%	0
15%	-2.46
20%	-8.33

将表6-5中列示的不同贴现率对应的不同 NPV 的点连接起来,就可得到如图6-1所示的 NPV 曲线。

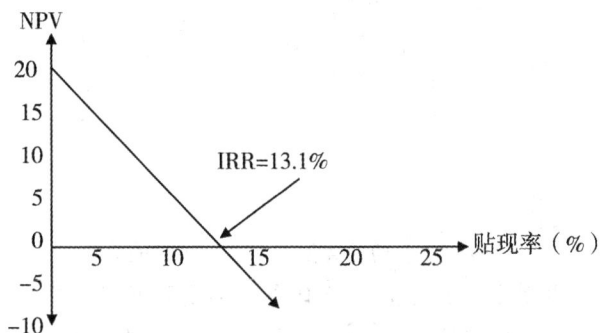

图 6-1 NPV 曲线

IRR 法则和 NPV 法则同时成立的两个条件：

第一，项目的现金流量必须是常规的，即第一笔现金流量是负值，此后的现金流量都是正值；

第二，项目必须是独立的，即接受或拒绝这个项目的决策不会影响接受或拒绝其他项目的决策。

通常，第一个条件都会满足，但第二个条件一般难以满足。

(四)内部收益率法的缺陷

1. 内部收益率无符号显示，不能表明是投资还是融资

【例 6-5】假设有 A、B、C 三个项目，项目 A 的初始投资是 100 元，第一年现金流入是 130 元。类似于项目 A 的项目称为投资型项目。

项目 B 在期初流入 100 元，在第一期流出 130 元，如组织展览会、召开会议项目。类似于项目 B 的项目称为融资型项目。

项目 C 在期初有 100 元的现金流出，第一期有 230 元的现金流入，第二期有 132 元的现金流出。如采掘企业，先有项目投资，后有收益，再进行环境治理。

项目 A、B、C 的内含报酬率、净现值见表 6-6，内含报酬率和净现值之间的关系见图 6-2。

表 6-6 内部收益率问题 1：投资还是融资 （单位：元）

项目	预期现金流量			IRR	NPV@10%
	0	1	2		
项目 A	-100	130	0	30%	18.2
项目 B	100	-130	0	30%	-18.2
项目 C	-100	230	-132	10%,20%	0

157

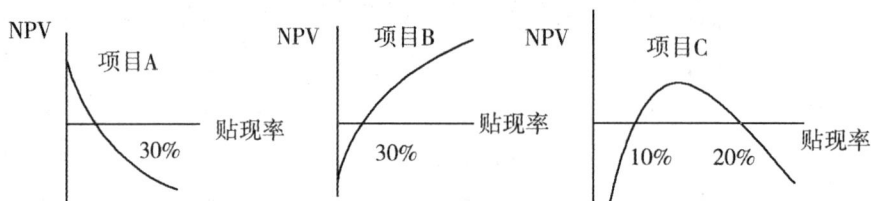

图 6-2　项目 A、B、C 的 NPV 和 IRR

对于投资型的项目来说,比如项目 A,内部收益率反映的是投资收益情况,越高越好。此类项目的净现值与贴现率呈反向变动关系。用内部收益率法则来判断,当必要报酬率低于内部收益率时,项目可以被接受。对于项目 A 来说,因为必要报酬率为 10%,内部收益率为 30%,所以,项目可以被接受。此时,对应的净现值 NPV 等于 18.2 元,也是可行的。

对于融资型的项目来说,比如项目 B,内部收益率反映的是融资成本,越低越好。此类项目的净现值与贴现率呈正向变动关系。用内部收益率法则来判断,当必要报酬率高于内部收益率时,项目可以被接受。对于项目 B 来说,因为必要报酬率为 10%,内部收益率为 30%,所以,项目应该被放弃。此时,对应的净现值 NPV 等于 -18.2 元,也是不可行的。

以上分析表明,内部收益率法则适用于投资型项目,对于融资型项目,内部收益率法则需要进行反向操作。但是,对于无法明确定义是投资型项目还是融资型项目的项目,例如项目 C,既具有投资型项目的特征,又具有融资型项目的特征,内部收益率法则的应用就会遇到问题。因为项目 C 的内部收益率实际上有两个,一个是 10%,一个是 20%,那么该用哪个收益率来进行比较呢? 这就是内部收益率面临的第二个问题。

2. 内部收益率多解或无解

项目 C 的现金流量形式较为特殊,期初为现金流出,第一期为现金流入,第二期又为现金流出。内含报酬率有 10% 和 20% 两个。当贴现率在 10% 和 20% 之间时,项目的净现值为正值,可以接受;当贴现率小于 10% 或者大于 20% 时,项目的净现值为负值,不能接受。可见,在多重内部收益率的情况下,简单的内部收益率法则不能使用。

类似于项目 C 的项目,之所以出现多重内部收益率,是因为现金流量的非常规变动,即项目的现金流量符号的变动。根据代数原理,现金流量的 n 次符号变动,就会有 n 个内含报酬率。

此外,内部收益率还可能出现无解的情况。见表 6-7 和图 6-3。

表 6-7　内部收益率问题 2:无解　　　　　　　　　　　　　　(单位:元)

项目	预期现金流量			IRR	NPV@10%
	0	1	2		
项目 A	1000	-2000	1500	无解	421
项目 B	1000	2000	500	122%	1231

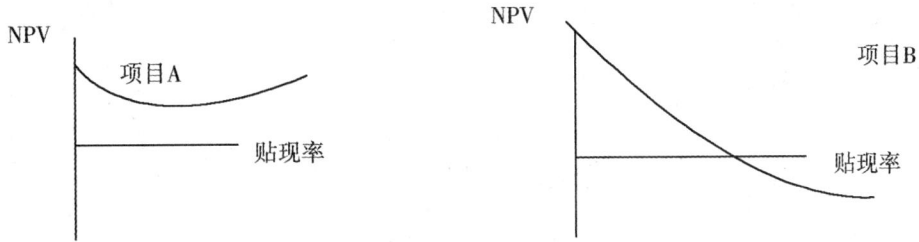

图6-3 项目A、B的IRR

项目A和B都是净现值为正值的好项目,项目A的内部收益率无解,即与X轴不相交,项目B与X轴的相交点为122%,不符合内部收益率的定义,无实际应用意义。

内部收益率的问题1和问题2属于实际应用中的问题,解决的办法是直接采用净现值法。

3.互斥项目排序问题——项目规模不同

内含报酬率是以百分比来表示的,是一个非规模化指标,因而从价值增值的角度看,这一指标不能反映投资规模带来的影响。而净现值是绝对数指标,能反映项目规模带来的影响,与企业价值最大化目标直接对应。

在互斥项目投资中,需要对投资项目进行选择。根据上述分析,最好的投资项目应该是NPV最大的项目。从内含报酬率的角度来看,最好的投资项目是否也为内含报酬率最高的项目呢?答案是否定的。

表6-8中列示了项目A和项目B的现金流量以及IRR和在贴现率为10%的情况下的NPV。从表中可以看出,项目A的IRR为50.0%,项目B的IRR为39.6%,根据内含报酬率法则,应选择项目项目A。从净现值来看,项目A的NPV为694元,而项目B的NPV为975元,根据净现值法则,应选择项目B。那么,为什么内含报酬率法则与净现值法则出现不一致的情况呢?其原因在于内部收益率法忽视了项目A与项目B的规模。

表6-8 内部收益率问题3:互斥项目规模不同 （单位:元）

项目	预期现金流量			IRR	NPV@10%
	0	1	2		
项目A	-1000	500	1500	50%	694
项目B	-2000	1000	2500	39.6%	975
项目B-A	-1000	500	1000	28.1%	281

对于项目A和项目B的NPV与IRR之间的关系可用图6-4表示如下:

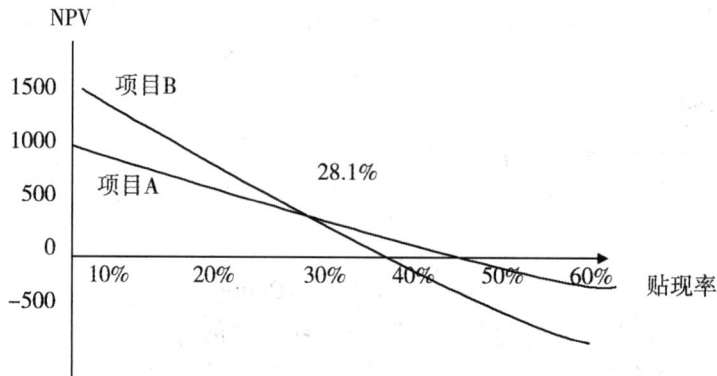

图 6-4　不同规模的互斥项目的 NPV 和 IRR 比较

当贴现率为 28.1% 时,两个项目的净现值相等;当贴现率小于 28.1% 时,项目 B 优于项目 A,只有净现值法能够给出正确的决策;当贴现率大于 28.1% 时,净现值法与内含报酬率法的结论是一致的。

对内部收益率法忽视项目规模问题的修正——计算增量内部收益率。

计算增量内部收益率的步骤是:

第一步,首先判断小项目是否值得投资。在本例中,项目 A 的 IRR 高于 10% 的贴现率,且净现值为正值,所以,项目 A 值得投资。

第二步,用大项目的现金流量减去小项目的现金流量,即计算增量现金流量,如表 6-8 中的项目 B-项目 A 所示。

第三步,计算增量现金流量的内部收益率。此例为 28.1%。

第四步,运用内部收益率法,比较增量内部收益率和贴现率,只要增量内部收益率高于贴现率,公司就应选择大项目,反之则应选择小项目。本例中,应选择项目 B。

增量内含报酬率法的原理:项目 B 相当于在项目 A 的基础上增加了 1000 元的追加投资。只要项目 A 可行,那么,项目 B 是否可行,就是要看这追加的 1000 元的投资是否可行。评估方法可以用内含报酬率法则,也可用净现值法则。本例中,增量内含报酬率为 28.1%,高于贴现率 10%,可行;增量净现值为 281,为正值,可行。

4.互斥项目排序问题——现金流量的模式不同

表 6-9　内部收益率问题 4:互斥项目现金流量模式不同　　　　　　（单位:元）

项目	预期现金流量			IRR	NPV@10%
	0	1	2		
项目 A	-1000	1200	600	58%	587
项目 B	-1000	500	1500	50%	694
项目 B-A	0	-700	900	28.6%	107

【例 6-6】表 6-9 中列示了两个投资项目 A 和 B。项目 A 和 B 的初始投资相同,

但是,项目 A 的投资回收快。从净现值来看,项目 B 优于项目 A,从内部收益率来看,项目 A 优于项目 B。这里又遇到了与不同规模的互斥项目相类似的问题。

解决问题的办法还是使用增量内含报酬率法。如表中项目 B－项目 A,在贴现率为 10% 的情况下,计算出的增量内含报酬率为 28.6%,高于贴现率 10%,表明项目 B 优于项目 A,与净现值法则一致,增量净现值 107 元,为正值。

对于项目 A 和项目 B 的 NPV 与 IRR 之间的关系可用图 6－5 表示如下:

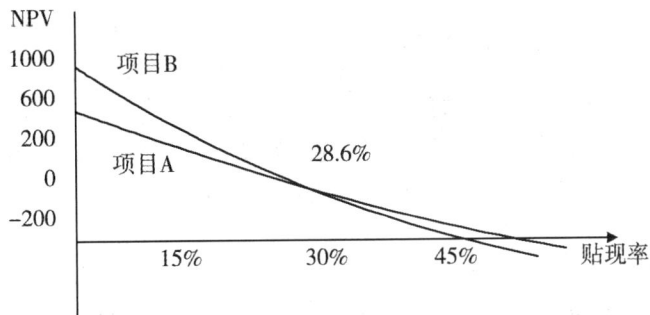

图 6－5 不同现金流量模式的互斥项目的 NPV 与 IRR 比较

当贴现率为 28.6% 时,两个项目的净现值相等,当贴现率小于 28.6% 时,项目 B 优于项目 A,只有净现值法能够给出正确的决策;当贴现率大于 28.6% 时,净现值法与内含报酬率法的结论是一致的。

为什么在项目的初始投资相同,现金流入的时点不同,净现值法与内含报酬率法的结论不同呢? 其原因在于两种方法对期间现金流量的再投资收益率的假设不同。

净现值法下,再投资的收益率是按照项目的资本成本进行的,资本成本就是再投资的实际收益率,内含报酬率法下,再投资收益率是按照内部收益率进行的。

本例中,项目 A 在第一期的现金回笼量比项目 B 大,但在第二期却比项目 B 小,在较低的再投资收益率下,项目 A 回笼资金的优势不强,在较高的再投资收益率下,项目 A 回笼资金的优势就显现出来。因此,在再投资收益率较低时,比如本例 10% 时,项目 A 的价值小于项目 B,而在再投资收益率较高时,比如资本成本超过 28.6% 时,项目 A 的价值就大于项目 B。

(五)内部收益率法的优点

1. 由于 IRR 是一个相对数指标,相对于 NPV 这个绝对数指标,更易于理解,因而在实务中应用得更广。

2. 在不知道适用的贴现率的情况下,NPV 难以估计,但是仍可估计 IRR,通过比较 IRR,可以评价一个项目的经济可行性。比如,一项投资的 IRR 为 40%,我们可以接受这项投资,因为必要报酬率不可能这么高。

三、盈利指数法

(一)盈利指数法的含义

盈利指数(Profitability Index,PI),也称为获利能力指数,是指项目的未来现金流量的现值除以项目的初始投资,其数学表达式为:

$$盈利指数(PI) = \frac{现金流量的现值}{初始投资} = \frac{PV}{cf_0} \qquad (6-4)$$

与净现值相比,盈利指数衡量的是每一单位投资金额所能获得的净现值的大小,即现金流量现值相对于初始投资的倍数。盈利指数越高,表明项目的回报率越高,在资本有限的情况下,公司应力求将资金投资于回报率高的项目。

(二)盈利指数法规则

如果一项投资的盈利指数大于1,项目就可接受;反之,项目应放弃。

盈利指数法则的原理是:

盈利指数大于1,表明项目的现金流量的现值大于项目的初始投资,即项目的 NPV 大于零;反之,项目的 NPV 小于零。

【例6-7】根据表6-4提供的沙丁鱼项目的现金流量,计算该项目的内含报酬率,并评价其在经济上是否可行。假设项目的平均资本成本为20%。

根据题意,项目的盈利指数为:

$$盈利指数(PI) = \frac{现金流量的现值}{初始投资} = \frac{PV}{cf_0} = \frac{120643.99}{110000} = 1.097$$

计算结果表明,沙丁鱼项目的盈利指数大于1,项目可行。

(三)盈利指数法评价

表6-10列示了项目 A、B、C 的盈利指数和净现值。

表6-10 项目 A、B、C 的盈利指数和净现值   (单位:元)

项目	预期现金流量			PI	NPV@12%
	0	1	2		
项目 A	-2000	7000	1000	3.52	5047
项目 B	-1000	1500	4000	4.53	3528
项目 C	-1000	500	6000	4.78	3783

1.如果三个项目是独立项目,根据净现值法则,三个项目的净现值均为正值,可行;根据盈利指数法则,三个项目的盈利指数均大于1,可行。可见,对于独立项目来说,净

现值法则与盈利指数法则的决策结果相同。

2. 如果项目 A、B 是互斥项目,根据净现值法则,应选择净现值最大的项目,即项目 A,根据盈利指数法则,应选择盈利指数最大的项目,即项目 B。可见,盈利指数法则与净现值法则发生矛盾,其原因在于盈利指数法则忽略了规模问题,与内含报酬率法则产生的问题相同。解决问题的办法是计算增量现金流量的盈利指数。

表 6 - 11　增量现金流量盈利指数计算表　　　　（单位:元）

项目	预期现金流量			PI	NPV@ 12%
	0	1	2		
项目 A - B	- 1000	5500	- 3000	2.52	1518.8

计算结果表明,增量现金流量的盈利指数大于 1,项目 A 可行,这与净现值法的结论是一致的。

对于项目 A 和 C,也可依据相同的方式计算。

3. 在存在资本限额的情况下,应将资本配置在高 IP 的项目,以获取更高的收益。在本例中,假设公司的资本限额是 2000,公司在限额内可以进行的投资形式,除了对 A 单独投资外,还可以选择项目 B 和 C 的组合。其他的项目组合,A 和 C,A 和 B,以及 A、B、C 都会超过资本限额。根据净现值法则,项目 B、C 组合的净现值大于项目 A 的净现值,应选择项目 B、C 组合。根据盈利指数法则,项目 B 和 C 的盈利指数均高于项目 A。

四、其他投资决策方法

(一)回收期法

1. 回收期的含义

回收期是指收回项目初始投资所需要的时间,一般以年为单位来表示,其计算公式为:

$$回收期 = 收回全部投资的年数 - 1 + \frac{未收回的投资}{收回全部投资年份的现金流量} \quad (6 - 5)$$

2. 回收期法则

如果一个项目的回收期低于公司预先设定的年份,那么,这项投资就可以接受;如果是比较不同的项目,回收期短的项目相对较好。

【例 6 - 8】某项拟议中的投资的预测现金流量为:

年份	现金流量(元)
0	−500
1	100
2	200
3	300

$$回收期 = 3 - 1 + 200/300 = 2.67(年)$$

3. 回收期法的缺陷

(1)回收期法没有考虑整个项目期间的现金流,忽略了回收期后项目产生的现金流,因而它不能全面反映项目的价值。

表 6 - 12　项目 A、B、C 的现金流量　　　　　　（单位:元）

项目	预期现金流量				回收期(年)	NPV@10%
	0	1	2	3		
项目 A	−3000	1000	2000	0	2	−438
项目 B	−3000	1000	2000	3000	2	1816
项目 C	−3000	2000	1000	3000	2	1899

比较表 6 - 12 中的项目 A 和 B,项目的投资金额、前两年的现金流量以及回收期完全相同,但是,项目 A 第三年的现金流量为 0,项目 B 第三年的现金流量为 3000 元,显然,项目 B 的现金流量高于项目 A,体现在净现值上项目 B 优于项目 A。因此,仅凭回收期无法判断项目的优劣。

(2)回收期法忽略了货币的时间价值。比较表 6 - 12 中的项目 B 和项目 C,两个项目的投资金额和现金流入总量是相同的,不同的是项目 C 在第一年收回的现金比项目 B 高出 1000 元。尽管两个项目的回收期相同,根据货币时间价值原理,项目 C 优于项目 B。

(3)回收期的可接受期限完全是主观选择。如果公司制定的回收期标准是 3 年,那么,三个项目均是可接受的。但是,从净现值来看,项目 A 的净现值为负值,应该放弃;如果公司制定的回收期标准小于 2 年,三个项目均被放弃,而项目 B 和项目 C 是具有正的净现值的项目。

4. 回收期法的优点

这种方法只是强调了投资项目的流动性,可以作为衡量项目风险的一个粗略指标,适宜于中小公司。

(二)贴现回收期法

1. 贴现回收期的含义

回收期法的缺陷之一是忽略了货币时间价值,回收期的另一种变化形式——贴现回收期解决了这一问题。所谓贴现回收期是指贴现现金流量的总和等于初始投资所需要的时间。

2.贴现回收期法则

如果一项投资的贴现回收期低于某个预先设定的年份,那么该投资就是可以被接受的。

【例6-9】假设有一项成本为300美元,未来5年每年的现金流量为100美元的投资。假设贴现率为12.5%。回收期和贴现回收期计算见表6-13。

表6-13　普通回收期和贴现回收期　　　　　　　　　　（单位:美元）

年份	现金流量		累计现金流量	
	未贴现	贴现	未贴现	贴现
1	100	89	100	89
2	100	79	200	168
3	100	70	300	238
4	100	62	400	300
5	100	55	500	355

从表6-13中可以看出,普通回收期是3年,而贴现回收期是4年。

由于普通回收期是现金流量之和等于初始投资所需的时间,也就是说,普通回收期是达到会计保本点所需要的时间。而贴现回收期是贴现现金流量的总和等于初始投资所需要的时间,也就是说,贴现回收期是达到经济保本点所需要的时间。

3.贴现回收期法的优点

(1)充分考虑了货币的时间价值。

(2)不会接受预期NPV为负值的投资。

(3)偏向于高流动性。

4.贴现回收期法的缺点

(1)回收期的可接受期限完全是主观选择,这一点与回收期法相同。

(2)忽略了取舍时限后的现金流量,这一点与回收期法相同。

(3)偏向于拒绝长期项目,如研究与开发、新项目等。

(4)可能拒绝NPV为正值的投资。

(三)平均会计收益率法

1.平均会计收益率法的定义

平均会计收益率是指扣除所得税和折旧后项目的平均预期净收益与整个项目寿命周期内平均账面投资额的比率。其数学表达式为:

平均会计收益率＝年平均净收益/年平均投资余额

【例6-10】假设A公司计划购置一台新设备用以扩大生产,设备的成本为50000元,使用寿命为5年,期末无残值,按直线法计提折旧。预计每年新设备带来的现金收入与支出的变化见表6-14。

表6-14　平均会计收益率计算示例　　　　　　　　　（单位:元）

项目	1	2	3	4	5
收入增加额 支出增加额	45000 25000	50000 20000	40000 15000	30000 10000	20000 10000
折旧前净利 折旧(直线法)	20000 10000	30000 10000	25000 10000	20000 10000	10000 10000
税前净利 所得税(33%)	10000 3300	20000 6600	15000 4950	10000 3300	0 0
税后净利	6700	13400	10050	6700	0
年平均净收益 年平均投资余额 平均会计收益率	(6700+13400+10050+6700+0)/5=7370 (50000+40000+30000+20000+10000+0)/6=25000 7370/25000≈29%				
净现金流(税后净利+折旧费用) NPV(贴现率为10%)	16700	23400	20050 17200	16700	10000

2.平均会计收益率法则

如果一个项目的平均会计收益率大于它的目标平均会计收益率,那么就可以接受这个项目。

回到前面的例题,假设管理层设定的目标平均会计收益率为20%,那么,该项目可以接受。

3.平均会计收益率法的缺点

(1)忽略了货币的时间价值。

(2)缺乏客观的取舍目标收益率。

(3)使用的是净利润和账面值而非现金流量和市值,存在数据资料使用的错误。

第四节　特殊条件下的资本预算决策

在前面阐述的资本预算决策分析方法中,都暗含着这样的假设:(1)项目投资不存在资本限制;(2)项目的寿命周期相同;(3)项目为新建项目,即现金流量体现为期初现金流出,经营期现金流入。现实中,资本预算决策还会遇到项目投资存在资本限制问题,需要对不同寿命周期的项目进行选择的问题以及属于更新改造项目。在这些特殊情况下,就需要灵活使用资本预算决策的方法。

一、资本限额下的决策

所谓资本限额,是指公司用于投资的资本存在最高限额,即资本是有限的。在存在资本限额下,如果公司有多个可供选择的项目,就需要选择使项目净现值之和最大的项目或项目组合。所使用的方法就是盈利指数法。

运用盈利指数法选择项目的步骤是:

(1)确定可用于项目投资的资本数额,这代表资本预算的约束条件。

(2)计算所有项目的净现值,估算每一个项目所需的初始投资。

(3)计算所有项目的盈利指数。

(4)根据盈利指数将项目排序。

(5)按盈利指数的大小,由高到低选择项目。同时计算被采用项目的累积初始投资,并把它与可用于投资的资金数额进行比较。

(6)当项目累计初始投资数额达到资本限额时,就不再接受其他项目。

【例6-11】假设公司在现在和1年后可分别筹集到100000元,可供选择的项目有四个,假设项目的资本成本为10%。如表6-14所示。

表6-14 项目A、B、C、D的净现值和盈利指数

项目	预期现金流量			PI	NPV@10%
	0	1	2		
项目A	−100000	300000	50000	3.14	214049.59
项目B	−50000	50000	200000	4.21	160743.80
项目C	−50000	50000	150000	3.39	119421.49
项目D	0	−400000	600000	1.33	132231.41

对于这四个项目,一种选择是接受项目B和C,因为项目B和C的初始投资之和等于100000元,且净现值之和大于项目A。但是,这种选择会导致项目D被拒绝,因为1年后项目B和C收回的现金流量为100000元,加上筹集到的100000元,总共只有200000元,不能满足项目D的投资所需。

另一种选择是接受项目A,因为项目A在1年后收回300000元的资金,再加上1年后筹集到的100000元,正好等于项目D的初始投资,与项目B和C的组合而言,项目A和D实现的净现值要高。所以,应该选择项目A和D的组合。

二、不同寿命期的决策

在许多情况下,公司必须对具有不同寿命周期的项目进行选择。在此情况下,公司就不能仅仅依赖净现值法进行判断,因为项目的寿命周期越长,其净现值就越大。如果

在两个具有不同寿命周期的互斥项目中进行选择,就必须在相同的寿命周期内进行评价。

【例6-12】假设有 A、B 两个项目,项目 A 的寿命周期是 5 年,初始投资是 1000 元,且在以后的 5 年内每年产生 400 元的现金流量;项目 B 的寿命周期是 10 年,初始投资是 1500 元,且在以后的 10 年内每年产生 350 元的现金流量。假设两个项目的资本成本为 12%。那么,哪个项目更好呢?

首先我们来计算两个项目的净现值。

两个项目的现金流量为年金,根据年金现值的计算公式,有:

$$NPV_A = 400 \times 3.6048 - 1000 = 441.92(元)$$

$$NPV_B = 350 \times 5.6502 - 1500 = 477.57(元)$$

计算结果表明,项目 B 优于项目 A。然而,就项目 A 而言,忽略了 5 年后项目取得的现金流量进行再投资所产生的额外收益。

对于不同寿命周期的项目的选择,可利用以下两种方法:周期匹配法和约当年金法。

(一)周期匹配法——重置链法

为解决项目的不同寿命周期的问题,我们假设项目可以被复制,直到各个项目具有相同的寿命周期为止,然后计算复制后的项目净现值,再根据净现值的大小进行选择。

【例6-13】针对例6-8,假设项目 A 被进行了两次,其寿命周期达到 10 年。这样项目 A 的 10 年期的现金流量为:

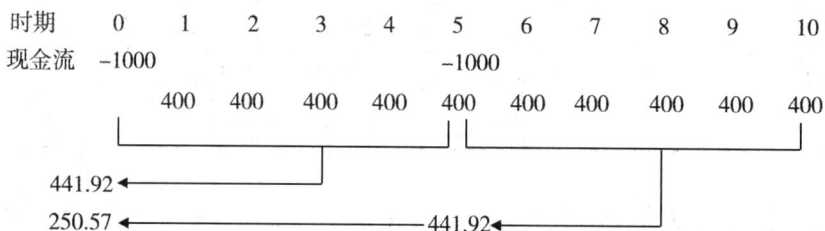

时期	0	1	2	3	4	5	6	7	8	9	10
现金流	-1000					-1000					
		400	400	400	400	400	400	400	400	400	400

441.92 ←

250.57 ← ─── 441.92 ←

$$NPV_A = 441.92 + 441.92/(1 + 12\%)^5 = 692.49(元)$$

可见,项目 A 被复制为一个 10 年期的项目后,其净现值大于 10 年期的项目 B 的净现值,即项目 A 可行。

(二)约当年金法

在实践中,如果项目的数量较多,且各项目的寿命周期较长时,那么,各项目寿命周期的最小公倍数就非常大,计算就相当麻烦。比如,有寿命周期分别为 7 年、9 年和 11 年的三个项目,就不得不将项目的寿命周期复制到 693 年。在此情况下,可考虑采取约当年金法。

所谓约当年金法,就是按照年金的概念,将不同项目的净现值换算成每年等额的年金,然后比较不同项目的年金。如果在项目周期内是收到现金流量,则约当年金大的项目可以接受;如果在项目周期内是支出现金流量,则约当年金小的项目可以接受。

【例6-14】针对例6-8,假设项目 A 的约当年金为 C_A,根据年金计算公式有:

$NPV_A = C_A \times A_{12\%}^5 = 441.92$

$A_{12\%}^5 = 3.6048$,代入上式,就可求得:

$C_A = 122.59(元)$

假设项目 B 的约当年金为 C_B,根据年金计算公式有:

$NPV_B = C_B \times A_{12\%}^{10} = 477.57$

$A_{12\%}^{10} = 5.6502$,代入上式,就可求得:

$C_B = 84.52(元)$

从计算结果可以看出,项目 A 的约当年金大于项目 B,即项目 A 净现值的年金大于项目 B,项目 A 可以被接受。

【例6-15】假设公司需要从 A、B 两种设备中选择一种。两种设备能生产相同的产品,具有相同的生产能力。设备 A 的购置成本为15000 元,可以使用 3 年,每年的使用费为 5000 元;设备 B 的购置成本为10000 元,可以使用 2 年,每年的使用费为6000元。假设贴现率为10% 。问:公司应选择哪种设备? 设备 A、B 的现金流量见下表:

(单位:元)

时期\项目	0	1	2	3
设备 A	15000	5000	5000	5000
设备 B	10000	6000	6000	

由于两种设备生产的产品相同,生产能力也相同,因而,对两种设备的选择依据只能是设备的成本。由于两种设备的使用年限不同,因而,要比较它们成本的大小,要么是在相同的寿命周期内进行,要么是根据年等额成本进行,即采用约当年金法。

设备 A 成本现值为:

$$PV_A = 15000 + \frac{5000}{(1+10\%)^1} + \frac{5000}{(1+10\%)^2} + \frac{5000}{(1+10\%)^3} = 27434.5(元)$$

再将成本现值换算成约当年金,就可计算出年等额成本。

$$PV_A = C_A \times A_{10\%}^3 = 27434.5(元)$$

$$C_A = \frac{27434.5}{A_{10\%}^3} = 11031.61(元)$$

设备 B 的成本现值为:

$$PV_B = 10000 + \frac{6000}{(1+10\%)^1} + \frac{6000}{(1+10\%)^2} = 20431.22(元)$$

$$PV_B = C_B \times A_{10\%}^2 = 20431.22(元)$$

$$C_B = \frac{20431.22}{A_{10\%}^2} = 11762.16 (元)$$

计算结果表明,设备 A 的年均成本较低,应选择设备 A。

三、更新决策

更新是对技术上或经济上不宜继续使用的旧资产,用新的资产更换或用先进的技术对原有设备进行局部改造。

更新决策指是否用一个具有相同功能的新资产取代旧资产的决策,也就是在继续使用旧设备和购置新设备之间进行选择,它包括两个方面的问题:一是决定是否更新,即继续使用旧资产还是更新为新资产;二是决定选择什么样的资产来更新。

更新决策会带来现金流量的变化,体现在:

1. 因为购置新设备的金额超过出售旧设备所得到的金额,所以,用新设备置换旧设备将导致现金流出。

2. 使用新设备将会降低经营成本或提高经济效益,从而在新设备的使用期内产生现金流入;同时,新设备的使用会增加折旧的节税效应,这也使得现金流入的增加。

3. 新设备使用期末的残值表现为差别残值,即新设备的残值与旧设备不被置换并继续使用至期末时的残值的差,残值收入也是一种现金流入。

【例 6 - 16】某公司正考虑更新计算机设备。旧设备目前的账面价值为 50000 元,剩余使用年限为 5 年,且可以按 20000 元出售,无资本收益税;新设备的购置成本为 150000 元,试用期为 5 年,使用新设备后营业费用将下降 40000 元。假设新旧设备均采用直线法计提折旧,期末无残值。公司所得税税率为 25%,贴现率为 10%。问:该公司是否应该进行计算机设备的更新?

采用新设备的净初始投资 = - 150000 + 20000 = - 130000(元)

采用新设备增加的每年税后收益 = 40000 × (1 - 25%) = 30000(元)

采用新设备增加的折旧节税收益 = (30000 - 10000) × 25% = 5000(元)

采用新设备的净现值为 = (30000 + 5000) × $A_{10\%}^5$ - 130000 = 2678(元)

计算结果表明,更新设备后将产生 2678 元的净现值,因此,对设备进行更新是可行的。

四、扩展决策

扩展是指在现有资产的基础上,通过额外投资,从而实现资产规模扩张,以增加未来现金流量。扩展决策就是对是否进行额外投资的选择。

扩展决策引起的现金流量的变化包括:

(1)对现有资产进行额外投资会导致现金流出量的增加。

(2)对现有资产进行额外投资会带来生产能力的提高,进而带来现金流入量的增加。

（3）在项目期末,扩展投资产生的增量残值也是一种现金流入量。

【例6-17】某企业正考虑扩大经营规模,预计投资金额为500000元,并在未来10年内采用直线法计提折旧,期末无残值。扩展投资后的下一年开始,每年收益将增加200000元。假设贴现率为10%,公司所得税税率为25%。问:该扩张决策是否可行?

扩展的初始投资 = -500000(元)

扩展增加的年税后收益为 = 200000 × (1 - 25%) = 150000(元)

扩展带来的折旧节税收益 = 50000 × 25% = 12500(元)

扩展产生的净现值为 = (150000 + 12500) × $A_{10\%}^5$ - 500000 = 116005(元)

计算结果表明,扩展产生的净现值为116005元,可以实施。

第五节　资本预算决策中的不确定性分析

项目现金流量是资本预算决策的重要分析变量。影响项目现金流量的因素很多,如销售量、销售价格、固定成本和变动成本。在前面阐述的资本预算决策分析中,我们都是根据销售量、销售价格、固定成本和变动成本的预测值来估算项目现金流量的,且假设它们是确定的。实际上,当外部经济环境变化时,这些因素的数值也是变化的,进而对评估结果产生影响,因此,我们必须分析当这些因素变化时,其对评估结果的影响程度,进而分析判断项目风险程度的大小,即要对资本预算决策进行不确定性分析。资本预算决策中的不确定分析的方法有敏感性分析、场景分析和盈亏平衡分析。

一、敏感性分析

(一)敏感性分析

敏感性分析是指研究NPV对项目假设条件变动敏感性的一种分析方法。其分析步骤如下:

（1）基于对未来的预期,估算基础状态分析中的现金流量。

（2）找出基础状态分析中的主要假设条件。

（3）改变分析中的一个假设条件,保持其他假设条件不变,然后估算该项目在发生条件变化后的净现值。

把所得到的信息与基础状态分析相联系,从而决定项目是否可行。

【例6-18】假设有一个投资方案,设备初始投资为500万元,使用期为10年,期末无残值。该投资的一些基本数据见表6-14。

表 6 - 14 投资方案的基本数据　　　　　　　　（单位:万元）

项目	第 0 年	第 1 - 10 年
初始投资	500	
销售收入(销售价格 5 元、销售量 100 件)		500
销售费用		250
管理费用		20
折旧		50
税前利润		180
所得税(税率为 25%)		45
税后利润		135
现金流量		185

该项目投资的净现值:

$$NPV = 185 \times A_{10\%}^{10} - 500 = 636.75(万元)$$

在实际中,每年的现金流量都会受销售量、销售价格、成本等因素变化的影响。表 6 - 15 列示了产品销售价格变动引起的现金流量的相应变化。

从表 6 - 15 可以看出,产品的销售价格变动越大,净现值的变动也越大。同样,我们也可以计算出销售量、销售费用中的变动成本等变动对 NPV 的影响程度。

表 6 - 15 销售价格变动的敏感性分析　　　　　　　　（单位:万元）

销售价格变动	- 30%	- 20%	- 10%	0%	10%	20%	30%
销售价格	3.5	4.0	4.5	5.0	5.5	6.0	6.5
销售收入	350	400	50	500	550	600	650
销售费用	250	250	250	250	250	250	250
管理费用	17	18	19	20	21	22	23
折旧	50	50	50	50	50	50	50
税前利润	33	82	131	180	229	278	327
所得税	8.25	0.5	32.75	45	57.25	69.5	81.75
税后利润	24.75	61.5	98.25	135	171.75	208.5	245.25
现金流量	74.75	111.5	148.25	185	221.75	258.5	295
投资总额	500	500	500	500	500	500	500
净现值(贴现率 10%)	- 40.69	185.12	410.94	636.75	862.57	1088.38	1312.66

敏感性分析的局限性:

(1)在进行敏感性分析时,只允许一个假设条件发生变动,其他假设条件不变,而实际上,这些假设条件会相互影响,同时变动,比如通货膨胀推动产品销售价格上升,而产品成本可能已上升到相当高的程度,在此情况下,仅仅分析销售价格变动对 NPV 的影响是欠全面的。

（2）对敏感性分析结果的应用也存在主观性。影响 NPV 的假设条件有多个,显然,仅仅依靠某一因素对 NPV 的影响而决定是接受还是放弃某一项目将导致决策的主观性。

（二）场景分析

场景分析是一种改进后的敏感性分析方法。这种分析方法测算的是 NPV 对未来不同场景的敏感程度。每个场景是由多个变量的不同情况构成的。

【例6-19】某公司正考虑投入 150 万元生产一种电动自行车。估计正常情况下的市场规模为 10 万辆,公司的市场占有率为 10%。由于石油价格的上升,公司的市场份额将增加 3%,而石油价格上升可能导致经济衰退,同时引起通货膨胀。在此情形下,估计市场规模将达到 20 万辆,产品销售价格和成本也可能上升 15%。表6-16 列示了不同场景下的项目现金流量。

表6-16 不同场景下的现金流量预测

	基础情形	油价上升、经济衰退情形
市场规模(万辆)	10	20
市场份额	0.1	0.13
单位价格(元)	2000	2300
单位变动成本(元)	1500	1725
固定成本(万元)	25	28.75
销售收入(万元)	2000	5980
变动成本(万元)	1500	4485
固定成本(万元)	25	28.75
折旧(万元)	15	15
税前利润(万元)	460	1451.25
所得税(25%)(万元)	115	362.81
税后利润(万元)	345	1088.44
现金流量(万元)	360	1103.44
投资总额(万元)	150	150
净现值(10%)(万元)	2062.06	6630.2

从表6-16的计算结果可以看出,石油价格上升,经济衰退最终可能会对公司的投资有益。

二、盈亏平衡分析

销售量通常被证实是一个项目的关键变量,因此,对销售量的分析通常要比对其他变量的分析更为细致。

盈亏平衡分析,又称保本点分析,是对销售量分析的一种通行和普遍采用的工具,它被用来分析销售量和获利能力之间的关系。

(一)变动成本和固定成本

1. 变动成本

变动成本是指随产量的改变而改变的成本,当产量为 0 时,变动成本为 0。例如直接人工成本、原材料成本。

我们假定单位产量的变动成本是一个固定金额,因此,总变动成本(VC)等于单位变动成本(v)乘以总产量(Q),其数学关系表达式为:

$$VC = Q \times v$$

【例 6 - 20】某公司生产的产品的单位变动成本为 2 元,假设产量为 1000 件,则总变动成本为:

$$VC = Q \times v = 1000 \times 2 = 2000(元)$$

同样,如果产量为 5000 件,则 VC = 10000 元。

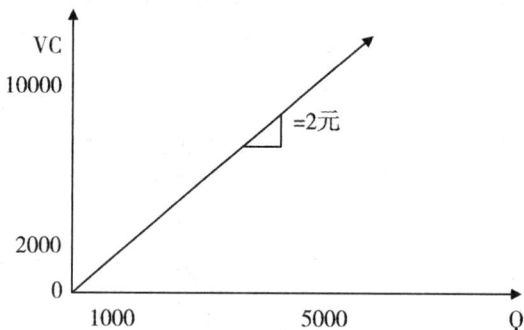

图 6 - 6　产量和变动成本之间的关系

在本例中,产量每增加 1 件,变动成本就增加 2 元,因此,图中直线的斜率为 2/1 = 2。

2. 固定成本

固定成本(FC)是指在一段特定期间内不会改变的成本。与变动成本不同,固定成本不会随一段期间所生产的产品数量的改变而改变。例如生产设备的租金、公司总裁的工资等。

3. 总成本

在某一产量下的总成本就是变动成本和固定成本之和,用公式表示即为:

$$TC = VC + FC = Q \cdot V + FC$$

总成本与产量之间的关系可用图 6 - 7 表示。

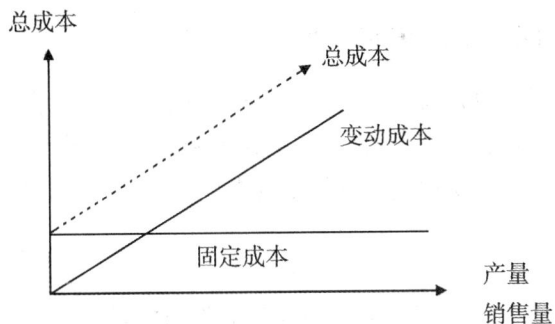

图 6 - 7　产量与总成本之间的关系

(二)会计保本点

应用范围最广的就是会计保本点。会计保本点是指项目实现的销售收入正好弥补成本,即净利润等于零时的销售量。

假设 p 表示销售价格,v 表示单位变动成本,Q 表示总销售量,S 表示总销售收入,VC 表示总变动成本,FC 表示固定成本,D 表示折旧,T 表示税率。

根据定义,下列等式成立:

$$(S - VC - FC - D) \times (1 - T) = 0$$
$$Q \times (p - v) = FC + D$$
$$Q = (FC + D)/(p - v)$$

式中,p - v 称为边际利润;Q × (p - v)称为边际总利润,保本点实际上就是边际总利润等于固定成本时的销售量。

【例 6 - 21】假设某产品销售价格为 5 元,单位变动成本为 3 元,固定成本为 600元,折旧为 300 元。根据保本点计算公式,保本点销售量为:

$Q_{会计} = (600 + 300)/(5 - 3) = 450(件)$。

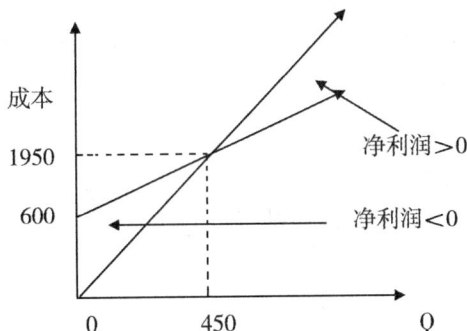

图 6 - 8　会计保本点分析

(三)经营现金流量、销售量和保本点

会计保本点分析是项目分析中的一种很有用的工具,然而,会计保本点分析使用的是会计利润,而在资本预算决策中,我们使用的是现金流量,因此,在资本预算的不确定性分析中,我们更关心的是从现金流量的角度进行保本点分析,即研究销售量和现金流量之间的关系。

1. 基本情况

【例6-22】假设某帆船公司正在考虑是否开发新的帆船。新帆船的销售价格将是40000元,变动成本大约是20000元,固定成本则是每年500000元。新项目的总投资为350万元,这笔投资将在5年内以直线法计提折旧,期末无残值,对营运资本无影响。公司对新项目所要求的报酬率为20%。根据市场调查和历史经验,公司预计5年内每年的销售量为85艘。

问:如果不考虑税,是否应该进行这个项目?

在不考虑税的情况下,公司帆船项目每年的经营现金流量为:

$$经营现金流量 = 息税前盈余 + 折旧 - 税$$
$$= (S - VC - FC - D) + D - 0$$
$$= 85 \times (40000 - 20000) - 500000$$
$$= 120(万元)$$

在20%的必要报酬率要求下,5年的年金现值系数为2.9906。因此,项目的净现值为:

$$NPV = 1200000 \times 2.9906 - 3500000 = 88720(元)$$

根据净现值计算的结果,该项目应该被接受。

2. 会计保本点和现金流量

帆船项目的年折旧为3500000/5 = 70(万元)。

根据题意,帆船项目的会计保本点为:

$$Q_{会计} = (500000 + 700000)/(40000 - 20000)$$
$$= 60(艘)$$

我们知道,项目的经营现金流量 = 净利润 + 折旧,因此,在净利润为0时,项目的经营现金流量等于折旧。可见,在会计保本点上,项目的经营现金流量等于折旧,即70万元。

3. 销售量和经营现金流量

根据前面的讨论,如果不考虑税,则项目的经营现金流量(OCF)可以简化成息税前盈余加上折旧:

$$OCF = [(p - v) \times Q - FC - D] + D$$
$$= (p - v) \times Q - FC$$
$$= -500000 + 20000 \times Q$$

上式表明,经营现金流量和销售量之间的关系是一条斜率为20000、截距为

－500000的直线。我们计算一些不同数据,就可得到:

销售量(艘)	经营现金流量(千元)
0	－500
15	－200
30	100
50	500
75	1000

　　将这些销售量和经营现金流量的不同点描绘在图6－9中,就可清楚地看出销售量和现金流量之间的关系。

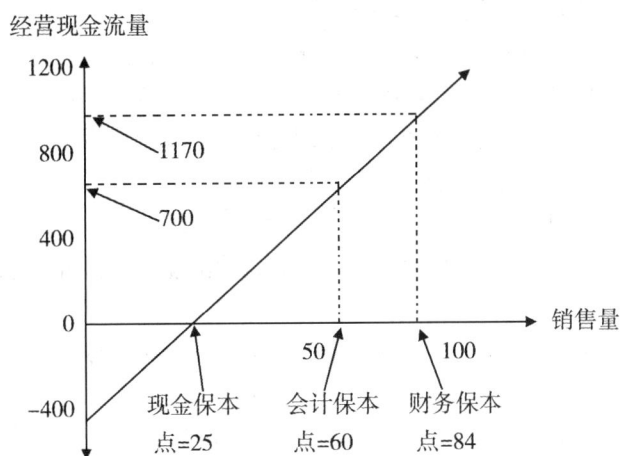

图6－9　经营现金流量和销售量

4.现金流量、会计保本点和财务保本点

根据前面的讨论,经营现金流量与销售量之间的关系为:$OCF = (p - v) \times Q - FC$

移项,得:$Q = (OCF + FC)/(p - v)$

根据上式,我们就可求出任何已知的OCF所需要的销售量(Q)。

(1)会计保本点。会计保本点是指净利润等于0时的销售量,其数值为:

$$Q_{会计} = (FC + OCF)/(p - v)$$
$$= (500000 + 700000)/(40000 - 20000)$$
$$= 60(艘)$$

(2)现金保本点。现金保本点是指经营现金流量等于0时的销售量,其数值为:

$$Q = (FC + 0)/(p - v) = 500000/20000 = 25(艘)$$

(3)财务保本点。财务保本点是指净现值等于0时的销售量。

首先计算净现值等于0时的经营现金流量。

在上例中,$3500000 = OCF \times 2.9902$

$OCF = 3500000/2.9902 = 1170000(元)$

然后再计算保本点的销售量。

$Q = (500000 + 1170000)/20000 = 83.5(艘)$

从图 6 - 9 可以看出,财务保本点比会计保本点高,会计保本点又比现金保本点高。

(四)经营杠杆

前面我们讨论了项目的各种保本点,那么,是哪些因素决定了这些保本点呢?

1. 经营杠杆的基本概念

经营杠杆是项目或公司对固定成本的负担水平。经营杠杆低的公司的固定成本比经营杠杆高的公司的固定成本低。一般来说,在厂房和设备上投资较多的项目,经营杠杆也较高。这样的项目叫做资本密集型项目。

固定成本就像一个杠杆,营业收入较小百分比的变动,就可能把经营现金流和 NPV 放大成非常大百分比的变动。这解释了为什么把它称为经营"杠杆"。

经营杠杆越高,预测风险的潜在威胁越大,因为预测销售量的小小错误,可能会被放大成现金流量预测上的相当大错误。

2. 经营杠杆的计量

经营杠杆的大小使用经营杠杆度(Degree of Operating Leverage,DOL)来计量的,即:

$$OCF 的变动百分比 = DOL \times Q 的变动百分比$$

$$DOL = \frac{OCF 的变动百分比}{Q 的变动百分比}$$

根据 OCF 与 Q 的关系,即 $OCF = (p - v) \times Q - FC$

$$OCF 的变动百分比 = \frac{\Delta Q \times (P - V)}{Q \times (P - V) - FC}$$

$$Q 的变动百分比 = \frac{\Delta Q}{Q}$$

将 OCF 的变动百分比和 Q 的变动百分比代入经营杠杆计量公式,得:

$$DOL = \frac{(P - V) \times Q}{Q \times (P - V) - FC}$$

$$= \frac{Q \times (P - V) - FC + FC}{Q \times (P - V) - FC}$$

$$= 1 + \frac{FC}{OCF}$$

接上例,假定目前的产量为 50 艘,则:

$OCF = 20000 \times 50 - 500000 = 500000(元)$

$DOL = 1 + 500000/500000 = 2$

假设产量 Q 从 50 艘上升到 75 艘,上升了 50%,在 DOL 等于 2 时,经营现金流应该增加 50% ×2 = 100%,即由 500000 元增加到 1000000 元,下式对此进行了证明。

OCF = 20000 × 75 − 500000 = 1000000(元)

此时的经营杠杆为:

DOL = 1 + 50000/1000000 = 1.50

假设产量在 75 艘的基础上上升到 100 艘,上升了 33.33%,此时的经营现金流应增加 33.33% × 1.5 = 50%,即由 1000000 元增加到 1500000 元,以下对此进行了验证。

OCF = 20000 × 100 − 500000 = 1500000(元)

以上计算表明,经营杠杆随着产量的增加而下降,即随着产量的增加,产量的变动对经营现金流量的影响减弱。

3. 经营杠杆和保本点

当 Q 为 85 艘时,OCF 为 1200000 元,那么,原始情境下的 DOL 为:

DOL = 1 + FC/OCF = 1 + 500000/1200000 = 1.4

此时,NPV 为 88720 元,会计保本点为 60 艘。

如果公司将船体装配工作分包给别人来做,必要的投资将会降低,比如降低到了 320 万元,固定成本降低到 18 万元,而变动成本可能变动为每艘 25000 元,因为分包比自己做要贵。在此情况下:

OCF = 85 × (40000 − 25000) − 180000 = 1095000(元)

NPV = 1095000 × 2.9906 − 3200000 = 74707(元)

会计保本点 = (FC + D)/(p − v)

$$= (180000 + 3200000 ÷ 5)/(40000 − 25000)$$

$$= 820000/15000 = 54.67(艘)$$

经营杠杆 = 1 + FC/OCF

$$= 1 + 180000/1095000$$

$$= 1.16$$

上述计算结果表明,公司将船体装配工作分包给别人来做,降低了设备投资,固定成本也降低,经营杠杆度降低,会计保本点也随之下降。

【本章小结】

1. 资本预算是指公司发现、分析和确定长期资本投资的过程。资本预算决策是指公司对长期资本投资的选择和确定,即从众多可能的投资项目中判断哪些项目可以接受,哪些项目不能接受。资本预算决策是公司实现其经营目标、实现资源有效配置的先决条件。

长期资本投资也称为固定资产投资或项目投资。公司投资项目分为独立项目、关联项目和互斥项目。

2. 评估项目现金流量是资本预算决策的重要程序之一。项目现金流量是指与项目有关的现金流出量和现金流入量。为保证项目现金流量估算的准确性,估算项目的现金流量必须遵循一定的原则。

项目现金流量＝项目经营现金流量－项目净资本性支出－项目净营运资本变动

3.本预算决策是借助于一定的方法进行的,这些方法主要有净现值法、内部收益率法和盈利指数法。净现值是项目未来取得的收入现金流量的现值减去项目现金流量的现值,净现值法的评价法则是项目的净现值为正值。内部收益率是项目的净现值等于零时的贴现率,内部收益率法的评价法则是内部收益率大于项目的资本成本法或最低报酬率。盈利指数是项目未来取得的收入现金流量的现值与项目现金流出量的现值之比,盈利指数法的评价规则是盈利指数大于1。

净现值法是资本预算决策的首选方法。净现值法则、内部收益率法则和盈利指数法则同时成立的前提条件是:第一,项目的现金流量必须是常规的,即第一笔现金流量是负值,此后的现金流量都是正值,也就是投资型项目;第二,项目必须是独立的,即接受或拒绝这个项目的决策不会影响接受或拒绝其他项目的决策,否则,内部收益率法则和盈利指数法则就需要调整。其体现在:

对于内部收益率法则来说:(1)如果项目是融资型项目,内部收益率法应采取相反的法则,即内部收益率应低于项目的资本成本;(2)如果项目现金流量呈现非规则变动,则无法使用内部收益率法则;(3)如果是规模不同的互斥项目,应计算增量内部收益率,然后利用内部收益率法则进行评价;(4)如果是现金流模式不同的互斥项目,应计算增量内部收益率,然后采用内部收益率法则进行评价。

对于盈利指数法则来说,如果是规模不同的互斥项目,应计算增量盈利指数,然后利用盈利指数法则进行评价。

对于中小企业而言,也可以辅助采用回收期法、贴现回收期法和平均会计收益率法评价投资项目的经济可行性。

4.对于存在资本限额的投资项目,可采用盈利指数法则;对于寿命周期不同的投资项目,可采用周期匹配法和约当年金法进行评价;对于更新项目和拓展项目,应首先计算项目产生的现金流量,然后利用净现值法进行决策。

5.资本预算中的不确定分析的方法有敏感性分析、场景分析和盈亏平衡分析。

【复习思考题】

1.公司投资项目可划分为_____、_____和_____三种类型。

2.资本预算决策的方法主要有_____、_____和_____等基本方法。

3.估算增量现金流量时,可以忽略_____,但不能忽略_____。

4.净现值(NPV)计算中使用的贴现率通常用_____表示。

5.净现值的决策法则是项目的NPV_____。

6.内含报酬率是_____为零时的贴现率。

7.盈利指数法的评价法则是_____。

8.某公司拟建设一项固定资产,预计有A、B两种方法,其净现金流量如下表,根据投资报酬率指标判断哪个方案可行。

时　期 项　目	0	1	2	3	4	5
A	-80000	25000	25000	25000	25000	25000
B	-100000	30000	25000	35000	20000	35000

9. 某公司拟建设一项固定资产,预计有 A、B 两种方法,其净现金流量如下表,求两个方案的投资回报期。

时　期 项　目	0	1	2	3	4	5
A	-80000	25000	25000	25000	25000	25000
B	-100000	30000	25000	35000	20000	35000

10. 某公司拟建设一项固定资产,预计有 A、B 两种方法,其净现金流量如下表,计算(1)两方案的净现值,假设资本成本为10%;(2)计算两个方案的盈利指数。

时　期 项　目	0	1	2	3	4	5
A	-80000	25000	25000	25000	25000	25000
B	-100000	30000	25000	35000	20000	35000

11. 天乐化工公司正在召开会议,为下一年的资本预算作计划,会议的参加者有公司的董事长林立,财务总监李强以及营销、生产等部门的负责人。大家从财务和市场的角度对资本支出进行讨论。根据公司的整体目标和长远发展规划,大家的主要提案集中在三个项目的评估分析中。董事长要求财务总监李强主要从财务的角度对这三个项目进行分析:

项目 A:扩建生产设施;

项目 B:增加包装物生产线;

项目 C:增加额外的仓储空间,来满足国际市场的需求。

表1　A、B 项目的预计情况　　　　　　　　　　　　单位:万元

项目	初始投资	预计年限	每年销售收入	每年付现成本
A	500	1-10	800	670
B	200	1-8	600	540

项目 C 的投资额为 120 万元,寿命期为 5 年,5 年间每年的销售收入分别为 80 万元、90 万元、120 万元、100 万元和 80 万元,每年的付现成本都为 50 万元。

李强预计每个项目的期末无残值,在预计的使用年限内每年按照直线法计提折旧。根据预测,公司下一年的现金流量,可以从内部融资 700 万元,而目前外部融资的成本较高,因此不作考虑。公司的资本成本率为 10%,所得税税率为 25%。李强感到每个

项目对公司的发展都是有益的,因此,决定从以下几方面进行考虑:

(1)估算每个项目的净现金流量,为进一步的投资决策作准备;

(2)计算每个项目的 NPV、PI、IRR 的值;

(3)对这三个项目进行排序。如果资本限额为 700 万元,应进行哪些项目投资?

(4)采用 NPV 和 IRR 排序,是否会一致? 为什么?

附表:净现金流量计算的参考格式

表　项目 A、B、C 经营期间的净现金流量

项目	A	B	C				
	(1-10)年	(1-8)年	1	2	3	4	5
营业收入							
减:付现成本							
减:折旧							
税前利润							
减:所得税							
税后利润							
加:折旧							
净现金流量							

12. 甲公司在现有资金条件下进行长期项目投资,目前有 A、B 两个投资机会,若贴现率为 12%,有关数据如下表。

两方案净现金流量计算表　　　　　　　　　单位:万元

年序	方案 A			方案 B		
	净收益	折旧	净现金流量	净收益	折旧	净现金流量
0			(-100)			(-110)
1	15	20		14	20	
2	15	20		15	20	
3	15	20		15	20	
4	15	20		18	20	
5	15	20		20	20	
合计						

要求:

(1)计算各年净现金流量(填入表中);

(2)用净现值法、盈利指数法、内部收益率法确定最优投资方案,并说明理由。

13. 金石公司正考虑一项新的投资项目,投资项目的财务预测如下表所示(金额单位:万元)。设公司所得税税率为 30%。

	C_0	C_1	C_2	C_3	C_4
销售收入		7 000	7 000	7 000	7 000
经营成本		2 000	2 000	2 000	2 000
初始投资	10 000				
折旧		2 500	2 500	2 500	2 500
营运资本投资	200	250	300	200	0

要求：

(1)计算投资项目的净现金流量；

(2)假设折现率为12%,请计算净现值。

14.某公司拟购买一台排污设备,有 A、B 两种设备可供选择,两种设备的现金流量见下表。若折现率为10%,试分别用周期匹配法和约当年金法作出选择。

现金流量	C_0	C_1	C_2	C_3	C_4
设备 A	−10000	1100	1300		
设备 B	−12000	1000	1100	1200	1300

15.某公司有一投资项目,需要投资 6000 万元(其中:5400 万元用于购买设备,600 万元用于追加流动资本)。预期该项目可使销售收入增加,第一年为 3000 万元,第二年为 4000 万元,第三年为 5000 万元,预计项目的付现成本每年都为 800 万元,第三年末项目结束,收回垫支的流动资产 600 万元,假设公司所得税税率为 25%,固定资产按 3 年用直线法计提折旧并不计残值。公司要求的最低报酬率为 10%。

要求：

(1)计算该项目的现金流量；

(2)计算该项目的净现值；

(3)计算该项目的盈利指数；

(4)计算该项目的内部收益率；

(5)如果不考虑其他因素,你认为该项目能否被接受？

第七章	**CHAPTER 7**
	资本筹集

【学习目标】

通过本章学习,要求了解长期资本筹集的动机,熟悉长期资本筹集的方式及其特点;掌握权益资本筹集的方式,掌握公开发行的内容和方式,了解私募发行的特点、优先股的类型;掌握债券发行的内容和方式,熟悉金融租赁的种类、特征以及租金计算方法,了解项目融资和认股权证的特点,理解可转换债券的定价方法。

【重要概念】

内源融资 外源融资 股权融资 债权融资 首次公开发行 绿鞋机制 证券承销 风险投资 私募股权基金 私募发行 金融租赁 租金 可转换债券 转换比例和转换价格 认股权证

第六章我们阐述了资本预算决策。资本预算决策是指长期资本投资决策,其结果是形成相应的长期资产,包括固定资产和净营运资本。为支撑长期资产的投资,必须筹集相应的长期资本。本章将阐述长期资本筹集的渠道和方式,包括权益资本筹集、债务资本筹集以及其他长期资本筹集。

第一节 资本筹集概述

第一章中我们讲到,金融是人们对稀缺资源的跨期配置,结果体现为伴随着社会资金由盈余方向赤字方转移,稀缺资源也由盈余方向赤字方转移。

企业(主要是公司)是生产产品和劳务的经济实体,人们对稀缺资源的跨期配置主要体现为企业对稀缺资源的跨期配置,具体说来,就是企业作为资金的赤字方,借助于一定的筹资方法,从盈余方手中筹集资金,然后通过其对固定资产投资和流动资产投资,实现对稀缺资源的跨期配置。

从企业的角度来看,其在固定资产和流动资产方面的投资形成的是物质资本。为支撑固定资产投资和流动资产投资,企业通过发行股票、债券等金融工具以及向银行借款、融资租赁等索取权获取的是金融资本。

由此可见,企业资本筹集实际上就是金融资本的筹集。金融资本筹集的方法包括发行金融工具和金融索取权,在这些金融工具和索取权中,一些是可以在有组织的市场中进行交易的标准化证券,例如,普通股、优先股、债券和可转换证券;另一类是无法在市场上交易的索取权,例如,借款、租赁合约等。

金融资本按其性质划分,可分为权益资本和债务资本。权益资本是指公司股东投入的资本,或者是说,公司以出售权益的方式从股东手中获取的资本。债务资本是指公司债权人投入的资本,或者是说,公司以借款的方式从债权人手中取得的资本。

一、资本筹集的动机

(一)满足生产经营的需要

企业的基本功能是生产产品和提供服务。为此,所有企业都需要物质资本,如经营场所、设备以及在生产过程中使用的其他中间投入品。为形成物质资本,企业必须借助于金融系统,通过一定的方法,从资金盈余方手中获取金融资本。伴随着生产经营规模的扩大,企业对物质资本的投资不断扩大,相应地,也必须筹集相应的金融资本。可见,企业筹集金融资本的目的在于满足生产经营的需要。

(二)满足资本结构调整的需要

所谓资本结构,是指权益资本和债务资本在资本来源中的构成。因为不同融资方式的资本成本是不同的,所以不同资本结构下的平均资本成本也是不同的。根据第一章对企业价值的理解,决定企业价值的因素之一是企业的平均资本成本,因此,要实现企业价值最大化目标,就需要尽可能降低企业的平均资本成本,因而需要调整资本结构。

在公司资本结构中,负债筹资具有正效应,即负债具有抵税效应,能够降低平均资本成本,增加公司价值;同时负债又具有负效应,即负债能带来财务困境成本,降低公司价值。因此,客观上,公司存在一个能使价值最大化的最优资本结构。

如果公司的资本结构偏离最优资本结构,从而对公司价值产生不利影响,就需要对资本结构进行调整,而调整资本结构就是借助资本筹集的方式进行的。如筹集权益资本以偿还部分债务,筹集债务资本以回购股票等。

二、资本筹集的方式

所谓筹资方式,是指公司筹集金融资本所采取的方式,也称为融资方式。按照不同的标准可以把筹资方式分为以下种类。

(一)按照资本来源的方向划分,融资方式分为内源融资和外源融资

1.内源融资

内源融资是指公司从内部筹集资本的一种融资方式,包括公司设立时股东投入的股本、折旧以及留存收益,是企业将自己的储蓄转化为投资的过程。

内源融资具有以下特点:

(1)自主性。内源融资获取的资本来源于公司内部,公司在使用这部分资本时,具有较大的自主权,受外部的制约和影响较小。

(2)低成本。相对于外源融资支付的大量发行费用而言,内源融资无发行成本。

(3)低风险。外源融资特别是债务融资需要承担还本付息的财务负担,容易使企业陷入破产的困境,而内源融资的风险较低。

(4)有限性。内源融资资本来源中的主要部分是保留盈余,它主要取决于公司的盈利,因此,相对于外源融资而言,内源融资的融资量是有限的,不适用于大规模的资金需求。

2.外源融资

外源融资是指公司从外部其他经济主体筹集资本的一种融资方式,包括发行股票和债券、向银行借款、融资租赁等。

外源融资具有以下特点:

(1)高效性。外源融资不受公司自我积累能力的限制,资金来源极其广泛,方式多种多样,使用灵活方便,可以满足资金短缺者各种各样的资金需求,提高资金的使用效率。

(2)限制性。公司的外源融资要受诸多条件的限制,特别是公开融资,比如,公开发行债券和股票,条件比较严格,不符合条件者很难获得所需资金,公司缺乏自主性。

(3)高成本。发行债券和股票需要支付较高的发行费用,向银行借款和融资租赁也要支付手续费用,因而与内源融资相比,外源融资会发生较高的发行成本。

(4)高风险。对于债务融资而言,公司不仅要向债权人还本,还要支付利息,因而债务融资不仅具有偿还性的特点,还具有较高的财务风险。权益融资有可能导致原有的企业控制者面临企业控制权转移的风险。

(二)按照融资形成的产权关系划分,融资方式分为股权融资和债权融资

1.股权融资

股权融资是指公司通过出售股权而向股东筹集资本的一种方式。股权融资筹集的资本形成公司的股本,因而,股权融资也称为权益融资。股权融资的方式包括:IPO、增发以及配股等。

股权融资具有以下特征:

（1）股权融资筹集的资本形成公司的股本。股本是股东对公司实施股权控制权和享有剩余索取权的基础。

（2）股权融资筹集的股本的多少制约着公司的负债能力。

（3）股权融资具有股权稀释效应，即股权融资会削弱原有股东对公司的控制权和收益权。

2. 债权融资

债权融资是指公司通过出售债权而向债权人筹集资本的一种方式。债权融资筹集的资本形成公司的负债，因此，债权融资也称为债务融资。债权融资的方式有发行公司债券、向银行借款以及融资租赁等。

债权融资具有以下特征：

（1）债权融资形成公司的负债，具有偿还性的特征。

（2）债权融资能够提高股东的回报率，具有财务杠杆效应。

（3）债权融资支付的利息在税前列支，具有抵税效应。

（4）债权融资形成债权人对公司的债权控制。债权控制是一种相机控制，即如果公司能够向债权人按期支付本金和利息，公司的控制权就掌握在股东手中，否则，债权人就会对公司实施债权控制。

股权融资和债权融资相比，具有以下区别：

（1）筹集的资本性质不同。股权融资筹集的是权益资本，具有永久性的特点，而债权融资筹集的是债务资本，具有偿还性的特点。

（2）财务负担不同。不同的资本性质形成了不同的财务特征，具体体现在：第一，股权融资不用还本，而债务融资需要还本。第二，股权融资需要向股东支付股利，且股利的多少取决于公司的盈利状况和股利政策，具有软约束的特点；而债权融资需要向债权人支付利息，支付的利息的多少取决于债务契约的约定，具有硬性约束的特点。

（3）索取权的顺序不同。负债是债权人对公司资产的索取权，而股权是股东对公司净资产的索取权。由于负债和股权所具有的索取权的性质不同，因而，其索取权的顺序也不同，体现在：在公司经营破产或清算时，清算财产首先向债权人清偿，然后再向股东清偿。

（4）管理权限不同。债权人拥有的是对公司的债权控制权，而股东拥有的是对公司的股权控制权，这是两类性质不同的控制权，体现在：在公司能够保证向债权人还本付息时，对公司的控制权就掌握在股东手中，由股东行使对公司的股权控制，否则，对公司的控制权就转移到债权人手中，由债权人实施对公司的债权控制。

（5）税收优惠不同。债务融资向债权人支付的利息可以作为利息费用在税前列支，具有抵税效应；而股权融资向股东支付的股利是在税后列支的，不具有抵税效应。

第二节　权益融资

权益融资是指公司通过出售权益而向股东筹集资本的一种方式,权益融资筹集的是权益资本,它是公司金融资本来源的核心。权益融资的方式主要有公开发行、私募融资和优先股融资。

一、公开发行

公开发行也叫公募发行,是指没有特定的发行对象,面向广大投资者公开推销的发行方式。股票的公开发行包括首次公开发行和再次权益发行。

（一）首次公开发行

股份有限公司第一次向社会公众公开招股被称为首次公开发行(Initial Public Offering,IPO)。IPO 一般发生在一家公司决定要公开上市时。

1. 发行程序

我国股票发行程序主要包括股票发行准备、股票发行申请、股票发行核准和股票发行承销等几个阶段。

(1)股票发行准备。发行人聘请中介机构将企业改组为股份有限公司,对企业的资产和财务进行评估审计,起草制作股票发行文件等。

(2)股票发行申请。依据行政隶属关系,由上级部门进行初审。初审通过的企业,向直属证券管理部门正式提出发行申请,并经证券管理部门预审。

(3)主管部门审核。经直属证券管理部门预审通过后,发行人向中国证监会呈报发行额度,并将正式申报材料递交直属证券管理部门进行审查,审查通过后递交中国证监会复审。

(4)股票的承销发行。发行人在获得中国证监会批准后,与承销商签订承销协议,由承销商承销股票,发行人发布招股说明书公告向社会募集股份;发行结束后,发行人应向证监会报告并登记发行结果,并向股东和社会披露公司的相关信息。

2. 证券承销

《中华人民共和国公司法》规定,股份有限公司向社会公开发行新股,应当由依法设立的证券经营机构承销,签订承销协议。

如果证券的发行量较大,一家承销机构往往不愿意单独承担发行风险,这时需要成立承销团。承销团至少由两个以上的承销商组成,主承销商由发行人按照公平竞争的原则,通过竞标或者协商的方式确定。主承销商代表承销团与发行者签订承销合同,决定承销团成员的承销份额并与其签订分销协议,明确承销团成员的权利和义务。

根据证券经营机构在承销过程中承担的责任和风险的不同,承销又可分为包销和代销两种形式。

包销是指承销商将发行公司的证券按照协议全部购入或者在承销期结束时将剩余证券全部自行购入的承销方式。包销实际上是一种"购买—转卖"的安排,承销商所收取的费用就是价差。

代销是指承销商代发行公司发售证券,在承销结束时,将未售出的证券全部退还给发行公司的承销方式。在代销方式下,承销商提供的是证券发行服务,收取的是佣金。

显然,包销发行方式对发行公司有利,但承销商也承担了较大的风险,因而,包销的发行费用相对于代销要高。

我国证券法规定,股票发行采用代销方式,代销期限届满,向投资者出售的股票数量未达到拟公开发行股票数量的70%的,为发行失败。发行公司应当按照发行价并计算银行同期存款利息返还给股票认购者。

3.绿鞋机制

"绿鞋机制"也叫绿鞋期权(Green Shoe Option),是超额配售选择权制度的俗称。"绿鞋"一词由美国名为波士顿绿鞋制造公司1963年首次公开发行股票时率先使用而得名。超额配售权是向承销团的成员提供以发行价格向发行者购买额外股份的选择权。

绿鞋机制是为了满足超额需求和超额认购。绿鞋期权通常大约持续30天,而且所涉及的股份不得超过新发行股份的15%。

绿鞋机制可以稳定大盘股上市后的股价走势,防止股价大起大落。其作用原理在于:在股票上市之日起30日内,当股价上扬时,主承销商即以发行价行使绿鞋期权,从发行人购得超额的15%股票并发售,满足市场需求;当股价下跌时,主承销商将不行使该选择权,而是从股票二级市场上购回超额发行的股票以支撑价格。可见,绿鞋机制的引入起到了稳定新股股价的作用。

中国证监会2006年颁布的《证券发行与承销管理办法》第48条规定:"首次公开发行股票数量在4亿股以上的,发行人及其主承销商可以在发行方案中采用超额配售选择权"。国际市场上大部分新股发行都规定有绿鞋机制。

4.新股发行价格的确定

确定合理的发行价格是首次公开发行中最重要也是最困难的工作。发行价格定得太高或太低,发行公司都会面临潜在成本。如果发行价格定得太高,那么可能导致发行失败。如果发行价格定在真实价格之下,则会损害现有股东利益。

从各国股票发行市场的经验来看,具体确定股票发行价格的方法有以下几种:

(1)议价法。议价法是指证券发行者与证券承销商就证券发行价格、手续费等权责事项充分商讨后再发行或推销的一种发行方式。

议价法一般有两种方式:固定价格方式和市场询价方式。固定价格方式是由发行人和主承销商在新股公开发行前商定一个固定价格,然后根据这个价格进行公开发售。市场询价方式是由发行人与承销商根据发行人的情况和市场需求,先确定一个发行价格的区间。然后根据投资者的反馈,按照大多数投资者能接受的价格水平确定发行价格。

(2)竞价法。竞价法是指由各承销商或者投资者以投标方式相互竞争确定股票发行价格。竞价法在具体实施过程中,又有下面三种形式:①网上竞价:指通过证券交易所电脑交易系统按集中竞价原则确定新股发行价格;②机构投资者竞价:采取对法人配售和对一般投资者上网发行相结合的方式,通过法人投资者竞价来确定股票发行价格;③券商竞价:是由多家承销商通过招标竞争确定证券发行价格。

竞价法虽然有各种不同的方式,但都是以股票价值作为发行底价,以此为基础由承销商或者投资者进行竞价,是一种"直接"的市场化定价方式,只是参加定价的市场主体及其范围存在差异。

与议价法相比,竞价法的发行成本较低。据测算,美国议价发行成本平均来说是实收款项的1.2%。尽管如此,美国证券发行一直盛行议价法。导致这一行为的原因可能是:第一,竞价法的发行成本的可变性比议价法要高;第二,竞价法无法限制那些未能获得发行合同的承销商使用公司的信息,因此,对于信息价值较高的发行公司而言,议价法具有较高的保密性;第三,竞价法的股价容易被机构大资金操纵,从而增加了中小投资者的投资风险;第四,与竞价法相比,议价法使得发行公司能更有效地实施监督功能,保障投资者利益。

(3)净资产倍率法。净资产倍率法是指通过资产评估等手段确定发行人拟募每股资产的净现值和每股净资产,然后根据市场状况将每股净资产乘以一定的倍率或折扣。其定价公式为:

$$发行价格 = 每股净资产 \times 溢价倍率(或折扣倍率)$$

一般来说,股价在净资产的3~5倍是很正常的。

(4)市盈率法。市盈率又称为价格盈余倍数或者本益比,它等于股票市价与每股净收益的比值,它的经济学含义是投资者每期获得1元的收益而投入的成本,因此股票的市盈率越小,该股票越具有投资价值。股票市价的计算公式为:

$$股票市价 = 市盈率 \times 每股收益$$

通过市盈率法确定股票发行价格,首先应根据专业会计师审核后的盈利预测出发行人的每股净盈利;其次可根据二级市场的平均市盈率、发行人的行业情况(同类公司的股票市盈率)、发行人的经营状况及其成长性等拟订发行市盈率;最后依据发行市盈率和每股净盈利的乘积决定发行价格。

(5)现金流量折现法。现金流量折现法是指通过预测发行人未来盈利能力,据此计算出公司净现金流量,并按一定的折现率折算,从而确定股票发行价格。使用现金流量折现法定价的关键在于:第一,预期发行人未来存续期各年度的现金流量。第二,要找到一个合理的、公允的折现率,折现率的大小取决于未来现金流量的风险,风险越大,要求的折现率就越高;反之亦然。

我国的股票定价先后采取过固定价格法、相对固定市盈率定价法、累积投标定价和控制市盈率定价法。2006年9月11日发布的《证券发行与承销管理办法》标志着我国的股票首次公开发行开始执行询价制度。按照规定,首次公开发行股票,应当通过向特定机构投资者询价的方式确定股票发行价格。发行人及其主承销商应当在刊登首次公开发行股票招股意向书和发行公告后向询价对象进行推介和询价,并通过互联网向公众投资者进行推介。询价分为初步询价和累计投标询价。发行人及其主承销商应当通过初步询价确定发行价格区间,在发行价格区间内通过累计投标询价确定发行价格。2012年5月21日,证监会作出关于修改《证券发行与承销管理办法》的决定,规定首次公开发行股票,除可以询价方式定价外,也可以通过发行人与主承销商自主协商直接定价等其他合法可行的方式确定发行价格。这一修订代表着强制询价制度的终结。

5."IPO抑价之谜"

IPO抑价现象是指首次公开发行的股票上市后初期(一般指第一天)的市场交易价格远高于发行价格,发行市场与交易市场出现了巨额的价差,导致首次公开发行存在较高的超额收益率。

新股抑价现象在世界所有的股票市场几乎都存在,但是各国抑价程度差异较大。一般来说,发达国家市场的抑价幅度普遍小于新兴市场国家。为什么会存在IPO抑价,有以下相关解释:

(1)"赢家的诅咒"。这是Rock在1986年的论文中提出的观点,他认为市场是不完全的,信息是不对称的,存在掌握信息的投资者和未掌握信息的投资者。掌握信息的投资者往往能利用其信息优势购买到具有投资价值的股票,而未掌握信息的投资者只能根据其他主体的行为作出判断,最终购买的是掌握信息的投资者所规避的、不具有投资价值的股票。当未掌握信息的投资者意识到这一问题时,就会退出市场。由于股票发行人需要吸引未掌握信息投资者的投资,因此不得不降低新股发行价来弥补未掌握信息者所承担的风险,确保发行的顺利进行。

(2)承销商的动机。在制定发行价格时,如果发行企业将新股定价权交给更具有信息优势的承销商,承销商会倾向于将新股的发行价定在其价值以下。这样做对承销商的好处:一是可以降低其在承销或包销该股票时的风险,更有利于新股的成功发行,不会因新股发行失败给承销商声誉造成影响;二是折价发行实际上给承销商的投资者提供了一个"超额报酬率",可以与投资者建立起良好的关系,而发行公司对承销商往往缺乏有效的监督,承销商便经常性地采取折价发行策略。

(3)信息不对称的补偿。由于发行人、承销商和投资者间拥有不同的信息,一般来说,发行人和承销商掌握更全面的信息,具有信息优势,这将会给投资者购买新股票带来风险,IPO抑价就是对因不对称信息带来风险的补偿。

6.公开发行股票的成本

股票发行成本是指股份公司在股票发行过程中所支付的各项费用,通常包括以下几项:

(1)承销费用。承销费用是指发行人委托证券承销机构发行股票时支付给后者的佣金,通常在股票发行费用中所占的比重最大。承销费用一般按募集资金总额的一定百分比计算,自承销商在投资者付给企业的股款中扣除。决定和影响股票承销费的主要因素包括:承销方式、发行总量、发行总金额、发行公司的信誉、发行股票的种类等。

(2)保荐费用。公开发行股票,依法采取承销方式的,应当聘请具有保荐资格的机构担任保荐人。保荐费用为发行公司委托保荐机构推荐股票发行上市所支付的费用。

(3)其他中介机构费用。股票发行过程中必然会涉及评估、财务和复杂的法律问题,因此,企业自股票发行准备阶段起就必须聘请具有证券从业资格的资产评估机构、会计师事务所以及律师事务所参与发行工作。此类中介机构的费用也是股票发行过程中必须支付的,收费标准基本上按企业规模大小和工作难易程度来确定。

(4)其他费用。其他费用包括印刷费用、宣传广告费以及其他一些在股票发行过程中需要支付的直接费用,还包括公司管理者花费的时间和精力等间接费用。

(5)绿鞋条款。绿鞋条款是公司赋予承销商按发行价格买入额外股份的权利。如果股票发行价格低于市场价格,这一选择权就会更有价值,对公司而言就是一种发行成本。

(二)再次权益发行

再次权益发行是指已发行股票的公司,经过一定时期后,为了增加资本而发行新股票的行为,也称为增发。

按照是否缴纳股金来划分,再次权益发行分有偿增发和无偿增发。有偿增发是指股份公司通过增发股票吸收新股份的办法增发,认购者必须按照发行价格支付现款才能取得股票。采用这种方式可以直接从外界募集股本,增加公司的资本金。无偿增发是指公司原股东不必缴纳现金即可获得新股的方式,发行对象仅限于原股东,主要包括公积金转增发、红利增发和股票分割。无偿增发的目的是为了使股东增强对公司的信心,或者为了调整资本结构。本章的主题是研究资本筹集,因此我们主要探讨有偿增发。

有偿增发的具体形式是增发和配股两种。

1. 增发

增发是上市公司向不特定对象公开募集股份的简称。增发的目的是扩大资本金额,分散股权,增强股票的流动性,并可避免股权过分集中。增发的股票价格大都以市场价格为基础,是最常用的增资方式。

根据证监会 2006 年 5 月 6 日公布的《上市公司证券发行管理办法》规定,增发股票除了要满足公开发行证券的一般规定外,还要符合下列规定:①最近三个会计年度加权平均净资产收益率平均不低于6%。扣除非经常性损益后的净利润与扣除前的净利润相比,以低者作为加权平均净资产收益率的计算依据;②除金融类企业外,最近一期末不存在持有金额较大的交易性金融资产和可供出售的金融资产、借予他人款项、委托理财等财务性投资的情形;③发行价格应不低于公告招股意向书前 20 个交易日公司股票均价或前一个交易日的均价。

增发新股时，如果新股的定价不能合理地反映股票的价值，必然会造成新老股东之间的财富转移。

例如，某公司目前有 1 亿股发行在外的普通股，当前股价为 10 元/股，则公司的权益价值为 10 亿元。如果公司按照每股 12 元的价格增发 500 万股，可以筹集的资金额为 6000 万元。公司的权益价值增加到 10.6 亿元，股价变为 10.095 元/股（106000 万元/10500 万股）。于是，公司原股东的每股价值增加了 0.095 元，而新股东每股损失了 1.905 元，这就产生了新股东向老股东的价值转移。

反之，如果公司按照每股 8 元的价格增发 500 万股，可以筹集的资金额为 4000 万元，增资后公司的权益总价值增加到 10.4 亿元，股价变为 9.904 元/股（104000 万元/10500 万股）。则原股东的每股价值减少了 0.096 元，而新股东的每股价值增加了 1.904 元，从而产生了老股东向新股东的价值转移。

2. 配股

配股是公司按照股东的持股比例向原股东分配该公司的新股认购权，准其优先认购增资的方式，即按照旧股一股摊配若干新股，以保护原股东的利益以及对公司的控制权。这种新股的发行价格一般低于市场价格，事实上，是对原股东的优惠，一般老股东都乐于认购。原股东对公司的配股，没有必须应募的义务，他可以放弃新股认购权，也可以把认购权转让给别人，从而形成了认购权的交易。

下面分析配股发行对股票价格和股东价值的影响。

在配股发行时，如果所有股东都按照配股比例认购新股，则新股定价的高低不会影响股东财富的变化。

假设，某公司发行在外的普通股数量为 500 万股，股票的市场价格为 10 元/股。公司计划筹集 400 万元的权益资本，决定按照每股 8 元的价格向现有股东配股发行，则需要配股发行 50 万股，配股比例为每 10 股配 1 股。配股发行之后，公司股东权益总价值为 5400 万元，每股价值为 9.82 元/股（5400 万元/550 万股）。显然，配股发行后股票价格有所下降。

配股发行是否会对股东价值产生影响呢？假设某股东在配股发行之前持有该公司的股票数量为 100 股，配股前的市场价值为 1000 元。按照上述每 10 股配 1 股的比例，他将得到 10 股配股且配的股价为 8 元/股，该股东付出 80 元。此时其持有的股票数量变为 110 股，按配股后的股票价格 9.82 元/股计算，股票的市场价值为 1080 元（忽略误差），等于配股前的股票价值 1000 元加上购买新股的资金 80 元。

可见，配股发行后公司股票的市场价格低于配股前的市场价格，而且，新股的认购价格越低，配股发行引起的价格下降幅度越大。但是，原股东不会因为股配发行而遭受损失。

（三）公开发行的效应分析

相对于下个标题将要讲述的私募发行，公开发行是向不特定的社会公众投资者发售证券，在公募发行方式下，任何合法的投资者都可以认购拟发行的证券。下面将要分析一下公开发行的积极效应和消极效应。

1.公开发行的积极效应

（1）公开发行使公司获得了长期稳定的资金来源，为公司经营活动的持续进行奠定了资本基础。为保证经营活动的持续进行，公司需要借助于多种融资方式筹集金融资本，然后通过投资活动，形成经营活动所需要的物质资本。公司公开发行股票筹集的是权益资本，权益资本是公司的一项永久性资本来源，无需向股东偿还股本，因此，公开发行为经营活动的持续进行提供了资本基础。

（2）公开发行有助于改善公司的财务结构，提升公司负债融资能力。公开发行筹集的是权益资本，权益资本具有抵御经营风险、弥补资产损失，进而保障债权人权益的功能，因此，公开发行可以增强公司的权益资本实力，降低公司的负债水平，提升公司负债融资能力。

（3）公开发行有助于减轻公司的财务压力，使公司拥有宽松的财务环境。对于公开发行筹集的权益资本，公司既没有偿还股本的义务，也没有支付股利的法定义务，这就使得公司可以根据自身的盈利状况和财务状况，灵活地安排利润分配，进而拥有宽松的财务环境。

（4）首次公开发行有助于提升公司的知名度，规范公司的经营管理。通过首次公开发行，公司就由封闭型公司转变为公众持股公司，这样，一方面可以提升公司的知名度，另一方面，通过引入公司治理机制，规范公司的经营活动。

2.公开发行的消极效应

（1）信息披露会降低公司经营活动的隐蔽性。首次公开发行后，公司必须定期和不定期地向公众披露其财务报表、投资计划以及与公司经营活动有关的重大事项等信息。信息披露会降低公司经营活动的隐蔽性，使其竞争对手较容易了解公司的经营动向，降低其竞争地位。

（2）公开发行导致股权稀释。公开发行股票将导致原有股东持股比例的下降，进而导致原有股东每股收益的降低和对公司控制权的削弱。

（3）公开发行条件比较严格，发行程序比较复杂，登记核准的时间较长。

（4）公开发行会发生大量的发行费用。这些发行费用既包括在发行期间发生的承销费、保荐费、中介服务费等，还包括上市后继续发生的信息披露费等。

二、私募发行

由于公开发行对公司的要求较为严格，很多公司在无法满足公开发行的条件时，可通过私募发行为公司筹集权益资本。私募发行又称不公开发行或私下发行、内部发行，是指面向少数特定的投资人发行证券的方式。具体地说,私募发行的对象大致有两类:一类是个人投资者,例如公司老股东或发行机构自己的员工;另一类是机构投资者,如投资基金、社会保险基金、商业银行或与发行人有密切往来关系的企业等机构投资者。

(一)私募发行的利弊

公募发行是证券发行中最常见、最基本的发行方式,适合于证券发行数量多、筹资额大、准备申请上市的发行人。然而在西方成熟的证券市场中,随着投资基金、养老基金、保险公司等机构投资者的增加,私募发行也呈现逐年增长的趋势。私募发行的利弊如下:

1. 私募发行的优点

(1)发行费用较低。由于私募发行有确定的投资者,不需要中间机构承销,发行层次较少,手续简便,因而,私募发行的发行费用相对于公开发行要低很多,而且可以节约发行时间。

(2)发行要求宽松。与公募发行相比,私募发行要求较低,而且私募发行者可以通过对发行条件加以修改来吸引投资者。

(3)发行规模灵活。私募方式更适合小规模发行,且发行规模由交易双方协商,具有灵活性优点。

(4)保护商业秘密。私募发行没有严格的信息披露要求,有助于公司对重大经营活动采取保密行为。

2. 私募发行的缺点

(1)更高的资本成本。由于私募发行缺少监管部门的严格审批和管理,信息披露不完全,容易造成信息不对称,投资者面临风险较大。为弥补风险,私募发行下的投资者要求更高的收益率。

(2)股票流动性差。私募发行比较适合小规模筹资的需要,而且其股票流动性较差,发行面窄,不利进一步扩大发行。

(二)风险投资和私募股权投资

风险投资和私募股权投资都是通过私募形式对非上市公司进行的权益性投资,属于我们本节介绍的私募发行的范围。当前,越来越多的公司在融资过程中会考虑引入这两种方式,我们作一下简单介绍。

1. 风险投资

风险投资(Venture Capital,VC)也叫创业投资。广义的风险投资泛指一切具有高风险、高潜在收益的投资;狭义的风险投资是指以高新技术为基础,对生产与经营技术密集型产品的投资。

风险投资的对象基本上属于快速成长的高新技术企业、具有广阔市场前景且具有新的商业模式的传统零售业或者某些特殊的消费品行业。这类企业一般都能够为社会大众提供高附加值的产品、服务或者技术,并且能够保持一定期间的产品和技术优势,可以为企业提供较稳定的盈利回报。

风险投资虽然是一种股权投资,但投资的目的并不是为了获得企业的所有权,不是为了控股,更不是为了经营企业,而是通过投资和提供增值服务把投资企业做大,然后通过公开上市(IPO)、兼并收购或其他方式退出,在产权流动中实现投资回报。

风险投资的特点是不规避风险,放眼企业未来的收益和高成长性,追逐高风险后隐藏的高收益。因为风险投资一般都是投资处于初创期的企业,真正能够通过 IPO 的概率一般只有 10%,但是对风险投资来说,这 10%所获得的丰厚利润远远大于其他 90%不盈利项目带来的损失。所以对风险投资基金来说风险很大,利润空间亦大。例如在我国比较知名的风险投资的案例是蒙牛乳业引入的风险投资。在蒙牛发展初期,摩根士丹利、鼎晖、英联三家境外私募投资者向蒙牛投入约 5 亿元人民币,在短短 3 年内通过上市套现,获投资回报约 26 亿港币,投资收益回报率约 500%。

2.私募股权基金

私募股权基金(Private Equity,PE),指通过私募形式对非上市企业进行的权益性投资,在交易实施过程中附带考虑了将来的退出机制,即通过上市、并购或管理层回购等方式,出售股权获利。

私募股权基金分为广义和狭义两种概念。广义的私募股权基金包括对企业首次公开发行股票上市(IPO)前各个阶段所进行的权益性投资。因此,广义的私募股权基金包括我们前面所讲的风险投资,在企业的初创期进行投资的私募股权基金的表现形式就是风险投资。狭义的私募股权基金是指对那些已有一定规模,并在实践中已有稳定的现金流且比较成熟的企业进行投资。

因此,比较典型的风险投资是投资企业的前期,私募股权基金投资企业的后期。但目前,很多传统意义的风险投资和私募股权基金业务互相融合,边界越来越模糊。

需要注意的是,私募股权基金与我们常说的"私募基金"不是一个概念。我们常说的私募基金指的是私募证券基金,是指通过私募形式,向投资者筹集资金,进行管理并投资于证券市场(多为流通市场)的基金,是用来区别公募基金的。而私募股权基金主要以私募形式投资于未上市的公司股权,绝少投资已经公开发行的公司证券。

三、优先股融资

所谓优先股,是同普通股相对应的一种股权形式,持有这种股份的股东在盈余分配和剩余财产分配上优先于普通的股东。优先股股票并不完全具备通常意义上所定义的股票的特征,它是具有股票和债券某些共同特点的一种混合证券。

(一)优先股的特征

1.约定的固定股息率

相对于普通股而言,优先股是按照事先设定的股息率获取股息的,即在公司发售股票时就已经确定了今后的股息率,且股息是固定的,不会随公司业绩的变化而变化。

2.优先分配股息

相对于普通股而言,优先股具有优先利润分配权,即优先股股东优先于普通股股东分取股息。

3.优先清偿剩余资产

相对于普通股而言,优先股具有破产财产优先求偿权。即在公司破产清算时,清算财产在偿还了全部债务之后优先向优先股股东清偿公司剩余财产。

4.表决权受到限制

一般情况下,优先股股东不能参加公司的经营管理,不享有投票表决权,只有当公司活动涉及优先股所保障的权利时,优先股的股东才能享有相应的表决权。

5.股票可由公司赎回

相对于普通股而言,优先股可由公司赎回。优先股与普通股一样没有到期日,股东不能要求退股。但是公司在发行优先股时,通常会设定赎回条款,有权按照规定的价格赎回。

(二)优先股的类型

1.累积优先股和非累积优先股

累积优先股是指在某个营业年度内,如果公司所获的盈利不足以分派规定的股息,在以后年度,可以对往年未付的股息进行累积补发的优先股。在累积未补发的优先股股息没有支付足前,公司不得分派普通股股利。这是一种常见的、发行范围非常广的优先股。

非累积优先股是指在某个营业年度内,如果公司所获得的盈利不足以按规定的股息分配时,非累积优先股的股东不能要求公司在以后年度中予以补发。其特点是股息固定,且只能在本营业年度净利润中进行分配。

一般来讲,对投资者来说,累积优先股比非累积优先股具有更大的吸引力。

2.参与优先股和非参与优先股

参与优先股是指优先股股东在获取定额股息后,还有权与普通股股东一起参与剩余利润的分配。因此参与优先股可以享受除固定股息之外的额外股利。

非参与优先股是指优先股股东只按固定股息率获取股息,不能参与剩余利润分配。

一般来讲,参与优先股比非参与优先股对投资者更为有利。

3.可转换优先股和不可转换优先股

可转换优先股是指在特定的条件下,股东可以按照一定价格将其持有的优先股股票转换成公司的普通股股票或公司债券的一种优先股。持有这种股票的股东,可以根据公司的经营情况和市场行情自主决定是否将其转换成普通股票或公司债券。一般来说,当公司盈利增加,市场行情好转时,持有者可以将优先股转成普通股票,从而获得较大的收益,并且可以取得表决权,参与公司管理;当公司发展前景不明,盈利减少时,持有者可以将优先股转成公司债券,这样持有者由公司的股东变为债权人,有权在规定的时间内收回本息。这种可以转换的权利减少了投资者的风险,但这类可转换优先股在出售时一般价格较高。

不可转换优先股是指不具有转换成公司普通股或公司债券的优先股。

4. 可赎回优先股和不可赎回优先股

可赎回优先股又称为库藏股或库存股,是指公司可以在未来某一时期按照规定价格赎回的优先股,一般地,赎回价格要高于原来的发行价格。

不可赎回优先股是根据规定公司无权从持股人手中赎回的优先股。

5. 股息可调优先股和股息不可调优先股

股息可调优先股指的是股息可以进行调整的优先股。一般地,发行这种股票与公司的经营状况无关,而是由于受到其他证券价格或者市场利率变化的影响而发行的。它对保护股东权益、扩大股票发行量具有一定的积极作用。

股息不可调优先股是指股息不能调整的优先股。常见的优先股一般都是股息不可调优先股。

(三)优先股融资的利弊

1. 优先股融资的优点

(1)增强融资能力。发行优先股筹集的是公司权益资本,因此,发行优先股能增强公司的权益资本实力,提高公司的负债能力。

(2)减少财务负担。优先股没有固定的到期日,不用偿还本金,而且优先股的股息也不是发行公司必须偿付的一项法定债务,如非累计优先股。因此,发行优先股减轻了公司的财务负担,减少公司的破产风险。

(3)增加财务灵活性。与普通股票相比,大多数优先股附有赎回条款,使得这部分资金运用具有较大的弹性,也便于控制公司的资本结构,因此,发行优先股具有较大的灵活性。

(4)不影响普通股票收益和控制权。与普通股票相比,优先股票每股收益是固定的,只要企业净资产收益率高于优先股股息率,普通股票每股收益就会上升;另外,优先股票无表决权,因此,发行优先股不影响普通股股东对企业的控制权。

2. 优先股融资的缺点

(1)资本成本高。发行债券需要支付固定的利息,且利息支付是公司的法定义务;发行优先股也需要支付固定的股息,但支付优先股股息没有强制性,在公司经营恶化时,这种股息可以不付,因此,优先股股东面临的风险大于债权人,优先股的股息率一般高于发行债券的利息率。

(2)不具有节税效应。与债券相比,优先股不具有节税效应。公司发行债券支付的利息可在税前列支,从而给公司带来节税收益,而发行优先股支付的股息则在税后列支,不会产生节税收益。

（3）发行限制较多。发行优先股通常有许多限制条件，如对普通股现金股利支付的限制、对公司借债的限制等。

（4）损害普通股股东利益。首先，优先股股东在利润分配和破产清算等方面享有优先权，因此，在公司经营状况不佳时，普通股股东利益受到影响。其次，有些优先股（累积优先股，参与优先股等）要求分享普通股的剩余所有权，稀释每股收益。

第三节　债务融资

债务融资是指企业通过出售债权的方式向债权人筹集资本的一种方式，债务融资筹集的资本属于公司的债务资本，它是公司金融资本的重要来源。债务融资的方式主要有发行债券和长期借款。

一、发行债券

公司债券是公司向债券持有人出具的债务凭证。在西方国家，公司债券的期限多在 10 年以上，是公司筹集长期资本的重要手段。

（一）债券的分类

1. 有担保债券和无担保债券

按照有无担保划分，债券分为有担保债券和无担保债券。有担保债券是指以某种特定财产作为担保而发行的债券，主要有抵押债券、质押债券和保证债券。抵押债券是指以土地、房屋、设备等不动产作为抵押而发行的债券，当债务人在债务到期不能按时偿还本息时，债券持有人有权处理抵押品作为抵偿。质押债券也叫抵押信托债券，指以公司的其他有价证券（如子公司股票或其他债券）作为担保所发行的公司债券。发行债券的人通常将作为抵押品的有价证券委托给信托机构保管，当债务人无力偿债时，由信托机构代为处理抵押品并用于偿还债务。保证债券指由第三者担保偿还本息的债券。担保人一般是政府、银行及公司等。

无担保债券也叫信用债券，指发行人不提供任何形式的担保，仅凭自身信用发行的债券。与有担保债券相比，无担保债券的持有人承担的风险较大，因而往往要求较高的利率。为了保护投资人的利益，发行这种债券的公司往往受到种种限制，只有政府或者信誉卓著的大公司才有资格发行。此外，有的国家还规定，发行信用债券的公司还须签订信托契约，在该契约中约定一些对筹资人的限制措施，并由信托投资公司监督执行，以保护投资人的利益。

2. 可转换债券和不可转换债券

按照能否转换为股票划分，债券分为可转换债券和不可转换债券。可转换债券，简称可转债，是一种可以在特定时间、按特定条件转换为普通股票的特殊企业债券。它兼具债务和期权的特征。我们将在本章第四节作详细介绍。

不可转换债券是指不能转换为公司普通股股票的债券。

由于可转换债券给予债券持有人更多的选择权,因而,其利率一般要低于不可转换债券。

3.可赎回债券和不可赎回债券

按照是否可赎回划分,债券分为可赎回债券和不可赎回债券。可赎回债券是发行人有权在特定的时间按照某个价格从债券持有人手中赎回的债券。一般说来,债券的赎回价格要高于债券的面值,高出的部分称为赎回溢价。

不可赎回债券是指在债券到期前发行债券的公司不可赎回的债券。

4.浮动利率债券和固定利率债券

按照利率是否固定划分,债券分为浮动利率债券和固定利率债券。浮动利率债券是指在债券有效期内,债券利率会在某种预先规定的基准利率上定期调整的债券。作为参照基准利率的多是一些有代表性的利率(如 LIBOR),债券利率根据基准利率的变化每六个月或三个月(依债券发行条件规定)调整一次。

固定利率债券是指在债券有效期内,债券的利率水平是固定的,且载于债券票面上。

(二)债券的发行

1.债券的发行条件

在我国,公司申请发行公司债券,除了应当符合公司法、证券法的有关规定外,还应符合 2007 年中国证监会颁布的《公司债券发行试点办法》的规定。

《证券法》规定,公开发行公司债券,应当符合下列条件:股份有限公司的净资产额不低于人民币 3000 万元,有限责任公司的净资产额不低于人民币 6000 万元;累计债券总额不超过公司净资产额的 40%;最近 3 年平均可分配利润足以支付公司债券 1 年的利息;筹集资金的投向符合国家产业政策;债券的利率水平不得超过国务院限定的利率水平;国务院规定的其他条件。

2.债券发行的程序

(1)制订发行计划。在债券发行之前,发行债券的公司应就债券发行的目的、可行性以及具体工作内容等制订发行计划和发行章程。

(2)公司权力机关作出决议。股份有限公司、有限责任公司发行债券,应由董事会制订方案,股东大会作出决议。国有独资公司发行债券,需由国家授权的机构或部门作出决定。

(3)提交发行债券的申请。发行债券的公司须向证券管理部门提交申请,同时提交公司登记证明、公司章程、公司债券募集办法、资产评估报告和验资报告等文件。国务院证券管理部门根据有关规定,对公司的申请予以核准。

(4)签订委托代理协议。公司发行债券的申请得到批准后,应与债券承销商就本次发行债券的发行总额、发行价格、发行时间以及双方的权利、义务、责任进行磋商并签订相关协议。

（5）公告债券募集办法。根据《公司法》的规定，发行债券的公司应以公告的形式公布发行内容，主要是发行债券的总额、发行债券的面额、债券的利率、还本付息的期限和方式、债券发行的起止日期、公司净资产总额、已发行的尚未到期的债券总额以及债券的承销机构等。

（6）募集资金。募集资金的方式有公募和私募两种。公募发行是指由证券承销机构面向社会公开发行债券，而私募发行是指发行债券的公司直接向少数特定的投资者发行债券。我国要求公司债券发行采用公募发行的方式。

（7）交割。公募发行债券，投资者直接向承销商付款购买，承销商代理收取债券款，交付债券，然后承销商向发行债券的公司结算债券款项。

3. 债券的发行价格

债券的发行价格是指债券发行时所使用的价格。发行价格是以票面金额为基础，主要取决于票面利率及市场收益率的关系，同时还与发行成本、发行者与承销机构的信誉、市场供求状况有关。

发行价格与票面额是两个不同的概念，债券面额是指用于计算票面利率的金额。按照发行价格与票面额的关系，债券的发行价格通常有三种：平价、溢价和折价。平价是指以债券的票面额为发行价格，溢价是指以高于债券的面值为发行价格，折价是指以低于债券的面值为发行价格。

影响债券价格的因素有很多，其中主要的因素是市场利率。由于债券的票面利率在债券发行前就确定下来，并载于债券条款，如果发行债券时市场利率发生变动，为协调债券购销双方的利益，就需要调整债券发行价格。在市场利率低于债券的票面利率时，如果债券按面值发行，发行债券的公司就会多付利息，这时债券就溢价发行，从而使发行债券的公司按市场均衡利率支付利息，购买债券的投资者也按市场均衡利率获取利息。在市场利率高于债券票面利率时，如果债券按面值发行，发行债券的公司就会少付利息，这时债券就折价发行，从而使发行债券的公司按市场均衡利率支付利息，购买债券的投资者也按市场均衡利率获取利息。

4. 债券的信用评级

公司公开发行债券通常需要由债券评级机构评定信用等级。

不同的证券评级机构一般要把证券划分成若干个等级并用一定的符号表示出来。以标准普尔公司的级别为例：AAA 级为最高级，AA 级为高级，A 级为上中，BBB 级为中等级，BB 级为有投机因素，B 级为投机的，CCC 级为有违约可能，CC 级为高度投机，C级为最差，D 级为已违约。从 AA 级到 B 级还可以用"＋"或"－"进一步细分。其中，前四个级别债券信誉高，违约风险小，是"投资级债券"，第五级开始的债券信誉低，是"投机级债券"。

我国债券评级工作正在开展，尚无统一的债券等级标准和系统评级制度。根据中国人民银行的有关规定,凡是向社会公开发行的企业债券,需要由经中国人民银行认可的资信评级机构进行评级。

5. 债券的限制性条款

为保护债权人利益,吸引投资者,降低发行利率,在债券的合同中通常有限制性条款。

(1)对发行新债的限制。新债的发行会提高公司的负债率,损害原债权人的利益,因此,债券协议常常规定,只有债务与净资产价值的比率维持在一个特定的范围内时,才允许公司发行新债。

(2)对支付现金股利的限制。公司向股东支付现金股利,公司的现金流量就会减少,从而用于向债券持有人还本付息的现金流量就会减少,因此,债券合约常会对公司现金股利的支付作出限制。

(3)对资产抵押的限制。如果公司再次以现有资产抵押发行债券,原有债券持有人的权益保障程度就会被削弱,因此,债券合约常常会对公司资产抵押作出限制。

(4)对公司并购的限制。并购会大大减少公司的现金流量,同时还会增加公司的债务。如果并购不当,也会增加公司的经营风险。这一切都会损害现有债权人的利益,因此,为防止这种情况的发生,债券合约中要对公司并购作出限制。

(5)对租赁的限制。如果公司以融资租赁的方式租入设备,在租赁期内就需要向出租人支付租金,支付租金会减少公司的现金流量,进而影响到其向债券持有人还本付息的能力,因此,债券合约中也含有限制租赁的条款。

(三)债券筹资的利弊分析

1. 债券筹资的优点

(1)资本成本低。债券的利息可以税前列支,具有抵税作用;另外债券比股票的投资风险低,要求的报酬率也较低,所以公司债券的资本成本要低。

(2)保护股东控制权。债券并不享有公司决策的表决权,所以与发行股票相比,发行债券能保持股东对公司的控制权。

(3)便于调整资本结构。公司通过发行可转换债券,或者在发行债券时规定赎回条款,有利于公司在必要时调整资本结构。

(4)筹集长期资金。发行债券所筹集的资金一般属于长期资金,可供企业在1年以上的时间内使用,这为企业安排投资项目提供了有力的资金支持。

2. 债券筹资的缺点

(1)财务风险大。与发行普通股相比,发行债券需要按期还本付息,如果公司的经营状况不佳,会影响到偿债能力,严重时可能会使公司陷入财务危机。

(2)筹资数额有限。当一个公司负债越多,投资者就越缺少安全感,那么再融资的时候投资者会要求更高的回报率,或者为了规避风险直接不投资。而且我国《公司法》规定,企业发行在外的债券累计总额不得超过其净资产的40%。

（3）限制性条款多。因为债权人没有参与企业管理的权利，为了保障债权人的安全，通常会在债券合同中包括各种限制性条款。这些限制性条款会影响企业资金使用的灵活性。

二、长期借款

长期借款是指企业向银行或非银行金融机构借入的期限在 1 年以上的借款。长期借款主要用于固定资产投资、更新改造以及研究开发投资等方面，是企业筹集长期资本的一种重要方式。

（一）长期借款的种类

按照不同的标准，长期借款可以作下列分类：

1. 根据借款用途划分，长期借款分为固定资产投资借款、更新改造借款和科研开发借款。

2. 按有无担保划分，长期借款分为信用借款和担保借款。

3. 按照偿还方式划分，长期借款分为一次性偿还的借款和分期偿还借款。

4. 按照涉及的货币种类划分，长期借款分为人民币借款和外币借款。

5. 按照资金来源划分，长期借款分为从银行借入的借款和从其他金融机构借入的借款。

（二）长期借款的基本条件

银行等金融机构为降低贷款风险，对借款企业提出了必要条件。这些条件包括：

1. 借款人应当是经工商管理机关（或主管机关）核准登记的企业法人、其他经济组织及个体工商户。

2. 遵守国家有关的政策法规和信贷制度，经营方向和业务范围符合国家产业政策。

3. 经营管理制度健全，有固定的经营场所，财务状况良好，不挤占挪用信贷资金，恪守信用，资产负债率符合贷款人的要求，有按时还本付息的能力。

4. 企业具有一定的物资和财产保证，如果由第三方担保，则担保单位应具有相应的经济实力。

5. 在银行开立基本账户或一般存款账户，通过银行办理结算。

6. 企业应经工商管理部门办理年检手续。

7. 除国务院规定外，有限责任公司和股份有限公司对外权益性投资累计额未超过其净资产的 50%。

符合以上条件的企业，如果需要资金，可向银行或非银行金融机构提出借款申请。

（三）长期借款的保护性条款

1. 一般性保护条款

具体包括以下条款:

(1)对借款企业流动资金保持量的规定,其目的在于保持借款企业资金的流动性和偿债能力;

(2)对支付现金股利和再购入股票的限制,其目的在于限制现金外流;

(3)对净经营性长期资产总投资规模的限制,其目的在于减少企业日后不得不变卖固定资产以偿还借款的可能性;

(4)限制其他长期债务,其目的在于防止其他贷款人取得对企业资产的优先求偿权;

(5)借款企业定期向银行提交财务报表,其目的在于及时掌握企业的财务情况;

(6)不准在正常情况下出售较多资产,以保持企业正常的生产经营能力;

(7)如期缴纳税费和清偿其他到期债务,以防被罚款而造成现金流失;

(8)不准以任何资产作为其他承诺的担保或抵押,以避免企业负担过重;

(9)不准贴现应收票据或出售应收账款,以避免或有负债;

(10)限制租赁固定资产的规模,其目的在于防止企业负担巨额租金以致削弱其偿债能力,还在于防止企业以租赁固定资产的办法摆脱对其净经营性长期资产总投资和负债的约束。

2.特殊性保护条款

这是指只有在特殊情况下才生效的保护性条款。包括:

(1)贷款专款专用;

(2)贷款不能用于购买有价证券、期货;

(3)限制企业高级职员的薪金和奖金总额;

(4)要求企业主要领导人在借款期内担任领导职务;

(5)规定企业的领导人员必须购买人身保险。

(四)长期借款的优点

1.有助于企业利用杠杆效应

作为债权人的银行对企业的现金流量拥有固定索取权。当企业经营状况很好时,银行只能获得固定的利息收入,而剩余的高额收益全部归股东所有,提高了每股收益。

2.可以降低信息不对称造成的问题

在企业负债融资中,债权人与债务人之间在有关借款人经营情况方面存在信息不对称。与发行债券相比,贷款银行在贷款之前可以深入借款企业调查其经营情况,发放贷款之后通过跟踪检查,也可及时了解借款企业的经营情况,有助于解决信息不对称问题,从而降低风险,降低借款人的融资成本。

3.可以加强银行对借款企业的监督

尽管债券契约和贷款合同都有对借款企业的限制条款,但是,由于银行在贷款发放以后通过对借款企业的跟踪检查,可以及时了解借款企业的经营状况,并根据发现的情况,及时采取对应的措施。与债券持有人相比,银行对借款企业的监督成本要低得多,从而也就能更好地发挥对借款企业的监督作用。

4.有利于维护借款企业的商业秘密

与发行债券相比,借款企业不用向社会公众披露筹集资本的用途,从而有助于保守投资机会的秘密,增强其市场竞争力。

5.长期借款筹资费用低、筹资速度快

与发行债券相比,向银行借款省去了债券发行的承销费等费用。而且发行债券需要一个较长的审批等待时间,而向银行借款所需时间较短。

第四节　其他资本筹集方式

现代金融工具的创新,为资本筹集提供了更多的选择方式。公司可以根据实际情况,选择更有效的融资渠道,降低筹资成本,减轻财务负担。本节主要介绍金融租赁、项目融资、可转换债券和认股权证四种方式。

一、金融租赁

(一)租赁概念及构成要素

租赁是由"租"和"赁"两个词构成的。"租"是指将物件借给他人使用而收取报酬,"赁"是指从他人手中借入物件使用而支付费用。因此,租赁是指出租人按照合同的规定,将物件在一定期限内出租给承租人使用,承租人按照约定向出租人支付租金的经济行为。

一个完整的租赁关系,主要由以下要素构成:

(1)租赁当事人。租赁的基本当事人是出租人和承租人。在融资租赁、杠杆租赁等租赁活动中,租赁当事人除了出租人、承租人外,还包括其他当事人,如供货商、贷款人等。

(2)租赁标的。在租赁业务中,由于出租的是租赁物件的使用权,因而,在理论上,可以合法转让使用权的物品都可以作为租赁标的。不过,在实务操作过程中,各国对租赁标的都有一些限制。如我国的《金融租赁公司管理办法》第3条规定:适用于融资租赁交易的租赁物为固定资产。

(3)租赁权。租赁权在性质上属于债权,它是基于租赁交易在出租人与承租人之间产生的债权债务关系

(4)租金。租金是承租人在租赁期内获得租赁物品的使用权而支付给出租人的费用。

(5)租期。租期是指出租人出让物品给承租人使用的期限。租期的长短与租赁标的的性质及租赁业务类型有关,由出租人和承租人约定。金融租赁的租期一般为5－10年。

（二）租赁的种类

1. 从租赁的目的划分,租赁分为融资性租赁和经营性租赁

（1）融资性租赁

融资性租赁是指企业通过租赁的方式获取长期所需设备以代替融资购买,从而达到融通资金、改善财务状况的目的。融资性租赁是现代租赁业务中最主要、使用最广泛的租赁形式,具有浓厚的金融业务特征。

融资性租赁具有以下特点:

①融资租赁一般涉及三方当事人,即出租人、承租人和供货商,并至少有两个以上合同,即买卖合同和租赁合同;

②承租人负责租赁设备的维修保养;

③承租人须按合同的规定,分期、足额地向出租人缴纳租金,出租人以此收回投资并获取收益;

④完全付清,即在基本租期内,设备只租给一个特定的客户使用,通过收取租金形式收回全部投资;

⑤不可撤销,即在基本租期内,租赁双方无权取消合同,任何一方违约,将课以重罚;

⑥租赁期限较长,与生产设备的使用年限基本一致;

⑦租赁期满后,承租人对设备有留购、续租和退回三种选择权。留购是指承租人按双方商定的价格把设备买下来,以此作为所有权转移的法律手段。续租是指租赁双方另行签订租赁合同,以新的较低的租金再租。退回是指承租人将设备退还出租人。

（2）经营性租赁

经营性租赁,是指企业通过租赁的方式以解决对某些大型通用设备、专用设备的一次性使用和临时性使用的需要。

经营租赁具有以下特点:

①经营性租赁只涉及两方当事人,即出租人和承租人,只签订一个合同,即租赁合同;

②不足支付。即在基本租期内,出租人只能从一个承租人手中收回设备的部分投资,收回全部投资需要通过多次租赁活动;

③租金较高。经营性租赁的出租人,不仅要负责设备的维修保养、保险,而且还要承担设备过时和闲置风险,因此,经营性租赁的租金较融资性租赁的租金要高;

④可撤销性。在一定条件下,承租人可提前解约、终止合同、退回设备或改租更先进的设备;

⑤租期较短,具体期限视承租人对租赁设备的使用期限而定。

（3）融资性租赁和经营性租赁的比较

上面对两种租赁形式的介绍可以通过表7-1加以对比。

表7－1　融资租赁和经营租赁的比较

项目	融资租赁	经营租赁
当事人	出租人、承租人、供应商	出租人、承租人
合同	购买合同、租赁合同	租赁合同
租金支付	足额支付	不足额支付
租金水平	较低	较高
设备维护保养	承租人	出租人
合同性质	不可撤销	可撤销
租赁期限	较长	较短

2.根据出租人筹措设备的资金来源和付款对象划分,金融租赁可分为直接租赁、转租赁和回租租赁

（1）直接租赁

直接租赁是指出租人自行筹措资金,向设备制造商购买设备,直接出租给承租人使用的一种租赁形式。直接租赁一般由两个合同构成,即出租人和承租人签订的租赁合同以及出租人根据承租人的要求与设备供应商签订的购货合同。这种租赁是融资租赁的主要形式,西方各发达国家的绝大部分租赁公司普遍采取这种租赁形式,我国一些资金实力雄厚的大租赁公司也采用这一形式。

直接租赁的程序如下:

①选定租赁物件及其供货商。一般讲,承租人应该注意从信誉好、产品质量高、价格低和服务周到的供货商那里选择自己所需要的设备,同时还要考虑设备的先进性和实用性。

②委托租赁。承租人选好租赁物件及其供货商后,接下来需要做的工作是选择出租人。承租人选择出租人的标准是租赁费用低、融资条件优惠、服务态度好。承租人选妥出租人后,就可向出租人提出租赁申请,填写租赁申请书或租赁委托书。

③审查受理。出租人收到承租人的租赁申请后,要对承租人的租赁申请进行审查。出租人审查的重点是承租人选定的设备的技术先进性和承租人项目投资的经济合理性。

④签订购货合同。承租人的租赁申请得到出租人的受理后,就可与供货商进行技术谈判,洽谈所需设备的规格、性能及价格、售后服务、人员培训等。技术谈判谈妥后,出租人就可与供货商进行商务谈判,商谈有关商品交易事宜,签订购货合同。目前,我国有些租赁公司为了方便起见,有的也让承租人直接与供货商签订购货合同,然后将购货合同转让给租赁公司,由租赁公司向供货商支付货款购进设备,再转给承租人使用。

⑤签订租赁合同。购货合同签订后,承租人就可与出租人签订租赁合同。

⑥融资。租赁合同签订后,出租人就要着手筹措资金。出租人购买设备所需资金,

除了自有资金外,大部分是向银行借款或者是通过金融市场筹资。

⑦交货与验收。按照购买合同规定,设备供应商应将设备运抵出租人指定的地点,然后由出租人交给承租人,或者是直接将设备运交承租人。承租人收到租赁设备后,应对设备进行验收,并向出租人开出收据。

⑧付款。按照购买合同的规定,设备交货验收后,由出租人向设备供货商支付货款,供货商开出设备发票。

⑨缴纳租金。按照租赁合同的规定,在租赁期内,承租人应分期向出租人缴纳租金。

（2）转租赁

转租赁是指出租人从一家租赁公司或者制造厂商租进一项设备后转租给用户使用的一种租赁形式。转租赁一般由三个合同组成,即租赁公司 A 作为承租人与租赁公司 B 签订租赁合同,租赁公司 A 作为出租人与承租人签订租赁合同,租赁公司 B 与供货商签订购货合同。一家租赁公司在其自身借贷能力较弱、资金来源有限的情况下,往往会采取转租赁。当一国出租人不能从本国政府获得税收优惠,而外国出租人可从所在国政府获得税收优惠时,即使是资金实力雄厚的大公司,也愿意采取转租赁,以便从外国租赁公司那里分享外国政府提供的税收优惠,以较低的成本获得租赁资产,赚取租金差额。

（3）回租租赁

回租租赁,也称售出回租租赁,是指由设备物主将自己拥有的设备卖给租赁公司,然后再从租赁公司租回使用的一种租赁形式。

（三）租金的构成及计算方法

租金是融资租赁合同中一项非常重要的内容。因为租赁双方均以盈利为目的,而租金又直接影响到利润,所以租金的确定是融资租赁交易中至关重要的问题。

通常情况下,租赁物的价值包括四部分,即租赁物件的购置成本、租赁业务的营业支出、租赁期间的利息费用和利润。

租金的计算方法有很多,最常见的是等额年金法。所谓等额年金法,是以现值理论为基础,从租赁开始的那个年份起,每隔一段时间向出租人支付等额租金的一种租金支付方式。承租人定期支付等额租金,租赁期满,出租人收取的租金现值总额应正好等于租赁设备的成本。等额年金法有期初等额年金法和期末等额年金法两种计算方法。

1. 期初等额年金法

期初等额年金,又称先付年金,租金是在租赁期开始后的每期期初支付,属于即付年金性质。假定每期利率用 i 表示,租赁资产的价值用 P 表示,租期用 n 表示,每期租金用 R 表示,根据第三章先付年金的计算方法,我们有:

$$R + \frac{R}{(1+i)^1} + \frac{R}{(1+i)^2} + \cdots + \frac{R}{(1+i)^{n-1}} = P$$

整理得到：

$$R = P \times \frac{1}{1 + PVIFA(i, n-1)}$$

式中，$PVIFA(i, n-1)$为利率 i，期限为 n-1 期的年金现值系数。

【例 7-1】某租赁公司将价值为 100 万元的一台设备出租给一生产企业使用，租期为 5 年，每年支付一次租金，租金于每期期初支付，年利率为 10%。计算承租企业每期支付的租金。

根据题意，查表得知 $PVIFA(10\%, 4) = 3.17$，则该企业每年年初支付的租金为：

$$R = P \times \frac{1}{1 + PVIFA(i, n-1)} = 100 \times \frac{1}{1 + 3.17} = 23.98(\text{万元})$$

2. 期末等额年金法

期末等额年金，即后付年金，租金是在租赁期开始后的每期期末支付，属于普通年金性质。假定每期利率 i 用表示，租赁资产的价值用 P 表示，租期用 n 表示，每期租金用 R 表示，根据第三章后付年金的计算方法，我们有：

$$\frac{R}{(1+i)^1} + \frac{R}{(1+i)^2} + \cdots + \frac{R}{(1+i)^n} = P$$

整理得到：

$$R = P \times \frac{1}{PVIFA(i, n)}$$

其中，$PVIFA(i, n)$为利率 i，期限为 n 的年金现值系数。

【例 7-2】在例 7-1 中，如果租金改在每期期末支付，其他条件不变，计算承租企业每期支付的租金。

根据题意，查表得知 $PVIFA(10\%, 5) = 3.791$，则该企业每年年末支付的租金为：

$$R = P \times \frac{1}{PVIFA(i, n)} = 100 \times \frac{1}{3.791} = 26.378(\text{万元})$$

(四)融资租赁的优点

1. 减轻购置资产的财务压力。承租人不必立即支付大量的资金就可取得所需要的资产或设备，帮助企业解决资金短缺和想要扩大生产的问题。

2. 融资租赁的成本较低。通常，政府为鼓励融资租赁业务的发展，给予出租人加速折旧、投资减免税等税收优惠，从而使得出租人在赚取合理利润的同时，可以降低租金水平，降低承租人的融资成本。

3. 减少资产折旧的风险。技术进步导致的资产的无形损耗是一种必然产生的经济现象，任何拥有设备的单位都得承担设备的无形损耗，而租赁，特别是融资性租赁，有助于减少这种损耗。

4. 融资租赁比较容易获得。金融机构的贷款条件严格，限制较多，租赁协议中各项条款的要求则宽松很多。

二、项目融资

项目融资即项目的承办人(即股东)为经营项目成立一家项目公司,以该项目公司作为借款人筹集资金,并以项目公司本身的现金流量和收益作为还款来源,以项目公司的资产作为借款的担保物。该融资方式一般应用于现金流量稳定的发电、道路、铁路、机场、桥梁等大型基建项目上。

(一)项目融资的特征

1. 项目导向

项目融资是以项目为主体安排的融资,主要是依赖项目的现金流量和资产而不是依赖于项目发起人的资信来安排融资。

2. 有限追索

传统融资方式赋予贷款人在借款人未按期偿还债务时,有权要求借款人用除抵押资产之外的资产偿还债务的权利。而项目融资则是有限追索,即贷款人只可以在某个特定阶段或者规定的范围内对借款人追索,除此之外,无论项目出现任何问题,贷款人均不能追索到借款人除该项目资产、现金流量以及所承担义务之外的任何财产。有的项目融资则是无追索,即贷款人对借款人的追索仅依赖于项目本身。

3. 风险分担

为了实现项目融资的有限追索,对于与项目有关的各种风险要素,需要以某种形式在参与者之间进行分担。一个成功的项目融资结构应该是在项目中没有任何一方单独承担起全部项目债务的风险责任。

4. 信用结构多样化

一个成功的项目融资,可以以将贷款的信用支持分配到与项目有关的各个方面。比如,在市场方面,可以要求对项目产品感兴趣的购买者提供一种长期购买合同作为信用支持;在工程建设方面,可以要求工程承包公司提供质量、技术保证合同;在原料能源供应方面,可以要求供应方保证及时供应、价格合理。

5. 非公司负债型融资

非公司负债型融资,也称为资产负债表之外的融资,是指项目的债务不体现在借款人资产负债表中的一种融资形式。如果借款人在同一时间进行多个项目,且这些项目全部反映在公司的资产负债表上,很有可能造成公司的资产负债比失衡,导致公司无法筹措新的资金,影响未来的发展能力。采用非公司负债型的项目融资则可以避免这一问题。

6. 融资成本较高

项目融资涉及面广,结构复杂,技术性强,需要大量前期工作。而且项目融资的有限追索性质也导致融资的成本要比传统融资方式高。融资成本包括融资的前期费用和利息成本。前期费用包括融资顾问费、成本费、贷款的建立费、承诺费以及法律费用等,一般占贷款金额的 0.5% ~2% 。利息一般高于同等条件公司借款的 0.3% ~1.5% 。

（二）项目融资的参与者

项目融资的参与者包括项目的发起人、项目公司、项目的贷款银行、项目的信用保证实体、项目融资顾问和有关政府机构。

项目发起人一般为股本投资者，是项目的实际投资者和真正主办人。项目公司也称项目的直接主办者，是指直接参与项目投资和管理，直接承担项目债务责任和项目风险的法律实体。项目的贷款银行是项目融资债务资金主要的提供者，可以是商业银行、非银行金融机构（如租赁公司、财务公司等），也可以是银团。项目的信用保证实体包括项目产品的购买者、项目建设的工程公司和项目设备、能源、原材料供应者。项目融资顾问包括财务与金融顾问、技术顾问、法律顾问、保险顾问及会计税务顾问等。这些参与者之间的关系可以用图 7 – 1 表示。

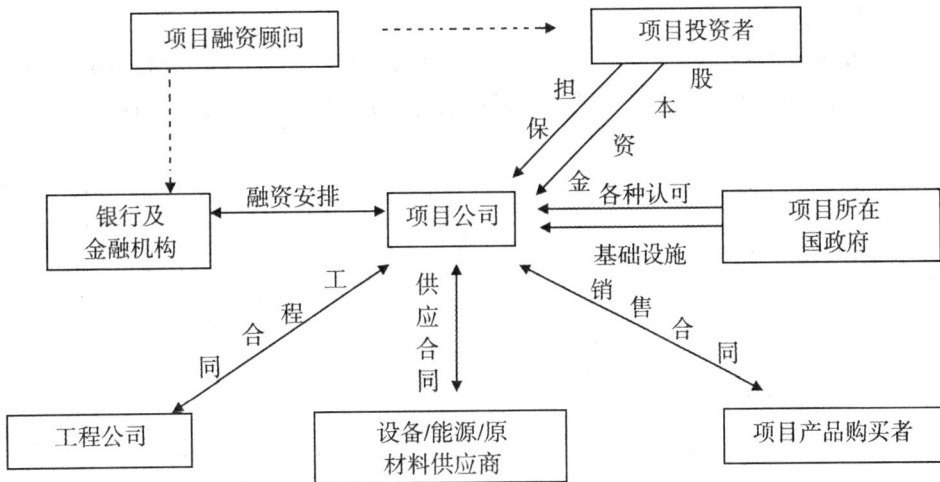

图 7 – 1　项目融资参与者之间的关系

三、可转换债券

（一）可转换债券的概念和特征

可转换债券是指债券持有人可以在特定时间,按照约定的价格将债券转换成普通股的特殊债券。可转换债券具有以下特点：

（1）债务性。与普通债券一样,可转换债券也有规定的利率和期限,投资者可以选择持有债券到期,发行公司有义务还本付息。

（2）股权性。可转换债券在转换成股票之前是普通的债券,但选择了转换之后,持有人的身份就由债权人变成了公司的股东,享有普通股股东的权益。

（3）可转换性。这是可转换债券的重要标志,它赋予了持有者一种一般债券没有的选择权。投资者可以根据公司的发展状况,选择在合适的时机,以合适的价格把债券转换成公司股票。

(二)可转换债券的构成要素

可转换债券除了具有与普通债券相同的票面金额、票面利率、到期日和选择性赎回特征外,其可转换的性质还包括以下构成要素。

1. 转换期限

转换期限是指可转换债券转换为普通股票的起始日至结束日的期间。大多数情况下,发行人都规定一个特定的转换期限,允许持有人在这个期限内将债券转换成股票。我国《上市公司证券发行管理办法》规定:"可转换公司债券的期限最短为1年,最长为6年,自发行结束之日起6个月方可转换为公司股票,转股期限由公司根据可转换公司债券的存续期限及公司财务状况确定。"

2. 转换比例或转换价格

转换价格是指可转换债券转换为每股普通股份所支付的价格,一般高于股票发行时的价格。转换比例是指每张债券可转换的普通股股数。用公式表示为:

$$转换价格 = 可转换债券面值/转换比例$$

3. 赎回条款与回售条款

赎回条款一般是当公司股票在一段时间内连续高于转换价格达到一定幅度时,公司可按照事先约定的赎回价格买回发行在外尚未转股的可转换公司债券。回售是指公司股票在一段时间内连续低于转换价格达到某一幅度时,可转换公司债券持有人按事先约定的价格将所持可转换债券卖给发行人的行为。

4. 转换价格修正条款

转换价格修正是指发行公司在发行可转换债券后,由于公司送股、配股、增发股票、分立、合并、拆细及其他原因导致发行公司股份发生变动,引起公司股票名义价格下降时而对转换价格所作的必要调整。

(三)可转换债券的价值

可转换债券是一种极其复杂的信用衍生品,除了一般的债权之外,还包含很多期权,包括转股权、回售权、赎回权以及转股价调整权。因此,可转换债券的价值组成非常复杂,其定价理论较多。国内较常用的是布莱克—舒尔茨的期权定价理论。

1. 普通债券的价值

可转换债券的普通债券价值是指债券不具有任何转换特征的前提下,在市场上将其出售的价值,也称为原始价值。与一般债券的定价原理相同,可转换债券的普通债券价值是投资者在持有期间获得的现金流的现值之和。其计算公式为:

$$债券价值 = \sum_{t=1}^{n} \frac{I_t}{(1+r_B)^t} + \frac{B}{(1+r_B)^t}$$

式中,I_t 表示第 t 期的利息,B 表示债券面值,r_B 表示市场利率。

其中,r_B 要根据和可转换债券相同风险等级的普通债券的投资收益率确定。

2. 期权价值

可转换债券的价值通常会高于普通债券价值,因为可转换债券的持有人享有选择权来作出对自己有利的策略。这种选择权是有价值的,我们可以使用期权定价的方法计算。

布莱克—舒尔茨模型是对欧式期权定价,如果可转换债券投资者提前行使选择权,一是会损失债券的利息收入,二是放弃了股票价格有可能进一步上涨的获利机会,所以大部分投资者都会选择在可转债到期时行使权利,这符合欧式期权定价的前提。我们可以用布莱克—舒尔茨模型计算可转换债券的期权价值。

另外,因为可转换债券持有人行使转换权会增加股票的数量,所以需要考虑转换权执行所包含的稀释效应。调整价值的计算如下:

$$调整后的期权价值 = 调整前期权价值 \times \frac{现有的流通股票数}{现有的流通股票数 + 新增加的流通股票数}$$

【例 7 - 3】2007 年 12 月,某公司发行的可转换债券具有以下要素特征:该债券的面值为 100 元,有 3000 万张流通在外,于 2012 年 12 月到期。该债券的票面利率为:第一年年息为 0.8%,第二年为 1.1%,第三年为 1.4%,第四年为 1.7%,第五年为 2%。同期企业债券的到期收益率为 6.6%,无风险利率为 4.18%。且规定自 2008 年 6 月至 2012 年 12 月期间的任一时间,每张可转换债券可按 20.80 元的价格进行转换。截止到 2007 年 12 月,该公司普通股价格为 20.78 元,股票价格的标准差为 0.6。公司流通在外的股票为 226630 万股。试计算该可转换债券的价值。

根据题意,首先,计算普通债券的价值。

$$债券价值 = \frac{0.8}{1.066} + \frac{1.1}{1.066^2} + \frac{1.4}{1.066^3} + \frac{1.7}{1.066^4} + \frac{2}{1.066^5} + \frac{100}{1.066^5}$$
$$= 78.29(元)$$

其次,计算转换期权的价值。

用布莱克—舒尔茨模型为该期权定价,其结果为:

$$d_1 = \frac{\ln \frac{S}{K} + (r + \frac{1}{2}\sigma^2)t}{\sigma \sqrt{t}} = 0.8259$$

$$d_2 = d_1 - \sigma \sqrt{t} = -0.5157$$
$$N(d_1) = 0.7956, N(d_2) = 0.303$$
$$C = SN(d_1) - Ke^{-rt}N(d_2) = 11.42(元)$$

然后,对股份增加引起的稀释效应进行调整。

$$转换比率 = \frac{可转换债券的面值}{转换价格} = \frac{100}{20.8} = 4.8077$$
$$新增的股票数量 = 4.8077 \times 3000 = 14423.1(万股)$$

$$调整后的\,C = 调整前的\,C \times \frac{现有的流通股票数}{现有的流通股票数 + 新增加的流通股票数}$$

$$= 11.42 \times \frac{226630}{226630 + 14423.1} = 10.74(元)$$

由于可转换债券的转换比例是 4.8077,因而每张可转换债券的期权价值为:

$$10.74 \times 4.8077 = 51.63(元)$$

最后,计算可转换债券的价值。

可转换债券的价值 = 普通债券的价值 + 转换期权的价值

$$= 78.29 + 51.63 = 129.92(元)$$

(四)发行可转换债券的原因

1. 发行可转换债券的筹资成本较低。可转换债券给予了债券持有人转换公司股票的选择权,故其利率低于相同风险条件下的不可转换债券的利率。从投资者的角度看,可转换债券一方面可以使投资者获得固定利率,另一方面又向其提供了进行债券投资或股票投资的选择权,对投资者有一定的吸引力,这也便于发行公司筹集资金。

2. 对于高成长的公司而言,发行可转换债券一方面可以降低负债利率水平,减轻财务压力,另一方面,在转换时又可以增加权益资本,满足高成长公司对资本的需求。

3. 可转换债券可以降低权益投资者和债券投资者之间的利益冲突。可转换债券持有人是公司的潜在股东,与公司有着较大的利益趋同性,因而发行可转换债券可以减少筹资中的利益冲突。

四、认股权证

(一)认股权证的概念和特征

认股权证是由公司发行的,允许持有人在指定的时间内,以确定的价格购买公司普通股的一种权利证书。

公司发行认股权证的目的是为了筹资。认股权证通常是和公司债券或优先股一起发行的,也有单独发行的。前者发行的证券称为附有认股权证债券。绝大部分的认股权证可以在二级市场单独交易。

认股权证中含有的认股权可以看做一种以普通股为标的的看涨期权。与期权一样,权证持有人在支付权利金后获得的是一种权利而非义务,而权证的发行人负有提供履约的义务。对权证持有人而言,持有认股权证和持有看涨期权的权利行使情况相同,即在股票的市场价格高于认股权证或看涨期权规定的执行价格时,持有人才会行使权利,否则,持有人就放弃这一权利。而且,两种形式给持有人带来的收益差别不大。但对于发行公司而言,认股权证和股票看涨期权存在很大不同,最关键的是:执行认股权证相当于公司增发新股,改变了公司资本结构;而看涨期权是由期权的卖方执行,属于流通市场行为,不改变公司的权益资本数额。

(二)认股权证的要素

1.认购数量:规定每一份认股权证可以认购公司发行的普通股股数,或认购一股普通股需要的认股权证份数。

2.认购价格:规定到时购买公司普通股的价格,也称为认证权的执行价格。

3.认股期限:指认股权证的有限期。在此期间,认股权证的持有者可以随时认购股票,超过此期限,认股权证将失效通常为认股权证发行后的 3 – 10 年。

4.赎回权:通常发行认股权证的公司均会制定赎回条款,即在特定情况下,公司有权赎回已发行的认股权证。

(三)认股权证的价值

1.认股权证的理论价值

认股权证的价值源于投资者预期股票的价格将超过执行价格,从而产生投资收益的机会,否则,认股权证就不具备任何价值。也就是说,如果市场价格低于等于执行价格,那么认股权证的价值为零;否则,认股权证的理论价值就是股票的市场价格与执行价格之间的差额。

在不考虑稀释效应的情况下,认股权证的理论价值由下面的公式决定:

$$TV_w = q \times (S_0 - K)$$

其中,TV_w 表示认股权证的理论价值,q 表示每份认股权证可认购的普通股数量,S_0 表示股票当前的市场价格,K 表示执行价格。

2.认股权证的市场价格

认股权证的市场价格是由市场上的供求关系决定的。由于在现实市场中,认股期限及股票价格变动性的存在,认股权证的市场价格一般会高于其理论价值,否则会出现无风险套利活动。

如果不考虑现金股利的支付,认股权证的价值可以用布莱克—舒尔茨模型进行评估。此外,认股权证的执行将会引起股票数量的增多,这意味着公司的资产和利润将由更多的股份来分摊,即出现了股权稀释。这与经典的布莱克—舒尔茨模型有所不同。但在对股权稀释情况作出调整后,布莱克—舒尔茨模型仍然可以对欧式认股权证定价。具体的调整方法为:

$$调整后的认股权证价值 = 买进期权价值 \times \frac{现有的股票数量}{现有的股票数量 + 新增加的股票数量}$$

其中,买进期权价值是通过布莱克—舒尔茨模型计算出来的欧式期权价值。

(四)认股权证融资的优缺点

1.认股权证融资的优点

从发行公司来说,其主要优点表现为:

(1)吸引投资者。认证股权为投资者提供了一个杠杆较大的理财工具,能够吸引到投资者,发行公司能够容易地筹集资金。

(2)降低筹资成本。由于认股权证具有价值,因而如果公司将认股权证和债券捆绑发行,债券的票面利率就会低于一般债券的票面利率。

(3)增加额外权益资本来源。如果持有者执行认股权证,公司可以获得额外权益资本来源。

2.认股权证融资的缺点

(1)认股权证行使的时间具有不确定性。认股权证的行使权掌握在投资者的手中,何时行使权利往往不能为公司所控制,导致公司对资本结构的调整带有被动性。

(2)稀释普通股收益。当认股权证行使时,普通股股份增多,每股收益下降,同时也稀释了原股东对公司的控制。

(3)执行价格不易确定。执行价格的计算涉及各方面,较为复杂。如果公司股票市场价格大幅度上升,会导致认股权证成本过高。

【本章小结】

1.所谓筹资方式,是指公司筹集金融资本所采取的方式,也称为融资方式。按照不同的标准,可以把筹资方式分为以下种类:

按照资本来源的方向划分,融资方式分为内源融资和外源融资。内源融资是指公司从内部筹集资本的一种融资方式,包括公司设立时股东投入的股本、折旧以及留存收益。外源融资是公司从外部其他经济主体筹集资本的一种融资方式,包括发行股票和债券、向银行借款、融资租赁等。

按照融资形成的产权关系划分,融资方式分为股权融资和债权融资。股权融资是指公司通过出售股权而向股东筹集资本的一种方式,包括IPO、增发以及配股等。债权融资是指公司通过出售债权而向债权人筹集资本的一种方式,主要有发行公司债券、向银行借款以及融资租赁等。

2.权益融资包括公开发行、私募发行和优先股融资。

公开发行包括首次公开发行和再次权益发行。首次公开发行涉及证券承销、绿鞋机制、新股定价、发行成本等问题,再次权益发行分为增发和配股两种方式,如果定价不合理,这两种方式对原股东的影响不同。

公司也可以通过私募方式发行证券,其费用较低、规模灵活、要求较宽松,但私募发行的资本成本高,证券流动性差。风险投资和私募股权投资属于比较常见的私募发行方式。

优先股是一种混合证券。在分配利润和破产清算时的顺序优于普通股,不过,优先股股东没有投票权。公司在发行优先股时,也要考虑到其缺点。

3.长期负债包括发行债券和长期借款。发行债券涉及债券的发行程序、发行价格、信用评级以及债券的限制性条款。发行债券可以降低资本成本、保护股东控制权,但发行债券会带来较大的财务压力,且筹资数额有限;长期借款是指企业向银行或非银行金融机构借入的期限在 1 年以上的借款,可以加强银行对企业的监管,减少信息不对称问题。

4. 融资性租赁是指企业通过租赁的方式获取长期所需设备以代替融资购买,从而达到融通资金、改善财务状况的目的的一种融资方式。根据出租人筹措设备的资金来源和付款对象划分,租赁可分为直接租赁、转租赁和回租租赁。项目融资以项目公司本身的现金流量和收益作为还款来源,是项目导向、风险分担、有限追索、信用结构多样化的融资方式。可转换债券是一种复杂的金融衍生品,具有债务性、股权性和可转换性,可以看做债券和期权的结合体。认股权证中含有的认股权可以看做一种以普通股为标的的看涨期权,也可以采用布莱克—舒尔茨模型进行定价。

【复习思考题】

1. 金融资本按其性质划分,可分为＿＿＿＿＿和＿＿＿＿＿。

2. 按照资本来源的方向划分,融资方式分为＿＿＿＿＿和＿＿＿＿＿。

3. 按照融资形成的产权关系划分,融资方式分为＿＿＿＿＿和＿＿＿＿＿。

4. 股票公开发行包括＿＿＿＿＿和＿＿＿＿＿。

5. 按照能否转换为股票划分,债券分为＿＿＿＿＿和＿＿＿＿＿。

6. 按照租赁的目的划分,租赁分为＿＿＿＿＿和＿＿＿＿＿。

7. 根据出租人筹措设备的资金来源和付款对象划分,租赁分为＿＿＿＿＿、＿＿＿＿＿和＿＿＿＿＿。

8. 股权融资和债权融资的特点是什么? 它们有什么区别?

9. 公开发行股票的成本有哪些?

10. 增发和配股对公司股票价格和股东价值的影响是什么?

11. 对比公募发行和私募发行的优缺点。

12. 优先股的特征有哪些? 优先股融资的利弊是什么?

13. 公司债券主要有哪些种类? 发行债券的限制性条款有哪些?

14. 长期借款的优点有哪些?

15. 融资租赁和经营租赁的区别是什么?

16. 直接租赁按怎样的程序办理?

17. 项目融资的特征是什么?

18. 可转换债券的价值受哪些因素的影响?

第八章 | **CHAPTER 8**

资本结构决策

【学习目标】

通过本章学习,熟悉资本结构以及资本结构理论的概念,了解早期的资本结构理论的基本观点,掌握财务杠杆效应;熟悉 MM 理论的假设条件;掌握无税和有税情况下 MM 理论的基本结论;掌握米勒模型和权衡理论的基本结论;熟悉影响资本结构决策的因素;掌握资本结构确定的方法。

【重要概念】

资本结构　目标资本结构　财务杠杆　资本结构理论　财务杠杆效应　财务困境成本　每股收益无差异点分析法

第七章我们阐述了公司为支撑长期资本投资必须筹集相应的长期资本,即金融资本。金融资本按其性质不同,可分为权益资本和债务资本。那么,在长期资本筹集中,权益资本应占多大比例,债务资本应占多大比例呢? 这是一个涉及资本结构决策的问题。资本结构理论对这一问题做出了回答。本章将阐述资本结构理论以及资本结构确定应考虑的因素和方法。

第一节　资本结构理论概述

在阐述资本结构理论之前,本节首先介绍资本结构的相关概念、资本结构理论的研究内容及发展情况,为阐述资本结构理论做好前期知识准备。

一、资本结构的相关概念

1. 资本结构

资本结构是指公司长期资本来源的构成及其比例关系。在资本结构理论研究中，通常的做法是将公司的资本构成抽象为普通股资本和债务资本两个方面，且债务资本仅指长期债务资本。

假设以 V 代表公司价值，E 代表权益价值，D 代表债务价值，那么，衡量资本结构的指标有：E/V 表示权益比率；D/V 表示负债比率；D/E 表示债务权益比率。

2. 财务杠杆

与资本结构相关联的另一个概念是财务杠杆。财务杠杆是指公司对债务的依赖程度。公司在它的资本结构中使用的债务资本越多，它运用的财务杠杆功能就越大。

通常，我们将无负债的公司称为无财务杠杆公司，或者是完全权益公司；将有负债的公司称为财务杠杆公司。

3. 最优资本结构

最优资本结构，也称为目标资本结构，是指能够使得平均资本成本最小的资本结构。根据公司价值估算模型，在公司未来资产带来的收入现金流量既定的情况下，最优资本结构使得公司平均资本成本最小，公司价值最大。

二、资本结构理论及其发展

(一)资本结构理论研究的内容

所谓资本结构理论是指研究资本结构与公司价值之间关系的一种理论。

1. 公司价值的估价模型：

$$V = \frac{(EBIT - I) \times (1 - T_C) + I}{K_A} = E + D$$

其中，

$$E = \frac{(EBIT - I) \times (1 - T_C)}{K_E}$$

$$D = \frac{I}{K_D}$$

2. 平均资本成本：

$$K_A = K_D \times (1 - T_C) \times \frac{D}{V} + K_E \times \frac{E}{V}$$

其中，T_C 表示公司所得税税率。

资本结构理论的一个重要假设是公司资产未来带来的息税前收益既定，以公司价值最大化为目标假设，以平均资本成本为分析基础。

(二)资本结构理论的发展

资本结构理论是公司金融研究的重要课题之一。资本结构理论的发展概况，可以

分为以下三个阶段:

第一阶段:早期资本结构理论

这一阶段的资本结构理论是指 20 世纪 50 年代以前的资本结构理论,包括净收入理论、净经营收入理论和传统理论。

第二阶段:现代资本结构理论

这一阶段的资本结构理论是指 20 世纪 50 年代以后、70 年代后期以前的资本结构理论。现代资本结构理论的核心是 MM 理论。

第三阶段:新资本结构理论

这一阶段的资本结构理论是指 20 世纪 70 年代后期以后发展起来的资本结构理论。这一时期的资本结构理论的重要特征是将信息不对称引入资本结构理论研究中。其内容包括资本结构代理成本理论、资本结构信息传递理论以及资本结构财务契约理论等。新资本结构理论属于研究生阶段的学习内容,本章不予阐述。

第二节　早期的资本结构理论

早期的资本结构理论有两个十分极端的观点。净收入理论认为公司债务融资越多,公司价值就越高;净经营收入理论认为资本成本与资本结构没有关系,因而资本结构与公司价值无关。

一、净收入理论

净收入理论是 1952 年美国经济学家大卫·杜兰特(David Durand)在《企业债务和股东权益成本:趋势和计量问题》一文中提出的,这一研究成果是早期资本结构理论研究正式开端之一。该理论认为,由于债权人有优先求偿权,债权人承担的风险比股东要低,所以债务资本成本低于权益资本成本,所以运用债务筹资可以降低公司资本的加权平均资本成本,且负债程度越高,加权平均资本成本就越低,进而公司价值就越大。当负债比率达到 100% 时,公司加权平均资本成本最低,此时公司价值达到最大,见图 8 - 1。该理论的假设前提是:(1)投资者对公司的期望报酬率 K_E(即权益资本成本)是固定不变的;(2)公司能以固定利率 K_D 无限额筹集债务资本。

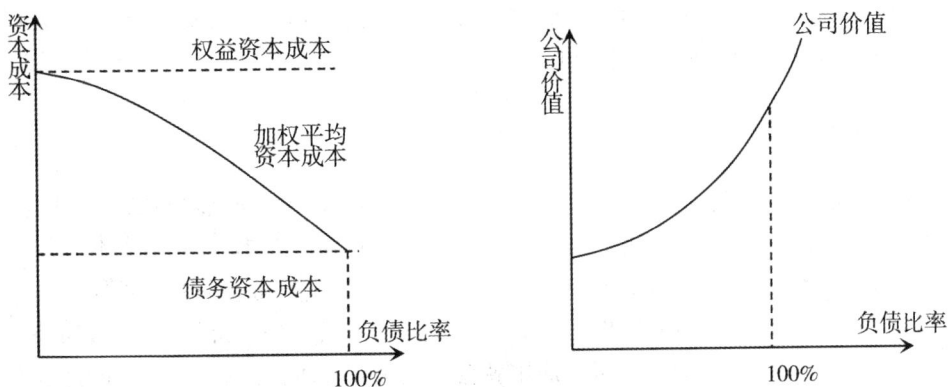

图 8 - 1 净收入理论中资本结构与资本成本及公司价值的关系图

但是,该理论假设的情况在实际中很难出现。首先,债务资本的增加,意味着财务风险增大,作为理性人的股东会要求增加报酬率 K_E;其次,由于债务增加,债权人的债权保障程度下降,风险增大,K_D 也会增加。因此,这是一种极端的资本结构理论观点,缺乏说服力。

二、净经营收入理论

该理论的基本观点是:公司的债务成本是不变的,而且不管公司财务杠杆多大,公司的加权平均资本成本也是不变的。这意味着,负债杠杆会提高股本成本,因为股东认为增加负债的同时会增加股本现金流量的风险,这会使股东要求更高的回报,使权益资本成本提高,一升一降,加权平均资本成本保持不变。

按照净经营收入理论,资本结构不会影响公司的加权平均资本成本,进而资本结构也不会影响公司价值。认为公司价值的真正决定因素是公司的净经营收入。由此可以得出,公司不存在最佳资本结构问题。如图 8 - 2 所示。

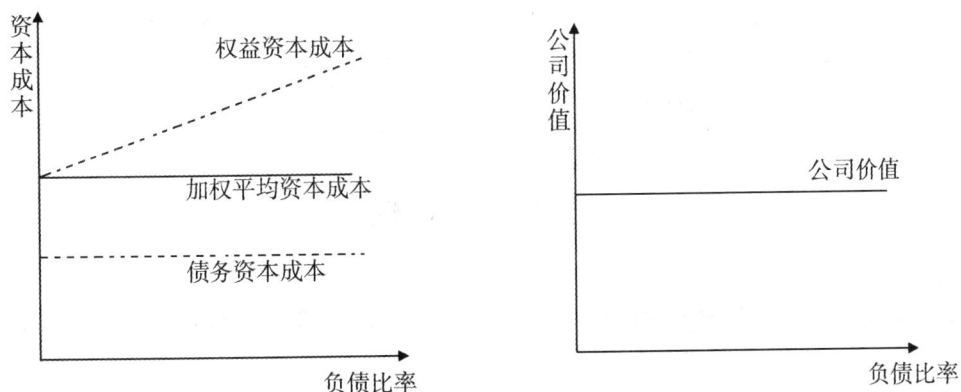

图 8 - 2 净经营收入理论中资本结构与资本成本及公司价值的关系图

与净收入理论相比,净经营收入理论是另一种极端的资本结构理论。这一理论虽然认识到债务比例的变动会影响公司财务风险,也可能影响到权益资本成本,但公司的加权平均资本成本是常数则是不可能的。

三、传统理论

除了上述两种极端的观点以外,还有一种介于这两种极端观点之间的折中理论,杜兰特称之为"传统理论"。该理论认为,公司的债务资本成本、权益资本成本和加权平均资本成本并不是一成不变的,在一定限度内公司使用债务融资是"合理和必要的",低成本的债务可以降低公司的加权平均资本成本,进而增加公司价值。但是,当债务融资超过一定限度时,增加的权益资本成本就会抵消债务成本的好处,使公司的加权平均资本成本上升,从而导致公司价值下降。所以,当公司加权平均资本成本达到最低点时,即为公司最佳的资本结构。也就是说,可以通过利用适度的财务杠杆使公司价值达到最大。如图 8 - 3 所示。

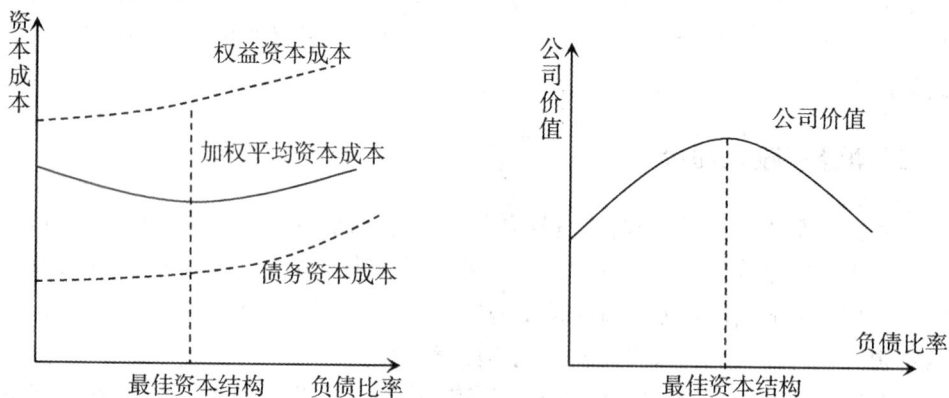

图 8 - 3 传统理论中资本结构与资本成本及公司价值的关系图

以上三种资本结构理论称为"早期资本结构理论"。它们的共同特点是:没有考虑公司所得税和个人所得税;同时考虑了资本结构对资本成本和公司价值的影响;没有经过统计数据的分析验证,没有建立在周密分析和计算的基础之上。由于这些缺陷,早期资本结构理论并没有得到理论界的认可。

第三节 MM 理论

MM 理论是莫迪格利安尼(Modigliani)和米勒(Miller)所建立的资本结构模型的简称。

美国经济学家莫迪格利安尼和米勒在 1958 年发表了论文《资本成本、公司财务和投资理论》,提出了最初的 MM 理论,这时的 MM 理论没有考虑所得税的影响,得出的结论为:公司的价值不受资本结构的影响。这一理论简洁、深刻,在理论界引起了巨大反响。此后,他们又对该理论做出了修正,加入了所得税的因素,由此而得出的结论为:企业的资本结构影响企业的总价值,负债经营将为公司带来税收节约效应。该理论为研究资本结构问题提供了一个有用的起点和分析框架。自 MM 理论提出后,西方财务理论体系中几乎各种资本结构理论都是围绕该模型的假设和命题而展开研究的。从这个意义上来说,MM 命题是现代资本结构理论的基石。

一、财务杠杆效应

假设 TA 公司当前的资本结构中没有负债。公司正在考虑发行债务以赎回部分权益。公司的资产是 800 万元,发行在外的股份是 40 万股,每股市场价值是 20 元。公司计划发行债务 400 万元,利息率是 10%。公司当前及计划的资本结构如下表 8-1。

表 8-1　TA 公司当前和计划的资本结构　　　　　　　　（单位:元）

	目前	计划
资产	8000000	8000000
债务	0	4000000
权益	8000000	4000000
债务权益比	0	1
流通股数	400000	200000
股价	20	20
利率	10%	10%

在当前的资本结构下,经营状况的变化对每股收益的影响见下表 8-2。

表 8-2　当前资本结构下经营状况变化对 EPS 的影响

	衰退		预期	扩张
ROA	5%	10%	15%	25%
EBIT	400000	800000	120000	2000000
利息	0	0	0	0
净利润	400000	800000	1200000	2000000
ROE	5%	10%	15%	25%
EPS	1	2	3	5

在计划的资本结构下,经营状况的变化对每股收益的影响见下表 8-3。

表8-3 计划资本结构下经营状况变化对 EPS 的影响

	衰退		预期	扩张
ROA	5%	10%	15%	25%
EBIT	400000	800000	1200000	2000000
利息	400000	400000	400000	400000
净利润	0	400000	800000	1600000
ROE	0	10%	20%	40%
EPS	0	2	4	8

通过前面的分析可以看出：

（1）在无负债情况下，EPS 随 EBIT 的变化而同比例变化。EBIT 由 40 万元增加到 120 万元时，即增长率为 200%，EPS 由 1 元增加到 3 元，增长率为 200%；EBIT 由 120 万元增加到 200 万元时，即增长率为 66.67%，EPS 由 3 元增加到 5 元，增长率为 66. 67%。

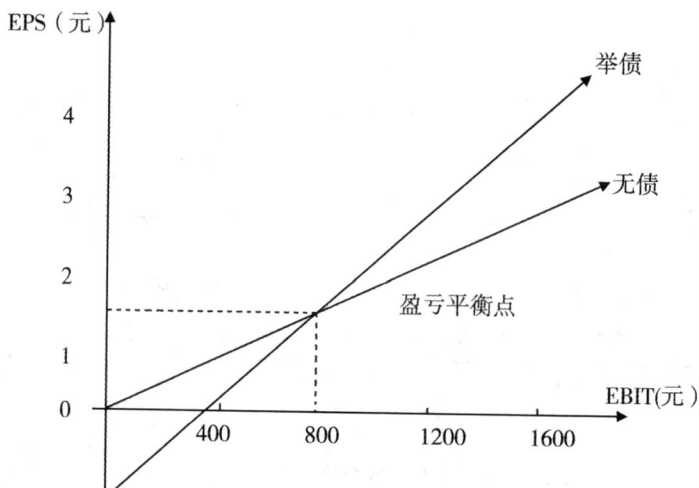

图8-4 财务杠杆:EPS 与 EBIT

（2）在有负债的情况下，EPS 随 EBIT 的变化而以更大的幅度变化。EBIT 由 40 万元增加到 120 万元时，即增长率为 200%，EPS 由 0 美元增加到 4 美元，增长率为无穷大；EBIT 由 120 万元增加到 200 万元时，即增长率为 66.67%，EPS 由 4 元增加到 8 元，增长率为 100%。这种情况称为财务杠杆效应。

（3）在有负债的情况下，ROA 等于借款利率 10%，且 EBIT 等于 80 万元时，EPS 等于 2 元，ROE 等于 10%，这种情况与公司无负债时的情况相同。当 ROA 高于借款利率 10%，EBIT 高于 80 万元时，EPS 高于 2 美元，ROE 高于 10%；反之，当 ROA 低于借款利率 10%，EBIT 低于 80 万元时，EPS 低于 2 美元，ROE 低于 10%。由此可见，公司负债融资的决策点位于 ROA 等于借款利率 10%, EBIT 等于 80 万元。这一点称为盈亏平衡点(如图 8-4 所示)。由此得出的结论是:当 ROA 等于借款利率时,借款与不借款,对股东收益不产生任何影响;当 ROA 高于借款利率时,公司负债融资有利;当 ROA 低于借款利率时,公司负债融资不利。如图 8-5 所示。

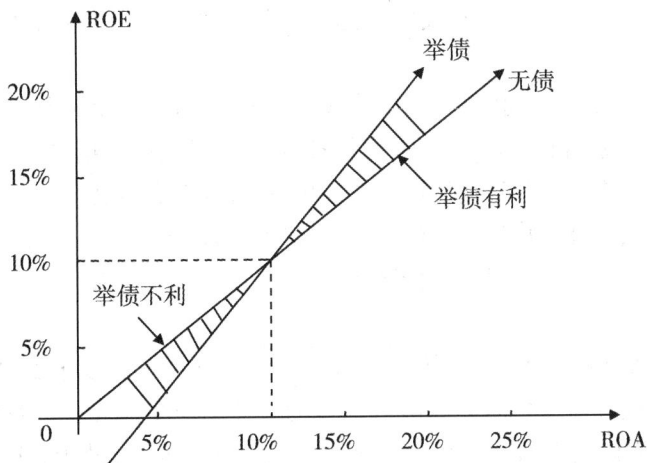

图 8-5 财务杠杆:ROE 与 ROA

二、无税的 MM 理论

无税的 MM 理论是在一系列假设前提条件下提出的。包括:

(1)公司在无税收的环境下运营,即没有公司及个人收入所得税。

(2)资本市场无摩擦。证券可以无成本地、直接地交易或买卖,没有破产成本。

(3)公司只能发行两种类型的证券,一种是有风险的股票,另一种是无风险的债券。

(4)公司和个人都能按照无风险利率借入或借出款项。

(5)现在的和未来的投资者对公司未来的息税前利润的预期是相同的。

(6)没有增长,即公司各期的息税前利润是相同的。

(7)公司的经营风险是可以衡量的,可以用息税前利润的标准差来衡量。具有相同经营风险的公司处于同类风险等级。

在上述假设条件下,MM 得出了两个重要命题:

(一)MM 命题一

命题一的内容:有负债公司价值与无负债公司价值相等。用公式表示即为:

$$V_L = V_U \qquad\qquad (8-1)$$

其中,$V_L = EBIT/K_A$, $V_U = EBIT/K_{EU}$

式中,V_L 表示有负债公司的价值,V_U 表示无负债公司的价值,K_A 表示有负债公司的平均资本成本,K_{EU} 表示无负债公司的权益资本成本。

MM 命题一的含义:

(1)公司价值取决于公司资产未来带来的预期息税前收益,而与这些资产取得的形式无关,即公司价值与资本结构无关。

(2)有负债公司的平均资本成本与无负债公司的权益资本成本相等,即资本成本与资本结构无关。

MM 命题一的证明是利用资本市场套利原理进行的。假设两个公司的预期息税前利润相同,且处于相同的风险等级,仅仅是资本结构不同,在此情况下,如果两个公司的价值不相等,资本市场上的套利活动就会发生,体现在套利者就会卖出公司价值较高的公司的股票,而买进公司价值较低的公司的股票,导致公司价值较高的公司股票价格下降,而公司价值较低的公司股票的价格上升,这一过程将一直持续到两个公司的价值完全相等为止。

例如,有两个公司 L 和 U,L 为有负债的公司,U 为无负债的公司。L 和 U 除了资本结构不同外,其他方面都相同。假设 L 公司的负债为 500 万元,负债利率为 8%,而 U 公司只有权益资本。假设两个公司的 EBIT 均为 100 万元,且处于相同的风险等级,套利之前两公司的权益资本成本均为 10%。

在零增长及无公司所得税的假设下,公司价值及股票价值的计算公式为:

$$V = E + D,$$

$$E = \frac{EBIT - DK_D}{K_E}$$

式中,V 是公司价值;E 是股票的价值;D 是债务的价值;EBIT 是息税前收益;K_D 是债务资本成本;K_E 是权益资本成本。

根据题意,有:

U 公司的股票价值 $E_U = \frac{EBIT}{K_{EU}} = \frac{100}{10\%} = 1000$(万元)

U 公司的市场价值 $V_U = E_U = 1000$(万元)

L 公司的股票价值 $E_L = \frac{EBIT - D \times K_D}{K_{EL}} = \frac{100 - 500 \times 8\%}{10\%} = 600$(万元)

L 公司的市场价值 $V_L = E_L + D = 600 + 500 = 1100$(万元)

以上计算结果表明,在套利发生之前,L 公司的市场价值高于 U 公司的市场价值。MM 理论认为,这种不均衡的状况不会长久持续下去。

假设投资者 A 拥有 L 公司 10% 的股份,市场价值为 60 万元(600 × 10%)。这时,我们假设投资者 A 作出如下行为:

(1)卖出持有的 L 公司的股票,取得 60 万元;

(2)借入 50 万元(L 公司负债总额 500 万元的 10%),使其个人负债率与 L 公司相同;

（3）买入 U 公司股票的 10%，市场价格为 100 万元（1000 × 10%）；

（4）将手中剩余现金 10 万元投资于收益率为 8% 的无风险债券，每年可获得 8000 元（10 万元 × 8%）的收入。

根据 MM 理论的假设，投资者个人的借款和公司借款的利率相同，市场条件相同。

那么，套利前后投资者 A 的年度收益情况如下表 8 - 4 所示：

表 8 - 4 套利前后收益比较

套利前的收益：	
购买 L 公司 10% 的股份	60 万元 × 10% = 6 万元
套利后的收益：	
购买 U 公司 10% 的股份	100 万元 × 10% = 10 万元
减：50 万元借款利息支出	50 万元 × 8% = 4 万元
加：10 万元债券利息收入	10 万元 × 8% = 0.8 万元
净收益：	0.8 万元

可见，经过套利过程，投资者 A 的年度收益增加了 0.8 万元，而经营风险不变。据此，MM 理论认为，套利过程必然会发生。由于套利活动，投资者卖出公司价值较高的 L 公司的股票，买进公司价值较低的 U 公司的股票，使得公司价值较高的 L 公司的股票价格因投资者卖出而下降，公司价值较低的 U 公司的股票价格因投资者买进而上升，两家公司股票的价格一升一降，最终使得两公司的市场价值趋于一致。此时，套利活动结束，市场处于均衡状态。

MM 命题一得证。

（二）MM 命题二

MM 命题二的内容：有负债公司的权益资本成本（K_{EL}）等于处于同一风险等级中的无负债公司的权益资本成本（K_{EU}）加上风险溢价。风险溢价根据无负债公司的权益资本成本（K_{EU}）与债务资本成本（K_D）之差乘以债务权益比率（D/E_L）。用公式表示即为：

$$K_{EL} = K_{EU} + (K_{EU} - K_D) \times \frac{D}{E_L} \qquad (8-2)$$

式中，D 是有负债企业的负债价值，E_L 是有负债企业的权益价值。

MM 命题二建立在命题一成立的基础上。在命题一成立的前提下，有：

$$E_L = \frac{EBIT - D \times K_D}{K_{EL}}，那么，K_{EL} = \frac{EBIT - DK_D}{E_L} \qquad (8-3)$$

由 MM 命题一知：

$$V_L = V_U = \frac{EBIT}{K_A} = \frac{EBIT}{K_{EU}}，$$

由于 $V_L = E_L + D$, 而 $E_L + D = \dfrac{EBIT}{K_{EU}}$

所以, $EBIT = K_{EU} \times (E_L + D)$ $\hspace{3cm}$ (8-4)

将(8-4)式代入(8-3)式, 得:

$$K_{EL} = \frac{K_{EU} \times (E_L + D) - D \times K_D}{E_L}$$

$$= K_{EU} + K_{EU} \times \frac{D}{E_L} - K_D \times \frac{D}{E_L}$$

$$= K_{EU} + (K_{EU} - K_D) \times \frac{D}{E_L}$$

MM 命题二得证。

MM 命题二的含义是:

(1)有负债公司的权益资本成本随负债率的上升而上升。

(2)权益资本的风险取决于两个因素:公司经营风险和财务风险。经营风险决定 K_{EU}, 财务风险决定 $(K_{EU} - K_D) \times (D/E_L)$。

在本书第五章我们介绍过:经营风险是指公司经营所固有的风险,经营风险的大小取决于公司资产的系统风险。财务风险是指公司利用负债筹资所产生的额外风险。在无负债的情况下,公司股东要求的预期收益率也就等于公司资产的收益率,即 $K_{EU} = R_A$。在有负债的情况下,由于债务筹资增加了股东的风险,所以,对于负债公司而言,股东必然要求一部分额外的报酬率,这部分额外的报酬率是负债率的增函数。

结合 MM 理论来看,对无负债公司而言,股东面临的仅仅是经营风险,其要求的预期收益率仅仅取决于经营风险。对有负债公司而言,股东在面临经营风险的基础上,又增加了财务风险,因此,其要求的预期收益率也就取决于经营风险和财务风险。

根据命题一,我们可以得出这样的推论:不考虑税收时,有负债公司的加权平均资本成本必定总是等于无负债公司的权益资本成本,即 $K_A = K_{EU}$。

这一推论的证明过程如下:

根据加权平均资本成本的计算公式,有:

$$K_A = K_{EL} \times \frac{E_L}{V} + K_D \times \frac{D}{V}$$

由于:

$$K_{EL} = K_{EU} + (K_{EU} - K_D) \times \frac{D}{E_L}$$

所以,有

$$K_A = \left[K_{EU} + (K_{EU} - K_D) \times \frac{D}{E_L} \right] \times \frac{E_L}{V} + K_D \times \frac{D}{V}$$

$$= K_{EU} \times \frac{E_L}{V} + (K_{EU} - K_D) \times \frac{D}{V} + K_D \times \frac{D}{V}$$

$$= K_{EU} \times \frac{E_L}{V} + K_{EU} \times \frac{D}{V}$$

$$= K_{EU}$$

这一推论表明:有负债公司的加权平均资本成本固定不变,与资本结构无关。这一推论该如何解释呢?

对于无负债公司而言,由于全部资产由权益资本形成,资产带来的收益全部由股东享有,从而其权益资本成本等于公司的资产收益率,即 $K_{EU} = R_A$。

对于有负债公司而言,由于全部资产由权益资本和债务资本形成,从而资产带来的收益也就由股东和债权人享有。又由于公司对外负债的前提是资产收益率高于债务利率,因此,债务资本按照资产收益率带来的收益超过债务利息的差额也就由股东享有,从而股东获取的收益除了权益资本按照资产收益率计算的收益外,还包括债务资本带来的超额收益,用相对数表示,即股东要求的收益率等于资产收益率加上负债带来的超额收益率。用公式表示为:

$$K_{EL} = K_{EU} + (K_{EU} - K_D) \times \frac{D}{E_L}$$

$$= R_A + (R_A - K_D) \times \frac{D}{E_L}$$

以上分析表明,就有负债公司而言,便宜的负债给公司带来的收益被股东权益资本成本的上升所抵消,最后使得有负债公司的平均资本成本等于无负债公司的权益资本成本。

下面我们以前面的 TA 公司预期情况下的数据为例来说明无公司所得税时有负债公司的平均资本成本与无负债公司的权益资本成本相等。

TA 公司的总资产为 8000000 元,资产收益率为 15%,息税前收益为 120000 元。

在无负债的情况下:

权益资本成本 $K_{EU} = 120000/8000000 = 15\%$,权益资本成本等于资产收益率。

在有负债的情况下:

负债为 4000000 元,债务资本成本 $K_D = 10\%$,

负债带来的超额收益 $= 4000000 \times (15\% - 10\%) = 200000$(元),

权益收益率 $K_{EL} = (4000000 \times 15\% + 200000)/4000000 = 20\%$

平均资本成本 $K_A = 20\% \times 50\% + 10\% \times 50\% = 15\%$,

由此可见,有负债公司的平均资本成本与无负债公司的权益资本成本、资产收益率相等。

MM 命题一和命题二可以用图 8-6 表示。

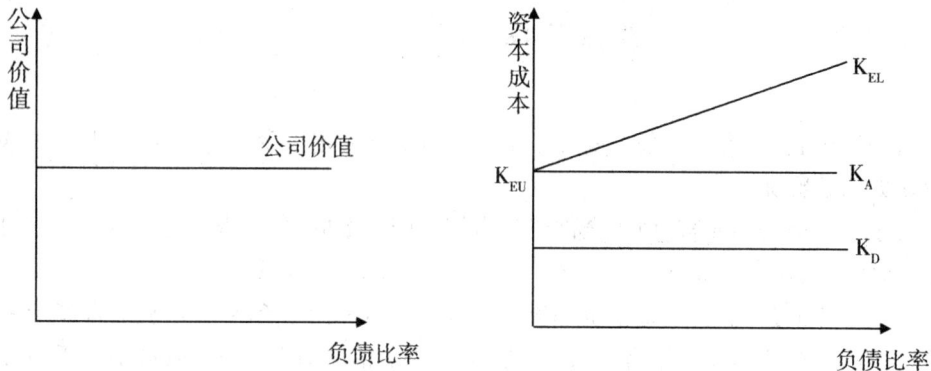

图 8 − 6 无税时的 MM 理论

注：

1. K_A 是公司的加权平均资本成本，在无税时，有负债公司的 K_A 等于无负债公司的 K_{EU}。K_{EU} 是一个点，而 K_{EL}，K_D 和 K_A 是整条线。

2. 有负债公司的权益资本成本 K_{EL} 与公司的负债比率正相关，而公司的加权平均资本成本 K_A 与负债比率无关。

(三)对无税时 MM 定理的认识

1. MM 命题一是 MM 定理的基石，MM 命题二是在 MM 命题一的基础上得出的。

2. 在公司永续存在的假设下，决定公司价值的因素有两个：一是资产未来带来的 EBIT，二是投资者要求的预期收益率，即资本成本。

EBIT 是公司资产带来的，与资本结构无关，资本结构对 EBIT 的影响仅仅体现在对 EBIT 分配的影响，即在无负债情况下，仅有股东分享 EBIT，在有负债的情况下，股东和债权人按其投资比例分享 EBIT。

资本成本是投资者要求的预期收益率，是投资风险的函数，因此，在既定的风险等级下，投资者面临的风险相同，其要求的预期收益率也相同。具体说来，就处于相同经营风险等级的公司而言，无论公司有负债还是无负债，股东对经营风险都有相同的预期收益率要求。相对于无负债公司而言，有负债公司的股东增加了财务风险，其要求的预期收益率也就增加了财务风险报酬率。也就是说，权益资本成本与资本结构有关。

如前面的分析，股东要求的财务风险报酬等于便宜的负债带来的超额收益，最终使得公司的平均资本成本不变，等于公司的资产收益率。可见，公司的加权平均资本成本与资本结构无关。

以上分析表明，EBIT 与资本结构无关，加权平均资本成本与资本结构无关，从而公司价值与资本结构无关，也就是说，决定公司价值的核心因素是 EBIT。

三、有公司税时的 MM 理论

上述 MM 理论假设没有公司所得税，这一假设与现实相差甚远，公司支付的债务利息可以抵减应纳税额,所以税收的存在会影响公司价值。为此,MM 于 1963 年在《美国经济评论》上发表了一篇《企业所得税和资本成本:一项修正》的文章,对无公司所得税的 MM 理论进行了修正,得出了与无税时截然不同的两个命题。考虑公司所得税时 MM 定理的两个命题如下:

(一)MM 命题一

MM 命题一的内容是:有负债公司的价值等于处于相同风险等级的无负债公司的价值加上负债的节税价值。用公式表示即为:

$$V_L = V_U + T_C D \tag{8-5}$$

式中,$V_U = EBIT \times (1 - T_C)/K_{EU}$,$T_C$ 表示公司所得税税率,D 表示公司负债价值。

对于有负债的公司而言,由于负债利息是在税前列支,负债使得公司应税所得额减少,进而缴纳的所得税减少,这一现象称为"税盾效应"或"节税效应",节省下来的税收利益增加了公司的现金流量。由于这部分现金流量是债务资本带来的,用债务资本成本将其贴现为现值,即是节税价值。假设公司负债是永久性的,节税价值的计算公式为:

$$节税价值 = D \times K_D \times T_C/K_D = T_C D$$

有公司所得税时的 MM 命题一的含义是:(1)由于负债利息在税前列支,因此,负债能够带来节税利益,具有节税效应;(2)负债带来的节税利益增加了公司价值,在数额上等于节税额的现值;(3)公司负债越多,负债带来的节税价值越大,公司价值越高,最优资本结构是 100% 的债务。

有公司所得税时的 MM 命题一可结合下例证明:

假设有 L 和 U 两个公司,两个公司除了资本结构外,其他方面均相同。L 为有负债公司,负债为 1000 万元,利率为 10%,U 为无负债公司。两公司的 EBIT 均为 1000 万元,所得税税率为 30%。有关财务数据见表 8-5。

表 8-5　U 公司和 L 公司财务数据计算表　　　　单位:万元

	U 公司	L 公司
息税前收益(EBIT)	1000	1000
利息	0	100
应税利润	1000	900
所得税	300	270
净利润	700	630
来自资产的现金流量(EBIT - 税)	700	730
流向股东和债权人的现金流量	700	730

从表 8-5 我们看到,资本结构对公司的影响体现在:

231

（1）来自资产的现金流量不同。有负债公司的现金流量大于无负债公司的现金流量，其差额为30万元，这30万元正好是有负债公司相对于无负债公司少交的所得税，即负债的节税收益。

（2）流向投资者的现金流量不同。有负债公司股东和债权人获得的现金流量的和为730万元，高于无负债公司股东获得的现金流量700万元，两者之差的30万元就是负债的节税收益。

如果我们假设债务是永续的，相同的30万元节税收益每年都会发生，而且由于节税收益是因支付利息所产生的，所以它的风险和债务一样，10%就是适用的贴现率。这样，节税收益的现值为：$PV = 30/10\% = 300$（万元）。

（3）公司的价值不同。假设公司U的资本成本为10%，那么，U公司的价值为：

$$V_U = EBIT \times (1 - T_C)/K_{EU}$$
$$= 1000 \times (1 - 30\%)/10\%$$
$$= 7000（万元）$$

如前所述，有负债公司通过节税收益增加公司价值，只需要将这部分节税收益加到无负债公司的价值上，就可以得到有负债公司的价值：

$$V_L = V_U + T_C D = 7000 + 300 = 7300（万元）$$

MM命题一可用图8－7表示如下：

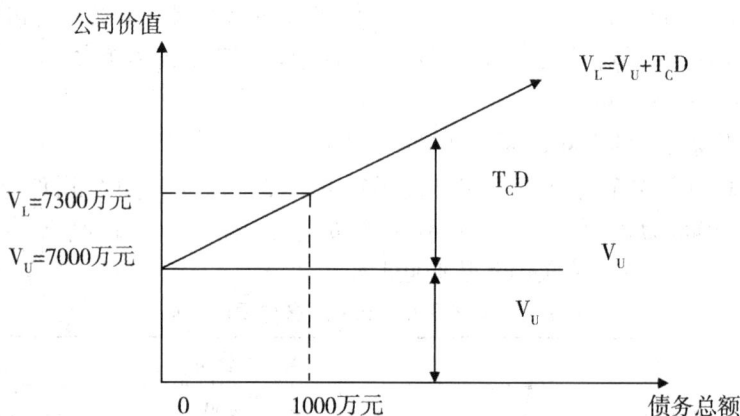

图8－7 有公司所得税时的MM命题一

（二）MM命题二

MM命题二的内容是：有负债公司的权益资本成本（K_{EL}）等于处于同一风险等级的无负债公司的权益资本成本（K_{EU}）加上一定的风险报酬率。风险报酬率根据无负债公司的权益资本成本（K_{EU}）与债务资本成本（K_D）之差、债务权益比（D/E_L）和所得税率（T_C）所确定。用公式表示即为：

$$K_{EL} = K_{EU} + (K_{EU} - K_D) \times (1 - T_C) \times \frac{D}{E_L} \tag{8-6}$$

MM 命题二建立在命题一成立的基础上。在命题一成立的前提下,有:

$$V_L = V_U + DT_C$$

$$V_U = V_L - D \times T_C = E_L + D - D \times T_C = E_L + (1 - T_C) \times D$$

由于 $V_U = \dfrac{EBIT \times (1 - T_C)}{K_{EU}}$,所以,$K_{EU} = \dfrac{EBIT \times (1 - T_C)}{V_U}$

整理得:

$$
\begin{aligned}
EBIT \times (1 - T_C) &= K_{EU} \times V_U \\
&= K_{EU} \times [E_L + (1 - T_C) \times D] \\
&= K_{EU} \times E_L + K_{EU} \times (1 - T_C) \times D \quad (8-7)
\end{aligned}
$$

由于

$$E_L = \frac{(EBIT - K_D \times D) \times (1 - T_C)}{K_{EL}}$$

所以

$$K_{EL} = \frac{(EBIT - K_D \times D) \times (1 - T_C)}{E_L} \quad (8-8)$$

将(8-7)式代入(8-8)式,得到:

$$
\begin{aligned}
K_{EL} &= \frac{EBIT \times (1 - T_C) - K_D \times D \times (1 - T_C)}{E_L} \\
&= \frac{K_{EU} \times E_L + K_{EU} \times (1 - T_C) \times D - K_D \times D \times (1 - T_C)}{E_L} \\
&= K_{EU} + (K_{EU} - K_D) \times (1 - T_C) \times \frac{D}{E_L}
\end{aligned}
$$

MM 命题二证毕。

MM 命题二(有税)的含义与 MM 命题二(无税)的含义基本相同,只是在数值上变小了,因为公式(8-6)与公式(8-2)相比,风险报酬乘以(1 - T_C),由于(1 - T_C) < 1,因此,有税时的风险报酬率低于无税时的风险报酬,从而有税时的权益资本成本小于无税时的权益资本成本。

下面来分析有负债公司的加权平均资本成本。

根据加权平均资本成本的公式,有:

$$K_A = K_{EL} \times \frac{E_L}{V_L} + K_D \times (1 - T_C) \times \frac{D}{V_L}$$

由于

$$K_{EL} = K_{EU} + (K_{EU} - K_D) \times (1 - T_C) \times \frac{D}{E_L}$$

所以,

$$K_A = \left[K_{EU} + (K_{EU} - K_D) \times (1 - T_C) \times \frac{D}{E_L} \right] \times \frac{E_L}{V_L} + K_D \times (1 - T_C) \times \frac{D}{V_L}$$

$$= K_{EU} \times \frac{E_L}{V_L} + (K_{EL} - K_D) \times (1 - T_C) \times \frac{D}{V_L} + K_D \times (1 - T_C) \times \frac{D}{V_L}$$

$$= K_{EU} \times \frac{E_L}{V_L} + K_{EU} \times (1 - T_C) \times \frac{D}{V_L}$$

$$= K_{EU} \times (\frac{E_L}{V_L} + \frac{D}{V_L} - T_C \times \frac{D}{V_L})$$

$$= K_{EU} \times (1 - \frac{D}{V_L} \times T_C)$$

上式表明,在有公司所得税的情况下,K_A 随着负债率的提高而降低,即有负债公司的平均资本成本(K_A)是负债率(D/V_L)的反函数。这一公式又称为"MM 的平均资本成本公式"。

MM 命题二(有税)可以用图 8 - 8 表示:

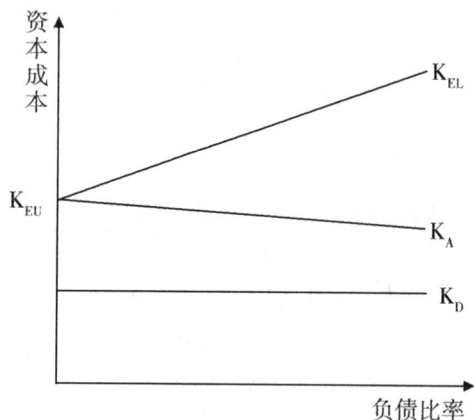

图 8 - 8　有所得税时,负债对资本成本的影响

注:

(1)K_{EU} 是一个点,而 K_{EL},K_D 和 K_A 是整条线。

(2)在有公司所得税的情况下,债务相对权益而言具有抵税的优惠,所以 K_A 会随着负债的增加而降低。

下面我们根据前面的例题来说明有公司所得税时有负债公司的平均资本成本随负债率的提高而降低的情况。

假设 U 公司的权益资本成本 $K_{EU} = 14\%$,计算 U 公司和 L 公司的价值和资本成本。

U 公司的价值:

$$V_U = \frac{EBIT \times (1 - T_C)}{K_{EU}} = \frac{1000 \times (1 - 30\%)}{14\%} = 5000(万元)$$

L 公司的价值:

$$V_L = V_U + T_C \times D = 5000 + 30\% \times 1000 = 5300(万元)$$

L 公司的权益价值:

$$E_L = V_L - D = 5300 - 1000 = 4300（万元）$$

L 公司的权益资本成本：

$$K_{EL} = K_{EU} + (K_{EU} - K_D) \times (1 - T_C) \times \frac{D}{E_L}$$

$$= 14\% + (14\% - 10\%) \times (1 - 30\%) \times \frac{1000}{4300}$$

$$= 14\% + 0.65\%$$

$$= 14.65\%$$

那么，L 公司的加权平均资本成本：

方法一：根据加权平均资本成本的计算公式，

$$K_A = K_{EL} \times \frac{E_L}{V_L} + K_D \times (1 - T_C) \times \frac{D}{V_L}$$

$$= 14.65\% \times \frac{4300}{5300} + 10\% \times (1 - 30\%) \times \frac{1000}{5300}$$

$$= 11.89\% + 1.32\%$$

$$= 13.21\%$$

方法二：根据 MM 平均资本成本的计算公式，

$$K_A = K_{EU} \times (1 - \frac{D}{V_L} \times T_C)$$

$$= 14\% \times (1 - \frac{1000}{5300} \times 30\%)$$

$$= 13.21\%$$

四、对 MM 理论的评价

MM 理论的结论简单直观,但这些结论是在一系列完美市场假设下得出的。这些苛刻的假设在现实中有些很难实现,这也导致 MM 理论缺乏实证检验的支撑。人们对 MM 理论的质疑主要是因为其许多不符合实际的假设。

（1）MM 理论中的一个关键假设是公司和个人都能按照相同的无风险利率借入或借出款项,但实际上,个人借款一般比公司借款成本高,风险大。

（2）MM 理论假设不存在交易成本,资金可以自由转移。但交易成本是不可避免的,这会使得套利活动受到限制。

（3）MM 理论不考虑破产成本与代理成本,但现实中,负债增加会带来破产成本和代理成本,公司必须衡量负债的抵税效应带来的公司价值的增加与负债破产成本和代理成本带来的公司价值的减少。这个内容将会在下一节介绍。

（4）债务节税效应的不确定性。MM 理论假设公司的 EBIT 和节税效应是永续的,忽略了实际中会有众多因素影响到节税效应:如果公司的 EBIT 较低或者为负数,甚至公司进入破产清算状态,则节税效应会变小或者消失;如果因为大量负债导致利息流出过多影响到公司流动性,则公司的正常经营会受到影响;如果税率发生变化,节税效应也会变得不确定;另外,还可能存在"税盾过剩"的问题,除了债务利息具有抵税的优惠外,租赁、国外投资、高折旧率等都会带来节税效应,这使得债务的节税效应可能会打折扣。

从 MM 理论的结论来看,无税时的 MM 理论认为公司负债比率与公司价值无关,因此公司不必考虑资本结构;有税时的 MM 理论认为公司的最优负债率为 100%,此时公司价值最大,这也不符合现实情况。这样看起来,MM 理论似乎是一堆无用的理论。

但是,MM 理论的周密逻辑是毋庸置疑的,MM 理论的精髓是能够从数量上揭示资本结构的最本质问题——资本结构与企业价值的关系。许多理论都是在 MM 理论的基础上发展起来的,没有 MM 理论,也就不会有后来的资本结构理论的各种流派。因此,MM 理论具有开拓性的作用,为现代财务管理理论的发展做出了重要贡献。

第四节　米勒模型和权衡模型

MM 理论发表之后,许多学者从不同角度对这一理论进行了修正,由完善资本条件下的 MM 理论逐渐形成了含个人税的米勒模型和考虑财务困境成本的权衡理论。

一、米勒模型

修订的 MM 理论将公司所得税纳入了公司价值的估算模型,但是,仍未考虑个人所得税,而且实际操作中的股票收益所得税税率与债券利息所得税税率又不一致。为此,1976 年,米勒在美国财务联合会上所做的一次报告中提出了将公司所得税和个人所得税都包括在内的公司价值估算模型,这就是米勒模型。

假设股东个人税率为 T_E(股票收益包括股利和资本利得两部分,此处的股东个人税率为加权平均的股利和资本利得税率),债权人的个人税率 T_D,公司所得税税率为 T_C,无负债公司的价值为 V_U,有负债公司的价值为 V_L。

在同时考虑公司所得税和个人所得税的情况下,有负债公司股东所获得的现金流量为:

$$(EBIT - D \times K_D) \times (1 - T_C) \times (1 - T_E)$$

有负债公司债权人所获得的现金流量为:

$$(D \times K_D) \times (1 - T_D)$$

因此,所有投资者获得的现金流量为:

$$(EBIT - D \times K_D) \times (1 - T_C) \times (1 - T_E) + (D \times K_D) \times (1 - T_D)$$

将上式变形,得:

$$EBIT \times (1 - T_C) \times (1 - T_E) + D \times K_D \times (1 - T_D) \times \left[1 - \frac{(1 - T_C) \times (1 - T_E)}{(1 - T_D)}\right]$$

　　上式中的第一项为公司所得税和个人所得税后的无负债公司的现金流量,计算这部分现金流量的现值应当用个人所得税后的无负债公司的权益资本成本作为贴现率,计算出来的现值也就是无负债公司的价值;第二项是扣除所有税收因素之后的负债节税收益,计算其现值应使用个人税后的债务资本成本作为贴现率,计算出来的现值也就是负债的节税价值。即:

$$V_L = \frac{EBIT \times (1-T_C) \times (1-T_E)}{K_{EU} \times (1-T_E)} + \frac{D \times K_D \times (1-T_D)}{K_D \times (1-T_D)} \times \left[1 - \frac{(1-T_C) \times (1-T_E)}{(1-T_D)} \right]$$

$$= V_U + D \times \left[1 - \frac{(1-T_C) \times (1-T_E)}{(1-T_D)} \right]$$

　　这就是考虑公司税和个人税的米勒模型。

　　式中,$D \times \left[1 - \frac{(1-T_C) \times (1-T_E)}{(1-T_D)} \right]$代表负债的节税价值,它相当于有公司所得税时的 DT_C。

　　(1)如果 $T_E = T_D = T_C = 0$,那么,$V_L = V_U$,这就是无公司所得税时的 MM 命题一。

　　(2)如果 $T_E = T_D = 0$,那么,$V_L = V_U + D \times T_C$,这就是有公司所得税时的 MM 命题一。

　　(3)如果 $T_E = T_D$,那么,$V_L = V_U + D \times T_C$,这也与有公司所得税时的 MM 命题一相同。

　　(4)如果$(1-T_C) \times (1-T_E) = (1-T_D)$,那么,$V_L = V_U$,有负债公司的价值等于无负债公司的价值,这意味着负债的节税效应正好被个人所得税所抵消,财务杠杆不发挥任何效应。

　　(5)如果 $T_E < T_D$,来自债务的节税收益就会减少。如果 $T_E > T_D$,来自债务的节税收益就会增加。

　　【例8-3】假设某公司的息税前收益为100000元,公司税率为35%,投资者对公司税后收益要求的贴现率是15%,个人权益收益税率为12%,个人利息税率为28%。现在考虑以10%的利率借入120000元。

　　(1)完全权益时的公司价值为:

$$V_U = \frac{100000 \times (1-35\%)}{15\%} = 433333(元)$$

　　(2)变为负债公司时的公司价值为:

　　①只考虑公司税时的公司价值为:

$$V_L = 433333 + 35\% \times 120000 = 475333(元)$$

　　②同时考虑公司税和个人税时的公司价值为:

$$V_L = 433333 + \left[1 - \frac{(1-35\%)(1-12\%)}{(1-28\%)} \right] \times 120000 = 458000(元)$$

　　以上计算表明,在只考虑公司所得税时,公司价值为475333元,比无负债时的公司价值高出约42000元,这42000元即是负债带来的节税价值。

在同时考虑公司所得税和个人所得税时,公司价值变为458000元,比只考虑公司所得税时的公司价值475333元少了约17333元,但仍比无负债时的公司价值433333万元高出约24667元,这说明在个人利息税率高于个人权益收益税率时,负债的节税效应减弱。

如果个人权益收益税率为28%,而个人利息税率为12%,那么,公司价值为:

$$V_L = 433333 + [1 - \frac{(1-35\%)(1-28\%)}{(1-12\%)}] \times 120000 = 488053(元)$$

在这种情况下,公司价值为488053元,比只考虑公司所得税时的公司价值475333元高出了12720元,这说明,在个人权益收益税率高于个人利息税率时,负债的节税效应增强。

以上计算结果可通过现金流量变化予以验证,如表8-6所示:

表8-6 现金流量对比
单位:元

项目	无负债	有负债
EBIT	100000	100000
利息	0	12000
税前利润	100000	88000
公司所得税(35%)	35000	30800
净利润	65000	57200
股东和债权人的总现金流量	65000	69200
股利	65000	57200
股利的个人税(12%)	7800	6864
个人税后股利	57200	50336
利息	0	12000
利息的个人税(28%)	0	3360
个人税后利息	0	8640
个人税后的股东和债权人的总现金流量	57200	58976

表8-6计算结果表明,在只考虑公司所得税时,投资者获取的现金流量在有负债时为69200元,在无负债时为65000元,前者高出后者4200元,这4200元正好是12000元利息税前列支而少交的所得税(35000-30800=4200元)。

在同时考虑公司所得税和个人所得税时,投资者获取的现金流量在有负债时为58976元,在无负债时为57200元,前者高出后者1776元,这1776元正好是无负债时的公司所得税和个人所得税之和42800元(35000元+7800元=42800元)与有负债时的公司所得税和个人所得税之和41024元(30800+6864+3360=41024元)的差1776元(42800-41024=1776元)。这说明,在个人利息税率高于个人权益收益税率时,负债带来的节税收益减少了。

238

第八章　资本结构决策
DIBAZHANG ZIBEN JIEGOU JUECE

二、权衡模型

(一)财务困境成本

MM 理论是在负债无破产成本的假设下得出的。具体说来,当公司的资产价值等于负债价值时,公司就破产了。此时,股东权益价值为零,公司的控制权就由股东转向债权人,这种控制权的转移不发生任何成本,而且债权人也没有任何损失。

但事实上,有负债公司一旦破产,各式各样的费用就会发生。即使公司还没有破产,但在履行还本付息义务出现严重问题时,与财务拮据相关的财务困境成本就会发生。我们把财务困境成本分为以下种类:

1.财务困境的直接成本

财务困境的直接成本一般指破产成本,包括破产过程中发生的、与清偿或重组相关的法律、会计和管理费用,以及公司破产引发的无形资产损失。

由于这些成本费用的存在,公司资产的一定比例就会在破产的法律过程中"消失",从而债权人不会得到所有被欠的款项。

2.财务困境的间接成本

财务困境的间接成本则指财务困境对企业经营能力的伤害,包括公司在处于财务困境但尚未破产时在经营管理方面遇到的各种困难和麻烦,比如融资困难,还包括由于债权人的介入导致的管理决策权部分丧失、投资决策行为的偏离所造成的公司价值的降低。

3.代理成本

在本章中,代理成本是指债权人为保护自身利益,防止公司股东的利己策略对公司经营做出的种种限制或者提高利率,由此给公司增加的费用或机会成本。

对于陷入财务困境的公司来说,股东和债权人的行为动机是不同的。从股东的角度来看,一旦公司发生破产,股东就会丧失对公司的控制权,因此,当公司陷入财务困境时,股东可能会采取三种损害债权人的利己策略:(1)冒高风险的动机:以牺牲债权人利益的方式投资高风险项目,争取公司生存下来,避免破产;(2)倾向于投资不足的动机:如果不能阻止破产,即使项目的净现值大于零,股东也没有投资的动力;(3)在财务困境时期支付额外股利或者其他分配项目,剩余给债权人的较少。从债权人的角度来看,他们关心的是如何保护公司资产的价值,并试图从股东手中拿到控制权,因此,他们有强烈的动机寻求通过破产来保护他们的利益,防止股东再浪费公司的资产。股东和债权人之间的抗争是旷日持久的,特别是在公司出现财务困境时期,并且潜藏着相当昂贵的法律较量。

(二)权衡模型

根据 MM 理论,负债具有节税效应,能增加公司价值,这是负债所具有的正效应。

同时也应看到,负债还有可能使公司发生财务拮据,产生财务困境成本,这是负债所具有的负效应。在较低的债务水平下,公司发生财务困境和破产的概率较低,债务带来的节税价值高于它的财务困境成本;在较高的债务水平下,公司发生财务困境和破产的概率就会提高,债务带来的节税价值可能不足以抵消财务困境成本。因此,最优的负债水平是负债的边际节税效应等于负债的边际财务困境成本。公司的资本结构可以看成是税收利益与财务困境成本的权衡,这种收益与成本的权衡导致最优资本结构,这就是权衡理论的主要思想。

根据有公司税时的 MM 模型,将财务困境成本考虑进来,负债公司的价值估价模型可修正为:

$$V'_L = Vu + T_C D - FPV \qquad (8-9)$$

式中,V'_L 为考虑财务困境成本的公司价值;FPV 为预期财务困境成本的现值。

式(8-9)即是权衡模型。该模型可以用图 8-9 表述。

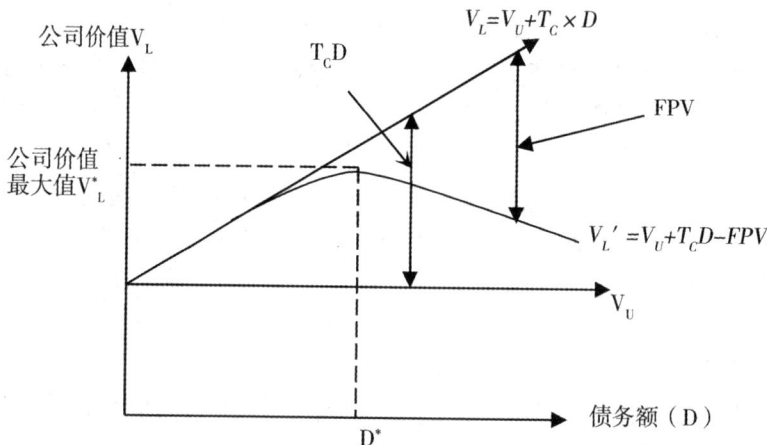

图 8-9 权衡模型

当公司负债额达到 D^* 点时,负债的边际利益与负债的边际财务困境成本达到均衡,负债的净利益达到最大,公司价值达到最大值 V_L^*,因此,D^* 点即为最优负债金额。

根据 MM 理论,在 D^* 点公司价值最大,那么,在这一点,平均资本成本 K_A^* 也是最低的,与 D^* 点相对应的资本结构(D^*/E^*)就是最优的资本结构。见图 8-10。

需要说明的是,在债务权益比率达到 D^*/E^* 之前,由于税后债务成本比权益成本便宜,所以平均资本成本是下降的;当债务权益比率达到 D^*/E^* 之后,虽然债务成本比权益成本便宜,但是,财务困境成本会随之增加,对较低的债务起到抵消作用,加权平均资本成本会逐步提高。

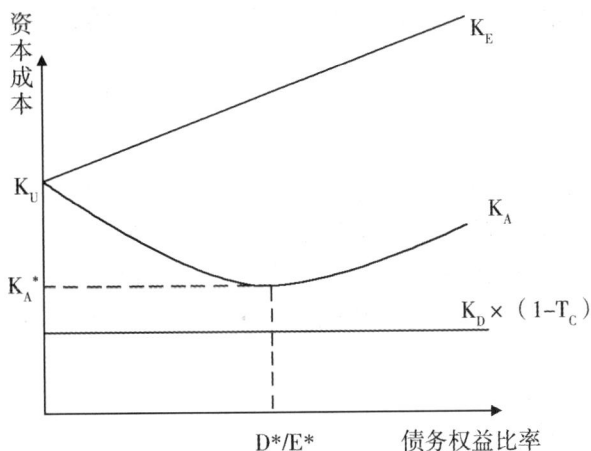

图 8 - 10　最优资本结构和资本成本

第五节　资本结构的确定

资本结构理论揭示了公司资本结构与公司价值、公司资本成本的关系。现实中,公司在选择一个最优资本结构时,除了考虑理论依据外,还受到很多实际因素的影响。在此基础上,公司根据不同方法进行资本结构决策。

一、资本结构决策的影响因素

(一)公司的盈利能力

在第七章中我们讲到,公司的资本来源分为内源融资和外源融资。内源融资是指公司从内部筹集资本。内源融资与外源融资相比,具有诸多优点,因此,内源融资是公司首选的融资方式。内源融资主要是指保留盈余。在我国,保留盈余由两部分构成:一部分是按税后利润的一定比例提取的盈余公积金,另一部分是未分配利润。未分配利润的多少取决于公司的税后净利润以及公司的股利政策。可见,在既定的股利政策下,盈利水平较高的公司,其内源融资能力较强,从而对外源融资特别是负债融资的要求就较低,故可以选择较低的负债率;反之则相反。

(二)公司的资产状况

公司无论是向金融机构借款还是发行债券,通常都需要提供抵押品,而可供用作抵押品的资产主要是有形资产,这是因为在公司清算或者是在资产变现时,有形资产的价值损失低于无形资产。所以,有形资产在总资产中占比较高的公司,其负债能力较强,可以采用较高的负债率;反之,有形资产在总资产中占比较低的公司,其负债能力较弱,只能采取较低的负债率。

(三)资本成本

根据 MM 理论,负债具有节税效应,能够带来节税价值,增加公司价值。从资本成本的角度来看,负债所具有的节税效应能带来平均资本成本的降低,负债率越高,平均资本成本越低。因此,公司应尽可能地提高负债率。而权衡模型告诉我们,随着负债率的提高,公司破产的概率提高,财务困境成本会提高,相应地会抵消负债的节税效应,因此,公司应当在负债的节税利益与财务困境成本之间进行权衡,选择合理的负债水平。

(四)公司的成长性

处于成长阶段的公司,其投资机会多,资本需求量大,同时经营的稳定性也较差,因此,这类公司所需资本应首先考虑从税后净利润来补充,不足部分可考虑通过负债方式来解决,因为发行股票的成本较债务融资要高。而成熟性公司由于缺乏投资机会,同时自由现金流较高,因此应该增加负债融资。

(五)公司的风险状况

公司的风险有经营风险和财务风险之分。经营风险具有行业特征,财务风险是由负债带来的,且具有财务杠杆效应,因此,公司在进行资本结构决策时,应充分考虑公司经营风险的大小,即经营风险大的公司,应选择较低的负债率,以降低财务杠杆的负效应;反之,经营风险小的公司,可选择较高的负债率,充分发挥财务杠杆的正效应。

(六)公司的控制权

发行新股融资会增加公司股份总数,削弱原有股东对公司的控制权,因此,现有股东持股比例较高的公司,发行新股带来的股权稀释效应较弱,可以发行新股来融资;相反,现有股东持股比例较低的公司,发行新股带来的股权稀释效应较大,则应选择负债来融资。

(七)公司的信用等级

无论是向金融机构借款还是发行债券,公司的信用等级是重要的影响因素。信用等级较高的公司,能够较容易地从债权人手中借到资金,而且还能享受较低的借款利率,这类公司可选择负债融资,保持较高的负债率;反之,信用等级较低的公司,只能选择权益融资,保持较低的负债率。

(八)行业因素

资本结构实证研究的结果显示,资本结构具有典型的行业特征,即不同行业的资本结构具有明显的差异,同一行业具有相似的资本结构。究其原因,主要是不同行业的经营风险不同、资产状况不同。因此,公司在进行资本结构决策时,应参照行业的平均水平,分析本公司与同行业其他公司之间的差别,然后确定合适的资本结构。

二、资本结构决策的方法

(一)每股收益无差异点分析法

资本结构决策的核心就是确定最优资本结构。最优资本结构意味着在公司适度风险的条件下,公司的综合资本成本最低,公司价值最大。公司价值最大化的本质是股东价值最大化,在既定的风险等级下,股东价值最大化就是要每股收益(EPS)最大化,因此,我们可以用每股收益代表股东价值或公司价值。

根据利润表,在公司所得税税率既定的情况下,决定每股收益的因素有三个:一是息税前盈余(EBIT);二是债务利息(I);三是流通在外的股份数。

公司再融资可以选择权益融资,也可以选择债务融资。在权益融资方式下,每股收益(EPS)随息税前收益(EBIT)的变动而同比例变动。在负债融资方式下,财务杠杆发挥效应,每股收益(EPS)随息税前收益(EBIT)的变动而以更大的幅度变动,也就是说,只有在息税前收益达到一定水平时,负债融资才是有利的。因此,客观上存在一个权益融资方式下的每股收益与债务融资方式下的每股收益相同的息税前收益水平,与之相对应,存在一个每股收益无差异点。当息税前收益超过这一点时,负债会提高每股收益;反之,则会降低每股收益。

所谓每股收益无差异点分析法就是通过寻找使得权益融资方式下的每股收益与债务融资方式下的每股收益相同的息税前收益水平,以此选择融资方式,进而确定资本结构的一种方法。这种方法又称为 $EBIT-EPS$ 分析法。

根据每股收益无差异点分析法的原理,下列等式成立:

$$EPS_1 = EPS_2$$

$$\frac{(EBIT^* - I_1) \times (1 - T_C) - D_{P1}}{N_1} = \frac{(EBIT^* - I_2) \times (1 - T_C) - D_{P2}}{N_2}$$

式中,$EBIT^*$ 表示处于均衡点的息税前收益;I_1、I_2 分别表示融资方案 1、2 的债务利息;D_{P1}、D_{P2} 分别表示融资方案 1、2 的优先股股息;N_1、N_2 分别表示融资方案 1、2 的普通股股数。

【例 8-4】假设某公司原有资本总额为 700 万元,其中,权益资本为 500 万元(普通股股数为 10 万股,每股价格为 50 元),债务资本为 200 万元,利率为 12%。现因生产发展需要,需要追加融资 300 万元。有两个可供选择的融资方案:方案一是按照 50 元的价格发行 6 万股普通股;方案二是按照 12% 的利率发行 300 万元的长期债券。假设公司的所得税税率为 30%。

该公司增资前后资本结构情况见表 8-7。

表8-7　两种增资方案的资本结构比较　　　单位:万元

项目	原资本结构	增资后的资本结构	
		发行普通股	发行债券
权益资本	500	800	500
债务资本(12%)	200	200	500
资本总额	700	1000	1000
普通股股数	10万股	16万股	10万股

根据题意,下列等式成立:

$$\frac{(EBIT^* - 200 \times 12\%) \times (1 - 30\%)}{16} = \frac{(EBIT^* - 500 \times 12\%) \times (1 - 30\%)}{10}$$

经计算得:EBIT* = 120万元,此时 EPS₁ = EPS₂ = 4.2元。因此,对该公司而言,如果预测的息税前收益大于120万元,则债务融资更为有利;反之权益融资更为有利。以上结果可以用图8-11表示。

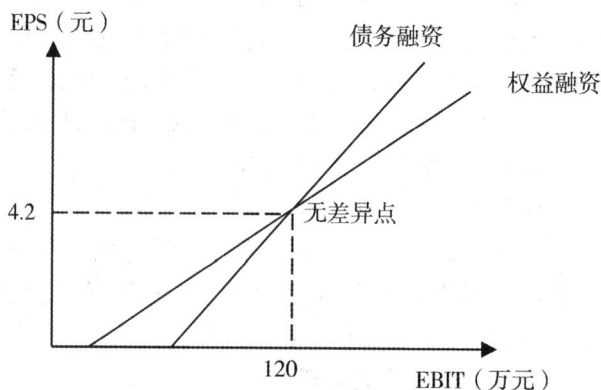

图8-11　每股收益无差异点分析图

(二)资本成本分析法

所谓资本成本分析法就是通过计算、比较各个融资方案下的平均资本成本,从中选择平均资本成本最小的融资方案作为最优融资方案的一种资本结构决策方法。

1.边际资本成本比较分析法

边际资本成本是指公司增加融资后,与增量资金相对应的资本成本。所谓边际资本成本比较分析法,就是通过比较分析各种备选融资方案的边际资本成本,从中选择最优融资方案的一种分析方法。这种方法可以用于项目融资决策,也可以用于经营过程的融资决策。

【例8-5】某公司拟新增融资1000万元,现有两个融资方案可供选择,如表8-8

所示。假设公司所得税税率为30%。有关资料如下表所示。

表8-8 两种融资方案比较 单位:万元

项目	融资方案一		融资方案二	
	融资金额	资本成本	融资金额	资本成本
长期借款	100	6.5%	80	6.5%
发行债券	300	8%	200	8%
发行优先股	200	12%	120	12%
发行普通股	400	15%	600	15%
合计	1000		1000	

融资方案一的边际资本成本为:

$$K_{1R} = 6.5\% \times (1 - 30\%) \times \frac{100}{1000} + 8\% \times (1 - 30\%) \times \frac{300}{1000} + 12\% \times \frac{200}{1000} + 15\% \times$$

$$\frac{400}{1000} = 10.54\%$$

融资方案二的边际资本成本为:

$$K_{2R} = 6.5\% \times (1 - 30\%) \times \frac{80}{1000} + 8\% \times (1 - 30\%) \times \frac{200}{1000} + 12\% \times \frac{120}{1000} + 15\% \times$$

$$\frac{600}{1000} = 11.92\%$$

计算结果表明,融资方案一优于融资方案二。

2. 平均资本成本比较分析法

所谓平均资本成本比较分析法,就是将备选融资方案与原有资本结构汇总,计算在新增融资条件下的汇总资本结构的平均资本成本,从中选择最优融资方案的一种方法。

上例8-5中,假设该公司原有资本结构如下表,计算融资后的平均资本成本。

表8-9 某公司融资前的资本结构 单位:万元

项目	资金额	资本成本
长期借款	500	7%
发行债券	700	8%
普通股票	800	14%
合计	2000	

首先,计算各融资方案下的单项资本成本。

融资方案一:

银行借款的资本成本为:

$$K_{1DL} = 6.5\% \times \frac{100}{100 + 500} + 7\% \times \frac{500}{500 + 100} = 6.92\%$$

债券成本为:

$$K_{1DB} = 8\% \times \frac{300}{700 + 300} + 8\% \times \frac{700}{700 + 300} = 8\%$$

普通股成本为:

$$K_{1E} = 15\% \times \frac{400}{800 + 400} + 14\% \times \frac{800}{800 + 400} = 14.33\%$$

融资方案二:

银行借款的资本成本为:

$$K_{2DL} = 6.5\% \times \frac{80}{80 + 500} + 7\% \times \frac{500}{500 + 80} = 6.93\%$$

债券成本为:

$$K_{2DB} = 8\% \times \frac{200}{700 + 200} + 8\% \times \frac{700}{700 + 200} = 8\%$$

普通股成本为:

$$K_{2E} = 15\% \times \frac{600}{800 + 600} + 14\% \times \frac{800}{800 + 600} = 14.43\%$$

其次,计算各融资方案下的平均资本成本。

融资方案一:

$$K_{1A} = 6.92\% \times (1 - 30\%) \times \frac{600}{3000} + 8\% \times (1 - 30\%) \times \frac{1000}{3000} + 12\% \times \frac{200}{3000} + 14.33\%$$

$$\times \frac{1200}{3000} = 9.37\%$$

融资方案二:

$$K_{2A} = 6.93\% \times (1 - 30\%) \times \frac{580}{3000} + 8\% \times (1 - 30\%) \times \frac{900}{3000} + 12\% \times \frac{120}{3000} + 14.43\%$$

$$\times \frac{1400}{3000} = 9.83\%$$

计算结果表明,融资方案一优于融资方案二。

【本章小结】

1. 资本结构理论是研究资本结构与公司价值之间关系的一种理论。资本结构理论经历了早期资本结构理论、现代资本结构理论和新资本结构理论三个发展阶段。

2. 早期的资本结构理论包括三种有代表性的理论:即净收入理论、净经营收入理论和传统理论,它们分别对资本结构与公司价值之间的关系提出了不同的观点。

3. MM 定理包括无公司所得税时的 MM 定理和有公司所得税时的 MM 定理。

无公司所得税时的 MM 定理包括两个命题:命题一是有负债公司的价值与无负债公司的价值相等,即公司价值与资本结构无关;命题二是权益资本成本会随着财务杠杆的上升而提高;根据命题一得出的推论是有负债公司的平均资本成本与无负债公司的权益资本成本相等,即平均资本成本与资本结构无关。

有公司所得税时的 MM 定理包括两个命题:命题一是有负债公司的价值等于无负债公司的价值加上负债的节税价值,即公司价值与资本结构有关;命题二是权益资本成本会随着财务杠杆的上升而提高;根据命题一得出的推论是有负债公司的平均资本成本随负债率的提高而降低,即平均资本成本与资本结构有关。

4. 米勒模型中加入了个人所得税,由于股东个人税率与债权人的个人税率之间的差异,杠杆公司价值与无杠杆公司价值之间可能存在几种不同的情况。

5. 财务困境成本包括直接成本、间接成本和代理成本。公司负债越多,财务困境成本越大,因此权衡模型认为:最优资本结构可以看成是负债的税收利益与财务困境成本的权衡。

6. 公司进行资本结构决策时,首先要了解影响资本结构的因素,然后可以通过每股收益无差异点分析法或者资本成本分析法进行分析。

【复习思考题】

1. 什么是财务杠杆效应?

2. MM 理论的基本假设有哪些?

3. 无公司所得税时的 MM 理论得出的两个重要命题是什么?

4. 有公司所得税时的 MM 理论得出的两个重要命题是什么?

5. 根据无公司所得税时的 MM 定理的结论,试证明负债公司的平均资本成本等于无负债公司的资本成本,即 $K_A = K_{EU}$。

6. 根据有公司所得税时的 MM 定理的结论,试证明负债公司的平均资本成本随负债率的上升而下降,即 $K_A = K_{EU} \times \left(1 - \dfrac{D}{V} \times T_C\right)$。

7. 根据无公司所得税时的 MM 定理一,试证明无公司所得税时的 MM 定理二,即

$$K_{EL} = K_{EU} + (K_{EU} - K_D) = \frac{D}{E_L}。$$

8. 根据有公司所得税时的 MM 定理一,试证明有公司所得税时的 MM 定理二,即

$$K_{EL} = K_{EU} + (K_{EU} - K_D) \times (1 - T_C) \times \frac{D}{E_L}。$$

9. 什么是负债的节税效应?

10. 在现代资本结构理论分析框架内,负债有何积极效应和消极效应?

11. 影响资本结构决策的因素有哪些?

12. 某公司拟从事某个项目投资。经测算,该项目投资总额为 1000 万元。该项目的筹资方案有两个,这两个方案的资本结构及其资本成本见下表:

项目	方案1		方案2	
	筹资金额	资本成本	筹资金额	资本成本
发行债券	400万元	8%	400万元	8%
长期借款	200万元	6%	300万元	7%
发行股票	400万元	12%	300万元	13%
合计	1000万元		1000万元	

假设公司所得税税率为25%。

要求:根据平均资本成本分析法对上述两个融资方案做出选择。

13.假设某公司原有资本总额为8000万元,其中,权益资本为4000万元(普通股股数为100万股,每股价格为40元),债务资本为4000万元,利率为10%。现因经营规模扩大,需再融资2000万元。有两个备选方案:

方案1:按照40元的价格发行普通股50万股,筹集2000万元;

方案2:按照10%的利率向银行借款,筹集2000万元。

假设公司的所得税税率为25%,预期的息税前收益为1200万元。

要求:运用每股收益无差异法对以上两个备选方案做出选择。

CHAPTER 9 | 第九章
股利政策

【学习目标】

　　股利政策所涉及的主要是公司对其收益进行分配还是留存用以再投资的决策问题。通过本章学习,要求熟悉公司利润构成及其分配,掌握股利及其相关概念;熟悉股利分配的程序,掌握股利支付的形式及其特点;掌握股利政策的含义及其类型,熟悉股利政策理论以及制定股利政策应考虑的因素。

【重要概念】

　　每股股利　股利支付率　股票收益率　现金股利　股票股利　股票回购　股利政策　剩余股利政策　固定股利支付率政策　稳定股利政策　阶梯式股利政策

　　股利政策是关于公司是否发放股利以及发放多少股利的策略,所涉及的内容主要是公司将其实现的净收益是以股利的形式支付给股东还是以留存收益的形式保留下来用于再投资。可见,股利政策涉及的既是一个分配问题,又是一个融资问题。如果公司当期支付较高的股利,一方面能够满足股东近期收益的要求,另一方面用于再投资的资金来源减少,影响公司未来的发展,不利于股东长期利益的实现;反之则相反。因此,公司在制定股利政策时,应当兼顾股东对本期收益的报酬要求和公司自身未来发展的需要,选择适合于本公司的股利政策,以实现其股东价值最大化。

第一节　股利政策概述

　　本节从公司利润及其分配入手,阐述股利及其相关概念、股利支付的程序和形式,在此基础上,阐述股利政策的含义及其类型。

一、利润及利润分配

(一) 利润的概念

利润是公司在一定会计期间的经营成果,反映了公司经济效益的高低。一般而言,公司实现了利润,表明公司的所有者权益增加,业绩得到提升;反之,公司发生了亏损,业绩下滑。利润是评价公司管理层经营业绩的一项重要指标,也是关于公司利益相关者进行决策时的重要参考指标。公司的利润由营业利润、直接计入当期利润的利得和损失、扣掉所得税后的净利润等构成。

(二) 利润分配原则

利润分配是公司的一项重要工作,它关系到公司、投资者和其他利益相关者的利益,涉及公司的生存与发展。因此,在利润分配过程中,应遵循以下原则:

1. 依法分配原则

公司利润分配的对象是公司缴纳所得税后的净利润,这些利润是公司的权益,公司有权自主分配。国家有关利润分配的法律、法规主要有公司法、外商投资企业法等,公司在利润分配中必须切实执行上述法律、法规。利润分配在公司内部属于重大事项,公司的章程必须在不违背国家有关规定的前提下,对本公司利润分配的原则、方法、决策程序等内容做出具体而又明确的规定,公司在利润分配过程中也必须按规定办事。

2. 资本保全原则

资本保全是有限责任的现代企业制度的基础性原则之一,公司在利润分配中不能侵蚀资本。利润的分配是经营中资本增值额的分配,不是对资本金的返还。按照这一原则,一般情况下,公司如果存在尚未弥补的亏损,应首先补亏,再进行其他分配。

3. 充分保护债权人利益

按照风险承担的顺序和合同契约的规定,公司必须在利润分配之前偿清所有债权人的到期债务,否则不能进行利润分配。同时,在利润分配之后,公司还应保持一定的偿债能力,以免产生财务危机,危及公司生存。此外,公司在与债权人签订有关长期债务契约的情况下,其利润分配政策还需要征得债权人的同意或者审核方能执行。

4. 多方及长短期利益兼顾原则

利益机制是制约机制的核心,而利润分配的合理与否是利益机制最终能否持续发挥作用的关键。利润分配涉及投资者、经营者、职工等多方面的利益,公司必须兼顾,并尽可能地保持稳定的利润分配。在公司获得稳定增长的利润后,应增加利润分配的数额或者百分比。同时,由于发展及优化资本结构的需要,除依法必须留用的利润外,公司仍可以出于长远发展的考虑合理留用利润。在积累与消费关系的处理上,公司应贯彻积累优先的原则,合理确定提取盈余公积金和分配给投资者利润的比例,使利润分配真正成为促进公司发展的有效手段。

(三)利润分配程序

公司的股利分配问题是和公司的税后利润分配问题密切相关的。由于股利分配属于税后利润分配过程,因此,研究股利分配就必须先理清利润分配的程序、内容以及它们之间千丝万缕的关系,从中进一步认识股利分配政策在公司经营中的重要性。

利润分配是公司按照国家有关法律、法规及公司章程的规定,在兼顾股东和债权人及其他利益相关者的利益的基础上,将实现的利润在公司和公司所有者之间、公司内部的有关项目之间进行分配的活动。利润分配决策是股东当前利益与公司未来发展之间权衡的结果,将引起公司的资金存量与股东权益规模及结构的变化,也将对公司内部的筹资活动和投资活动产生影响。

公司税后利润的分配程序受到国家有关法律法规的制约。我国《公司法》规定,公司利润分配应遵循如下程序:

1.计算可供分配的利润

将本年净利润(或亏损)与年初未分配利润(或亏损)合并,计算出可供分配的利润。如果可供分配的利润为负数(即本年累计利润亏损),则不能进行后续分配;如果可供分配的利润为正数(即本年累计利润盈利),则进行后续分配。

2.计提法定盈余公积金

法定盈余公积金从净利润中提取形成,用于弥补公司亏损、扩大公司生产经营或者转为增加资本。公司分配当年税后利润时,应当按照 10% 的比例提取法定盈余公积金,当法定盈余公积金累计达到公司注册资本的 50% 后,可不再继续提取。提取法定盈余公积金的基数,不一定是可供分配的利润,也不一定是本年的税后利润。只有不存在年初累计亏损时,才能按照本年税后利润计算应提取数。这种"补亏"是按照账面数字进行的,与所得税法的亏损后转无关,关键在于不能用资本发放股利,也不能在没有累计盈余的情况下提取法定盈余公积金。

3.计提法定公益金

法定公益金按税后利润的 5% 提取,用于公司职工的集体福利设施支出。

4.计提任意盈余公积金

任意盈余公积金的提取由股东大会根据需要确定。

5.向股东支付股利

公司向股东支付股利,要在提取盈余公积金之后。股利的分配应以股东持有股份的数额为依据,每一股东取得的股利与其持有的股份数成正比。股份公司原则上应从累计盈余中分派股利,无盈利不得支付股利,即所谓的"无利不分"的原则。但若公司用盈余公积金抵补亏损后,为维护股票声誉,经股东大会特别决议,也可用盈余公积金支付股利。

中国证券监督管理委员会于 2008 年颁布实施的《关于修改上市公司现金分红若干规定的决定》强调了股利分配中现金股利分配的重要性,要求上市公司应当在章程中明确现金股利分配政策,利润分配政策应当保持连续性和稳定性。此外,作为上市公司申请公开增发或配股的重要前提条件,还强调公司最近三年以现金方式累计分配的利润不少于最近三年实现的年均可分配利润的30%。

从上述利润分配的程序和内容中可以看到,股利分配和利润分配之间的关系是既有共同点又有差异点。从共同点看,股利分配是利润分配的核心内容,股利分配占利润分配的百分比最大;从差异点看,利润分配的其他环节都属于法定的硬性分配,只有股利分配的环节公司才有自主权,才有可能研究其分配方案。股利分配和利润分配之间的关系可用利润分配表来表示。见表9-1。

表9-1 利润及利润分配表的程序和内容

项目	分配规则和内容
净利润	
加:年初未分配利润	
可供分配利润	利润分配数额
减:提取法定盈余公积金	按税后利润的10%硬性提取;当累计提取数额超过注册资本的50%以后,可不再提取。
提取法定公益金	按税后利润的5%硬性提取;
可供股东分配利润	
减:优先股股利	按优先股发行合同规定的股利率硬性分配
可供普通股股东分配利润	股利分配政策
减:提取任意盈余公积金	根据股东大会的决定自主弹性提取
发放普通股股利	根据股东大会的决定自主弹性分配
年末未分配利润	根据股东大会的决定自主留存

从表9-1可以看出,公司利润分配是由硬性的法定分配,以及合同分配与弹性的股利分配等内容构成,其中,股利分配的内容就是将可供普通股股东分配的利润分解为任意盈余公积金、普通股股利和未分配利润这样三个部分。这三部分在利润分配总额中占到近80%的比例,是利润分配的最核心内容。正因如此,在多数人的观念中,甚至在一些教科书里,都将股利分配等同于利润分配。

从利润分配表构成项目的性质划分,它大体分为归股东所有的部分和归公司留存的两大部分。归股东所有的部分包括优先股股利和普通股股利两项;归公司留存的部分包括盈余公积金、公益金和未分配利润等项目,习惯上把这几项统称为留存收益。在可供分配利润额既定的前提下,这两大部分之间存在此消彼长的关系。即:公司留存收益增加,股利支付必然减少;反之亦然。

公司的留存收益是公司内源融资的主要增量资金,它也是公司下一年度投资资金的主要来源之一。在一定的投资水平下,公司股利支付越多,留存收益越少,公司对外部融资的需求就越大,其结果不但会增加筹资费用,而且还会提高公司经营风险或者导致原有股东权益稀释。当公司融资能力既定时,留存收益的多少将直接关系到公司能否完成预定的投资计划,进而关系到公司与其增长目标的实现。因此,协调处理留存收益和股利分配的关系对公司而言至关重要,从这层含义上讲,股利政策与公司的两大金融决策——资本结构决策和资本预算决策密不可分、互为影响。

二、股利及其相关概念

(一)股利的概念

股利(Dividend)是指公司将税后收益分派给股东的那部分报酬。在实际中,经常容易把股利与红利、股息混用,严格说来它们是有一定区别的。红利是指普通股股东从公司税后利润中获取的不定期收益。股息是指优先股股东按照事先约定的比率获取的公司经营收益。红利和股息都是股东投资的收益报酬,统称为股利。或者说,公司直接支付给股东的任何支出都可以被认为是股利的一部分。

(二)与股利相关的其他概念

公司股利支付的多少,不是直接用股利数值的大小反映的,通常会用到一些财务指标,通过对这些财务指标的计算和分析,一方面反映股东投资于公司股票的收益情况,另一方面反映公司的经营状况和收益水平。衡量股利支付的主要财务指标有:

1. 每股股利

每股股利(Dividend Per Share)是指公司当年支付给普通股股东的每股股票的股利金额。它反映每一股份的股利收益。计算公式如下:

每股股利 = 分配股利总额÷发行在外普通股股票数

2. 股利支付率

股利支付率(Payout Ratio),是指在一定期间内普通股股利占公司当期净收益的比例。它主要反映公司的股利分配政策和股利支付能力。股利支付率可以用于比较不同时期、不同行业公司股利的支付情况。计算公式如下:

股利支付率 = (普通股每股股利÷普通股每股净收益)×100%

或者:股利支付率 = (普通股股利÷普通股净收益)×100%

3. 股票收益率

股票收益率(Dividend Yield),是指公司每股股利与每股股价的比值。它主要反映股东单位投资的获利能力。计算公式如下:

股票收益率 = (普通股每股股利÷普通股每股市价)×100%

下面通过举例说明这三个财务指标的运用情况:

【例9-1】甲公司2005年年末实现净利润20000万元,经公司董事会研究,决定向股东支付现金股利5000万元。该公司2005年年末发行在外的普通股共计25000万股,该公司股票年末收盘价为 10.5 元。

有关计算如下:

每股股利 = 5000 ÷ 25000 = 0.2(元)

股利支付率 = (5000 ÷ 20000) × 100% = 25%

股票收益率 = (0.2 ÷ 10.5) × 100% = 1.9%

三、股利支付的程序

股利是否支付是由股份公司董事会决定的。公司对外发放股利,应遵循相关规定,按照一定的程序进行。

(一)决策程序

上市公司股利分配的基本决策程序是:首先由公司董事会分析公司盈利水平和股利政策,并由此制定股利分配方案,提交股东大会审议,通过后方能生效。然后,由董事会依据股利分配方案向股东宣布,并在规定的股利发放日以约定的支付方式派发。在经过上述决策程序之后,公司方可对外公布股利分配公告、具体实施分配方案。我国股利分配决策权属于股东大会。我国上市公司的现金股利分配一般按年度进行,也可以进行中期股利分配。

(二)分配程序

根据有关公告,股份公司利润分配方案、公积金转增股本方案须经股东大会批准。董事会应当在股东大会召开两个月后完成股利派发或股份转增事项。在此期间,董事会必须对外发布股利分配方案公告,以确定分配的具体程序和时间安排。

股利分配公告一般在股权登记前三个工作日发布。如果公司股东较少,股票交易又不活跃,公告日可以与股利支付日在同一天。此外,为提高上市公司现金股利分配的透明度,《关于修改上市公司现金分红若干规定的决定》要求上市公司在年度报告、半年度报告中分别披露利润分配预案、在报告期实施的利润分配方案执行情况的基础上,还要求在年度报告、半年度报告以及季度报告中分别披露现金分红政策在本报告期的执行情况。同时要求上市公司以列表方式明确披露三年现金分红的数额与净利润的比率。如果本报告期内盈利但公司年度报告中未提出现金分红预案,应详细说明未分红的原因、未用于分红的资金留存于公司的用途。

(三)股利支付过程中的重要日期

在股利支付过程中,主要涉及股利公布日、股利宣告日、股权登记日、除息日、股利支付日等几个概念。

1. 股利公布日

股利公布日是指股份公司分配股利时,首先应由董事会制定分配预案,具体确定本次分配的数量、分配方式,安排召开股东大会或临时股东大会的时间、地点及表决方式,并由董事会向社会公开发布以上内容。

2. 股利宣告日

股利宣告日是指公司将股利分配情况予以公告的日期。董事会制定的分配预案必须经过公司董事会或股东大会的讨论。如果讨论通过、获得批准,应对社会公布分配方案及实施时间;如分配预案未获得通过,则需要重新修改。按规定,公司召开股东大会讨论分配预案,公司股票应停止交易一天;公司公布分配方案,公司股票应停止交易半天。

3. 股权登记日

股权登记日,即有权领取本期股利的股东资格登记的截止日期,是由公司董事会在分配时确定的一个具体日期。只有在股权登记日前在公司股东名册上有名字记录的股东,才有权分享股利。

4. 除息日(或除权日)

除息日是指领取股利的权利与股票相互分离的日期。股份公司的股票,在分配之前,其股价中包含着股利因素,因此叫做含息股票或含权股票。在公司分配股利时,应采取一定的技术处理将股票中的股利因素排除掉,这种技术处理叫做除权或除息。公司分配现金股利时,要进行除息处理,送红股时要进行除权处理。股票进行除权或除息处理一般是在股权登记日的下一个交易日进行。股票进行除权或除息的这一天就叫做除权日或除息日。根据《上海、深圳交易所交易规则》第95条的规定:上市证券发生权益分派、公积金转赠股本、配股等情况,交易所在股权(债权)登记日(B股为最后交易日)次一交易日对该证券作除权除息处理。

5. 送股交易日

沪、深两市的A股所送红股在登记日的第二日即可上市交易。

6. 股利支付日

股利支付日是指股利正式发放给股东的日期。在此日期,证券交易所会将公司分派的完税后的现金红利记入股东账户。

【例9-2】2004年7月6日,青岛海尔股份有限公司在公告中宣布了具体的分红方案:"……公司2003年度利润分配及资本公积转增股本方案已经于2004年6月22日召开的股东大会上审议通过,于6月23日予以正式刊登。……2003年度利润分配方案为:以公司2003年末的样本股本797 648 282股为基数,每10股送2股派0.5元(含税),共分派199 412 070.50元,剩余利润结转下一年度。分派对象为截止2004年7月9日下午上海证券交易所收市后,在中国证券登记结算有限责任公司上海分公司登记在册的全体股东……"

青岛海尔股份有限公司的股利支付程序如下:

6 月 23 日	7 月 9 日	7 月 10 日	7 月 20 日
股利宣告日	股权登记日	送股交易日除息(除权)日	股利支付日

四、股利分配的形式及其特点

通常,公司采取不同的股利分配形式反映了不同的经营方略,对投资者、资本市场也会产生不同的影响。股利发放的形式主要有现金股利、股票股利和股票回购等形式。

(一) 现金股利

现金股利(Cash Dividend),是指上市公司在利润分配时以现金形式向股东分配的红利。这种股利支付形式可以使股东获得直接的现金收益,是股利支付最常见及主要的形式。现金股利的最大优点是操作简单。但公司确定股利分配政策时,通常要考虑许多影响因素。大比例分配现金股利会减少公司资产负债表上的现金流量和留存收益的数量。现金股利分配过多会影响公司在扩大生产过程中的资金的使用,甚至会影响公司未来的发展。现金股利分配过少,公司虽然可以有更多的资金投入到扩大再生产中,但是股东的近期利益可能会受到影响,从而会影响公司股票的市场价格。因此,这种分配方式只有公司在有累计盈余并确有充足的现金流的前提下才能使用。

公司制定的现金股利政策还受到公司税收政策以及个人税收政策的影响。实际操作中,在大部分国家的税收政策里,资本利得税率会低于个人股利所得税率,而且资本利得税可以延迟到股票出售时再缴纳,考虑到货币的时间价值因素,资本利得税会更低。在此情况下,公司少支付现金股利,将发放现金股利的资金用于再投资,可以进一步增加资本回报。比如在我国,税法规定个人取得的股息、红利收入适用于比例税率缴纳税款,适用税率为20%;公司对外投资、参股分得的股息、红利作为公司的收入入账,公司所得税税率通常为33%。公司所得的股息、红利收入在缴纳所得税时是将股息、红利先并入收入中,与成本费用配比后,按收支相抵的差额缴纳税款,实际缴纳税款将低于33%的税率,这与资本利得税相比仍旧较高。

(二) 股票股利

股票股利(Stock Dividend),是指上市公司以本公司的股票代替现金向股东支付股利的一种形式。在具体操作中,股票股利通常由资本公积转增资本或红利转增资本,属于无偿增资发行股票,俗称"送股"。由于所送红股是按股东所持股票的比例分派的,因此每位股东在公司拥有的股权比例不会发生变化,同时,这种分红方式只是使公司账上的资本公积、留存收益转化为股本,公司的资产负债总额并未受到影响。这种分配形式的优点在于不会因为分配股利增加公司的现金流出量,而且在一些国家股票股利还可以获得免税的优惠。

股票股利虽然不影响公司现金流出量,不改变所有者权益总额,但由于增加了股本数量,会导致所有者权益构成项目的内部结构发生变化,对公司股票的每股收益情况及公司股价都会带来一定的影响。

现举例说明某公司在发放股票股利前后公司股权结构变化情况。

【例9-3】假定某公司发行在外的普通股股数为50万股,每股面值为1元,现宣告发放20%的股票股利,即现有股东每持有10股就可收到2股的新发行股票,即增加10万股的普通股股票。若当时每股市价为4元,公司发放股票股利前后的股权资本结构状况见表9-2。

表9-2　某公司股权资本结构变动情况　　　　　　　　　　单位:万元

	发放股票股利前	发放股票股利后
发行股数(面值1元)	50万股	60万股
股本(面值数)	50	60
资本公积	10	40
留存收益	200	160
股东权益总计	260	260
每股账面价值	5.2(元)	4.33(元)

从表9-2可以看出,随着股票股利的发放,有40万元(10万股×4元)的账款发生了转移:从留存收益项目中有10万元(10万股×1元)转入普通股股本,另30万元(40万元-10万元)转入资本公积金账户。但该公司的股东权益总额并未发生变化。

从上例的分析中,可以看到股票股利具有如下作用:首先,对股份公司而言,股票股利的发放,缓解了公司现金紧张的状况。发放股利不用支付现金,又在心理上给股东以投资回报的感觉,使公司留存了大量的现金,这对于那些账面盈利较高,但大多是应收账款收益的公司尤为重要。但是,股票股利的发放增加了普通股的股数,引起每股收益的下降,进而导致每股市价按比例下降,因而,股票股利没有增加公司的市场价值。相反,在有些情形下,股票股利往往会向投资者传递公司资金周转不灵的信息,会动摇投资者对公司的信心,从而加剧股价的下跌,给公司带来负面的影响。其次,对股东而言,股票股利发放后,股票价格一般会随股东所持股份的增加而成比例地降低。但实际上,股价下跌的幅度取决于市场的反应程度,并不与股数的增加成正比。如果股价下跌的幅度小于股数增加的幅度,股东便可以得到来自于股价相对上升的好处。如果股票股利传递的是公司发展的积极信号,股价还会继续稳步上扬,股东可从中获得更多的资本利得。当股东需要现金时,还可以将分得的股票股利出售,由于资本利得税和所得税的差别,股东将得到避税的好处,这样,股票股利间接地增加了股东财富。

(三)股票回购

股票回购(Stock Repurchase),是指股份公司按照一定的程序购回发行或流通在外的本公司普通股股票的行为。公司支付现金在资本市场上购买本公司股票,必然使得流通在外的股票数量减少,每股收益相应提高,市盈率降低,从而推动股价上升或维持合理的价格水平。这种行为在国外上市公司中非常普遍。

在成熟资本市场中,股票回购已经成为一项非常重要的金融活动。金融业务比较发达的国家对股票回购业务都有比较具体的规定。在各国政府的规定中,美国对股票回购业务规定相对宽松,英国、德国和我国台湾地区对股票回购的规定相对较严。我国股票回购业务发展时间较短,应用范围较窄,相对于资本市场的发展而言相对滞后。我国《公司法》规定:公司不得收购本公司的股票,但为减少公司资本而注销股份或者与持有本公司股票的其他公司股票合并时除外。公司收购本公司的股票后,必须在10日内注销该部分股份,依照法律、行政法规办理变更登记。

1. 股票回购的方式

公司股票回购方式主要有以下几种:

(1)公开市场回购。公开市场回购,是指公司在股票市场以等同于任何潜在投资者的地位,按照公司股票当前市场价格回购。公司通常采用此方式在股票市场表现欠佳时,小规模回购特殊用途(如股票期权、雇员福利计划和可转化证券执行转权)所需的股票。这种股票回购方式由于要支付佣金及手续费等,成本较高。在美国股票回购多数采用此种方式。

(2)要约回购。要约回购,也叫招标收购股权。具体又分为固定价格要约回购和荷兰式拍卖回购。

固定价格要约回购是指公司在特定时间发出的以某一高出股票当前市场价格的价格水平,回购既定数量的股票的要约。股东有权决定是以固定价格出售股票还是继续持有,通常认购期为2~3周。如果股东提供的股票超出了公司最初欲回购的股票数量,公司有权决定购买部分还是全部的超额供给。一般而论,固定价格要约回购的成本高于公开市价收购。

荷兰式拍卖回购是由公司详细说明愿意购买的股票数量,以及愿意支付的最低价格和最高价格。一般最低价格要稍高于现行市场价格。然后由股东进行投标,说明愿意出售的设定价格范围和出售股票的数量,公司接到报价汇总后,再次确认股票回购的价格和数量,进行股票回购。荷兰式拍卖回购与固定价格要约回购相比,在回购价格和回购数量方面具有更大的灵活性。在西方,大公司比小公司更愿意使用这种回购方式。

(3)协议回购。协议回购是指公司以协议价格直接向一个或几个主要股东购回股票。协议购买的价格通常低于市场价格,尤其是卖方首先提出的情况下。但有时,公司会以超常溢价向喜好生事或潜在威胁的非控股股东批量购买股票。由于回购不是面向全体股东,价格如果定得不合理可能会损害一部分未出售股票股东的利益。

(4)可转让出售权。可转让出售权是实施股票回购的公司赋予股东在一定期限内以特定价格向公司出售其持有股票的权利。之所以称为"可转让",是指此权利一旦形成,就可以同依附的股票分离,而且分离后股票可以在市场上自由买卖。从而使那些不愿意出售股票的股东可以单独出售该权利。此举在于满足各类股东的需求。

（5）交换要约。交换要约是使用现金回购股票的替代方案。公司向股东发出交换债券或优先股的要约，往往需要支付较高的溢价，这是为补偿交换证券缺乏流动性而付出的代价，因而这种回购方式成本较高，现实中很少采用，绝大多数股票回购都采用现金形式进行。

2. 股票回购的作用

（1）可以提高每股收益。公司进行股票回购后，流通在外的普通股股票数量减少，可能会带来每股收益的上升。这是因为当公司用自有资金进行股票回购时，确实会带来每股收益的增加；当用借入资金进行股票回购时，借款费用的增加可能会抵消股票数量减少带来的每股盈余增加的数值。

（2）可以调整公司的资本结构，发挥财务杠杆的作用。股票回购直接减少了股权资本的数量，从而改变了公司的股权结构。当公司的投资报酬率高于债务资本成本而公司的负债比率又不是很高时，公司存有很大的融资空间。如果此时回购股票，无论采用现金回购还是采用负债回购，都会导致股权资本比重的下降。公司如果能够适度举债，充分利用负债的税盾作用，必将提高公司的股权收益率，更好地发挥财务杠杆效应。

（3）便于股东选择股利支付方式，并为股东提供避税优惠。公司通过股票回购进行股利分配，股东具有选择权：需要现金的股东，可以选择参加股票回购，而不需要现金的股东可以选择继续持有股票。这对于那些对税款考虑较多的股东来说，无疑是一种比较有诱惑力的股利分配形式。

（4）可以提升公司股票价值。过低的股价会对公司的经营造成一系列不良的影响，降低投资者对公司的信心，使公司很难从证券市场上进一步融资。而股票回购所引起的每股收益的增加，会直接导致公司股价上升，恢复投资者对公司的信任，并使股东从上升的股价中获得资本利得。因此，公司的股票回购政策，常常会被理解为公司在向市场传递其股票被市场低估的信号，市场会因此做出积极反应，股价也会随之上升。

（5）为上市公司资本运营提供一条新渠道。公司股票在不同的、被分割的市场中进行交易，如果不同的市场存在较大的价差，公司进行股票回购可以实现在不同市场中的套利。

但是，股票回购也可能对上市公司的资本运营造成负面影响。公司回购股票无异于股东退股和公司资本的减少，从根本上动摇了公司的资本基础，削弱了公司对债权人的财产保护。同时，回购股票需要大量资金用于支付回购的成本，若公司自有资金不足，资产负债率又较高，再举债进行回购，不仅降低了公司资产的流动性，而且将背负巨大的偿债压力，加剧了对债权人的权益损害。此外，股票回购容易导致内幕操纵股价。上市公司回购本公司股票时，由于掌握的信息充分，极易导致其利用内幕消息进行炒作，或对一系列财务指标进行人为操纵，致使公司行为的非规范化，使投资者蒙受损失。

【拓展阅读】

股票分割

股票分割不属于某种股利支付方式,但其产生的效果与发放股票股利非常近似,故而在此作专题进行介绍。股票分割是指将面额较高的股票换成面额较低的股票的行为。例如,将原来的一股股票交换成两股股票。

股票分割时,发行在外的股数增加,使得每股面额降低。如果盈利总额和市盈率不变,则每股收益下降,但公司价值不变,股东权益总额、权益各项目的金额及其相互间的比例也不会改变。这与发放股票股利时的情况既有相似之处,也有不同之处。

例如:某公司原发行面额 2 元的普通股 200000 股,若按 1 股换成 2 股的比例进行股票分割,分割前、后的每股收益计算如表 9-3 所示。

表 9-3　股票分割前、后的股东权益　　　　　　　　　　单位:元

股票分割前的股东权益		股票分割后的股东权益	
项目	金额	项目	金额
普通股 (面额 2 元,已发行 200000 股)	400000	普通股 (面额 1 元,已发行 400000 股)	400000
资本公积	800000	资本公积	800000
未分配利润	4000000	未分配利润	4000000
股东权益合计	5200000	股东权益合计	5200000

假定公司本年净利润 440000 元,那么股票分割前的每股收益为 2.2 元(440000/200000)。假定公司股票分割后公司净利润不变,分割后的每股收益为 1.1 元,如果市盈率不变,每股市价也会因此而下降。

从实践效果来看,由于股票分割与股票股利非常接近,所以一般要根据证券管理部门的具体规定对两者加以区分。例如,有的国家证券交易机构规定,发放 25% 以上的股票股利即属于股票分割。对于公司而言,实现股票分割的主要目的在于通过增加股票数额降低每股市价,从而吸引更多的投资者。此外,股票分割往往是成长中公司的行为,所以宣布股票分割后会给人一种"公司处于发展中"的印象,这种利好消息会在短时间内提高股价。从纯粹经济的角度看,股票分割与股票股利没有什么区别。

尽管股票分割与股票股利都能达到降低公司股价的目的,但一般来说,只有在公司股价暴涨且预期难以下降时,才会采取股票分割的办法降低股价;而在公司股价上涨乏力时,往往通过发放股票股利将股价维持在理想的范围之内。

五、股利政策及其类型

(一)股利政策的含义

无论不同的股利政策理论如何解释股利的作用,在现实中,公司的经理们和股东都十分关心公司的股利政策。因为,股利政策不仅会影响股东的收益,还会影响公司的正常运营和未来发展,影响到公司股权结构和管理机构的稳定,甚至会影响整个证券市场的健康运行。因此,正确理解和合理地制定股利政策就显得尤为重要。

股利政策是指公司管理当局对股利分配有关事项所采取的方针与决策。股利政策有广义和狭义之分。广义的股利政策包括:(1)股利发放形式的选择;(2)股利发放比例的确定;(3)股利的宣布日、股权登记日和发放日的选择;(4)发放现金股利所需资金的筹集等等。狭义的股利政策仅指股利发放比例的确定。具体说来,股利发放比例就是指在公司的当期累计盈余中向股东支付股利占多大比例,在累计盈余中留存收益占多大比例的问题。

(二)股利政策的类型

在实际中,虽然各个公司的股利政策千差万别,但至少有一点是相同的,即公司都不愿意削减股利,表现为公司股利有的是稳中有升,有的是保持不变。这种现象的原因应归于公司出于稳定股东进而稳定股价的考虑。按照这种思路归纳起来,公司的实际股利政策有以下几种:

1.剩余股利政策

这种政策主张,公司生产经营所得的盈余首先用于有利可图的投资项目资金需要,如有剩余,再将剩余部分作为股利发放给股东;如没有剩余,则不发放股利。该股利政策的重点是确定满足投资需要后的盈余剩余额。其具体确定步骤如下:

(1)将所有投资项目按内部收益率高低排序,并计算满足所有投资项目需要的加权平均资本成本,再根据成本最低受益最大的原理,确定最佳的投资规模。

(2)按照最优资本结构的原理,确定股权资本占投资总额的比重,计算投资所需要的股权资本数额。

(3)按照留存收益成本最低的原理,首先使用内部资金。只有当内部资金充分利用后,才考虑使用外部融资。

(4)当留存收益满足所有投资需要后还有剩余,则应将剩余额用于支付股利。

【例9-4】某公司本年盈利6000万元,按规定提取10%的法定盈余公积和5%的法定公益金后,采用剩余股利政策分配股利。根据预算,该公司本年最佳投资规模为8000万元,最优资本结构为负债比例40%,股权比例为60%,问该公司本年股利支付额和股利支付率各为多少?

根据题意,计算如下:

可供分配利润 $= 6000 \times (1 - 10\% - 5\%) = 5100$（万元）

投资所需股权资本数额 $= 8000 \times 60\% = 4800$（万元）

股利支付额 $= 5100 - 4800 = 300$（万元）

股利支付率 $= 300/6000 = 5\%$

这种政策的优点是:公司能够保持理想的资本结构,有助于降低资本成本,实现公司价值的最大化和长期性;其缺点是股利的多少与公司盈利水平脱节,导致股利支付不稳定,损害了那些偏好现金股利的股东利益,从而有可能影响股东对公司的信心。

2. 固定股利支付率政策

这种股利政策是指公司确定将某一固定比例作为股利支付率,并长期按此比例从当年盈余中支付股利的政策。在这一政策下,股利支付率一经确定一般不再随意变更,股东获得的股利随公司各年盈余的变动而变动,从而使股利支付和公司盈余紧密地联系在一起,真正体现了风险投资和风险收益对等的原则。

但是,如果公司各年的盈利波动较大,由于股利随公司盈余的变化而变化,极易造成公司盈余不稳的现象,不利于树立公司形象,从而影响公司股票价格的稳定。因此,这一政策并不为大多数公司所采用。

3. 稳定股利政策

这种股利政策是指公司将每年发放的股利固定在某一特定的水平上,不论经济情况如何,也不论公司经营状况和盈利状况如何,公司每年都向股东支付固定数额的股利。除非公司认为公司盈余确已增加,且未来的盈余足以支付更多的股利时,才会提高股利支付额。

稳定股利政策是实施较广泛的一种股利政策。因为当公司盈余下降时,股利并不减少,投资者会认为公司盈余的下降是暂时的,未来情况会好转,所以,对公司的经营能力充满信心,有利于保持公司股票价格的稳定;同时,这种政策还有助于消除投资者心中的不确定感,从而受到那些期望每期有固定数额收入的投资者的青睐。但是,这种股利政策不能完全反映公司当期的经营业绩,使得股利支付与盈余相脱节,表现在公司盈余降低时也支付固定不变的股利,有可能会加剧公司的财务困难,不利于公司的长远发展。

4. 阶梯式股利政策

这种股利政策是指公司将每年支付的股利固定在一个较低的水平,这个较低水平的股利成为正常股利;当公司盈余增长时,再加付额外股利的政策,所以又称为低正常股利加额外股利政策。

这种政策介于固定股利政策和稳定股利政策之间,即分阶段采用稳定股利政策。其特征是该股利政策兼有固定股利政策和稳定股利政策的优点,既能保证股利的稳定性,又做到股利与盈余的较好结合,有利于保持公司股票价格的稳定。但也仍有不足,一是该政策稳定性较差;二是当公司持续地支付额外股利时,容易使股东造成额外股利是正常股利的印象,而一旦减少额外股利,就会造成公司财务状况恶化的错觉,进而导致股价下跌。

第二节　股利政策理论

围绕公司如何制定股利政策,理论界展开了广泛的讨论,形成了相应的股利政策理论。与资本结构理论一样,股利政策理论是被理论界透彻研究的课题之一。

一、传统股利理论

传统股利理论的研究,最早是和证券估价模型结合在一起的,很少作为专门的领域来进行研究。传统股利理论认为,投资者更喜欢现金股利,而不大喜欢将利润留在公司。这种研究是从投资者的心理喜好角度进行分析的。对投资者而言,现金股利是确定已实现的,是"抓在手中的鸟",而公司留存收益再投资产生的资本利得是不确定的,是"躲在林中的鸟",随时可能飞走。既然现在的留利不一定能转化为未来的股利,那么,在投资者看来,公司分配的现金股利越多,公司价值也就越大。这种观点被形象地称之为"一鸟在手"理论。

从"一鸟在手"理论关于投资者对股利的偏好胜过资本利得的观点出发,形成了"股利重要理论"。该理论认为,当公司提高其股利支付水平时,证券投资的风险水平降低,根据收益与风险的相关性原则,投资者投资所要求的必要报酬率降低,这意味着公司股权资本成本下降,公司价值增大,进而带来股票价格上升;反之,当公司削减或停发股利时,投资者投资风险加大,所要求的风险报酬率提高,最终导致股票价格下降。因此,股利政策和公司价值是相关的,且股利支付水平与股价呈正相关关系。由此得出结论,公司要追求股票价格最大化,则必须保持高水平股利支付政策。

传统股利理论是通过一些估价模型得出上述观点的,具有代表性的模型有威廉斯模型(1938)、华特模型(1956)以及戈登模型(1963)等。

二、现代股利理论

(一)股利政策无关论

股利政策无关论是莫迪格利安尼和米勒继1958年发表资本结构无关论,即MM定理后,又一次合作发表的关于股利政策与公司价值关系的理论。

股利政策无关论认为,无论公司采用何种股利政策都不会影响公司的市场价值,公司价值是由公司的盈利能力决定的。因此,单就股利政策而言,无所谓最佳,也无所谓最次,它与公司价值毫不相关。即一个公司的股利完全是由其投资决策所决定的获利能力所影响的,而非决定于公司的利润分配政策。

股利政策无关论是建立在一系列假设前提下展开研究的,并认为投资者对公司未来的发展有完全的把握,所有的投资者都是理性的。这些假设主要包括以下几个方面的内容:

1. 不存在赋税。即市场中不存在个人所得税和公司所得税,股利和资本利得之间不存在税收差异。

2. 不存在交易成本。即资本市场是完美的,没有佣金、交易费和转让费等相关费用。

3. 信息是对称的。即所有参加交易的人和公司都可平等且无成本地获得相同的信息。

4. 公司的股利决策不影响公司的投资决策。公司的投资决策事先已经确定,不会随着股利政策的改变而改变。

5. 所有投资者对于未来投资、利润和股利具有相同的信息。

以上假设说明:公司无论支付股利与否,无论支付多少,都不会影响公司的市场价值。公司的市场价值仅取决于公司的盈利状况,公司可以无成本地获取市场的支持,因此只要公司接受投资回报率为正的投资项目,那么,公司就可以给股东支付任何水平的股利,也可以不支付股利。

在完全资本市场中,公司支付股利主要有三种情况:

1. 公司拥有足够的留存收益,现金流量足以支付股东的股利,公司可以用留存收益的一部分,也可以将全部以股利形式支付给股东。股利支付后,当公司需要资金时,由于市场不存在交易成本,公司可以通过发行新股或债券筹得资金。

2. 公司没有足够的现金流支付股利,必须发行部分新股或债券筹集资金来支付股利。

3. 公司决定不发放股利,投资者需要现金时,需将自己拥有的一部分股份让渡给新的投资者。由于市场不存在交易成本,新老股东之间的转让不存在收益,也不存在损失,只是股票的持有人发生了变化,这种情况也称为"自制股利"。

MM 的股利政策无关论是建立在完美的资本市场条件下,与现实世界不相吻合。在现实世界中,这些假设条件几乎不存在,因此,自该理论诞生之日起,经济界就对这一理论存在着许多争议。但正是这些严格的假设条件成为现代股利理论研究的主要内容和出发点,使得后来的理论,如税收理论、信号理论等的研究重点,都建立在放松这些假设条件后的不完善资本市场中。MM 的股利政策无关论开创了股利政策研究的新局面,为以后股利政策的研究奠定了坚实的理论基础。

(二)税收差异理论

MM 理论出现以后,学者们针对其结论与客观现实不符的情况,着手进行放宽各种假设条件的研究。首先放宽的是无税收的假设条件。代表人物是埃尔顿(Elton, E. J.)和格鲁勃(Gruber, M. J.),他们于 1970 年提出了"税收差异理论",该理论认为:在不存在税收因素的情况下,公司选择何种股利支付方式并不重要。但是,如果对现金股利和资本利得课以不同税赋(一般现金股利的税赋高于资本利得的税赋),在公司及投资者看来,支付现金股利就不再是最优的股利政策。由此可见,在存在差别税赋的前提下,公司选择不同的股利支付方式,不仅会对公司价值产生不同的影响,而且也会使公司(及个人)的税收负担出现差异。即使在税率相同的情况下,股东在支付税金的时间上也是存在差异的。股利收益纳税是在收取股利的当时,而资本利得只有在股票出售时才发生,显然继续持有股票来延迟资本利得的纳税时间,相对于现金股利课税而言,可以体现延迟纳税的时间价值。从逻辑上讲,考虑个人偏好的股利政策除了应使交易成本和代理成本最小化之外,还应使税收成本最小化。

因此,税差理论认为,如果不考虑股票交易成本,分配股利的比率越高,股东的股利收益纳税负担会明显高于资本利得的纳税负担,公司应该采取低现金股利比率的分配政策,以提高留存收益再投资的比率,使股东在实现未来的资本利得中享有税收节省。税差理论说明了当股利收益税和资本利得税存在差异时,将使股东在继续持有股票以期取得预期资本利得与立即实现股利收益之间进行权衡。尤其是那些实行高额累进税率的国家,股东可能更倾向于从股票升值产生的资本利得中获得收益。如美国1986年税法改革之前,股利边际税率最高达到70%。而资本利得通常只相当于股利税率的40%。同时,股东还可以采取一些其他的措施合理避税,如股东身故后将股票传给继承人,继承人就不需缴纳资本利得税了。因此,在存在税收差异的背景下,个人股东可能更倾向于资本利得收入,而欢迎公司的低股利政策。

(三)客户效应理论

客户效应(Clientele Effect,也译为追随者效应)理论应该说是对税收差异理论的进一步发展,也可以说是广义的税收差异理论。该理论从股东边际所得税出发,认为每个投资者所处的税收等级不同,有的边际税率高如富有的投资者,而有的边际税率低如养老基金等,由此会影响投资者对股利的偏好。前者偏好低股利支付率或股票股利,后者则偏好高股利支付率。据此,公司应相应调整其股利政策,使股利政策符合股东的愿望。股票交易成本的高低也会影响投资者对股利的选择,如果股票交易成本很高,则投资者可能会偏好发放现金股利的公司。因此如果公司股利支付的水平能与投资者对股利的偏好相吻合,该公司就会将偏好该股利政策的投资者吸引过来。这种股东聚集在满足各自偏好的股利政策周围的现象,就叫做"客户效应"。

按照该理论,公司的任何股利政策都不可能满足所有股东对股利的要求,公司股利政策的变化,只是吸引了偏好这一股利政策变化的投资者前来购买公司股票,而另一些不喜欢新股利政策的投资者则会卖出股票。因此,当市场上偏好高股利的投资者的比例大于发放高股利公司的比例时,则支付高股利的股票处于短缺状况,按照供求理论,这些公司的股价就会上升,直到二者比例相等、达到均衡为止。而一旦市场处于均衡状态,则没有公司能够通过改变股利政策来影响股票价格。这实际上是从另一个角度证明了股利无关论。

因此,客户效应理论认为,公司在制定或调整股利政策时,不应该忽视股东对股利政策的需求;公司应该根据投资者的不同需求,对投资者分门别类地制定股利政策:对于低收入阶层和风险厌恶型的投资者,由于其税负低,并且偏好现金股利,他们希望公司多发放现金股利,所以公司应该实行高现金分红比例的政策;对于高收入阶层和风险偏好型的投资者,由于其税负高,并且偏好资本增长,他们希望公司少发放现金股利,并希望通过获得资本利得适当避税,因此,公司应实行低现金分红比例,甚至不分红的股利政策。总之,顾客效应理论的实质是使人相信股利政策的重要性,它起到的作用仅仅是警告公司不要频繁改变其股利政策。如果公司的投资决策已定,股利支付水平的高低是无所谓的,只有当股利政策会导致其股东转向投资其他公司股票时才彰显其重要性。

(四)代理成本理论

代理成本说(Agency Cost Hypothesis)是20世纪80年代兴起的关于探讨股利政策的新理论。该理论放松了MM股利无关论关于"公司管理者与股东之间的利益完全一致,管理者致力于股东财富最大化"这一假设,认为现代企业两权分离后,委托—代理关系引发了代理成本,而股利的支付能够有效降低代理成本。代理理论的代表人物是詹森和麦克林(Jensen & Meckling),他们于1976年在《金融经济学杂志》(Journal of Financial Economics)第十期上发表了题为《企业理论:管理行为、代理成本和所有权结构》一文,首次阐述了公司中普遍存在的委托—代理关系,奠定了代理理论的基础。该理论认为,当管理者本身是公司原始的投资者时,他们拥有对公司的全部剩余索取权,不存在代理成本问题;但当管理者通过发行股票从外部吸收新的投资者时,管理者就有动机去提高在职消费、自我放松并降低工作强度。显然,若公司管理者是理性经济人,他的行为与原先自己拥有公司全部股权时将有显著差别。若公司不是通过发行股票,而是通过举债融资,也同样存在代理问题,只是表现形式略有不同。代理理论还认为代理人拥有的信息比委托人多,并且这种信息不对称会逆向影响委托人有效地监控代理人是否适当地为委托人的利益服务。

最早将代理理论应用于股利政策研究的也是Jensen和Meckling,在他们关于代理成本的经典论述中,分析了公司股东与管理者、债权人之间的代理冲突及解决措施,从代理关系角度对困扰公司的融资问题作了新的解释:股东和管理者的利益冲突主要通过股利政策的选择表现出来,由管理者控制的公司倾向于支付较低的股利,并将现金流投入风险较高的项目或盲目扩大组织规模;而由股东控制的公司更倾向于执行较高的股利支付率,并适时根据未来发展调整股利政策。随着股东控制力的增强,公司会拿出更多的现金流选择更高支付率的股利政策,并通过更有力的投资决策实现股东价值最大化。因此,Jensen认为股利政策有助于缓解利益相关者之间的代理冲突,进而能够降低代理成本。根据该理论,可将代理成本理论与股利政策之间的关系描述为三种具体形式:股东与管理者之间、股东与债权人之间、控股股东与中小股东之间等。

1. 股东与管理者之间的代理冲突

当公司拥有多余自由现金流量时,而这部分资金通常是管理者增加在职消费的主要渠道,或者可能将这部分资金用于低回报项目等,因此,高股利政策与管理者的控制行为、偷懒行为以及保守行为等相冲突。股利支付成为一种间接约束管理者的监督机制,它既有利于抑制管理者随意支配自由现金流的代理成本,也有利于满足股东取得股利收益的愿望。

2. 股东与债权人之间的代理冲突

股东和债权人之间的代理冲突表现在:一是股东通过公司管理者在原有负债的基础上发行大量债券融资,由于风险增大,新债权人要求的报酬增加,公司的资本成本上升,公司价值下降,老债权人承担了债务的风险;二是公司选取风险较大的投资方案,在极端情况下,甚至会采用净现值为负的高风险性投资项目,即所谓"过度投资",如果投资额中债权投资比例大,公司就暴露在破产风险的危机中,"过度投资"的可能利益由股东享有,而债权人的利益有限但风险承担无限,债权人的损失最大。在股东与债权人之间存在代理冲突时,债权人为保护自身利益,希望公司采取低股利支付率,通过多留存少分配的股利政策以保证有较为充裕的现金留在公司以防发生债务支付困难。因此,债权人在与公司制定借款合同时,习惯于制定约束性条款对公司发放现金股利的水平进行制约。

3. 控股股东与中小股东之间的代理冲突

早期代理理论研究把焦点集中在管理者与外部股东之间的利益冲突上,其分析的对象主要是美国的上市公司。美国公司股权高度分散,管理者几乎完全控制了公司的经营决策权,而股东没有积极去监督管理者,从而代理成本很大。近年来,一些研究发现世界上大部分国家的企业股权不是高度分散而是相当集中的。由于股权集中在大股东手中,大股东有足够的权力控制上市公司,并通过影响上市公司的各种决策来为其谋取私利。因此,现代企业的主要代理问题不是管理者与外部股东之间的利益冲突,而是控股股东与小股东之间的利益冲突,这种冲突也会在股利政策上有所体现。

由于所有权集中,控股股东有可能也有能力通过各种手段侵害中小股东的利益,控股股东为取得控制权私利而产生的与中小股东之间的代理冲突使公司股利政策也呈现出冒险的特征。当法律制度较为健全时,外部投资者保护受到重视时,有效地降低了大股东的代理成本,可以促使公司实施较为合理的股利分配政策。反之,法律制度建设滞后,外部投资者保护程度较低时,如果控股股东通过利益侵占取得的控制权私利机会较多,会使其忽视基于所有权的正常股利收益分配,甚至因过多的利益侵占而缺乏可供分配的现金。因此,对处于外部投资者保护程度较弱环境的中小股东希望公司采用多分配少留存的股利政策,以防止控股股东的利益侵害。正因为如此,有些公司为了向外部中小投资者表明自身盈利前景与公司治理良好的状况,则通过多分配少留存的股利政策向外界传递了声誉信息。

股利政策代理理论的分析视角为研究与解释处于特定治理环境中的公司股利分配行为提供了一个基本分析逻辑。如果在公司进行股利分配决策过程中,同时伴随着其他公司财务决策,并处于不同的公司治理机制条件下(如所有权结构、管理层持股、董事会结构特征等),基于代理理论对股利政策选择的分析将是多种因素权衡的复杂过程。

(五)信息效应理论

在完美的资本市场中,投资者和管理者在信息的拥有上是对称的。但在实际生活中,信息不对称的现象却大量存在。当市场中存在信息不对称现象时,管理当局通常会比投资者拥有更多的关于公司发展的信息,比如拥有公司发展方向、投资能力、盈利能力、未来现金流等的信息。而投资者对上述信息的了解远不及管理者及时、全面。因此,公司管理者所采取的所有行动都会被投资者理解为带有一定的经济含义。

股利政策的信息效应理论认为,在信息不对称的情况下,公司可以通过不同的股利政策,向市场传递公司经营状况、未来盈利能力的信息,以此来影响公司的股票价值。一般说来,高质量的公司往往愿意通过相对较高的股利支付率把自己同低质量的公司区别开来,以吸引更多的投资者。对市场的投资者而言,股利政策的差异或许是反映公司质量差异的极有价值的信号。如果公司连续保持较为稳定的股利支付率,就是在向市场传递公司未来经营状况良好的信息,投资者会对公司的前景充满信心,公司的股票会因此得到市场的追捧,股价也会因此升高;相反,如果公司实施低股利政策,市场就会认为公司在未来的经营中可能遇到资金困难,可能没有适宜的投资项目取得良好的投资回报而支持高股利发放,从而对公司的经营状况产生怀疑,进而对公司股票失去兴趣。公司公布不同股利政策所引起的市场反应结果,说明高股利政策对公司是有利的。因为,市场承认维持高股利政策,需要公司拥有较强的资金、资本实力。这就是说,稳定的高股利政策,通常也要付出较高的成本代价,这些代价包括:(1)较高的所得税负担;(2)分配现金股利后现金流量的短缺,可能需要再融资,从而增加新的交易成本;(3)因分配现金股利造成投资不足,进而丧失有利的投资机会,由此会产生一定的机会成本。可见,尽管公司以派现方式向市场传递利好信息需要付出很高的代价,但为什么公司还是选择高现金股利的支付政策呢?这个难以破解的理论问题被布莱克(Black,1976)称之为"股利分配之谜"。

当然,增发股利是否一定向股东与投资者传递了好消息,对这一点还有不同的认识。如果公司是处于成熟期,其盈利能力相对稳定,此时公司宣布增发股利特别是发放高额股利,可能意味着公司目前缺乏前景很好的投资项目,预示着公司成长性趋缓甚至下降,此时,随着股利支付率提高,股票价格应该是下降的;当宣布减少股利时,则意味着公司需要通过增加留存收益为新增投资项目提供融资,预示着未来前景较好,显然,随着股利支付率的下降,股票价格应该是上升的。

股利政策的信息传递效应,最早是由林特勒提出的。后来莫迪格利安尼和米勒、砝码等进一步对这一理论进行了补充和实证研究,从而发展起来。股利政策信息效应发展到今天,产生了很多实证模型,主要有米勒—罗克模型、约翰—朗模型及约翰—威廉斯模型等。股利信息效应理论为解释股利是否具有信息含量提供了一个基本分析逻辑,鉴于股东与投资者对股利信号的理解不同,所做出的对公司价值的判断也不同。

(六)股东构成理论

股东构成理论是在群落效应理论或称为追随者效应理论的基础上建立起来的。群落效应理论认为,投资者之所以钟情于某公司股票的部分原因,是该公司实施的股利政策。面对公司公布的股利政策,投资者的态度有很大的区别,有人欢迎高股利政策,有人欢迎低股利政策,一些不分配股利的公司也能获得一些投资者的青睐。也就是说,不同的股利政策会吸引不同的投资者进行投资。公司在制定股利政策时,不可能满足所有投资者的需求,而只能针对那些特定的顾客群体。之所以会产生股利的群落效应现象,主要有两个方面的原因,一方面是由于税赋差异,另一方面是由于股东构成的不同。

股利收入税和资本利得税的差异在不少国家都存在。如在美国,税法构成特别复杂,股利收入和资本利得收入通常被看做是两种不同的收入。资本利得税率一般低于股利所得应纳税率。美国在1986年税法改革之前,股利边际税率最高可达70%,而资本利得税率较低,通常只相当于股利税率的40%。虽然1986年美国的《税收改革法案》简化了纳税方法,将资本利得和股利收入征收相同税率的税款。但这种情况并未维持太久,在以后的税收征收法案变动中,资本利得税低于股利所得税的现象一直没有消失。前已述及,在我国,同样存在资本利得税和股利所得税的差别(目前我国对股利所得征收20%的所得税,而资本利得还没有进行征收)。因此,在存在税收差别的情况下,股东可能更倾向于从股票升值产生的资本利得中获得投资收益,尤其是在那些实行高额累进税率的国家,投资者可能更倾向于资本利得收入,欢迎公司的低股利政策。

从投资者构成来看,有个人投资者、公司投资者和免税投资者等。不同的投资者对于股利政策的态度是有很大区别的。对于个人投资者,通常存在两种情况:那些适用于较高税率的投资者,考虑到税收损失,往往偏爱低股利政策;而那些适用于较低税率的投资者,如依靠固定收入者、退休者、孤儿等低收入人群往往希望得到现金股利,偏好高股利分配政策。此外,部分青睐高股利政策的投资者是风险的规避者,由于考虑到未来收益的不确定性,出于避险的目的,也认为现金股利政策是最佳的。与个人投资者相比,公司投资者的情况有所不同,由于公司投资于其他公司的股票,如在美国其股利所得的70%可以减免所得税,而资本利得却不能享受此待遇。因此这些公司欢迎高股利政策,愿意持有高股利、低资本利得公司的股票。另一些机构投资者,如养老基金、信托基金等基金机构,热衷于高股利政策的原因在于:一方面使这些机构投资者的投资收益可以免税;另一方面法律通常规定不允许动用基金本金。因此他们通常乐于投资那些派发高股利公司的股票以获取可用资金。

第三节 制定股利政策应考虑的因素

在实践中,公司应综合考虑多种因素制定股利政策,这些因素主要包括:

一、法律性限制

一般说来,法律并不要求公司一定要分配股利,但出于保护投资者和债权人的利益考虑,许多国家的法律都明确规定了公司在何种情况下不能发放股利。这些限制主要表现在:

(一)防止资本侵蚀的规定

这一规定要求公司不能因支付股利而引起资本减少。如果一个公司的资本已经减少或是因支付股利而引起资本减少,则不能支付股利。这一规定的目的在于保证公司有完整的资本基础,从而保护债权人的权益。

(二)留存盈余的规定

这是从维护公司持续性发展的需求而规定的。公司必须按照一定的比例提取留存收益。只有公司当期利润及以前提取的留存收益才可以用于发放股利,当公司当年无利润时,原则上不发放股利,如果派发股利则应在弥补亏损之后,如果有剩余则需经股东大会批准后才可以发放股利。

(三)无力偿付债务的规定

这一规定要求公司不能因支付股利而影响到其偿付到期债务的能力,即当公司已经无力偿付到期债务或因支付股利而失去偿付能力,则公司不能支付股利。

(四)超额累积利润的规定

由于股东接受股利所缴纳的所得税高于其进行股票交易的资本利得税,于是许多国家规定公司不得超额累积利润,一旦公司的保留盈余超过法律认可的水平,将被加征额外税额。我国法律尚未对公司累积利润做出限制性规定。

二、契约性限制

当公司以负债方式对外融资时,通常要受到债务合同的约束,这些限制性条款主要包括:除非公司的盈利达到某一水平,否则公司不能发放现金股利,或将股利发放额限制在某一盈利额或盈利百分比上。其目的在于促使公司将盈利的一部分按有关条款的要求以某种形式(如偿债基金准备等)进行再投资,扩大公司的经济实力,从而保障债务的到期偿还,维护债权人的利益。

三、公司内部因素

公司内部因素是影响股利政策的重要因素,这些因素包括:

(一)现金流量

公司股利分配应以不危及公司经营所需的流动性为前提。在公司盈利水平既定的情况下,现金流量充足,股利支付能力就强;反之,现金流量不足,股利支付能力就弱。由此可见,公司的股利支付能力在很大程度上受到现金流量的制约。

(二)投资需求

公司股利分配与投资对资金的需求有直接的关系。如果公司面对有利可图的投资机会,它往往采取低股利支付率的政策,对于成长初期的公司尤其如此。少支付股利而将较大比率的盈余用于再投资,不仅可以缓解资金紧张局面,而且可以降低融资成本;同时,增加的留存收益还可以扩充权益资本基础,改善资本结构,增强对外负债的能力。相反,如果公司投资机会较少,它就可以采取较高的股利支付比率和较低的留存收益比率。

(三)融资能力

公司融资能力直接关系到公司所采取的股利政策。公司为筹集经营所需资金通常有三种融资渠道:内部融资、对外债务融资和股权融资。公司内部融资的前提条件是有留存收益,但留存收益大量用于再生产需获得股东的同意。因为内部融资的大量采用会减少股利分配,直接影响股东的现时收益量。所以,实际生活中,多数公司将不同的融资方式与公司股利政策结合起来进行全盘考虑,以此决定公司的融资政策和股利政策。而通过市场进行对外融资已经成为越来越多公司的主要渠道。公司对外融资能力的大小受许多因素的影响,但总的来讲,一方面取决于公司财务状况及经营情况的好坏,另一方面也取决于金融市场的发达程度。

(四)资本成本和融资风险

公司无论利用债务融资还是通过资本市场进行股权融资,都是需要付出成本的。这些成本包括利息费用、佣金支出、税款支出等。当公司融资成本较高,融资渠道不是很畅通时,如果过高派发股利,势必会影响资金的正常运用。如果公司此时需要大量的资金进行投资,多数情况下,公司会采取改变高股利分配政策,节省出资金以满足投资需要。公司在进行融资决策时除考虑融资成本,还应重点考虑融资风险。如果公司大量利用财务杠杆,则会增加利息费用。虽然利息费用具有抵税作用,但也增加了公司偿还债务的压力。因此,融资风险的增加促使公司在进行股利决策时需要权衡股权、债权融资与内部融资的比例关系,不能简单地全部依赖债务融资,而将盈余全部用于股利分配;也不能全部依赖内部融资而放弃对外融资的某些优越条件。

(五)盈余的稳定性

公司的股利支付通常会随收入的变化而变化。但大多数公司并不愿意经常改变股利分配政策。公司保持股利政策稳定的前提条件是具有稳定的收入。公司能否保持稳定收入,除受行业发展、宏观经济状况影响外,公司采用的财务政策,如公司运用财务杠杆情况,也会直接影响到公司的股利分配。通常,财务杠杆率越高,公司股利分配会越少。同时,公司发展的周期性在一定程度上也会影响公司股利政策的运用。在公司发展初期,由于需要大量的资金投入,通常支付较低的股利;在公司发展的鼎盛时期,由于已进入良性运转时期,经营平稳,收益稳定,因此通常采用高股利分配政策。但由于股利政策具有黏性,公司一旦采用高股利政策,在以后一个相当长的时间内,维持股利政策的平稳就需要有持续稳定的现金流入量,从而需要公司具有持续发展的实力。

四、股东偏好

股东的偏好在很大程度上影响公司的股利政策。由于股东之间对股利政策的偏好有差别,因此,公司股利政策要根据大多数股东的意愿做出。股东意愿对公司股利政策的影响体现在:

(一)税收偏好

税赋对公司股利政策的影响体现在股东要对不同收入税赋加以权衡。如果一个公司的绝大多数股东或对公司拥有控制权的股东是富有股东,因边际资本利得税率低于边际股利收入税率,他们将倾向于多保留盈余而少派发现金股利,这样可以使这些股东少纳所得税,获得更多的收入;相反,如果一个公司的绝大多数股东是低收入阶层,其所适用的所得税税率较低,这些股东就会倾向于更高的股利支付比率,以提高当期的收入水平。

(二)投资偏好

如果公司将盈余留存下来用于再投资所获得的报酬高于股东个人将股利收入进行再投资所获得的报酬,股东将倾向于多保留盈余,少支付现金股利;相反,公司将盈余留存下来用于再投资所获得的报酬低于股东个人将股利收入进行再投资所获得的报酬,股东将倾向于少保留盈余而多支付现金股利。

(三)股权稀释

当公司面对有利可图的投资机会需要筹措资金时,股东往往倾向于少支付现金股利,多保留盈余,以从内部留存收益中获得所需资金。因为如果公司支付大量股利,然后再发行新股筹措资金,现有股东对公司的股权和盈利将被稀释,对股东利益构成侵蚀,此外,随着流通在外的普通股股数的增加,股票的每股收益和市价将下降,对现有股东产生不利影响。

【本章小结】

1.股利决策是关于公司是否发放股利、发放多少股利以及何时发放股利等方面的方针和策略,所涉及的内容主要是公司对其收益是进行分配还是留存盈余用于再投资的决策问题。它与公司投资决策、融资决策密不可分,互为影响,进而影响到公司控制权的稳定和公司增长目标的实现。

2.利润是公司在一定会计期间的经营成果,反映了公司经济效益的高低。利润分配是公司的一项重要工作,它关系到公司、投资者和其他利益相关者的利益,涉及公司的生存与发展。因此,在利润分配过程中,应遵循依法分配原则、资本保全原则、充分保护债权人利益、多方及长短期利益兼顾原则等。

3.股利是指公司将税后收益分派给股东的那部分报酬,通常是以股东投资额为分配的依据。衡量股利支付的主要财务指标有每股收益、股利支付率和股票收益率等。股利的发放需要遵循一定的程序。股利发放的形式主要有现金股利、财产股利、债券股利、股票股利和股票回购等形式。

4.股利政策理论的重点,主要是探讨股利政策是否影响公司价值。围绕这个研究重点,产生了传统股利理论和现代股利理论,但对股利理论的研究还在深入进行中。

5.MM 的股利政策无关论是股利理论发展的基石,它是建立在一系列假设基础上的,是在完美资本市场下的理论。这一理论的主要观点为:公司的价值是由公司的未来盈利能力决定的,公司采取的股利政策不会影响公司的市场价值。在此后发展起来的一系列股利理论都是对 MM 的股利政策无关论的补充和发展。这些理论主要有税收差异理论、客户效应理论、代理理论、信息传递理论以及股东构成理论等。

6.公司在制定股利政策时,应从各方面进行考虑。既要满足公司发展的需求,也要考虑适当保护股东的利益。在不损害股东利益的前提下,充分考虑公司的投资机会、投资回报率的高低、公司未来盈利状况以及股东偏好和法律限制等条件,尽量制定出稳定、连续的符合公司发展状况的股利政策。

7.股利政策是指公司管理当局对股利分配有关事项所采取的方针与决策。鉴于股利政策在实际中的重要性,公司制定股利政策时,必须遵循有利于股东财富最大化目标的实现、有利于兼顾股东利益与公司的长远发展等原则。在实际中,虽然各个公司的股利政策千差万别,但至少有一点是相同的,即公司都不愿意削减股利,表现为公司股利有的是稳中有升,有的是保持不变。实际股利政策有剩余股利政策、固定股利支付率政策、稳定股利政策、阶梯式股利政策四种类型。

【复习思考题】

1. 如何正确理解股利决策的含义？

2. 试述股利分配的形式及其特点。

3. 如何理解不同股利政策理论的含义和优缺点？

4. 简述 MM 股利无关论的基本假设和主要观点。

5. 公司股利政策有哪些类型？试比较各类型的特点。

6. 试分析影响股利政策的因素有哪些？

CHAPTER 10 | 第十章

短期财务计划与营运资本管理

【学习目标】

　　营运资本管理包括投资管理和筹资管理两部分,都属于短期财务计划的制定范畴。通过本章学习,要求理解并掌握营运资本投资的概念及特征、现金来源及持有现金的意义;了解短期财务政策的确定,掌握短期融资方式及管理内容;重点掌握最佳现金持有量的确定与管理、应收账款持有量的控制与管理以及存货成本与持有量管理等内容。

【重要概念】

　　短期财务计划　营运资本　经营周期　现金周期　现金预算　商业信用　短期借款　应收账款　存货　信用政策　缺货成本　持有成本　储存成本　购买成本

　　就产品制造类公司而言,其生产经营活动体现为借助于固定资产等劳动手段,用现金采购原材料,在生产环节对原材料进行加工,通过销售环节将产成品卖出取得销售收入的过程。也就是说,在生产经营活动过程中,公司必须根据固定资产投资所形成的生产能力,对诸如现金、存货以及应收账款等营运资本进行投资。可见,公司的日常经营活动体现为对营运资本的经营管理,因此,公司必须加强对营运资本的管理。

　　此外,在公司的生产经营活动中,现金流入与流出往往在时间上并不匹配。为保证在营运现金流出现赤字时及时融入资金,在营运现金流出现盈余时有效运用资金,管理者必须做好短期财务计划。

第一节　短期财务计划

　　流动资产持有量的多少取决于公司制定的流动资产投资政策,与流动资产投资政策相对应,公司必须制定流动资产筹资政策。在既定的流动资产投资政策和融资政策下,公司必须根据经营活动形成的现金流入量和现金流出量,编制现金预算,然后根据现金预算,筹集短期资金,最后综合编制短期财务计划。可见,编制短期财务计划是保证公司生产经营活动顺利进行的前提。

短期财务计划是对短期内(通常为1年或1年以内)现金流入量与现金流出量的规划,是保证公司日常经营活动顺利进行的前提条件。

一、营运资本与现金

营运资本有广义和狭义之分:广义的营运资本是指一个公司在流动资产上的总投资额;狭义的营运资本又称为净营运资本,是指流动资产减去流动负债后的余额。在公司金融的概念中常用后者,即净营运资本。

(一)净营运资本

净营运资本是指流动资产与流动负债的差额。

1.流动资产

流动资产是指现金和其他预期在1年内转换成现金的资产。它包括:(1)现金和现金等价物,包括货币、银行存款等;(2)有价证券,主要是商业票据和国库券等;(3)应收账款;(4)存货,包括原材料、在产品和产成品等。

2.流动负债

流动负债是指预期在1年内(或者是长于1年的一个营业周期内)必须用现金偿还的债务。它包括:(1)应付账款,即应向其他公司偿还的款项;(2)应付费用,包括应付工资和应交税金等;(3)应付票据,如短期借款等。

(二)现金

基本的资产负债表恒等式可以写成:

净营运资本 + 固定资产 = 长期负债 + 股东权益

根据定义,净营运资本 = (现金 + 其他流动资产) – 流动负债,

将净营运资本代入资产负债表恒等式中,经整理有:

现金 = 长期负债 + 股东权益 + 流动负债 – 现金以外的流动资产 – 固定资产

上述现金等式表明,有些活动会增加现金,有些活动则会减少现金。

增加现金的活动(现金来源):(1)增加长期债务(借入长期借款);(2)增加权益(发售股票);(3)增加流动负债(借入短期借款);(4)减少现金以外的流动资产(变现存货);(5)减少固定资产(出售固定资产)。

减少现金的活动(现金运用):(1)减少长期债务(偿还长期债务);(2)减少权益(回购股票);(3)减少流动负债(偿还短期借款);(4)增加现金以外的流动资产(以现金购买存货);(5)增加固定资产(购买固定资产)。

二、经营周期与现金周期

从短期看,公司必须保持足够的现金以提供充足的流动性,满足经营活动对现金的需求。短期财务涉及的短期经营活动的现金流入和现金流出,通常不在同一时间发生,这就会导致现金流入与流出不同步。如下图 10 - 1 所示:

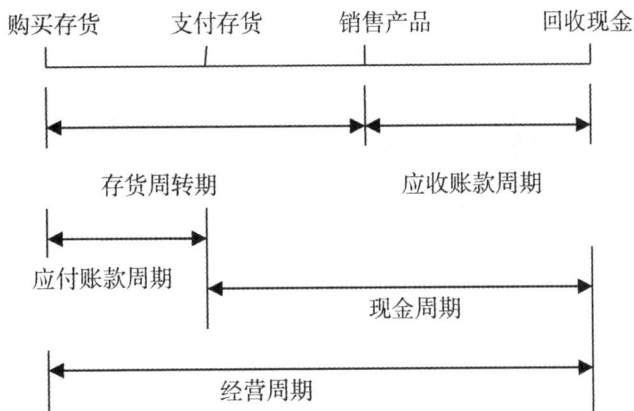

图 10 - 1 经营周期与现金周期示意图

图 10 - 1 显示了一家制造业的经营周期和现金周期。经营周期是从购买存货到销售产品实现现金收入为止这段时间。经营周期等于存货周转期和应收账款周期长度之和。存货周转期是从购买存货到销售产品所需时间的长度。应收账款周期是回收应收账款所需时间的长度。

$$经营周期 = 存货周转期 + 应收账款周期 \quad\quad (10-1)$$

$$存货周转期 = \frac{平均存货}{\dfrac{销售成本}{365}} = \frac{365}{存货周转率} \quad\quad (10-2)$$

$$应收账款周期 = \frac{平均应收账款}{\dfrac{销售收入}{365}} = \frac{365}{应收账款周转率} \quad\quad (10-3)$$

现金周期,又称现金周转期,是从购买存货支付现金到从应收账款上收回现金这一期间的长度。应付账款周期是公司在购买各种资源的过程中延期支付的时间长度。

$$现金周期 = 经营周期 - 应付账款周期$$
$$= 存货周转期 + 应收账款周期 - 应付账款周期$$
$$(10-4)$$

$$应付账款周期 = \frac{平均应付账款}{\dfrac{销售成本}{365}} = \frac{365}{应付账款周转率} \quad\quad (10-5)$$

在实际中,存货周转期、应收账款周期、应付账款周期分别用存货天数、应收账款天数和应付账款天数来衡量。

【例 10 - 1】A 公司是一家生产吊绳、轮滑等体育器材的公司,2011 年的销售收入为 400 万元,销售成本为 320 万元,存货为 66 万元,应收账款为 50 万元,应付账款为 20 万元。试计算该公司的经营周期和现金周期。

根据题意计算如下:

$$存货周转率 = \frac{销售成本}{存货} = \frac{320}{66} = 4.85(次)$$

$$应收账款周转率 = \frac{销售收入}{应收账款} = \frac{400}{50} = 8(次)$$

$$应付账款周转率 = \frac{销售成本}{应付账款} = \frac{320}{20} = 16(次)$$

$$存货周转期 = \frac{365}{4.85} = 75.26(天)$$

$$应收账款周期 = \frac{365}{8} = 45.63(天)$$

$$应付账款周期 = \frac{365}{16} = 22.81(天)$$

经营周期 = 存货周转期 + 应收账款周期 = 75.26 + 45.63 = 120.89(天)

现金周期 = 经营周期 - 应付账款周期 = 120.89 - 22.81 = 98.08(天)

三、短期财务政策

公司在制定短期财务政策时,主要考虑流动资产的投资规模和为流动资产筹资的策略。

(一)流动资产的投资规模

1. 流动资产投资政策的类型

流动资产投资政策有两种:宽松的短期财务政策和严格的短期财务政策。

(1)宽松的短期财务政策

这一政策也称为弹性短期财务政策,这一政策要求公司持有较多的流动资产,以满足较高水平的流动性要求。这一政策的具体要求是:①持有高现金余额和有价证券;②大额投资在存货上;③放宽信用条件,以期提高应收账款水平。

(2)紧缩的短期财务政策

这一政策也称为严格的短期财务政策,这一政策要求公司最大限度地减少现金和有价证券等流动性资产,同时尽量减少存货的投资。这一政策的具体要求是:①保持低现金余额和小额的有价证券投资;②在存货上做少量投资;③允许少许乃至禁止赊销,从而使应收账款最小化。

2. 流动资产投资的最优水平

与流动资产投资相关的成本有两种:一是持有成本;二是短缺成本。

（1）持有成本。持有成本也称为置存成本，是指随着流动资产投资水平上升而上升的成本。持有成本有两种：①持有流动资产的机会成本。与其他资产相比，流动资产的报酬率非常低，如现金、有价证券、应收账款等。②维持该资产而花费的成本。如应收账款管理费、存货的仓储费等。

（2）短缺成本。所谓短缺成本是指随着流动资产投资水平上升而下降的成本。当流动资产上的投资太低时，就会发生短缺成本。比如，如果公司用光了现金，就会被迫出售有价证券，如果公司用光了现金，而无法立即出售有价证券，就必须借款，这种情形称作现金短缺。如果公司卖光了所有的存货，就会出现存货短缺，或者不能让顾客赊账，就会失去顾客。

一般说来，短缺成本有两种：①交易或订购成本。交易成本是指将资产转化为现金的成本，订购成本是指订购存货的成本。②缺少安全储备的相关成本，这种成本包括丢失销售收入、丧失顾客和打乱生产日程的成本。

以上分析表明，持有成本与流动资产投资规模正相关，而短缺成本与流动资产投资规模负相关，因此，为实现总成本最低，必须对持有成本和短缺成本进行权衡，寻求流动资产投资的最优水平。如图 10-2 所示，总成本曲线的最低点所对应的 CA^* 即为流动资产投资的最优水平。

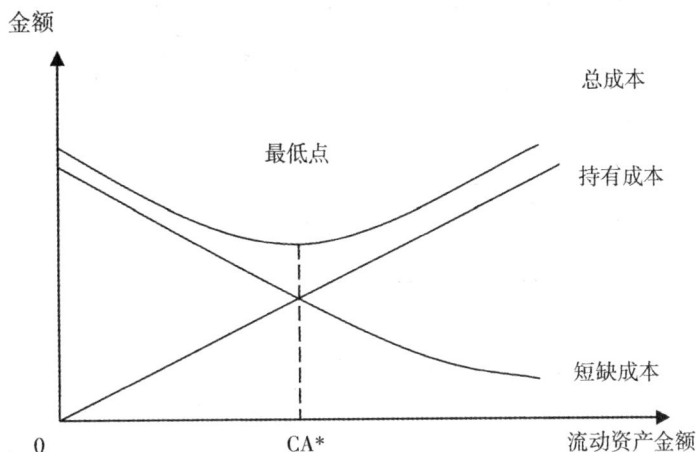

图 10-2　持有流动资产的成本

（二）流动资产的融资策略

1. 公司总资产需求变动趋势

一般说来，公司的总资产需求包括流动资产和长期资产。对于成长型公司来说，总资产需求随着时间的推移而变化，这种变化包括：（1）一般增长趋势，即随着时间的推移，总资产需求呈趋势增长；（2）围绕着趋势的季节性的变动，即随着时间的推移，伴随着总资产的趋势增长，资产需求呈现季节性变动。

根据资产的上述趋势性变化，可以将资产分为一般性增长的固定资产和永久性流动资产以及季节性变动资产。见图 10 - 3。

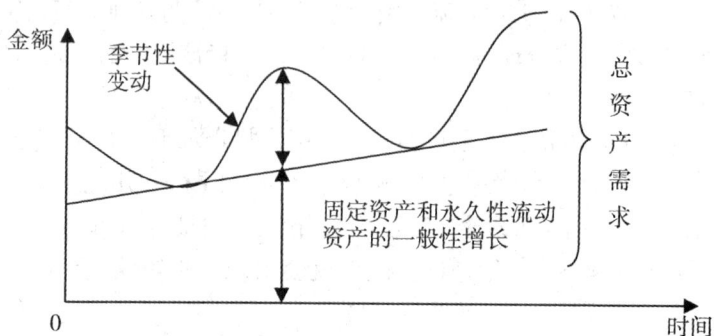

图 10 - 3 总资产需求趋势

2. 流动资产的融资策略选择

(1)弹性融资策略。这一策略是指公司的总资产需求由长期筹资来满足,当存货和其他流动资产需求下降时,就将多余的资金投资于有价证券,而存货和其他流动资产需求上升时,就出售有价证券。这种政策实际上是以有价证券作为缓冲器。见图 10 - 4。

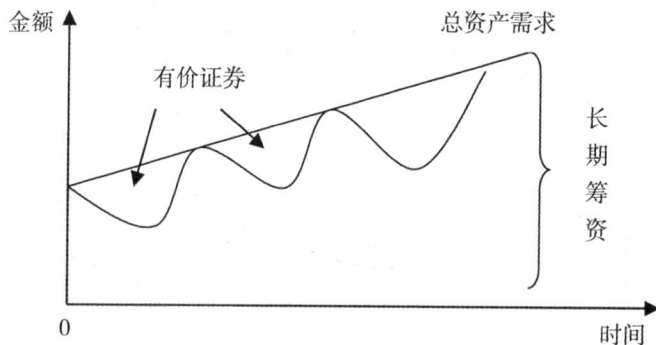

图 10 - 4 弹性筹资策略

(2)严格融资策略。这种策略是指公司的固定资产和永久性流动资产需求由长期筹资来满足,当存货和其他流动资产季节性需求上升时,公司就在短期内借入资金,而当存货和其他流动资产季节性需求回落时,公司就偿还短期借款。在这一策略下,公司持有的有价证券较少。见图 10 - 5。

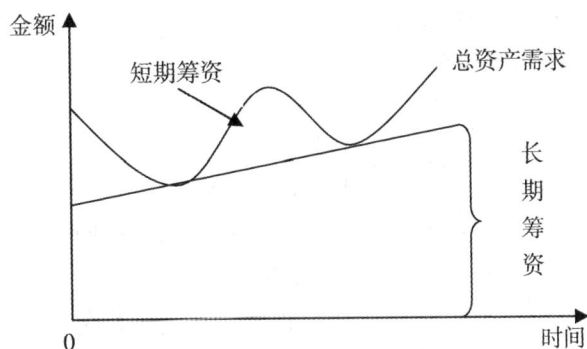

图 10-5 严格筹资策略

（3）折中的筹资政策。折中政策介于弹性筹资政策和严格筹资政策之间,具体说来,是指公司长期筹资用于固定资产和永久性流动资产投资,同时拿出一部分用于有价证券投资。当存货和其他流动资产的季节性需求上升时,公司首先卖掉有价证券,如还有现金缺口,就借入短期借款;而当存货和其他流动资产的季节性需求下降时,公司首先偿还短期借款,如还有现金剩余,就买入有价证券。见图 10-6。

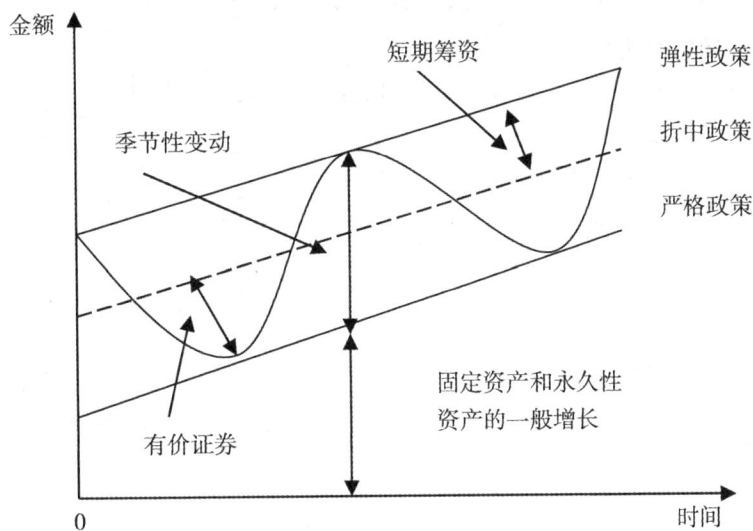

图 10-6 折中政策

四、现金预算

（一）现金预算的概念

现金预算预计和汇总了计划期内的现金流入量和流出量以及现金流入量与现金流出量之间的差额,这一差额表现为现金剩余或赤字。

现金预算是短期财务计划的一个主要工具,它可以帮助财务经理识别短期的现金剩余或不足,研究短期借款的需求。

现金预算可以按月、周甚至日来编制,常见的现金预算是按季来编制的。

(二)现金流入

大多数现金预算都是以销售预算为基础,因为大多数现金流入都与销售相关。从销售中取得的现金流入量取决于销售中现金销售与信用销售的比例,而信用销售中现金回收的时间又是由信用条件和支付方式决定的。

【例10-2】某公司为玩具生产公司,其销售收入全部来自玩具销售。经预测,该玩具公司在计划期1-4季度的销售收入见表10-1。

表10-1 玩具公司销售收入

	第1季度	第2季度	第3季度	第4季度
销售收入(百万元)	200	300	250	400

该玩具公司的年初应收账款等于1.2亿元。应收账款周期为45天,这意味着每一季度(90天)的销售收入中有一半的款项要等到下一季度才能收回。

现金回收额的预测步骤如下:

期初的所有应收账款都将在45天之内收回,即在当季内收回。

上半季的销售收入也将在当季收回。

每季的现金回收额=期初应收账款+销售收入/2

由于期初应收账款和一半的销售收入都被收回了,因此期末的应收账款是当季销售收入的另一半。

据上述计算过程,我们可以得到玩具公司的预测现金回收额。见表10-2。

表10-2 玩具公司的预测现金回收额　　　　(单位:百万元)

	第1季度	第2季度	第3季度	第4季度
期初应收账款	120	100	150	125
销售收入	200	300	250	400
现金回收额	220	250	275	325
期末应收账款	100	150	125	200

在表10-2中,收款是现金的唯一来源。当然,并不一定所有的公司都是这样。其他的现金来源包括销售资产、投资收入和来自长期筹资的收入等。

(三)现金流出

现金流出主要分为四类:

1.偿还应付款。这是对供应商所提供的商品和劳务,如原材料的付款。一般说来,这种支付将在购买后一段时间内进行。

2. 工资、管理费用和其他费用。

3. 资本性支出。对长期资产的现金支出。

4. 税金、利息和现金股利。

接上例:玩具公司每一季度向原料供应商的采购金额为本季度预测销售收入的60%,且于本季度支付,即应付账款周期为90天。公资、税和其他费用固定保持在销售收入的20%,利息和股利是每季度2000万元。此外,玩具公司计划在第2季度扩充厂房,投资金额为1亿元。将上述项目放在一起,就可得到该公司现金流出量信息。见表10-3。

表 10-3　玩具公司预测现金流出　　　　　　　　　　（单位:百万元）

	第 1 季度	第 2 季度	第 3 季度	第 4 季度
支付货款	120	180	150	240
工资、税和其他费用	40	60	50	80
资本性支出	0	100	0	0
长期筹资费用	20	20	20	20
现金支出合计	180	360	220	340

（四）现金余额

现金余额是现金流入与现金流出之间的差额。玩具公司各季度的现金余额见表10-4。从表中可以看出,第1季度和第3季度有现金余额,而第2季度和第4季度则有现金赤字。

表 10-4　玩具公司的净现金流量　　　　　　　　　　（单位:百万元）

	第 1 季度	第 2 季度	第 3 季度	第 4 季度
现金收入合计	220	250	275	325
现金支出合计	180	360	220	340
净现金流量	40	-110	55	-15

假设玩具公司年初的现金余额为20百万元,并且,为了预防不可预见的突发事件和预测误差,玩具公司保持10百万元的最低现金余额。因此,第1季度开始时,现金是20百万元。在这个季度中,现金上升了40百万元,因此,季末现金余额是60百万元。其中,10百万元是最低保留额,因此,将它减掉,就可得到第1季度的现金剩余50百万元。

从第2季度开始,季初现金是60百万元,净现金流入是-110百万元,因此,季末余额是60-110=-50百万元,再考虑10百万元的最低现金,因此,总赤字是-60百万

283

元。全部四个季度的计算过程见表10-5。

表10-5 玩具公司的现金余额 （单位：百万元）

	第1季度	第2季度	第3季度	第4季度
季初现金余额	20	60	-50	5
净现金流入	40	-110	55	-15
季末现金余额	60	-50	5	-10
最低现金余额	-10	-10	-10	-10
累计剩余(赤字)	50	-60	-5	-20

五、短期融资

从上面的例子可以看出，玩具公司面临一个短期筹资问题，如第2季度有60百万元、第3季度有5百万元、第4季度有20百万元。玩具公司如何筹集每季度的短缺的现金，取决于它的筹资政策。在高弹性筹资政策下，第2季度短缺的现金可能会试图通过长期债务来筹集。此外，现金赤字中很多来自资本性支出，这部分应归属于长期筹资。

短期融资是指公司以债务人的身份借入的短期资本。其目的是：(1)弥补生产经营活动中出现的短期内的现金流出大于现金流入的差额；(2)满足营运资本投资的需要。

企业短期负债融资主要是向金融机构借款，也可以向货币市场融资。

企业短期负债融资的方式主要有短期借款和商业信用等。

(一)短期借款

短期借款是指公司向银行和其他非银行金融机构借入的期限在1年以内的借款。在短期负债筹资中，短期借款的重要性仅次于商业信用。短期借款可以随公司的需要安排，便于灵活使用，且取得亦较简便。但其突出的缺点是短期内要归还，特别是在带有诸多附加条件的情况下更会使风险加剧。

1.短期借款的种类

我国目前的短期借款按照目的和用途分为若干种，主要有生产周转借款、临时借款、结算借款等；按照国际通行做法，还可依照偿还方式的不同，分为一次性偿还借款和分期偿还借款；以利息支付方法的不同，分为收款法借款、贴现法借款和加息法借款；依照有无担保，分为抵押借款和信用借款等。公司在申请借款时应根据各种借款的条件和需要加以选择。

2.借款的信用条件

银行发放短期借款往往带有一定的信用条件，主要包括：

(1)信贷限额。这是银行对借款人规定的无担保贷款的最高额。信贷限额的有效期限通常为 1 年,但根据情况也可延期 1 年。一般来讲,公司在批准的信贷限额内,可随时使用银行借款,但银行并不承担必须提供全部信贷限额的义务。如果公司信誉恶化,即使银行曾同意过按信贷限额提供贷款,公司也可能得不到借款,这时,银行不会承担法律责任。

（2）周转信贷协定。这是银行具有法律义务地承担提供不超过某一最高限额的贷款协定。在协定的有效期内,只要公司的借款总额未超过最高限额,银行必须满足公司任何时候提出的借款要求。为此,公司通常要向银行按照贷款限额的未使用部分付给银行一笔承诺费。周转信贷协定的有效期限通常超过 1 年,但实际上银行通常每几个月就发放一次贷款,所以这种信贷具有短期和长期借款的双重特点。

（3）补偿性余额。这是银行要求借款公司在银行保持按贷款限额或实际借用额一定百分比(一般为 10% ~ 20%)的最低存款余额。从银行的角度讲,补偿性余额可降低贷款风险,补偿遭受的贷款损失。对于借款公司而言,补偿性余额则提高了借款的有效年利率。

（4）借款抵押。银行向财务风险较大或者对其信誉不甚有把握的公司发放贷款,有时需要有抵押物担保,以减少资金蒙受损失的风险。借款的抵押品通常是借款公司的股票、债券和房屋等。抵押借款的成本通常高于非抵押借款,这是因为银行通常向信誉好的公司发放非抵押借款,而将抵押贷款看成是风险投资,故而收取较高的利率;同时银行管理抵押贷款要比管理非抵押贷款困难,为此往往另外收取手续费。公司向银行提供抵押品后,会限制其财产的使用和将来的借款能力。

（5）偿还条件。借款的偿还分为到期一次性偿还和在贷款期内分期偿还两种方式。一般来说,公司不希望采用后一种偿还方式,因为这会提高借款的有效年利率;而银行不希望采用前一种,这是因为这会加重借款公司的财务负担,增加公司的拒付风险,同时降低实际贷款利率。

（6）其他承诺。银行有时会要求公司为取得贷款而做出其他承诺,如及时提供财务报表、保证适当的财务水平等。如公司违背所做出的承诺,银行可要求公司立即偿还全部贷款。

3. 短期借款的利率及支付

短期借款的成本有利息费用、承诺费和补偿性余额等构成。就利息而言,大多数商业借款的票面利率由借贷双方协商确定。利率的高低通常取决于借款者的信用和货币市场的状况。承诺费不具有普遍性,周转信贷协定有此要求。如果发生承诺费,将提高实际的借款成本。补偿性余额减少了借款人的可用资金,但并没有减少借款人的利息负担,因此,也增加了借款公司的实际借款成本。

（二）商业信用

商业信用是最常见的一种短期融资方式,是在商品交易中由于延期支付或预付货款所形成的公司间的借贷关系。它存在于商品交换中,是所谓的"自发性筹资"。商业信用筹资最大的优点是容易取得。

1. 应付账款

应付账款是公司购买货物暂未付款而欠对方的款项,即卖方允许买方在购货后一定时期内支付货款的一种形式。卖方利用这种方式促销,而对买方来说延期付款则等于向卖方借用资金购进商品,可以满足短期的资金需要。

与应收账款相对应,应付账款也有付款期、折扣等信用条件。应付账款可以分为:免费信用,即买方公司在规定的折扣期内享受折扣而获得的信用;有代价信用,即买方公司放弃折扣付出代价而获得的信用;展期信用,即买方公司超过规定的付款期推迟付款而强制获得的信用。

当公司的生产和相应的采购增加时,应付账款也会增加并为生产的增加融通部分所需资金。比如,某一家公司按照"n/60"销售条件平均每天从供应商处得到价值1万元的货物,同时,公司的还款习惯是在第30天付款,于是公司相当于获得期限为30天、额度为1万元的商业信用,并且无须承担资金使用成本或者称融资成本。

当购货公司面对有折扣的信用条件时,就必须考虑融资成本。如一家公司按照"2/10,n/60"这样的销售条件从供应商处得到价值1万元的货物,此时,购货方就有两种选择:一是为了获得2%的折扣而在10天付款;二是为了多获得更长时间的商业信用而在第11天至第60天付款。如果在此期间选择60天付款,则它的机会成本是放弃了享受2%的折扣的成本,折扣成本率为:

$$放弃现金折扣成本 = \frac{折扣百分比}{1 - 折扣百分比} \times \frac{360}{信用期 - 折扣期} \tag{10-6}$$

运用上式计算如下:

$$放弃现金折扣成本 = \frac{2\%}{1 - 2\%} \times \frac{360}{60 - 10} = 14.7\%$$

该结果意味着,公司在第60天付款相当于向银行按年利率14.7%借入期限为50天的金额为0.98万元的短期借款,其放弃折扣的代价是很高的。

当购货方推迟付款,即在最后的信用付款日之后付款,也将承担相应的成本。公司过度地推迟支付应付账款的记录还将使公司的信用等级下降,为此,该公司在商业信用的使用上,无论是信用限额,还是信用条件,都将面临不利的境地。

2. 应付票据

应付票据是公司进行延期付款商品交易时开具的反映债权债务关系的票据。根据承兑人的不同,应付票据分为商业承兑汇票和银行承兑汇票两种。支付期最长不超过6个月。应付票据可以带息,也可以不带息。应付票据的利率一般比银行借款的利率低,且不用保持相应的补偿余额和支付协议费,所以应付票据的筹资成本低于银行借款成本。但是应付票据到期必须归还,如若延期便要交付罚金,因而风险较大。

3. 预收账款

预收账款是卖方公司在交付货物之前向买方预先收取部分或全部货款的信用形

式。对于卖方来讲,预收账款相当于向买方借用资金后用货物抵偿。预收账款一般用于生产周期长、资金需要量大的货物销售。

六、短期财务计划

假设玩具公司通过短期借款来满足所有所需资金。短期借款利率是20%,按季度计算利息,季度率为20%/4＝5%。假设玩具公司在年初没有短期债务。

从表10－5中可以看出,玩具公司在第2季度有60百万元的赤字,必须借入这笔资金。下一季度的净现金流入是55百万元,公司必须从中付出3百万元,因此只剩下52百万元,可以减少借款。

第3季度结束时,公司仍欠8百万元,因此,最后一个季度的利息是8百万元×5%＝0.4百万元。除此之外,最后一个季度的净现金流入是－15百万元,因此,借款总金额为15.40百万元,借款总额达15.4百万元＋8百万元＝23.4百万元。

表10－6拓展了表10－5,包括了相关计算如下:

表10－6　玩具公司的短期财务计划 　　　　　　　　　（单位:百万元）

	第1季度	第2季度	第3季度	第4季度
期初现金余额	20	60	10	10.0
净现金流入	40	－110	55	－15.0
新的短期借款	－	60	－	15.4
短期借款利息	－	－	－3	－0.4
偿还短期借款	－	－	－52	－
期末现金余额	60	10	10	10.0
最低现金余额	－10	－10	－10	－10.0
累计剩余（赤字）	50	0	0	0.0
期初短期借款	0	0	60	8.0
短期债务变动	0	60	－52	15.4
期末短期债务	0	60	8	23.4

第二节　营运资本管理

公司持有流动资产会发生持有成本和短缺成本。如果流动资产持有量过大,会增加持有成本;如果流动资产持有量过小,又会带来短缺成本。因此,公司流动资产的持有量既不能过大也不能过小,必须充分权衡持有成本和短缺成本,寻求使得持有成本和短缺成本之和最小的流动资产持有量,即最优流动资产持有量。

一、营运资本投资概述

(一)营运资本投资的概念与特征

营运资本投资,是指公司为保证经营活动的正常进行而用于劳动对象上的投资,是公司的一项经常性投资活动。营运资本投资形成的资产有三种形态:现金(包括库存现金和银行存款)、应收账款和存货(主要包括原材料、在产品和产成品)。与上述资产占用形态相对应,营运资本可分为五种形态:货币资金、储备资金、生产资金、成品资金和结算资金。营运资本投资管理是公司流动资产管理的一个重要方面。

公司营运资本投资具有以下特征:

1. 投资与收回的连续性。营运资本投资体现为公司对生产经营过程中劳动对象的投入。由于公司生产经营过程是投入、产出、再投入、再产出的不断循环往复的过程,因此,营运资本投资及其收回也是连续不断进行的。为了保证投资能够及时收回,从而保证生产经营活动的连续进行,营运资本投资决策必须充分考虑产品的市场销售情况,做到以销定产。

2. 资本占用具有空间上的并存性和时间上的继起性。营运资本投资所形成的资产,在供产销三个阶段的物质形态分别表现为现金、存货和应收账款,其资金形态分别表现为货币资金、储备资金、生产资金、成品资金和结算资金。从空间上看,上述资产的物质形态和资金形态是同时存在的。从时间上看,上述资产的物质形态和资金形态是依次继起的,即表现为:现金→存货→应收账款→现金……或者表现为:货币资金→储备资金→生产资金→成品资金→结算资金→货币资金……

3. 价值周转中的增值性。营运资本投资所形成的资产,经过供产销三个阶段,即完成一次周转,进而形成了价值增值。体现在:资产的周转期与生产经营周期一致,在供应阶段,公司用现金购买原材料;在生产阶段,生产部门领用原材料,将原材料加工成半成品,半成品经过进一步加工成为产成品;在销售阶段,销售部门将产成品卖出,取得销售收入。

(二)营运资本投资管理的重要性

营运资本投资的重要性主要体现在以下几个方面:

1. 营运资本投资是股东价值的重要驱动因素。营运资本投资是公司的一项经常性投资,投资形成的营业利润是公司总利润的重要组成部分,因此,加强营运资本投资管理,提高资产在周转中的价值增值程度,是公司实现盈利目标的保证,也是实现股东价值最大化目标的重要保证。

2. 营运资本周转是公司资本周转的依托。营运资本投资是公司项目投资借以实现的载体,没有营运资本投资,项目投资将成为空中楼阁;同时,营运资本投资所形成的资产的价值周转是项目投资所形成的资产的价值周转借以实现的条件。因此,营运资本投资管理是保证项目投资正常运转的前提。

3.营运资本投资增值是提高公司支付能力的保证。公司经过良好的营运资本投资运作,必然形成价值增值,这部分增值应首先用于补偿投资过程中的资金耗费,以便开始下一轮的营运资本投资活动。通常,营运资本越多,意味着支付到期债务的能力越强,风险越小。因此,公司营运资本投资的安排以及资产变现能力将直接关系到公司的支付能力。

综上所述,公司的正常运营活动需要足够的营运资本来配合。一般而言,一个公司营运资本占全部资产的比例过多,将增加公司的财务负担,影响公司利润的实现。因为,在某一特定的生产水平下,营运资本的收益性一般低于固定资产,所以,营运资本所占比例越大,公司的盈利性越低;反之,如果营运资本占全部资产的比例过少,公司的盈利性将增强,但易使公司的资本周转不灵,偿债能力与采购的支付能力将大大下降,进而影响公司的声誉和地位。因此,公司营运资本投资管理的目的在于:确定一个既能维持公司的正常经营活动,又能在减少或不增加风险的前提下,给公司带来尽可能多的利润的营运水平。也就是说,公司在决定营运资本投资的适当数量或水平时,必须在盈利性和风险性之间进行全面权衡,并做出合理的选择。

二、现金管理

现金是流动资产的一个重要组成部分。现金有狭义现金和广义现金之分。此处指的是广义现金,即占用在各种货币形态上的资产,包括库存现金、银行存款和在途资金等所有可以即时使用的支付手段。从严格意义上讲,现金不属于投资。因为所谓投资就是要将现金转换为非现金资产。但从持有现金就会丧失投资机会的角度看,也可以将现金作为一种机会性的投资损失来看待。所以,在公司金融中也将现金纳入投资研究的范畴。

(一)公司持有现金的利弊分析

现金是公司资产中流动性最强的资产,可用来满足生产经营开支的各种需要,也是还本付息、履行纳税义务的保证,因此,公司拥有足够的现金对降低公司的财务风险、增强公司资产的流动性具有重要意义。一般而言,公司持有现金可以满足以下流动性需求:

1.交易需求,即公司持有现金可以应付日常事务的开支,如采购原材料、日常经营开支等。

2.预防需求,即公司持有现金可以应付突发事件对现金的不时之需。如发生生产或安全事故时,公司正常的现金开支将会被打乱,而一定的现金储备可预防这种情况,以维护公司的信誉。

3.投机需求,即公司持有现金可以抓住可能存在的潜在获利机会。如在原材料降价时购入原材料、在适当的时机购入价格有利的股票或其他有价证券等。

4.偿付需求,即公司持有现金可以满足到期债务本息的偿付和股票股息的支付需要。

5.其他需求,如有时公司为了获取现金折扣或较高的信用等级,而需要持有充足的现金数额。

需要指出的是,为满足以上各种对现金持有量的需求,现金持有量是可以相互调剂的,因此,计算公司的现金持有量时,无需分别计算出满足各种目的所需的现金余额,更不用将几种需求量简单相加。

但是,由于现金是一种非盈利性资产,不能或很少给公司提供收益,同时,公司持有现金还将负担高昂的机会成本,从而造成公司获利能力降低。因此,现金在满足资产流动性和盈利性方面存在矛盾。现金持有量高,可以满足资产的流动性需求,却不能满足资产盈利性的需求;现金持有量低,可以提高资产的盈利能力,却导致资产流动性减弱。因此,现金管理的目的就是要在现金的流动性和盈利性之间进行权衡,寻求一个使两者实现最佳组合的结合点,这个结合点就是最佳现金持有量。

(二)最佳现金持有量的确定

确定最佳现金持有量,通常是借助于现金管理模型分析来进行的。常用的现金管理模型有成本分析模型、存货模型和随机模型。

1.成本分析模型

成本分析模型是通过分析持有现金的有关成本,求得总成本最低的现金额度,以此作为最佳现金持有额。持有现金的有关成本包括:

(1)机会成本。机会成本是指公司将资金投在现金资产上而放弃投资在其他资产上所丧失的收益。衡量机会成本可考虑用资本成本率、资产收益率和证券投资收益率等指标表示。机会成本与现金持有量成正比,即现金持有量越大,机会成本越高;反之亦然。

(2)管理成本。管理成本是指由于持有现金而发生的有关管理费用,如安全设施支出、管理人员的工资等。在现金持有量的一定范围内,管理成本通常是固定的,不随现金持有量的增加而增加。

(3)短缺成本。短缺成本是指由于现金持有量不足,不能满足生产经营正常需要而遭受的损失或付出的代价。短缺成本可通过估计损失额来确定。短缺成本与现金持有量成反比,即现金持有量越高,短缺成本越低;反之亦然。

在实际工作中,最佳现金持有量的计算很简单。计算步骤是:先计算出机会成本、管理成本和短缺成本以及总成本,然后找出总成本最低的现金持有量,这个现金持有量就是最佳现金持有量,如图 10-7 所示。

从图 10-7 可知,持有现金的机会成本线是向右上方倾斜的,持有现金不足的短缺成本线是向右下方倾斜的,持有现金的管理成本线是一条平行线。由此,持有现金的总成本线便是一条向下凹的抛物线,该抛物线的最低点即为持有现金的最低总成本。超

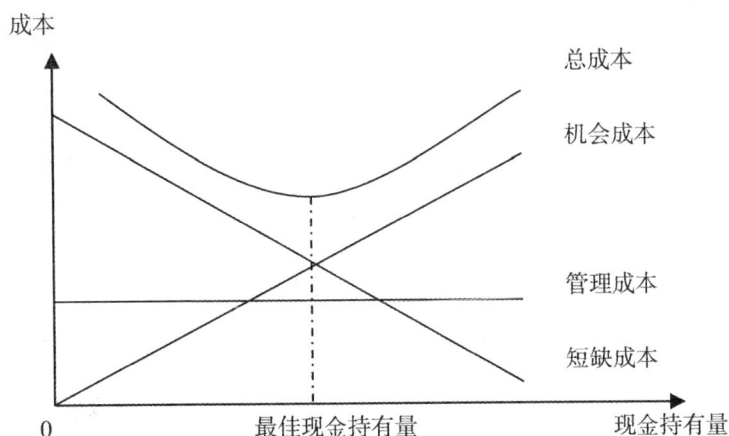

图 10 - 7　成本分析模型

过这一点,机会成本上升的代价就会大于短缺成本下降的好处。在这一点之前,短缺成本上升的代价又会大于机会成本下降的好处。这一点在横轴上的量,即是最佳现金持有量。

2. 存货模型

在成本分析模型中,公司如果持有现金增加,会在降低现金短缺成本的同时提高持有现金的机会成本。存货模型引入了有价证券,通过有价证券和现金之间的相互转换,公司可以持有较少的库存现金。当额外现金需要时,公司可出售有价证券来获得流动性;当现金出现盈余时,又可以购入有价证券获得收益,减少现金持有量。这里有价证券的作用类似于存货,因此,这个模型被称为存货模型。

存货模型是借鉴存货的经济批量模型建立的,它最早由威廉·鲍莫(William Baumol)于 1952 年提出,所以又被称为鲍莫模型。该模型的基本原理是:一个公司的现金余额可以看做是一种存货,当库存下降到某一预先制定水平时,公司就可以销售有价证券以换取所需现金;当现金余额较大时,又可以购买证券以获得最大的投资收益。

由于该模型引入了有价证券,公司不再有现金短缺,因而该模型中不包括短缺成本,但包括持有现金的机会成本和出售证券时的交易成本,如经纪人报酬、捐税等,存货模型忽略了管理成本(因为它是持有现金的固定成本,不是最佳现金持有量的决策变量)。交易成本与交易次数呈正相关,与现金余额呈负相关。持有现金的机会成本通常表现为有价证券的利率,与现金余额呈正相关。存货模型的各种成本如图 10 - 8 所示,图中使持有现金的机会成本和交易成本相等的现金余额 C^* 为最佳现金余额,此时,总成本达到最小。

存货模型需要具备一定的条件,即需要假设前提:公司一定期间内的现金支出是持续均衡的,现金的需要量是可以预测的,在这个期限内,短期有价证券可以随时转换为现金 C^*;随着时间的推移,现金余额会逐渐减少至 0,然后公司出售有价证券换取同样数量的现金,因此,公司平均的现金余额为 $C^*/2$,如图 10 - 9 所示。

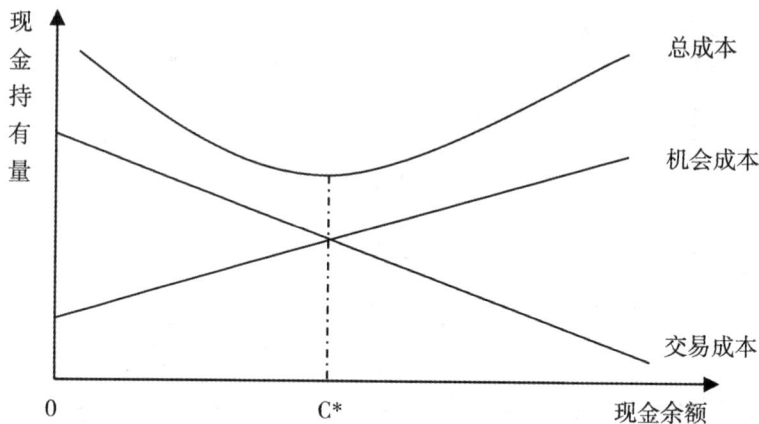

图 10 - 8　存货模型

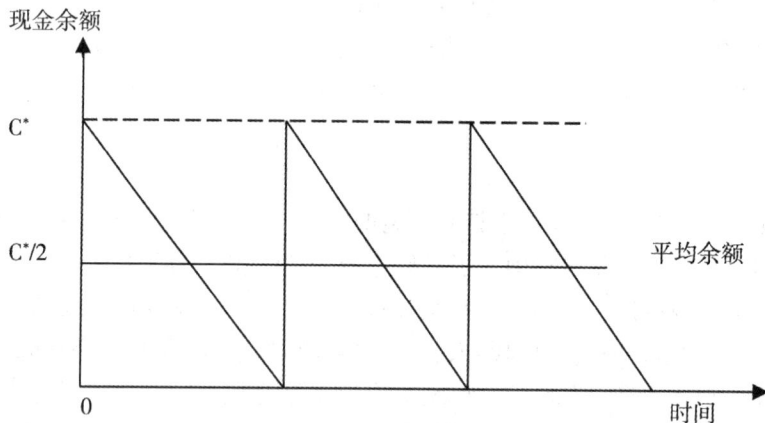

图 10 - 9　存货模型中的现金余额

下面计算存货模型中的最佳现金余额 C*：

由于持有现金的机会成本是持有现金所放弃的证券收益,它等于平均现金余额为 C*/2 和有价证券收益率 K 的乘积;交易成本是交易次数和交易费用 b 的乘积。

持现机会成本 = 交易成本,所以：

$$\frac{C^*}{2} \times K = \frac{T}{C^*} \times b$$

将上式推导后,则得：

$$C^* = \sqrt{\frac{2T \times b}{K}} \qquad (10 - 7)$$

式中：C* 表示最佳现金余额;b 表示每次有价证券的固定转换成本;T 表示一定期间内的现金总需求量;K 表示该期内有价证券的收益率。

【例 10 - 3】甲公司一年的现金需求量为 20 万元,每次出售有价证券转换现金所需的交易成本为 100 元,同期市场借款利率为 10%,问该公司持有多少现金量是最佳的？

解：$C^{*} = \sqrt{\dfrac{2T \times b}{K}} = \sqrt{\dfrac{2 \times 100 \times 200000}{10\%}} = 20000（元）$

计算结果显示，甲公司的最佳现金持有量是 20000 元。

3. 随机模型

随机模型，又称米勒—奥尔模型，其应用条件是：（1）每天现金流入量和现金流出量的变化是随机的和不确定的；（2）现金净流量即现金余额的变化呈正态分布；（3）最佳现金持有量就处于正态分布之间。

按照此模型，公司需设置现金余额的上下控制限。上限代表现金持有量的最高点，下限代表现金持有量的最低点。当现金余额达到上限时则将现金转换成短期有价证券；当现金余额下降到下限时，则将短期有价证券转换成现金，从而使现金余额经常地处在上限和下限之间。用图 10 - 10 表示如下。

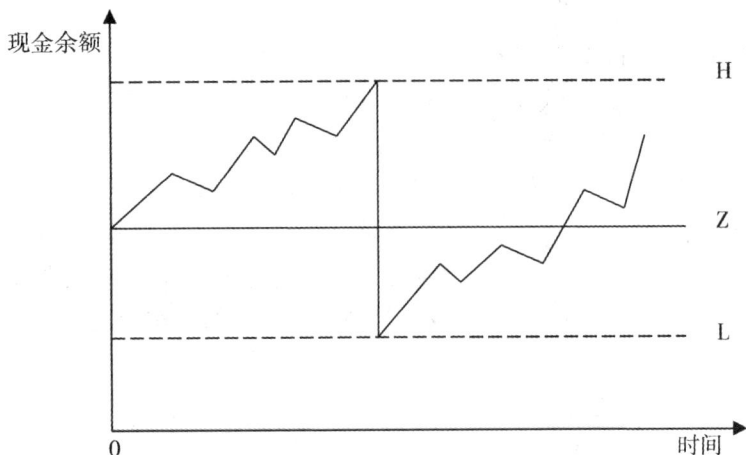

图 10 - 10　随机模型

根据随机模型原理，现金持有量应控制在 L ~ H 这个区间内。L 为现金持有量的下限，H 为现金持有量的上限，Z 为最佳现金持有量。当现金持有量上升至 H，则购进（H - Z）的有价证券，使现金持有量回落至 Z；当现金持有量下降至 L 时，卖出（Z - L）的有价证券，使现金持有量恢复至 Z；当现金持有量在 L ~ H 之间波动时，则无需购进或卖出有价证券。

最佳现金持有量的计算公式是：

$$Z = \sqrt[3]{\dfrac{3F\delta^{2}}{4K}} + L \tag{10 - 8}$$

$$H = 3Z - 2L$$

$$平均现金持有量 = \dfrac{4Z - L}{3}$$

式中，Z 表示最佳现金持有量；F 表示每次变现有价证券的固定成本；K 表示持有现金的日机会成本（证券日利率）；L 表示现金持有量的控制下限；H 表示现金持有量的控制上限;δ表示日现金净流量的方差。

【例10-4】某公司有价证券的年利率为9%,每次转换有价证券的固定成本为50元,公司认为现金最低持有量不能低于1000元,经测算日现金净流量的标准差为800元。此时,最佳现金持有量Z、现金控制上限H和平均现金持有量的计算如下:

证券日利率 $K = 9\% \div 360 = 0.0003$

$$Z = \sqrt[3]{\frac{3F\delta^2}{K}} + L = \sqrt[3]{\frac{3 \times 50 \times (800)^2}{4 \times 0.025\%}} + 1000 = 5579(元)$$

$$H = 3Z - 2L = 3 \times 5579 - 2 \times 1000 = 14737(元)$$

$$平均现金持有量 = \frac{4Z - L}{3} = \frac{4 \times 5579 - 1000}{3} = 7105.33(元)$$

(三)现金持有量的管理方法

在公司生产经营活动过程中,现金流入和现金流出是非常频繁发生的活动。在一定时期内,有可能出现现金流入大于现金流出,即形成当期现金流量的结余,使得实际现金持有量上升;也有可能出现现金流出大于现金流入,即形成当期现金流量的赤字,使得实际现金持有量降低。由于公司现金持有量不能过高也不能过低,过高则会降低资金使用效率,导致盈利能力下降,而过低则会影响到公司的短期支付能力,此时,适宜的现金持有量就是最佳现金持有量。当实际现金持有量超过或低于最佳现金持有量时,必须及时予以压缩或补足,通常,压缩或补足现金持有量的操作方法是买进或卖出有价证券。

具体说来,现金持有量的管理方法是:

1. 编制现金预算

现金预算预计和汇总了计划期内的现金流入量和流出量,通过现金预算,可以掌握未来现金收支情况,明确现金出现结余或短缺的时间以及金额,为现金管理提供依据。

编制现金预算最常用的方法是现金收支法。其主要步骤包括:

(1)预测公司现金流入量。现金流入量包括销售收入、投资收入和其他收入。

(2)预测公司现金流出量。现金流出量包括购货支出、营业费用支出、利息支出、税金支出、股利或股息支出以及偿还债务本金支出等。

(3)预测公司现金净流量并做出规划。当现金流入量大于现金流出量,即出现现金结余时,需要对结余现金的利用进行规划;当现金流入量小于现金流出量,即出现现金不足时,需要对补足现金的筹集进行规划。

2. 加速现金流入和减缓现金流出

编制好了现金预算之后,接下来要做的工作就是执行现金预算。执行现金预算的基本要求就是加速现金流转,提高现金的使用效率,其具体做法有以下几种:

(1)加速收款。加速收款就是及时收回现金,避免现金被他人无偿占用。可考虑的措施有:尽量采取现款销售方式,少采用赊销销售方式。如有可能,尽量采用现金折扣,加速货款回收;加强对应收账款回收的管理,避免应收账款出现逾期或坏账;选择安全、快速的结算方式,加速货款的回收速度;收到结算凭证或结算凭证到期,及时送交开户银行,办理款项结算。

(2)控制付款。控制付款就是尽可能地延缓现金支出的速度,达到提高现金使用效率的目的,因而控制付款与加速收款有着相同的功效。可考虑的措施有:尽量选择赊购,少采用现购,延缓现金流出的时间;选用汇票结算方式,延缓现金的划出时间,充分利用汇票结算在资金占用上的时间差;合理使用现金浮游量。浮游量是指公司开出的支票金额超过其在银行存款余额的差额。由于公司开出支票的时间和客户将支票存入银行由银行从其账户上划出资金的时间存在时间差。在这个时间差内,如果公司也有款项入账的话,则可以开出高于在银行存款余额的支票,待银行实际划出资金时,正好有款项入账,抵补支票金额与银行存款余额的差额。因此,如果公司能准确地预测浮游金额,则可以相应地减少银行存款余额,提高银行存款的利用率。

(3)使现金流量同步。现金流量同步就是要做到现金流入量和现金流出量在时间和金额上一致,使现金流入量正好满足现金流出量。如果能做到这一点,公司可将交易性现金需求降到最低,从而提高现金的利用效率。要做到这一点,公司必须科学地编制现金预算,有效组织现金流入,合理安排现金流出,使现金流入与现金流出在时间和金额上趋于一致。

3.适时调节现金持有量

在现金预算执行过程中,一方面现金预算本身的现金流入量和现金流出量是不等的,另一方面实际的现金流入量和现金流出量也会出现与现金预算中的预期现金流入量和现金流出量不相等的情况,从而导致现金实际持有量高于或低于最佳现金持有量,这就需要适时地调节现金持有量。当实际现金持有量低于最佳现金持有量时,应及时筹集资金补足这一差额,可选择的措施或者是变卖有价证券,或者是借入短期资金;当实际现金持有量高于最佳现金持有量时,应及时安排资金运用,可选择的措施是:如果现金只是短期闲置,可进行短期有价证券投资;如果现金有可能长期闲置,可进行长期有价证券投资。

二、应收账款管理

应收账款是指公司采取商业信用形式对外赊销商品或劳务所形成的应收但尚未收回的款项。在现代市场经济条件下,商业信用是公司商品交易采取的一种极为普遍的形式。应收账款是公司营运资本的重要构成项目,应收账款管理也是公司营运资本投资管理的一项重要内容。

(一)应收账款投资的利弊分析

赊销给公司带来的利益表现在:

1.赊销是提高市场竞争能力、促进销售的重要手段。在激烈的市场竞争中,公司除了以优质的产品质量、优惠的销售价格和优良的售后服务来吸引客户、增强竞争力外，赊销也日益成为公司促进销售、提高竞争力的重要手段。因为赊销相当于在向客户提供商品或劳务的同时，也向客户提供了一笔贷款。

2.赊销有助于降低存货占用，加速资本周转。公司持有商品存货需要支付与之有关的费用，如管理费、仓储费和保险费等，因此，赊销在促进商品销售的同时，也减少了产成品库存，节约各项费用支出，加速了资本周转。

但是，公司在向客户提供商业信用的同时，也带来了应收账款的相应增加，并必须为此付出一定的成本代价：

（1）机会成本，即公司持有应收账款而放弃的等量资金投资于其他项目上可能获取的收益。

（2）管理成本，即公司从应收账款发生到收回期间，为维持应收账款管理系统正常运行所发生的费用，如客户信用状况调查费用、信息收集费用、收账费用等。

（3）坏账成本，即应收账款发生坏账而带来的无法收回的损失。

由此可见，应收账款的管理目标就是要在扩大销售与增加成本之间进行权衡，力求以比较低的投资成本，最大限度地获取应收账款的投资收益，进而确定应收账款的合理持有量。

（二）信用政策及其确定

信用政策是应收账款管理的核心，是指导公司应收账款投资和应收账款日常管理的规则。信用政策的主要内容包括信用标准、信用条件和收账政策等。

1.信用标准

信用标准是公司向客户提供商业信用时要求客户所应具备的基本信用条件。如果客户达不到信用标准，便不能享受商业信用优惠或只能享受较低的商业信用优惠。对提供商业信用的公司而言，信用标准定得过高，能够获得商业信用的只能是信誉良好的客户，这样，应收账款出现逾期和坏账的可能性降低，从而机会成本和坏账成本降低，但是，符合条件的客户减少，由此造成销售量下降，库存增加，市场竞争力减弱；反之，信用标准定得过低，能够获得商业信用的客户增加，销售量增加，市场占有率提高，但同时由于客户的信誉降低，应收账款出现逾期和坏账的可能性增加，机会成本和坏账成本也随之增加。可见，信用标准的确定需要考虑信用的边际收益和边际成本，只有在边际收益大于边际成本时，信用标准才是可取的。

信用标准一般用预期的坏账损失率作为判断标准，进而将客户进行信用等级划分。信用等级高，坏账损失率低；信用等级低，坏账损失率高。公司在制定信用等级时通常应考虑三个基本因素：同行业竞争对手的情况；公司承担违约风险的能力；客户的资信程度。

传统的信用等级评估的方法主要有以下两种：

（1）"5C"分析法

"5C"分析法是信用评估的定性分析法。分析的内容是:其一,信用品质,即客户履行偿债义务的态度,这是评价客户信用的首要因素。它可以从客户以往的偿债记录上反映出来;其二,偿债能力,它可以通过经营者的管理能力,流动资产的数量、质量以及流动比例等指标反映出来;其三,资本,即客户所拥有的资本实力,它可以反映客户的财务实力以及可能偿还债务的背景;其四,抵押品,即客户提供的为其信用作担保的资产。抵押品的质量越高、价值越大,信用保障程度越高;最后,经济状况,是指目前的社会经济环境状况。社会经济环境稳定,对客户经营状况和偿债能力的影响越小。

通过这五个方面的分析,基本上能够判断客户的信用状况。这就为是否向客户提供商业信用做好了准备。

（2）信用评分法

信用评分法是信用评估的定量分析方法,它是对反映客户信用情况的有关财务指标进行评分,然后根据这些财务指标对客户信用状况影响程度的大小分别确定一定的权数,进而通过加权平均的方法求得客户的综合信用分值,并以此作为信用等级划分的依据,确定客户信用等级。其计算公式是:

$$Y = A_1X_1 + A_2X_2 + \cdots + A_nX_n = \sum_{i=1}^{n} A_iX_i \tag{10-9}$$

式中:Y表示信用分数;A_i表示对第i种信用分析指标进行加权的权重系数;X_i表示第i种信用分析指标的评分。

信用分析指标可以选择流动比率、速动比率、已获利息倍数等多种财务指标,再用相应的权重系数换算后,计算信用分数,并划分一定的信用等级分数,表明信用风险的大小。

2. 信用条件

信用条件是指公司要求客户支付赊销款项的条件,一般包括信用期限和现金折扣等条件。信用条件一般可表述为"2/10、1/20、n/30"等形式,即如果客户在10天的折扣期内付款,可享受2%的现金折扣优惠;在20天内付款,可享受1%的现金折扣优惠;在30天的信用期限内付款,不享受任何现金折扣;超过30天的信用期限,则属于违约。在这里,30天为信用期限;10天、20天为折扣期限;2%、1%为现金折扣。

（1）信用期限。信用期限是指公司允许客户从购货到支付货款的时间限定。信用期限定得过短,不足以吸引客户,会造成销售额下降;信用期限定得过长,虽然可以刺激销售额增长,但应收账款占用的资金在时间和数额上都会相应增长,从而机会成本和坏账成本增加。因此,信用期限的确定需要在延长信用期限所带来的边际收益和边际成本之间进行权衡。

【例10-5】某公司现行信用期限为20天,年销售额（指赊销净额）为400万元,应收账款管理费为2万元,坏账损失率为1%。为扩大销售额,公司打算将信用期限延长至30天,年销售额将增至500万元,应收账款管理费增加到4万元,坏账损失率提高到1.5%。假设公司的边际利润率为20%,应收账款的机会成本为10%。试问:公司可否将信用期限延长?

首先,计算现行信用期限下的应收账款投资净收益:

赊销利润 $= 400 \times 20\% = 80$(万元)

应收账款成本 = 机会成本 + 坏账成本 + 管理成本

$$= \frac{400 \times (1 - 20\%) \times 20}{360} \times 10\% + 400 \times 1\% + 2$$

$$\approx 7.78(万元)$$

应收账款投资净收益 = 赊销利润 − 应收账款成本

$$= 80 - 7.78 = 72.22(万元)$$

其次,计算延长信用期限下的投资净收益:

赊销利润 $= 500 \times 20\% = 100$(万元)

应收账款成本 = 机会成本 + 坏账成本 + 管理成本

$$= \frac{500 \times (1 - 20\%) \times 30}{360} \times 10\% + 500 \times 1.5\% + 4$$

$$\approx 15.83(万元)$$

应收账款投资净收益 = 赊销利润 − 应收账款成本

$$= 100 - 15.83 = 84.17(万元)$$

延长信用期限后的净利润 $= 84.17 - 72.22 = 11.95$(万元)

以上计算表明,公司延长信用期限使净利润增加了,因此,公司延长信用期限是可行的。

(2)现金折扣。现金折扣是指公司为促使客户提早付款而给予的价格优惠,一般用销售收入的百分比来表示。现金折扣的主要目的在于吸引客户提前付款,以缩短公司的平均收款期。通常,公司现金折扣定得高,可以加速资金周转,减少应收账款占用的资金和坏账损失,减少管理费支出,但是,折扣也会带来销售收入的减少。因此,现金折扣的确定也需要权衡边际成本和边际收益。

由于现金折扣是和信用期限结合使用的,所以确定折扣程度的方法和程序与前面信用期限的确定事宜是一致的。

【例10-6】某公司目前不提供现金折扣情况下的赊销期限为30天,销售量为800件,单价为2000元,单位变动成本为1000元,坏账损失率为4%。为加快资金周转,决定给予客户现金折扣,信用条件规定为"5/10、n/30",采取这一措施后,估计销售量会增加300件,坏账损失率下降为2.5%。假定客户要求获得现金折扣。试问:该公司可否采取这一措施?

销售增加额 $= (800 + 300) \times 2000 \times (1 - 5\%) - 800 \times 2000$

$$= 490000(元)$$

成本增加额 $= 300 \times 1000$

$$= 300000(元)$$

$$坏账增加额 = (800 + 300) \times 2000 \times 2.5\% - 800 \times 2000 \times 4\%$$
$$= -9000（元）$$

$$利润的净变动额 = 490000 - 300000 + 9000$$
$$= 199000（元）$$

计算结果表明,公司放宽信用期到 30 天后,能增加 199000 元的收益,因此应采取 30 天的信用期,提供现金折扣。

3.收账政策

收账政策是指公司在信用条件未被遵守时,为催收逾期的应收账款所采取的程序和方法。一旦客户违反信用条件,拖欠或者拒付账款时,公司就必须制定有效的收账方案,促使账款的回收,最大限度地减少坏账损失。

为保证收账效果,公司收账政策应制定得宽严适度。如果收账政策制定得过于宽松,可能会使逾期应收账款的拖欠时间更长,应收账款的机会成本和坏账损失将会提高;反之,收账政策制定得过于严格,虽然可以使应收账款的机会成本和坏账损失降低,但收账费用也会相应提高,而且可能得罪客户,影响将来业务的开展。例如,某公司规定的收账政策如下:对逾期不足 10 天的客户不予过多打扰;对逾期超过 10 天的客户可以通过书信催收;对逾期 30 天以上的客户除以措辞严厉的书信催收外,还要打电话催收;对于逾期 90 天以上的客户则可移交专门的收账机构或诉诸法律来解决。

一般情况下,公司花费的收账费用越多,坏账损失会越少,平均收账期也会缩短,公司利润就会提高。可见,收账费用与坏账损失之间存在一定关系,但不一定呈线性关系。这种关系可大致描述为:开始增加一些收账费用,坏账损失降低,但不明显;收账费用继续增加,坏账损失明显降低;收账费用增加到一定程度后,坏账损失降低就变得不甚明显甚至不再下降。这一限度一般称作"饱和点"。上述关系可用图 10 - 11 表示如下。

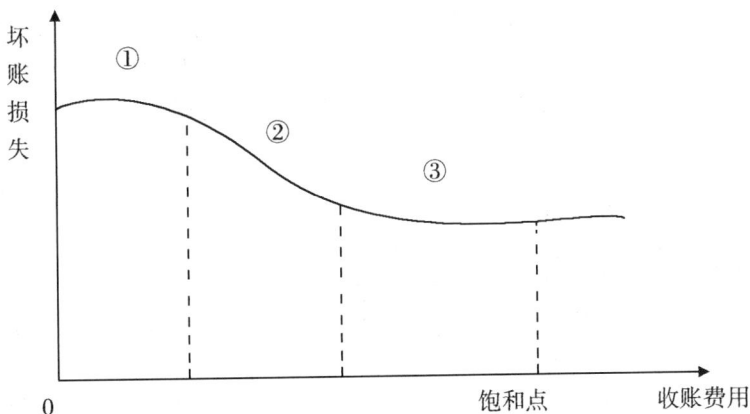

图 10 - 11　收账费用与坏账损失的关系

（三）应收账款监控

应收账款监控包括两个方面的内容：一是信用额度监控；二是应收账款日常监控。

1. 信用额度监控

信用额度又称信用限额，包括总体上的信用额度和对每一客户的信用额度。总体信用额度是指公司根据自身具体情况和外部经济环境而确定的赊销总规模，是指导和控制日常赊销规模的依据。对每一客户的信用额度是指对符合信用标准的客户给予的最大信用限额。通常，商业信用投向的客户越是集中，商业信用风险越大，应收账款发生坏账的可能性越大，因此，公司必须控制对每一客户的信用额度，避免商业信用过于集中。

2. 应收账款日常监控

应收账款日常监控要做的工作包括两个方面：① 进行应收账款的账龄分析。通过账龄分析，了解有多少应收账款尚处于信用期限内，有多少应收账款超过了信用期限，对超过信用期限的应收账款按拖欠时间的长短进行分类分析。② 针对不同拖欠时间的应收账款，通过成本效益分析，确定不同的收账政策。

公司在实际管理中，应把信用政策和应收账款控制策略结合起来，综合考虑信用标准、信用期限、现金折扣与坏账准备、收账政策的变动和相互影响，以及对销售额、销售利润、收账费用等的影响。

三、存货管理

存货是指公司在生产经营过程中为销售或者生产耗用而储备的各种流动资产，就生产性公司而言，一般包括原材料、燃料、低值易耗品、在产品、半成品和产成品等。存货占流动资产比重的大小，取决于公司所处行业的性质。一般情况下，制造业和零售业的存货比重较大，其他行业所占的比重相对小一些。公司直接参与存货管理的部门有供应、生产、销售和财务等部门，其中前三个部门主要从数量上对存货进行管理，而财务部门主要从存货价值方面进行管理。与现金、应收账款的管理相比，存货管理要复杂得多。

（一）存货投资的利弊分析

存货是公司流动资产项目中收益率最高而且是风险最大的资产，又是公司从事生产经营活动不可或缺的物质基础。公司进行存货投资，主要是由存货所具备的以下功能所决定的：

1. 保证公司经营的正常进行。必要的原材料、在产品和产成品是公司正常生产经营的前提和保障。尽管有些公司自动化程度较高，并借助于信息化管理提出了零存货目标，但要实现这一目标并非易事，而公司保证每天采购存货既不现实也不合算。因此，为防止停工待料现象的发生，储备适当的存货是必要的。

2. 满足市场销售的需要。必要的存货储备可以增强公司销售的机动性,特别是对于销售季节性很强的商品,更应储存足够的存货,避免因存货不足而错失良机。

3. 有利于实现均衡生产。存货在生产不均衡和商品供求波动较大时,可起到缓冲矛盾的作用,使生产经营活动正常进行。如公司根据需求状况时高时低地按不同波段生产,有时生产能力可能得不到充分利用,有时又会出现超负荷生产,这往往会使生产成本提高。此种情况下储备一定数量的存货,能够保证实现均衡生产,从而降低生产成本。

4. 保险储备。在市场经济条件下,由于公司面临的不确定因素较多,为防止意外发生,必须保持必要的存货保险储备,以避免或减少损失。

5. 出于优惠价格的考虑。一般来讲,零购价格往往比较高,而批量购买物资在价格上常有优惠。有时,公司预测某种原材料价格可能会上涨时,也会提前购入一定量的存货,以获得价格上的优惠。

由此可见,进行存货投资是能够给公司带来效益的,但公司持有存货也是有成本的,如储存成本。因此,公司持有的存货既不能过高也不能过低,过高会导致储存成本(包括机会成本)增加,而过低则难以保障生产经营活动的正常进行,形成缺货成本。也就是说,存货投资持有量的确定需要在存货效益和存货成本之间进行权衡,进而实现两者的最佳组合。

(二)存货成本

公司进行存货投资的成本主要包括以下几项:

1. 取得成本

取得成本是指公司为取得存货而付出的成本,包括订货成本和购买成本。

(1) 订货成本。订货成本是指取得存货订单的成本,包括订货手续费、差旅费和邮电费等。订货成本包括固定成本和变动成本。订货成本与订货数量无关,而与订货次数成正比例变动,即在存货需求既定的情况下,订货次数越多,订货总成本越高。存货的订货成本用公式表示为:

$$订货成本 = F_1 + \frac{D}{Q} \cdot K \qquad (10-10)$$

式中:F_1 表示订货成本的固定成本;K 表示订货成本的变动成本;Q 表示存货每次定购量;D 表示存货年需要量。

(2) 购买成本。购买成本是指存货本身的价值,包括买价、运杂费等。购买成本与购买数量成正比,与订货次数无关。存货的购买成本用 $D \cdot V$ 表示。

那么,存货取得成本可以用公式表示为:

$$TC_a = F_1 + \frac{D}{Q} \cdot K + D \cdot V \qquad (10-11)$$

式中:TC_a 表示存货取得成本;D 表示存货年需要量;V 表示存货单价。

2.储存成本

储存成本是指公司为保持存货而发生的成本,包括仓储费、管理人员工资、存货损耗、保险费以及存货占用资金需支付的利息等,用 TC_c 表示。储存成本也可以分为固定成本和变动成本。固定成本与存货数量无关,如仓储费、管理人员的工资等。变动成本与存货数量成正比,如存货损耗、保险费以及存货占用资金需支付的利息等,即在存货需求既定的情况下,订货次数越多,存货存量越少,变动成本越低;反之亦然。

存货储存成本用公式表示如下:

$$TC_c = F_2 + K_c \cdot \frac{Q}{2} \tag{10-12}$$

式中:TC_c 表示存货储存总成本;F_2 表示存货储存固定成本;K_c 表示单位储存变动成本。

3.缺货成本

缺货成本是指由于存货储备不足而造成的损失,如停工损失、紧急采购的额外开支、延期交货的罚金以及公司信誉损失等。缺货成本用 TC_s 表示。

4.存货总成本

存货总成本就是存货取得成本、储存成本和缺货成本之和。用 TC 表示存货总成本,则有:

$$TC = TC_a + TC_c + TC_s$$
$$= F_1 + \frac{D}{Q} \cdot K + D \cdot V + F_2 + K_c \frac{Q}{2} + TC_s \tag{10-13}$$

(三)经济批量模型及其扩展

存货投资管理的目标就是要权衡存货成本和存货收益,确定最佳存货持有量,使公司在保持必要存货储备的同时最小化存货总成本。确定最佳存货水平的常用计量模型是经济批量模型(又称经济订货量模型)。下面对这一模型作简要介绍。

1.基本经济批量模型

经济批量模型的假设条件是:(1)公司在需要进货时可以及时取得存货;(2)存货集中到货,一次入库,存货耗用均衡稳定;(3)存货年需求确定且单价不变,不考虑现金折扣;(4)公司现金充足,不存在因现金不足而影响进货的问题;(5)所需存货市场供应充足,无缺货成本。

在上述假设条件下,存货成本计量模型中的 F、D、V 为已知常量,缺货成本 $TC_s = 0$,存货总成本完全由订货成本和储存变动成本决定,其上述公式(10-13)表达式可改写为:

$$TC = K \cdot \frac{D}{Q} + K_c \cdot \frac{Q}{2} \tag{10-14}$$

在 D、K、K_c、F 已知为常数时,TC 的大小仅取决于 Q。故对 TC 求导可求得 TC 最小时的经济批量 Q^*。其计算公式为:

$$Q^* = \sqrt{\frac{2KD}{K_c}} \qquad\qquad (10-15)$$

这个公式被称为经济批量模型的基本模型。

经济批量模型下的存货流转过程见图 10 - 12。

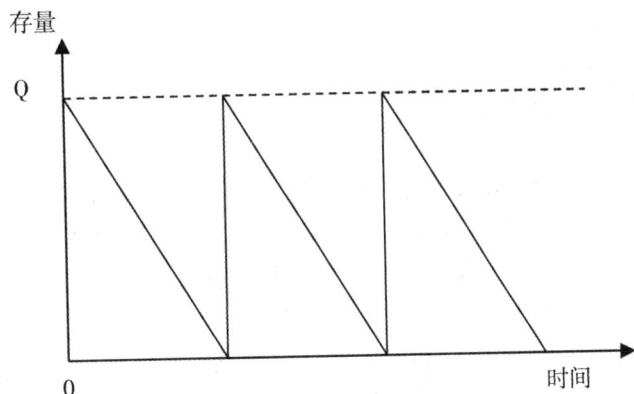

图 10 - 12　存货流转过程

存货成本与经济批量之间的关系见图 10 - 13。

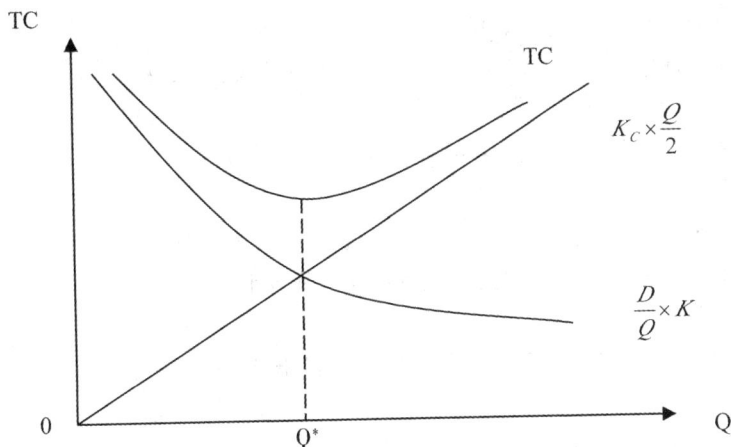

图 10 - 13　经济批量与存货成本

根据经济批量 Q^*，还可以推导出以下公式：

(1) 每年最佳订货次数：$N^* = \dfrac{D}{Q^*} = \sqrt{\dfrac{DK_c}{2K}}$

(2) 最佳存货总成本：$TC^* = \sqrt{2KDK_c}$

(3) 最佳订货周期：$T^* = \dfrac{360}{N^*} = 360 \cdot \sqrt{\dfrac{2K}{DK_c}}$

2. 经济批量模型的扩展

经济批量基本模型的各种假设在实际工作中并不多见，为使模型更接近于公司的实际情况,下面注意放宽假设条件,在更现实的情况下计算最佳存货持有量。

(1)再订货点与保险储备

一般情况下,公司要做到存货库存到 0 时及时补充到需要量几乎是不可能的,因为公司从发出订单到实际收到存货的整个环节还存在运输、结算过程,因此,公司需要在存货尚未用完时就开始订货,这样,公司在再次发出订单时尚持有一定存货,这时的库存称为再订货点。

再订货点的计算公式为:

$$R = L \cdot D \qquad (10-16)$$

式中,R 表示再订货点;L 表示订货提前期,也即交货时间;D 表示平均日需要量。

在提前订货期条件下,当存货库存达到 R 时,就应组织再次订货。此时,有关存货的经济订货批量、订货次数、订货周期等并无变化,变化的只是订货的时间。

上述基本经济批量模型假设存货的供需稳定且确定,但实际情况并非如此。公司对存货的需求经常会发生波动,交货时间也会延迟,因此,公司应持有一定量的保险储备,以防供应延误造成存货短缺损失。这样,再订货点就变为:

$$R = L \cdot D + B$$

式中,B 为存货的保险储备量。

建立保险储备可以避免因存货短缺而带来的缺货成本,却也会使存货的储存成本增加,因此,存货保险储备量也存在一个最佳持有量的确定问题。确定最佳保险储备量需要在缺货成本和储存成本之间进行权衡,寻求一个使两者之和最小的点。这一点上的存货保险储备量就是最佳保险储备量。其计量模型为:

$$TC(S,B) = C_s + C_b = K_u \cdot S \cdot N + B \cdot K_c \qquad (10-17)$$

式中,TC(S,B)表示保险储备总成本;C_s 表示存货短缺成本;C_b 表示存货保险储备成本;K_u 表示单位缺货成本;S 表示缺货量;N 表示年订货次数;B 表示保险储备量;K_c 表示单位储存成本。

在交货间隔期内,存货的需求变化具有一定的概率分布,其概率可根据历史经验得出,根据在不同概率下的存货需求,可计算出存货需求的期望值,即再订货点。在再订货点确定的条件下,存货短缺量随存货需求量的变化而变化,且具有相同的概率分布。据此,可以计算出不同保险储备量下的缺货量的期望值,进而计算出不同保险储备量下的保险储备总成本。通过比较,保险储备总成本最小时的保险储备量即为最佳保险储备量。

【例10-7】某公司对某种原材料的年需求量为3600吨,该原材料的单位储存变动成本为20元,一次订货成本为25元,单位缺货成本是100元。交货间隔期内的原材料需求变化情况及其概率分布如下表10-7。可供选择的保险储备方案有三个:①保险储备为0吨;②保险储备为10吨;③保险储备为20吨。

表 10 - 7　原材料需要量及其概率分布

存货需要量(吨)	50	60	70	80	90
概率	0.1	0.2	0.4	0.2	0.1

根据以上所总结的公式,可进行如下计算:

经济订货批量 $Q^* = \sqrt{\dfrac{2 \times 25 \times 3600}{20}} \approx 95$(吨)

年订货次数 $= \dfrac{3600}{95} \approx 38$(次)

存货的平均需求量 $= 50 \times 0.10 + 60 \times 0.20 + 70 \times 0.40 + 80 \times 0.20 + 90 \times 0.10 = 70$(吨)

当 B = 0、10、20 时,不同保险储备量下的缺货量 S 和总成本 TC(Q)的计算如下表 10 - 8。

表 10 - 8　不同保险储备量时的缺货量和总成本计算

保险储备 B(吨)	缺货量 S(吨)	总成本 TC(Q)(元)
0	4	15200
10	1	4000
20	0	400

计算结果表明,最佳保险储备量是 20 吨,此时的再订货点为 70 + 20 = 90 吨。

(2)存货的陆续供应和使用

基本模型中假定存货是集中到货的,但在实际工作中,有时存货可能陆续到货,而且是边送边用,如产成品入库和在产品转移。此时,存货的相关总成本依然等于进货成本和储存成本之和,但平均储存量随着每批进货数、每日耗用量的变化而发生变化。

在存货陆续到货的情况下,假设公司存货年需用量为 D,单价为 U,一次订货成本为 K,单位储货成本为 K_c,每日到货量为 P,每日耗用量为 d,则到货间隔期为 Q/P,到货期内的存货耗用总量为 $\dfrac{Q}{P}d$,每批存货送完时,最高库存量 E 为 $Q - \dfrac{Q}{P}d$;平均库存量 (E/2)为 $\dfrac{1}{2}(Q - \dfrac{Q}{P} \cdot d) = \dfrac{Q}{2}(1 - \dfrac{d}{P})$。

那么,与批量有关的存货储备总成本为:

$$TC(Q) = TC_a + TC_c = \frac{D}{Q} \cdot K + K_c \cdot \frac{Q}{2}(1 - \frac{d}{P}) \qquad (10-18)$$

同样,当 $\dfrac{D}{Q}K = \dfrac{Q}{2}(1 - \dfrac{d}{P})K_c$ 时,变动储备成本和变动订货成本相等,此时的订货量 Q^* 为最佳存货定购量。用公式表示为:

$$Q^* = \sqrt{\frac{2KD}{K_c}\left(\frac{P}{P-d}\right)} \qquad\qquad (10-19)$$

进一步推算,最佳存货储备总成本为:

$$TC(Q^*) = \sqrt{2KDK_c \cdot \left(1-\frac{d}{P}\right)} \qquad\qquad (10-20)$$

此时的存货流转过程见图 10-14。

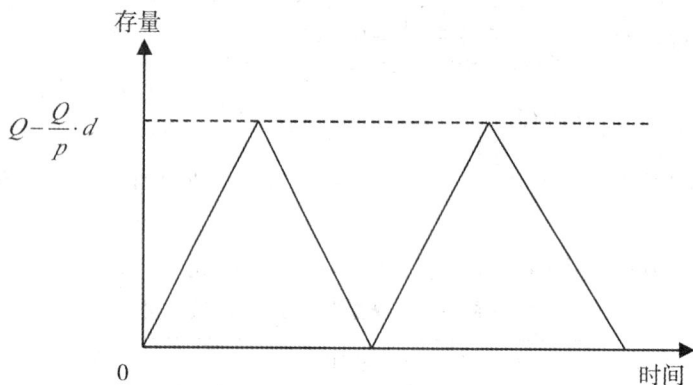

图 10-14　存货陆续供应和使用下的流转过程

【例 10-8】甲公司某元件年需要量 D 为 5000 件,每日送货量 P 为 40 件,每日耗用量 d 为 20 件,单价 U 为 20 元,一次订货成本 K 为 30 元,单位储货成本 K_c 为 5 元,问:最佳存货定购量 Q^* 和最佳存货储备总成本 TC(Q) 是多少?

解:$Q^* = \sqrt{\frac{2KD}{K_c}\left(\frac{P}{P-d}\right)} = \sqrt{\frac{2\times30\times5000}{5}\left(\frac{40}{40-20}\right)} \approx 347(元)$

$TC(Q^*) = \sqrt{2KDK_c \cdot \left(1-\frac{d}{P}\right)} = \sqrt{2\times30\times5000\times5\times\left(1-\frac{20}{40}\right)} \approx 865(元)$

【本章小结】

1. 净营运资本是指流动资产与流动负债的差额。

2. 经营周期是从购买存货到销售产品实现现金收入为止这段时间。经营周期等于存货周转期和应收账款周期长度之和。存货周转期是从购买存货到销售产品所需的时间。应收账款周期是回收应收账款所需时间的长度。

现金周期,又称现金周转期,是从购买存货支付现金到从应收账款上收回现金这一期间的长度。应付账款周期是公司在购买各种资源的过程中延期支付的时间长度。

3. 公司在制定短期财务政策时,主要考虑流动资产的投资规模和为流动资产筹资的策略。流动资产投资政策有两种:宽松的短期财务政策和严格的短期财务政策。流动资产的融资策略有三种:(1)弹性融资策略;(2)严格融资策略;(3)折中的融资策略。

4. 现金预算预计和汇总了计划期内的现金流入量和流出量以及现金流入量与现金流出量之间的差额,这一差额表现为现金剩余或赤字。

5. 短期融资是指公司以债务人的身份借入的短期资本。企业短期负债融资的方式主要有短期借款和商业信用等。

6. 短期财务计划是对短期内(通常为1年或1年以内)现金流入量与现金流出量的规划。

7. 营运资本投资是公司为保证经营活动的正常进行而用于劳动对象上的投资,是公司的一项经常性投资活动。营运资本投资形成的资产有三种形态:现金(包括库存现金和银行存款)、应收账款和存货(主要包括原材料、在产品和产成品)。

8. 现金管理的目的就是通过对持有现金的流动性和盈利性的权衡,寻求一个使两者实现最佳组合的结合点,即最佳现金持有量。常用的现金管理模型有成本分析模型、存货模型和随机模型。

9. 应收账款持有量控制就是通过应收账款带来的收益与成本的权衡,进而确定一个合理的持有量。信用政策是应收账款管理的核心,是指导公司应收账款投资和应收账款日常管理的规则。信用政策的主要内容包括信用标准、信用条件和收账政策等。

10. 存货持有量控制就是通过对存货效益与成本的权衡,确定一个最佳的持有量,使公司在保持必要存货储备的同时最小化存货总成本。确定最佳存货水平的常用计量模型是经济批量模型。

【复习思考题】

1. 什么是营运资本投资?什么是净营运资本?其经济含义是什么?

2. 什么是经营周期?应如何计算?

3. 什么是现金周期?应如何计算?

4. 流动资产投资策略有哪些?

5. 流动资产的筹资策略有哪些?

6. 比较现金管理三种模型的异同。

7. 如何用存货模型来确定最佳现金余额?

8. 简述应收账款的信用政策有哪些?

9. 存货投资有哪些功能?存货成本有哪些形式?

10. 如何运用经济批量模型及其扩展模型来计算最佳存货量水平。

案例分析题

【案例10-1】东方公司是一家商业企业。其现金收支状况比较平稳,预计全年现金需用量为250000元,现金与有价证券的转换成本为每次500元,有价证券年利率为10%。现根据公司资金使用情况,拟测算现金最佳持有量及其成本,为此,需要计算如下项目:

(1)计算最佳现金持有量。

(2)计算最佳现金持有量下的全年现金管理总成本、全年现金交易成本和现金持有的机会成本。

(3)计算最佳现金持有量下的全年有价证券交易次数和交易间隔期。

【案例 10-2】光华公司是一家商品流通企业。现行的信用政策是 40 天内全额付款,赊销额平均占销售额的 75%,其余部分为立即付款购买。目前的应收账款周转天数为 45 天(假设一年为 360 天)。总经理今年一月提出,将信用政策改为 50 天全额付款,改变信用政策后,预计总销售额可增加 20%,赊销比例增加到 90%,其余部分为立即付款购买,预计应收账款周转天数延长到 60 天。

改变信用政策预计不会影响存货周转率和销售总成本率(目前销货成本占销售额的 70%)。存货占销售额的 70%,周转天数为 60 天,工资由目前的每年 200 万元增加到 380 万元。除工资外的营业费用和管理费用目前为每年 300 万元,预计不会因信用政策改变而变化。上年末的资产负债表如下表所示:

资产负债表   单位:万元
201×年 12 月 31 日

资产	金额	负债及所有者权益	金额
现金	200	应付账款	100
应收账款	450	银行借款	600
存货	560	实收资本	1500
固定资产	1000	未分配利润	10
资产总计	2210	负债及所有者权益合计	2210

根据上述资料,试分析:假设该公司投资者要求的必要报酬率为 8.9597%,公司是否应该改变信用政策?

【案例 10-3】广兴公司是一家家用电器零售商,现经营 500 多种家用电器产品。公司正在考虑经销一种新的家电产品。据预测该产品年销售量为 1080 台,一年按 360 天计算,平均日销售量为 3 台;固定的储存成本为 2000 元/年,变动的储存成本为 100 元/台(一年);固定的订货成本为 1000 元/年,变动的订货成本为 74.08 元/次;公司的进货价格为每台 500 元,售价为每台 580 元;如果供应中断,单位缺货成本为 80 元。订货至到货的时间是 4 天。

要求:在假设可忽略各种税金影响的情况下计算下列问题:
(1)该商品的进货经济批量;
(2)该商品按照经济批量进货时存货平均占用的资金(不含保险储备资金);
(3)该商品按照经济批量进货的全年存货取得储备和储存成本(不含保险储备成本);
(4)该商品含有保险储备量的再订货点。

参考文献

[1](美)兹维·博迪、罗伯特·C.莫顿、戴维·L.克利顿:《金融学》[M].北京:中国人民大学出版社.2010.

[2](美)斯蒂芬·A.罗斯、伦道夫·W.威斯特菲尔德、布拉德福德·D.乔丹(方红星译):《公司理财》(精要版)[M].北京:机械工业出版社.2008.

[3](美)斯蒂芬 A·罗斯、伦道夫·W.威斯特菲尔德、杰弗利·F.杰富(吴世农等译):《公司理财》(第9版)[M].北京:机械工业出版社.2012.

[4](美)马克·格林布莱特、施瑞丹·蒂特曼:《金融市场与公司战略》[M].北京:中国人民大学出版社,2003.

[5](美)威廉·L.麦金森(刘明辉主译):《公司财务理论》[M].大连:东北财经大学出版社,2002.

[6](美)阿尔弗洛德·拉帕波特:《创造股东价值》[M].昆明:云南人民出版社.2002.

[7]郭丽虹、王安兴编著:《公司金融学》[M].上海:上海财经大学出版社.2008.

[8]陈雨露主编:《公司理财》[M].北京:高等教育出版社.2008.

[9]张鸣、王蔚松、陈文浩主编:《财务管理学》[M].上海:上海财经大学出版社.2006.

[10]杨丽荣主编:《公司金融学》[M].北京:科学出版社.2008.

[11]胡庆康主编:《公司金融》[M].北京:首都经济贸易大学出版社.2003.

[12]岳军、冯曰欣、闫新华编著:《公司金融》[M].北京:经济科学出版社.2003.

[13]冯曰欣、王俊籽主编:《公司金融》[M].北京:经济科学出版社.2006.

附录一：

复利终值系数表

期数＼利率	1%	2%	3%	4%	5%	6%	7%	8%	9%	10%	11%	12%	13%	14%	15%
1	1.0100	1.0200	1.0300	1.0400	1.0500	1.0600	1.0700	1.0800	1.0900	1.1000	1.1100	1.1200	1.1300	1.1400	1.1500
2	1.0201	1.0404	1.0609	1.0816	1.1025	1.1236	1.1449	1.1664	1.1881	1.2100	1.2321	1.2544	1.2769	1.2996	1.3225
3	1.0303	1.0612	1.0927	1.1249	1.1576	1.1910	1.2250	1.2597	1.2950	1.3310	1.3676	1.4049	1.4429	1.4815	1.5209
4	1.0406	1.0824	1.1255	1.1699	1.2155	1.2625	1.3108	1.3605	1.4116	1.4641	1.5181	1.5735	1.6305	1.6890	1.7490
5	1.0510	1.1041	1.1593	1.2167	1.2763	1.3382	1.4026	1.4693	1.5386	1.6105	1.6851	1.7623	1.8424	1.9254	2.0114
6	1.0615	1.1262	1.1941	1.2653	1.3401	1.4185	1.5007	1.5869	1.6771	1.7716	1.8704	1.9738	2.0820	2.1950	2.3131
7	1.0721	1.1487	1.2299	1.3159	1.4071	1.5036	1.6058	1.7138	1.8280	1.9487	2.0762	2.2107	2.3526	2.5023	2.6600
8	1.0829	1.1717	1.2668	1.3686	1.4775	1.5938	1.7182	1.8509	1.9926	2.1436	2.3045	2.4760	2.6584	2.8526	3.0590
9	1.0937	1.1951	1.3048	1.4233	1.5513	1.6895	1.8385	1.9990	2.1719	2.3579	2.5580	2.7731	3.0040	3.2519	3.5179
10	1.1046	1.2190	1.3439	1.4802	1.6289	1.7908	1.9672	2.1589	2.3674	2.5937	2.8394	3.1058	3.3946	3.7072	4.0456
11	1.1157	1.2434	1.3842	1.5395	1.7103	1.8983	2.1049	2.3316	2.5804	2.8531	3.1518	3.4786	3.8359	4.2262	4.6524
12	1.1268	1.2682	1.4258	1.6010	1.7959	2.0122	2.2522	2.5182	2.8127	3.1384	3.4985	3.8960	4.3345	4.8179	5.3503
13	1.1381	1.2936	1.4685	1.6651	1.8856	2.1329	2.4098	2.7196	3.0658	3.4523	3.8833	4.3635	4.8980	5.4924	6.1528
14	1.1495	1.3195	1.5126	1.7317	1.9799	2.2609	2.5785	2.9372	3.3417	3.7975	4.3104	4.8871	5.5348	6.2613	7.0757
15	1.1610	1.3459	1.5580	1.8009	2.0789	2.3966	2.7590	3.1722	3.6425	4.1772	4.7846	5.4736	6.2543	7.1379	8.1371
16	1.1726	1.3728	1.6047	1.8730	2.1829	2.5404	2.9522	3.4259	3.9703	4.5950	5.3109	6.1304	7.0673	8.1372	9.3576
17	1.1843	1.4002	1.6528	1.9479	2.2920	2.6928	3.1588	3.7000	4.3276	5.0545	5.8951	6.8660	7.9861	9.2765	10.7613
18	1.1961	1.4282	1.7024	2.0258	2.4066	2.8543	3.3799	3.9960	4.7171	5.5599	6.5436	7.6900	9.0243	10.5752	12.3755
19	1.2081	1.4568	1.7535	2.1068	2.5270	3.0256	3.6165	4.3157	5.1417	6.1159	7.2633	8.6128	10.1974	12.0557	14.2318
20	1.2202	1.4859	1.8061	2.1911	2.6533	3.2071	3.8697	4.6610	5.6044	6.7275	8.0623	9.6463	11.5231	13.7435	16.3665
21	1.2324	1.5157	1.8603	2.2788	2.7860	3.3996	4.1406	5.0338	6.1088	7.4002	8.9492	10.8038	13.0211	15.6676	18.8215
22	1.2447	1.5460	1.9161	2.3699	2.9253	3.6035	4.4304	5.4365	6.6586	8.1403	9.9336	12.1003	14.7138	17.8610	21.6447
23	1.2572	1.5769	1.9736	2.4647	3.0715	3.8197	4.7405	5.8715	7.2579	8.9543	11.0263	13.5523	16.6266	20.3616	24.8915
24	1.2697	1.6084	2.0328	2.5633	3.2251	4.0489	5.0724	6.3412	7.9111	9.8497	12.2392	15.1786	18.7881	23.2122	28.6252
25	1.2824	1.6406	2.0938	2.6658	3.3864	4.2919	5.4274	6.8485	8.6231	10.8347	13.5855	17.0001	21.2305	26.4619	32.9190
26	1.2953	1.6734	2.1566	2.7725	3.5557	4.5494	5.8074	7.3964	9.3992	11.9182	15.0799	19.0401	23.9905	30.1666	37.8568
27	1.3082	1.7069	2.2213	2.8834	3.7335	4.8223	6.2139	7.9881	10.2451	13.1100	16.7387	21.3249	27.1093	34.3899	43.5353
28	1.3213	1.7410	2.2879	2.9987	3.9201	5.1117	6.6488	8.6271	11.1671	14.4210	18.5799	23.8839	30.6335	39.2045	50.0656
29	1.3345	1.7758	2.3566	3.1187	4.1161	5.4184	7.1143	9.3173	12.1722	15.8631	20.6237	26.7499	34.6158	44.6931	57.5755
30	1.3478	1.8114	2.4273	3.2434	4.3219	5.7435	7.6123	10.0627	13.2677	17.4494	22.8923	29.9599	39.1159	50.9502	66.2118

（续表）

利率 期数	16%	17%	18%	19%	20%	21%	22%	23%	24%	25%	26%	27%	28%	29%	30%
1	1.1600	1.1700	1.1800	1.1900	1.2000	1.2100	1.2200	1.2300	1.2400	1.2500	1.2600	1.2700	1.2800	1.2900	1.3000
2	1.3456	1.3689	1.3924	1.4161	1.4400	1.4641	1.4884	1.5129	1.5376	1.5625	1.5876	1.6129	1.6384	1.6641	1.6900
3	1.5609	1.6016	1.6430	1.6852	1.7280	1.7716	1.8158	1.8609	1.9066	1.9531	2.0004	2.0484	2.0972	2.1467	2.1970
4	1.8106	1.8739	1.9388	2.0053	2.0736	2.1436	2.2153	2.2889	2.3642	2.4414	2.5205	2.6014	2.6844	2.7692	2.8561
5	2.1003	2.1924	2.2878	2.3864	2.4883	2.5937	2.7027	2.8153	2.9316	3.0518	3.1758	3.3038	3.4360	3.5723	3.7129
6	2.4364	2.5652	2.6996	2.8398	2.9860	3.1384	3.2973	3.4628	3.6352	3.8147	4.0015	4.1959	4.3980	4.6083	4.8268
7	2.8262	3.0012	3.1855	3.3793	3.5832	3.7975	4.0227	4.2593	4.5077	4.7684	5.0419	5.3288	5.6295	5.9447	6.2749
8	3.2784	3.5115	3.7589	4.0214	4.2998	4.5950	4.9077	5.2389	5.5895	5.9605	6.3528	6.7675	7.2058	7.6686	8.1573
9	3.8030	4.1084	4.4355	4.7854	5.1598	5.5599	5.9874	6.4439	6.9310	7.4506	8.0045	8.5948	9.2234	9.8925	10.6045
10	4.4114	4.8068	5.2338	5.6947	6.1917	6.7275	7.3046	7.9259	8.5944	9.3132	10.0857	10.9153	11.8059	12.7614	13.7858
11	5.1173	5.6240	6.1759	6.7767	7.4301	8.1403	8.9117	9.7489	10.6571	11.6415	12.7080	13.8625	15.1116	16.4622	17.9216
12	5.9360	6.5801	7.2876	8.0642	8.9161	9.8497	10.8722	11.9912	13.2148	14.5519	16.0120	17.6053	19.3428	21.2362	23.2981
13	6.8858	7.6987	8.5994	9.5964	10.6993	11.9182	13.2641	14.7491	16.3863	18.1899	20.1752	22.3588	24.7588	27.3947	30.2875
14	7.9875	9.0075	10.1472	11.4198	12.8392	14.4210	16.1822	18.1414	20.3191	22.7374	25.4207	28.3957	31.6913	35.3391	39.3738
15	9.2655	10.5387	11.9737	13.5895	15.4070	17.4494	19.7423	22.3140	25.1956	28.4217	32.0301	36.0625	40.5648	45.5875	51.1859
16	10.7480	12.3303	14.1290	16.1715	18.4884	21.1138	24.0856	27.4462	31.2426	35.5271	40.3579	45.7994	51.9230	58.8079	66.5417
17	12.4677	14.4265	16.6722	19.2441	22.1861	25.5477	29.3844	33.7588	38.7408	44.4089	50.8510	58.1652	66.4614	75.8621	86.5042
18	14.4625	16.8790	19.6733	22.9005	26.6233	30.9127	35.8490	41.5233	48.0386	55.5112	64.0722	73.8698	85.0706	97.8622	112.4554
19	16.7765	19.7484	23.2144	27.2516	31.9480	37.4043	43.7358	51.0737	59.5679	69.3889	80.7310	93.8147	108.8904	126.2422	146.1920
20	19.4608	23.1056	27.3930	32.4294	38.3376	45.2593	53.3576	62.8206	73.8641	86.7362	101.7211	119.1446	139.3797	162.8524	190.0496
21	22.5745	27.0336	32.3238	38.5910	46.0051	54.7637	65.0963	77.2694	91.5915	108.4202	128.1685	151.3137	178.4060	210.0796	247.0645
22	26.1864	31.6293	38.1421	45.9233	55.2061	66.2641	79.4175	95.0413	113.5735	135.5253	161.4924	192.1683	228.3596	271.0027	321.1839
23	30.3762	37.0062	45.0076	54.6487	66.2474	80.1795	96.8894	116.9008	140.8312	169.4066	203.4804	244.0538	292.3003	349.5935	417.5391
24	35.2364	43.2973	53.1090	65.0320	79.4968	97.0172	118.2050	143.7880	174.6306	211.7582	256.3853	309.9483	374.1444	450.9756	542.8008
25	40.8742	50.6578	62.6686	77.3881	95.3962	117.3909	144.2101	176.8593	216.5420	264.6978	323.0454	393.6344	478.9049	581.7585	705.6410
26	47.4141	59.2697	73.9490	92.0918	114.4755	142.0429	175.9364	217.5369	268.5121	330.8722	407.0373	499.9157	612.9982	750.4685	917.3333
27	55.0004	69.3455	87.2598	109.5893	137.3706	171.8719	214.6424	267.5704	332.9550	413.5903	512.8670	634.8929	784.6377	968.1044	1192.5333
28	63.8004	81.1342	102.9666	130.4112	164.8447	207.9651	261.8637	329.1115	412.8642	516.9879	646.2124	806.3140	1004.3363	1248.8546	1550.2933
29	74.0085	94.9271	121.5005	155.1893	197.8136	251.6377	319.4737	404.8072	511.9516	646.2349	814.2276	1024.0187	1285.5504	1611.0225	2015.3813
30	85.8499	111.0647	143.3706	184.6753	237.3763	304.4816	389.7579	497.9129	634.8199	807.7936	1025.9267	1300.5038	1645.5046	2078.2190	2619.9956

附录二：

复利现值系数表

利率 期数	1%	2%	3%	4%	5%	6%	7%	8%	9%	10%	11%	12%	13%	14%	15%
1	0.9901	0.9804	0.9709	0.9615	0.9524	0.9434	0.9346	0.9259	0.9174	0.9091	0.9009	0.8929	0.8850	0.8772	0.8696
2	0.9803	0.9612	0.9426	0.9246	0.9070	0.8900	0.8734	0.8573	0.8417	0.8264	0.8116	0.7972	0.7831	0.7695	0.7561
3	0.9706	0.9423	0.9151	0.8890	0.8638	0.8396	0.8163	0.7938	0.7722	0.7513	0.7312	0.7118	0.6931	0.6750	0.6575
4	0.9610	0.9238	0.8885	0.8548	0.8227	0.7921	0.7629	0.7350	0.7084	0.6830	0.6587	0.6355	0.6133	0.5921	0.5718
5	0.9515	0.9057	0.8626	0.8219	0.7835	0.7473	0.7130	0.6806	0.6499	0.6209	0.5935	0.5674	0.5428	0.5194	0.4972
6	0.9420	0.8880	0.8375	0.7903	0.7462	0.7050	0.6663	0.6302	0.5963	0.5645	0.5346	0.5066	0.4803	0.4556	0.4323
7	0.9327	0.8706	0.8131	0.7599	0.7107	0.6651	0.6227	0.5835	0.5470	0.5132	0.4817	0.4523	0.4251	0.3996	0.3759
8	0.9235	0.8535	0.7894	0.7307	0.6768	0.6274	0.5820	0.5403	0.5019	0.4665	0.4339	0.4039	0.3762	0.3506	0.3269
9	0.9143	0.8368	0.7664	0.7026	0.6446	0.5919	0.5439	0.5002	0.4604	0.4241	0.3909	0.3606	0.3329	0.3075	0.2843
10	0.9053	0.8203	0.7441	0.6756	0.6139	0.5584	0.5083	0.4632	0.4224	0.3855	0.3522	0.3220	0.2946	0.2697	0.2472
11	0.8963	0.8043	0.7224	0.6496	0.5847	0.5268	0.4751	0.4289	0.3875	0.3505	0.3173	0.2875	0.2607	0.2366	0.2149
12	0.8874	0.7885	0.7014	0.6246	0.5568	0.4970	0.4440	0.3971	0.3555	0.3186	0.2858	0.2567	0.2307	0.2076	0.1869
13	0.8787	0.7730	0.6810	0.6006	0.5303	0.4688	0.4150	0.3677	0.3262	0.2897	0.2575	0.2292	0.2042	0.1821	0.1625
14	0.8700	0.7579	0.6611	0.5775	0.5051	0.4423	0.3878	0.3405	0.2992	0.2633	0.2320	0.2046	0.1807	0.1597	0.1413
15	0.8613	0.7430	0.6419	0.5553	0.4810	0.4173	0.3624	0.3152	0.2745	0.2394	0.2090	0.1827	0.1599	0.1401	0.1229
16	0.8528	0.7284	0.6232	0.5339	0.4581	0.3936	0.3387	0.2919	0.2519	0.2176	0.1883	0.1631	0.1415	0.1229	0.1069
17	0.8444	0.7142	0.6050	0.5134	0.4363	0.3714	0.3166	0.2703	0.2311	0.1978	0.1696	0.1456	0.1252	0.1078	0.0929
18	0.8360	0.7002	0.5874	0.4936	0.4155	0.3503	0.2959	0.2502	0.2120	0.1799	0.1528	0.1300	0.1108	0.0946	0.0808
19	0.8277	0.6864	0.5703	0.4746	0.3957	0.3305	0.2765	0.2317	0.1945	0.1635	0.1377	0.1161	0.0981	0.0829	0.0703
20	0.8195	0.6730	0.5537	0.4564	0.3769	0.3118	0.2584	0.2145	0.1784	0.1486	0.1240	0.1037	0.0868	0.0728	0.0611
21	0.8114	0.6598	0.5375	0.4388	0.3589	0.2942	0.2415	0.1987	0.1637	0.1351	0.1117	0.0926	0.0768	0.0638	0.0531
22	0.8034	0.6468	0.5219	0.4220	0.3418	0.2775	0.2257	0.1839	0.1502	0.1228	0.1007	0.0826	0.0680	0.0560	0.0462
23	0.7954	0.6342	0.5067	0.4057	0.3256	0.2618	0.2109	0.1703	0.1378	0.1117	0.0907	0.0738	0.0601	0.0491	0.0402
24	0.7876	0.6217	0.4919	0.3901	0.3101	0.2470	0.1971	0.1577	0.1264	0.1015	0.0817	0.0659	0.0532	0.0431	0.0349
25	0.7798	0.6095	0.4776	0.3751	0.2953	0.2330	0.1842	0.1460	0.1160	0.0923	0.0736	0.0588	0.0471	0.0378	0.0304
26	0.7720	0.5976	0.4637	0.3607	0.2812	0.2198	0.1722	0.1352	0.1064	0.0839	0.0663	0.0525	0.0417	0.0331	0.0264
27	0.7644	0.5859	0.4502	0.3468	0.2678	0.2074	0.1609	0.1252	0.0976	0.0763	0.0597	0.0469	0.0369	0.0291	0.0230
28	0.7568	0.5744	0.4371	0.3335	0.2551	0.1956	0.1504	0.1159	0.0895	0.0693	0.0538	0.0419	0.0326	0.0255	0.0200
29	0.7493	0.5631	0.4243	0.3207	0.2429	0.1846	0.1406	0.1073	0.0822	0.0630	0.0485	0.0374	0.0289	0.0224	0.0174
30	0.7419	0.5521	0.4120	0.3083	0.2314	0.1741	0.1314	0.0994	0.0754	0.0573	0.0437	0.0334	0.0256	0.0196	0.0151

（续表）

利率 期数	16%	17%	18%	19%	20%	21%	22%	23%	24%	25%	26%	27%	28%	29%	30%
1	0.8621	0.8547	0.8475	0.8403	0.8333	0.8264	0.8197	0.8130	0.8065	0.8000	0.7937	0.7874	0.7813	0.7752	0.7692
2	0.7432	0.7305	0.7182	0.7062	0.6944	0.6830	0.6719	0.6610	0.6504	0.6400	0.6299	0.6200	0.6104	0.6009	0.5917
3	0.6407	0.6244	0.6086	0.5934	0.5787	0.5645	0.5507	0.5374	0.5245	0.5120	0.4999	0.4882	0.4768	0.4658	0.4552
4	0.5523	0.5337	0.5158	0.4987	0.4823	0.4665	0.4514	0.4369	0.4230	0.4096	0.3968	0.3844	0.3725	0.3611	0.3501
5	0.4761	0.4561	0.4371	0.4190	0.4019	0.3855	0.3700	0.3552	0.3411	0.3277	0.3149	0.3027	0.2910	0.2799	0.2693
6	0.4104	0.3898	0.3704	0.3521	0.3349	0.3186	0.3033	0.2888	0.2751	0.2621	0.2499	0.2383	0.2274	0.2170	0.2072
7	0.3538	0.3332	0.3139	0.2959	0.2791	0.2633	0.2486	0.2348	0.2218	0.2097	0.1983	0.1877	0.1776	0.1682	0.1594
8	0.3050	0.2848	0.2660	0.2487	0.2326	0.2176	0.2038	0.1909	0.1789	0.1678	0.1574	0.1478	0.1388	0.1304	0.1226
9	0.2630	0.2434	0.2255	0.2090	0.1938	0.1799	0.1670	0.1552	0.1443	0.1342	0.1249	0.1164	0.1084	0.1011	0.0943
10	0.2267	0.2080	0.1911	0.1756	0.1615	0.1486	0.1369	0.1262	0.1164	0.1074	0.0992	0.0916	0.0847	0.0784	0.0725
11	0.1954	0.1778	0.1619	0.1476	0.1346	0.1228	0.1122	0.1026	0.0938	0.0859	0.0787	0.0721	0.0662	0.0607	0.0558
12	0.1685	0.1520	0.1372	0.1240	0.1122	0.1015	0.0920	0.0834	0.0757	0.0687	0.0625	0.0568	0.0517	0.0471	0.0429
13	0.1452	0.1299	0.1163	0.1042	0.0935	0.0839	0.0754	0.0678	0.0610	0.0550	0.0496	0.0447	0.0404	0.0365	0.0330
14	0.1252	0.1110	0.0985	0.0876	0.0779	0.0693	0.0618	0.0551	0.0492	0.0440	0.0393	0.0352	0.0316	0.0283	0.0254
15	0.1079	0.0949	0.0835	0.0736	0.0649	0.0573	0.0507	0.0448	0.0397	0.0352	0.0312	0.0277	0.0247	0.0219	0.0195
16	0.0930	0.0811	0.0708	0.0618	0.0541	0.0474	0.0415	0.0364	0.0320	0.0281	0.0248	0.0218	0.0193	0.0170	0.0150
17	0.0802	0.0693	0.0600	0.0520	0.0451	0.0391	0.0340	0.0296	0.0258	0.0225	0.0197	0.0172	0.0150	0.0132	0.0116
18	0.0691	0.0592	0.0508	0.0437	0.0376	0.0323	0.0279	0.0241	0.0208	0.0180	0.0156	0.0135	0.0118	0.0102	0.0089
19	0.0596	0.0506	0.0431	0.0367	0.0313	0.0267	0.0229	0.0196	0.0168	0.0144	0.0124	0.0107	0.0092	0.0079	0.0068
20	0.0514	0.0433	0.0365	0.0308	0.0261	0.0221	0.0187	0.0159	0.0135	0.0115	0.0098	0.0084	0.0072	0.0061	0.0053
21	0.0443	0.0370	0.0309	0.0259	0.0217	0.0183	0.0154	0.0129	0.0109	0.0092	0.0078	0.0066	0.0056	0.0048	0.0040
22	0.0382	0.0316	0.0262	0.0218	0.0181	0.0151	0.0126	0.0105	0.0088	0.0074	0.0062	0.0052	0.0044	0.0037	0.0031
23	0.0329	0.0270	0.0222	0.0183	0.0151	0.0125	0.0103	0.0086	0.0071	0.0059	0.0049	0.0041	0.0034	0.0029	0.0024
24	0.0284	0.0231	0.0188	0.0154	0.0126	0.0103	0.0085	0.0070	0.0057	0.0047	0.0039	0.0032	0.0027	0.0022	0.0018
25	0.0245	0.0197	0.0160	0.0129	0.0105	0.0085	0.0069	0.0057	0.0046	0.0038	0.0031	0.0025	0.0021	0.0017	0.0014
26	0.0211	0.0169	0.0135	0.0109	0.0087	0.0070	0.0057	0.0046	0.0037	0.0030	0.0025	0.0020	0.0016	0.0013	0.0011
27	0.0182	0.0144	0.0115	0.0091	0.0073	0.0058	0.0047	0.0037	0.0030	0.0024	0.0019	0.0016	0.0013	0.0010	0.0008
28	0.0157	0.0123	0.0097	0.0077	0.0061	0.0048	0.0038	0.0030	0.0024	0.0019	0.0015	0.0012	0.0010	0.0008	0.0006
29	0.0135	0.0105	0.0082	0.0064	0.0051	0.0040	0.0031	0.0025	0.0020	0.0015	0.0012	0.0010	0.0008	0.0006	0.0005
30	0.0116	0.0090	0.0070	0.0054	0.0042	0.0033	0.0026	0.0020	0.0016	0.0012	0.0010	0.0008	0.0006	0.0005	0.0004

附录三：

年金终值系数表

期数 \ 利率	1%	2%	3%	4%	5%	6%	7%	8%	9%	10%	11%	12%	13%	14%	15%
1	1.0000	1.0000	1.0000	1.0000	1.0000	1.0000	1.0000	1.0000	1.0000	1.0000	1.0000	1.0000	1.0000	1.0000	1.0000
2	2.0100	2.0200	2.0300	2.0400	2.0500	2.0600	2.0700	2.0800	2.0900	2.1000	2.1100	2.1200	2.1300	2.1400	2.1500
3	3.0301	3.0604	3.0909	3.1216	3.1525	3.1836	3.2149	3.2464	3.2781	3.3100	3.3421	3.3744	3.4069	3.4396	3.4725
4	4.0604	4.1216	4.1836	4.2465	4.3101	4.3746	4.4399	4.5061	4.5731	4.6410	4.7097	4.7793	4.8498	4.9211	4.9934
5	5.1010	5.2040	5.3091	5.4163	5.5256	5.6371	5.7507	5.8666	5.9847	6.1051	6.2278	6.3528	6.4803	6.6101	6.7424
6	6.1520	6.3081	6.4684	6.6330	6.8019	6.9753	7.1533	7.3359	7.5233	7.7156	7.9129	8.1152	8.3227	8.5355	8.7537
7	7.2135	7.4343	7.6625	7.8983	8.1420	8.3938	8.6540	8.9228	9.2004	9.4872	9.7833	10.0890	10.4047	10.7305	11.0668
8	8.2857	8.5830	8.8923	9.2142	9.5491	9.8975	10.2598	10.6366	11.0285	11.4359	11.8594	12.2997	12.7573	13.2328	13.7268
9	9.3685	9.7546	10.1591	10.5828	11.0266	11.4913	11.9780	12.4876	13.0210	13.5795	14.1640	14.7757	15.4157	16.0853	16.7858
10	10.4622	10.9497	11.4639	12.0061	12.5779	13.1808	13.8164	14.4866	15.1929	15.9374	16.7220	17.5487	18.4197	19.3373	20.3037
11	11.5668	12.1687	12.8078	13.4864	14.2068	14.9716	15.7836	16.6455	17.5603	18.5312	19.5614	20.6546	21.8143	23.0445	24.3493
12	12.6825	13.4121	14.1920	15.0258	15.9171	16.8699	17.8885	18.9771	20.1407	21.3843	22.7132	24.1331	25.6502	27.2707	29.0017
13	13.8093	14.6803	15.6178	16.6268	17.7130	18.8821	20.1406	21.4953	22.9534	24.5227	26.2116	28.0291	29.9847	32.0887	34.3519
14	14.9474	15.9739	17.0863	18.2919	19.5986	21.0151	22.5505	24.2149	26.0192	27.9750	30.0949	32.3926	34.8827	37.5811	40.5047
15	16.0969	17.2934	18.5989	20.0236	21.5786	23.2760	25.1290	27.1521	29.3609	31.7725	34.4054	37.2797	40.4175	43.8424	47.5804
16	17.2579	18.6393	20.1569	21.8245	23.6575	25.6725	27.8881	30.3243	33.0034	35.9497	39.1899	42.7533	46.6717	50.9804	55.7175
17	18.4304	20.0121	21.7616	23.6975	25.8404	28.2129	30.8402	33.7502	36.9737	40.5447	44.5008	48.8837	53.7391	59.1176	65.0751
18	19.6147	21.4123	23.4144	25.6454	28.1324	30.9057	33.9990	37.4502	41.3013	45.5992	50.3959	55.7497	61.7251	68.3941	75.8364
19	20.8109	22.8406	25.1169	27.6712	30.5390	33.7600	37.3790	41.4463	46.0185	51.1591	56.9395	63.4397	70.7494	78.9692	88.2118
20	22.0190	24.2974	26.8704	29.7781	33.0660	36.7856	40.9955	45.7620	51.1601	57.2750	64.2028	72.0524	80.9468	91.0249	102.4436
21	23.2392	25.7833	28.6765	31.9692	35.7193	39.9927	44.8652	50.4229	56.7645	64.0025	72.2651	81.6987	92.4699	104.7684	118.8101
22	24.4716	27.2990	30.5368	34.2480	38.5052	43.3923	49.0057	55.4568	62.8733	71.4027	81.2143	92.5026	105.4910	120.4360	137.6316
23	25.7163	28.8450	32.4529	36.6179	41.4305	46.9958	53.4361	60.8933	69.5319	79.5430	91.1479	104.6029	120.2048	138.2970	159.2764
24	26.9735	30.4219	34.4265	39.0826	44.5020	50.8156	58.1767	66.7648	76.7898	88.4973	102.1742	118.1552	136.8315	158.6586	184.1678
25	28.2432	32.0303	36.4593	41.6459	47.7271	54.8645	63.2490	73.1059	84.7009	98.3471	114.4133	133.3339	155.6196	181.8708	212.7930
26	29.5256	33.6709	38.5530	44.3117	51.1135	59.1564	68.6765	79.9544	93.3240	109.1818	127.9988	150.3339	176.8501	208.3327	245.7120
27	30.8209	35.3443	40.7096	47.0842	54.6691	63.7058	74.4838	87.3508	102.7231	121.0999	143.0786	169.3740	200.8406	238.4993	283.5688
28	32.1291	37.0512	42.9309	49.9676	58.4026	68.5281	80.6977	95.3388	112.9682	134.2099	159.8173	190.6989	227.9499	272.8892	327.1041
29	33.4504	38.7922	45.2189	52.9663	62.3227	73.6398	87.3465	103.9659	124.1354	148.6309	178.3972	214.5828	258.5834	312.0937	377.1697
30	34.7849	40.5681	47.5754	56.0849	66.4388	79.0582	94.4608	113.2832	136.3075	164.4940	199.0209	241.3327	293.1992	356.7868	434.7451

（续表）

期数＼利率	16%	17%	18%	19%	20%	21%	22%	23%	24%	25%	26%	27%	28%	29%	30%
1	1.0000	1.0000	1.0000	1.0000	1.0000	1	1.0000	1.0000	1.0000	1.0000	1.0000	1.0000	1.0000	1.0000	1.0000
2	2.1600	2.1700	2.1800	2.1900	2.2000	2.21	2.2200	2.2300	2.2400	2.2500	2.2600	2.2700	2.2800	2.2900	2.3000
3	3.5056	3.5389	3.5724	3.6061	3.6400	3.6741	3.7084	3.7429	3.7776	3.8125	3.8476	3.8829	3.9184	3.9541	3.9900
4	5.0665	5.1405	5.2154	5.2913	5.3680	5.4457	5.5242	5.6038	5.6842	5.7656	5.8480	5.9313	6.0156	6.1008	6.1870
5	6.8771	7.0144	7.1542	7.2966	7.4416	7.5892	7.7396	7.8926	8.0484	8.2070	8.3684	8.5327	8.6999	8.8700	9.0431
6	8.9775	9.2068	9.4420	9.6830	9.9299	10.183	10.4423	10.7079	10.9801	11.2588	11.5442	11.8366	12.1359	12.4423	12.7560
7	11.4139	11.7720	12.1415	12.5227	12.9159	13.3214	13.7396	14.1708	14.6153	15.0735	15.5458	16.0324	16.5339	17.0506	17.5828
8	14.2401	14.7733	15.3270	15.9020	16.4991	17.1189	17.7623	18.4300	19.1229	19.8419	20.5876	21.3612	22.1634	22.9953	23.8577
9	17.5185	18.2847	19.0859	19.9234	20.7989	21.7139	22.6700	23.6690	24.7125	25.8023	26.9404	28.1287	29.3692	30.6639	32.0150
10	21.3215	22.3931	23.5213	24.7089	25.9587	27.2738	28.6574	30.1128	31.6434	33.2529	34.9449	36.7235	38.5926	40.5564	42.6195
11	25.7329	27.1999	28.7551	30.4035	32.1504	34.0013	35.9620	38.0388	40.2379	42.5661	45.0306	47.6388	50.3985	53.3178	56.4053
12	30.8502	32.8239	34.9311	37.1802	39.5805	42.1416	44.8737	47.7877	50.8950	54.2077	57.7386	61.5013	65.5100	69.7800	74.3270
13	36.7862	39.4040	42.2187	45.2445	48.4966	51.9913	55.7459	59.7788	64.1097	68.7596	73.7506	79.1066	84.8529	91.0161	97.6250
14	43.6720	47.1027	50.8180	54.8409	59.1959	63.9095	69.0100	74.5280	80.4961	86.9495	93.9258	101.4654	109.6117	118.4108	127.9125
15	51.6595	56.1101	60.9653	66.2607	72.0351	78.3305	85.1922	92.6694	100.8151	109.6868	119.3465	129.8611	141.3029	153.7500	167.2863
16	60.9250	66.6488	72.9390	79.8502	87.4421	95.7799	104.9345	114.9834	126.0108	138.1085	151.3766	165.9236	181.8677	199.3374	218.4722
17	71.6730	78.9792	87.0680	96.0218	105.9306	116.8937	129.0201	142.4295	157.2534	173.6357	191.7345	211.7230	233.7907	258.1453	285.0139
18	84.1407	93.4056	103.7403	115.2659	128.1167	142.4413	158.4045	176.1883	195.9942	218.0446	242.5855	269.8882	300.2521	334.0074	371.5180
19	98.6032	110.2846	123.4135	138.1664	154.7400	173.354	194.2535	217.7116	244.0328	273.5558	306.6577	343.7580	385.3227	431.8696	483.9734
20	115.3797	130.0329	146.6280	165.4180	186.6880	210.7584	237.9893	268.7853	303.6006	342.9447	387.3887	437.5726	494.2131	558.1118	630.1655
21	134.8405	153.1385	174.0210	197.8474	225.0256	256.0176	291.3469	331.6059	377.4648	429.6809	489.1098	556.7173	633.5927	720.9642	820.2151
22	157.4150	180.1721	206.3448	236.4385	271.0307	310.7813	356.4432	408.8753	469.0563	538.1011	617.2783	708.0309	811.9987	931.0438	1067.2796
23	183.6014	211.8013	244.4868	282.3618	326.2369	377.0454	435.8607	503.9166	582.6298	673.6264	778.7707	900.1993	1040.3583	1202.0465	1388.4635
24	213.9776	248.8076	289.4945	337.0105	392.4842	457.2249	532.7501	620.8174	723.4610	843.0329	982.2511	1144.2531	1332.6586	1551.6400	1806.0026
25	249.2140	292.1049	342.6035	402.0425	471.9811	554.2422	650.9551	764.6054	898.0916	1054.7912	1238.6363	1454.2014	1706.8031	2002.6156	2348.8033
26	290.0883	342.7627	405.2721	479.4306	567.3773	671.633	795.1653	941.4647	1114.6336	1319.4890	1561.6818	1847.8358	2185.7079	2584.3741	3054.4443
27	337.5024	402.0323	479.2211	571.5224	681.8528	813.6759	971.1016	1159.0016	1383.1457	1650.3612	1968.7191	2347.7515	2798.7061	3334.8426	3971.7776
28	392.5028	471.3778	566.4809	681.1116	819.2233	985.5479	1185.7440	1426.5719	1716.1007	2063.9515	2481.5860	2982.6444	3583.3438	4302.9470	5164.3109
29	456.3032	552.5121	669.4475	811.5228	984.0680	1193.5129	1447.6077	1755.6835	2128.9648	2580.9394	3127.7984	3788.9583	4587.6801	5551.8016	6714.6042
30	530.3117	647.4391	790.9480	966.7122	1181.8816	1445.1507	1767.0813	2160.4907	2640.9164	3227.1743	3942.0260	4812.9771	5873.2306	7162.8241	8729.9855

附录四：

年金现值系数表

利率 期数	1%	2%	3%	4%	5%	6%	7%	8%	9%	10%	11%	12%	13%	14%	15%
1	0.9901	0.9804	0.9709	0.9615	0.9524	0.9434	0.9346	0.9259	0.9174	0.9091	0.9009	0.8929	0.8850	0.8772	0.8696
2	1.9704	1.9416	1.9135	1.8861	1.8594	1.8334	1.8080	1.7833	1.7591	1.7355	1.7125	1.6901	1.6681	1.6467	1.6257
3	2.9410	2.8839	2.8286	2.7751	2.7232	2.6730	2.6243	2.5771	2.5313	2.4869	2.4437	2.4018	2.3612	2.3216	2.2832
4	3.9020	3.8077	3.7171	3.6299	3.5460	3.4651	3.3872	3.3121	3.2397	3.1699	3.1024	3.0373	2.9745	2.9137	2.8550
5	4.8534	4.7135	4.5797	4.4518	4.3295	4.2124	4.1002	3.9927	3.8897	3.7908	3.6959	3.6048	3.5172	3.4331	3.3522
6	5.7955	5.6014	5.4172	5.2421	5.0757	4.9173	4.7665	4.6229	4.4859	4.3553	4.2305	4.1114	3.9975	3.8887	3.7845
7	6.7282	6.4720	6.2303	6.0021	5.7864	5.5824	5.3893	5.2064	5.0330	4.8684	4.7122	4.5638	4.4226	4.2883	4.1604
8	7.6517	7.3255	7.0197	6.7327	6.4632	6.2098	5.9713	5.7466	5.5348	5.3349	5.1461	4.9676	4.7988	4.6389	4.4873
9	8.5660	8.1622	7.7861	7.4353	7.1078	6.8017	6.5152	6.2469	5.9952	5.7590	5.5370	5.3282	5.1317	4.9464	4.7716
10	9.4713	8.9826	8.5302	8.1109	7.7217	7.3601	7.0236	6.7101	6.4177	6.1446	5.8892	5.6502	5.4262	5.2161	5.0188
11	10.3676	9.7868	9.2526	8.7605	8.3064	7.8869	7.4987	7.1390	6.8052	6.4951	6.2065	5.9377	5.6869	5.4527	5.2337
12	11.2551	10.5753	9.9540	9.3851	8.8633	8.3838	7.9427	7.5361	7.1607	6.8137	6.4924	6.1944	5.9176	5.6603	5.4206
13	12.1337	11.3484	10.6350	9.9856	9.3936	8.8527	8.3577	7.9038	7.4869	7.1034	6.7499	6.4235	6.1218	5.8424	5.5831
14	13.0037	12.1062	11.2961	10.5631	9.8986	9.2950	8.7455	8.2442	7.7862	7.3667	6.9819	6.6282	6.3025	6.0021	5.7245
15	13.8651	12.8493	11.9379	11.1184	10.3797	9.7122	9.1079	8.5595	8.0607	7.6061	7.1909	6.8109	6.4624	6.1422	5.8474
16	14.7179	13.5777	12.5611	11.6523	10.8378	10.1059	9.4466	8.8514	8.3126	7.8237	7.3792	6.9740	6.6039	6.2651	5.9542
17	15.5623	14.2919	13.1661	12.1657	11.2741	10.4773	9.7632	9.1216	8.5436	8.0216	7.5488	7.1196	6.7291	6.3729	6.0472
18	16.3983	14.9920	13.7535	12.6593	11.6896	10.8276	10.0591	9.3719	8.7556	8.2014	7.7016	7.2497	6.8399	6.4674	6.1280
19	17.2260	15.6785	14.3238	13.1339	12.0853	11.1581	10.3356	9.6036	8.9501	8.3649	7.8393	7.3658	6.9380	6.5504	6.1982
20	18.0456	16.3514	14.8775	13.5903	12.4622	11.4699	10.5940	9.8181	9.1285	8.5136	7.9633	7.4694	7.0248	6.6231	6.2593
21	18.8570	17.0112	15.4150	14.0292	12.8212	11.7641	10.8355	10.0168	9.2922	8.6487	8.0751	7.5620	7.1016	6.6870	6.3125
22	19.6604	17.6580	15.9369	14.4511	13.1630	12.0416	11.0612	10.2007	9.4424	8.7715	8.1757	7.6446	7.1695	6.7429	6.3587
23	20.4558	18.2922	16.4436	14.8568	13.4886	12.3034	11.2722	10.3711	9.5802	8.8832	8.2664	7.7184	7.2297	6.7921	6.3988
24	21.2434	18.9139	16.9355	15.2470	13.7986	12.5504	11.4693	10.5288	9.7066	8.9847	8.3481	7.7843	7.2829	6.8351	6.4338
25	22.0232	19.5235	17.4131	15.6221	14.0939	12.7834	11.6536	10.6748	9.8226	9.0770	8.4217	7.8431	7.3300	6.8729	6.4641
26	22.7952	20.1210	17.8768	15.9828	14.3752	13.0032	11.8258	10.8100	9.9290	9.1609	8.4881	7.8957	7.3717	6.9061	6.4906
27	23.5596	20.7069	18.3270	16.3296	14.6430	13.2105	11.9867	10.9352	10.0266	9.2372	8.5478	7.9426	7.4086	6.9352	6.5135
28	24.3164	21.2813	18.7641	16.6631	14.8981	13.4062	12.1371	11.0511	10.1161	9.3066	8.6016	7.9844	7.4412	6.9607	6.5335
29	25.0658	21.8444	19.1885	16.9837	15.1411	13.5907	12.2777	11.1584	10.1983	9.3696	8.6501	8.0218	7.4701	6.9830	6.5509
30	25.8077	22.3965	19.6004	17.2920	15.3725	13.7648	12.4090	11.2578	10.2737	9.4269	8.6938	8.0552	7.4957	7.0027	6.5660

（续表）

利率\期数	16%	17%	18%	19%	20%	21%	22%	23%	24%	25%	26%	27%	28%	29%	30%
1	0.8621	0.8547	0.8475	0.8403	0.8333	0.8264	0.8197	0.8130	0.8065	0.8000	0.7937	0.7874	0.7813	0.7752	0.7692
2	1.6052	1.5852	1.5656	1.5465	1.5278	1.5095	1.4915	1.4740	1.4568	1.4400	1.4235	1.4074	1.3916	1.3761	1.3609
3	2.2459	2.2096	2.1743	2.1399	2.1065	2.0739	2.0422	2.0114	1.9813	1.9520	1.9234	1.8956	1.8684	1.8420	1.8161
4	2.7982	2.7432	2.6901	2.6386	2.5887	2.5404	2.4936	2.4483	2.4043	2.3616	2.3202	2.2800	2.2410	2.2031	2.1662
5	3.2743	3.1993	3.1272	3.0576	2.9906	2.9260	2.8636	2.8035	2.7454	2.6893	2.6351	2.5827	2.5320	2.4830	2.4356
6	3.6847	3.5892	3.4976	3.4098	3.3255	3.2446	3.1669	3.0923	3.0205	2.9514	2.8850	2.8210	2.7594	2.7000	2.6427
7	4.0386	3.9224	3.8115	3.7057	3.6046	3.5079	3.4155	3.3270	3.2423	3.1611	3.0833	3.0087	2.9370	2.8682	2.8021
8	4.3436	4.2072	4.0776	3.9544	3.8372	3.7256	3.6193	3.5179	3.4212	3.3289	3.2407	3.1564	3.0758	2.9986	2.9247
9	4.6065	4.4506	4.3030	4.1633	4.0310	3.9054	3.7863	3.6731	3.5655	3.4631	3.3657	3.2728	3.1842	3.0997	3.0190
10	4.8332	4.6586	4.4941	4.3389	4.1925	4.0541	3.9232	3.7993	3.6819	3.5705	3.4648	3.3644	3.2689	3.1781	3.0915
11	5.0286	4.8364	4.6560	4.4865	4.3271	4.1769	4.0354	3.9018	3.7757	3.6564	3.5435	3.4365	3.3351	3.2388	3.1473
12	5.1971	4.9884	4.7932	4.6105	4.4392	4.2784	4.1274	3.9852	3.8514	3.7251	3.6059	3.4933	3.3868	3.2859	3.1903
13	5.3423	5.1183	4.9095	4.7147	4.5327	4.3624	4.2028	4.0530	3.9124	3.7801	3.6555	3.5381	3.4272	3.3224	3.2233
14	5.4675	5.2293	5.0081	4.8023	4.6106	4.4317	4.2646	4.1082	3.9616	3.8241	3.6949	3.5733	3.4587	3.3507	3.2487
15	5.5755	5.3242	5.0916	4.8759	4.6755	4.4890	4.3152	4.1530	4.0013	3.8593	3.7261	3.6010	3.4834	3.3726	3.2682
16	5.6685	5.4053	5.1624	4.9377	4.7296	4.5364	4.3567	4.1894	4.0333	3.8874	3.7509	3.6228	3.5026	3.3896	3.2832
17	5.7487	5.4746	5.2223	4.9897	4.7746	4.5755	4.3908	4.2190	4.0591	3.9099	3.7705	3.6400	3.5177	3.4028	3.2948
18	5.8178	5.5339	5.2732	5.0333	4.8122	4.6079	4.4187	4.2431	4.0799	3.9279	3.7861	3.6536	3.5294	3.4130	3.3037
19	5.8775	5.5845	5.3162	5.0700	4.8435	4.6346	4.4415	4.2627	4.0967	3.9424	3.7985	3.6642	3.5386	3.4210	3.3105
20	5.9288	5.6278	5.3527	5.1009	4.8696	4.6567	4.4603	4.2786	4.1103	3.9539	3.8083	3.6726	3.5458	3.4271	3.3158
21	5.9731	5.6648	5.3837	5.1268	4.8913	4.6750	4.4756	4.2916	4.1212	3.9631	3.8161	3.6792	3.5514	3.4319	3.3198
22	6.0113	5.6964	5.4099	5.1486	4.9094	4.6900	4.4882	4.3021	4.1300	3.9705	3.8223	3.6844	3.5558	3.4356	3.3230
23	6.0442	5.7234	5.4321	5.1668	4.9245	4.7025	4.4985	4.3106	4.1371	3.9764	3.8273	3.6885	3.5592	3.4384	3.3254
24	6.0726	5.7465	5.4509	5.1822	4.9371	4.7128	4.5070	4.3176	4.1428	3.9811	3.8312	3.6918	3.5619	3.4406	3.3272
25	6.0971	5.7662	5.4669	5.1951	4.9476	4.7213	4.5139	4.3232	4.1474	3.9849	3.8342	3.6943	3.5640	3.4423	3.3286
26	6.1182	5.7831	5.4804	5.2060	4.9563	4.7284	4.5196	4.3278	4.1511	3.9879	3.8367	3.6963	3.5656	3.4437	3.3297
27	6.1364	5.7975	5.4919	5.2151	4.9636	4.7342	4.5243	4.3316	4.1542	3.9903	3.8387	3.6979	3.5669	3.4447	3.3305
28	6.1520	5.8099	5.5016	5.2228	4.9697	4.7390	4.5281	4.3346	4.1566	3.9923	3.8402	3.6991	3.5679	3.4455	3.3312
29	6.1656	5.8204	5.5098	5.2292	4.9747	4.7430	4.5312	4.3371	4.1585	3.9938	3.8414	3.7001	3.5687	3.4461	3.3317
30	6.1772	5.8294	5.5168	5.2347	4.9789	4.7463	4.5338	4.3391	4.1601	3.9950	3.8424	3.7009	3.5693	3.4466	3.3321

后 记

　　呈现在各位读者面前的这套教材,是由山东财经大学金融学院的教学团队,根据这些课程的教学规律与特点,结合自己长期从事教学的丰富实践与体会,精心编写的。我们之所以把这套教材定名为"名课精讲",首先是因为这些教材所对应的课程都已在我院开设多年,均曾被评定为校级以上精品课程,本身都是具有精品性质的课程。这些课程的教学团队力量相对雄厚,并已形成了特色鲜明的教学体系、教学内容与教学组织方式。其次,则是因为这批教材在编写上也刻意强调"求精",主要体现为强调课程脉络与叙述逻辑的清晰与重点突出,强调知识点覆盖的完整性与讲授组织的合理性,强调内容诠释上的深入浅出,从而便于学习者更好地理解与接受。也正因为如此,这套教材的使用适应面是较为广泛的,它们既可以作为高校本科金融类专业教材使用,也可用于与金融理论业务相关的专业培训,当然也可供金融企业从业者及其他对金融相关知识感兴趣的读者自学参考。

　　在这套教材的编写过程中,山东人民出版社的袁丽娟女士付出了大量心血。在此向她表示衷心的感谢。

　　由于编写时间较为仓促,且内容上需兼顾的读者范围较为广泛,再加上教材中所涉及的内容与现实联系密切,而实践中相关理论进展与实务变化亦较多较快,因而教材中不可避免地会存在某些瑕疵甚至错谬,希望使用者不吝指正,多给我们提出宝贵意见,以便我们及时进行修订完善。谢谢!

黄 磊

二〇一三年一月,于济南

图书在版编目（C I P）数据

公司金融/冯曰欣，王俊籽主编. —济南：山东
人民出版社，2013. 2（2022. 8 重印）
ISBN 978 - 7 - 209 - 07131 - 4

Ⅰ.①公… Ⅱ.①冯…②王… Ⅲ.①公司—金融学
高等学校—教材 Ⅳ.①F276.6

中国版本图书馆 CIP 数据核字（2013）第 032804 号

公司金融
冯曰欣　王俊籽　主编

山东出版传媒股份有限公司
山东人民出版社出版发行

社　　址:济南市市中区舜耕路 517 号　邮　编:250003
网　　址:http://www.sd-book.com.cn
发行部:(0531)82098027　82098028

新华书店经销
山东华立印务有限公司印装

规　　格　16 开(184mm×260mm)
印　　张　20.5
字　　数　400 千字
版　　次　2016 年 2 月第 2 版
印　　次　2022 年 8 月第 10 次
ISBN 978 - 7 - 209 - 07131 - 4
定　　价　39.00 元

如有质量问题，请与印刷厂调换。电话:(0531)76216033

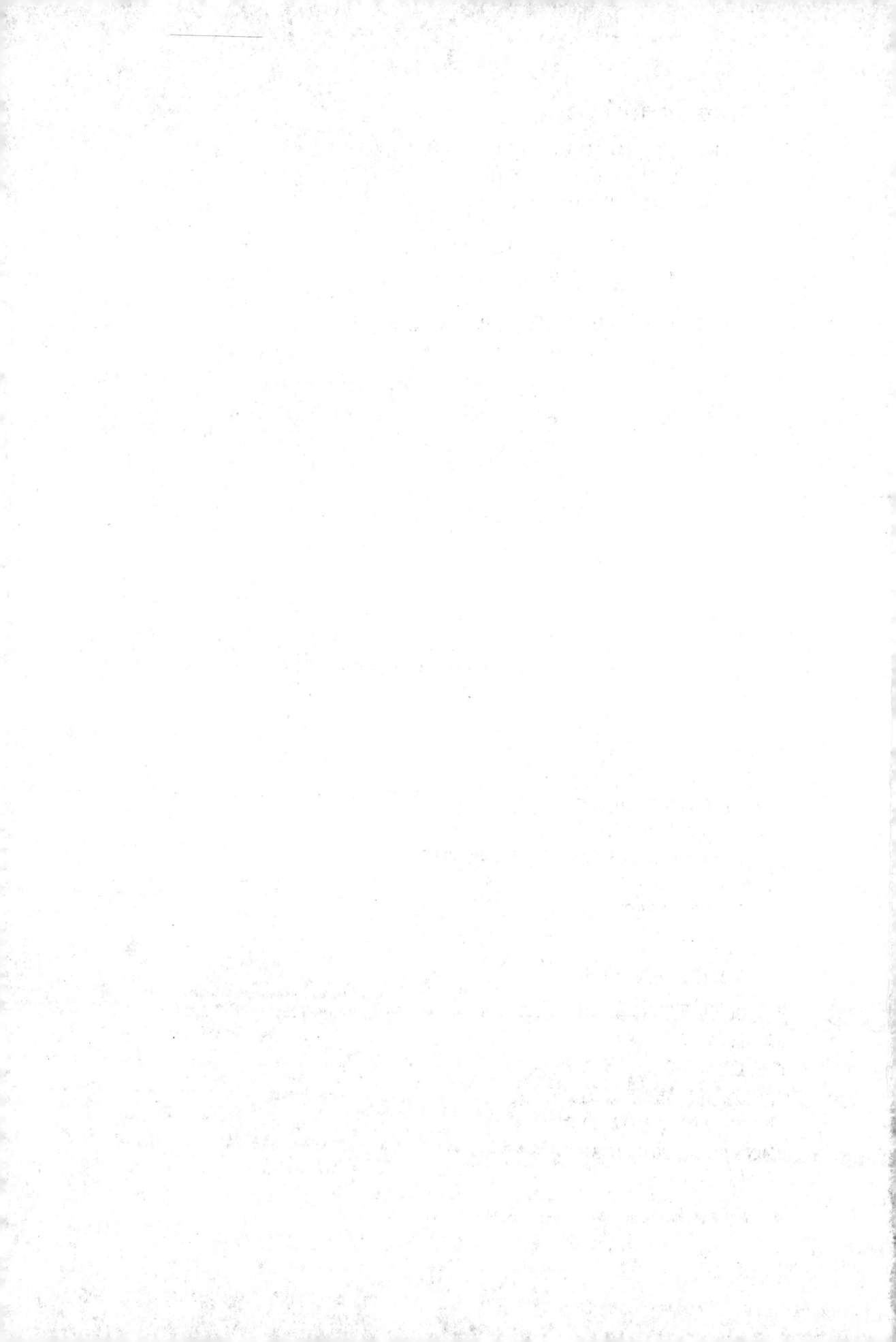